몸젠의 로마사 제6권

혁명: 술피키우스의 혁명부터 술라의 통치까지

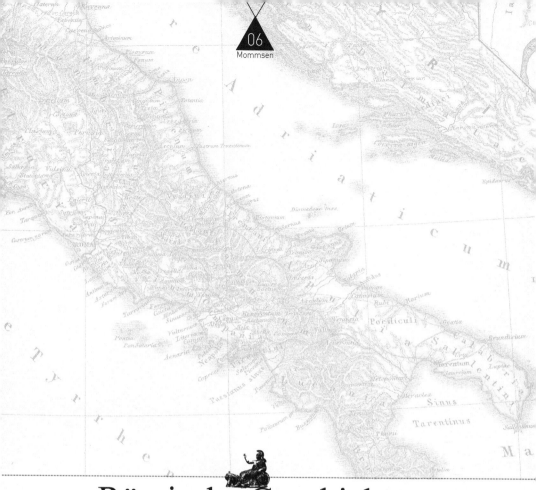

06
Mommsen

Römische Geschichte

몸젠의 로마사

혁명: 술피키우스의 혁명부터 술라의 통치까지

테오도르 몸젠 지음 / 김남우·성중모 옮김

푸른역사

일러두기

1. 이 책은 Theodor Mommsen, *Römische Geschichte*, Bd. 3, Buch 4, Berlin, 1903.의 제7장~ 제13장을 번역한 것이며, 소제목은 Theodor Mommsen, *Roman History*, translated by William Purdie Dickson, Richard Bentley Publisher, 1864.을 참고하여 번역자들이 붙였다.

2. 고유명사 표기에 있어 국립국어원 외래어 표기법을 따르지 않은 것이 있다. 예를 들어 '그리스' 대신 '희랍'이라고 적었는바, 이는 '희랍'을 고대 그리스를 가리키는 전문용어로 사용하고자 했기 때문이다.

3. 문화체육관광부에서 고시한 〈외래어 표기법〉 일부 개정안(문화체육관광부 고시 제2017-14호, 2017년 3월 28일)에 따라 일부 용어 표기가 《몸젠의 로마사》 3권까지의 표기와 다르다. 예를 들어 '로마 인'은 '로마인'으로, '라티움 어'는 '라티움어'로, '도나우 강'은 '도나우강'으로, '켈트 족'은 '켈트족'으로, '올륌포스 산'은 '올륌포스산'으로 표기했다(3권까지의 표기는 추후 수정할 예정이다).

옮긴이 서문

《몸젠의 로마사》는 이제 또 하나의 흥미로운 부분으로 접어들었다. 앞서의 큰 사건은 한니발 전쟁을 중심으로, 로마와 카르타고가 지중해 세계 패권을 놓고 벌인 경쟁이 자아난 이야기들이었다. 그때 우리는 당시의 로마 정부와 권력층이 보여준 헌신과 유능함, 흔들리지 않는 강인함에 그저 감탄할 수밖에 없었다. 이제 또 다른 의미에서 호기심을 자극하는 부분이 시작되었는데, 과거의 승리가 오늘의 재앙을 불러온 것은 아닐까 싶다. 이 시대의 로마 정부와 통치 계급이 보여주는 도덕적 타락과 무능력, 스스로 부끄러운 줄 모르는 태도, 파국을 향해 치닫는 권력욕과 명예욕, 한계를 모르는 탐욕과 사치, 애국적 가치를 저버리고 당파적 이익 때문에 벌이는 갈등과 폭력 등을 목격할 수 있다. 한마디로 통치 이성이 마비된 시대를 보게 된다. 파국이 어디에서 시작되었는지를 보았던 지혜로운 사람은 있었지만, 힘이 아니고는 이를 관철시킬 수 없을 만큼 지혜는 무기력하였다. 아무도 공동체의 미래에 귀를 기울이지 않았다. 결국 힘과 힘의 대결로 이어진 파국과 내전 가운데 파괴와 약탈과 살해가 정당화되었다. 결국 평화와 안정을 굶주린 인민들에게 팔며 권력을 독점한 독재자의 시대가 곧 닥칠 것이다.

Tempus fugit. 세월은 그야말로 쏜살같다. 몸젠의 저작을 우리말로 옮기는 작업을 시작한 지도 벌써 10년을 넘겼다. 10권 번역에 10년을 약속하고 착수하였는데, 이제 겨우 6권을 마무리하고 있다. 진척은 더디고 빠른 시간은 야속하기만 한데, 돌이켜보면 사람이 미욱한 탓이고 그때 너무 무모했던 때문이다. 그래서 더욱 좋은 사람을 기다리는 마음은 한없이 간절하다. 최근에 리비우스가 남긴 로마사가 처음으로 우리말로 번역되었다. 나올 것이라는 기쁜 소식을 듣자마자 전권이 바로 시장에 모습을 보였다. 영어본을 옮긴 중역본이지만, 그래도 쉽게 읽을 수 있게 되었다는 것은 큰 도움이다. 이런 도움들을 발판삼아 새 사람들이 고대 로마사에 관심을 가져준다면 그 가운데 열정을 가진 연구자의 탄생도 요원한 일은 아닐 것이다.

소걸음을 걸었지만, 그동안 진척은 좀 있었다. 키케로 홈페이지 (www.cicero.or.kr)가 확대되었다. 역사용어사전으로 시작했던 번역어 색인은 이제 키케로 철학용어사전, 로마 인명사전, 생활문화사전 등으로 확대되었고, 매주 새로운 표제어와 번역어가 추가되고 있다. 훗날 라티움어 사전이 이렇게 시작되었다고 즐겁게 회상할 날이 있을 것이다. 또한 몸젠 번역 작업도 로마문헌 번역사업의 일환으로 다시 자리매김 되었다. 키케로 철학적 선집 번역을 출발로 키케로의 연설문, 리비우스의 역사, 카토의 농업서 등 기원전 1세기를 중심으로 로마 문학의 황금기 주요 작품들을 우리말로 옮기는 거대한 사업의 한 부분이 된 것이다.

로마문헌 번역사업을 물심양면 도와주신 정암학당과 정암학당 후원자들에게 감사드린다. 10여 년을 변함없이 몸젠의 번역 출판을 맡아주신 푸른역사 대표님과 편집자에게도 감사의 마음을 전한다. 번역 초고가 나오면 늘 읽어주고 오류와 실수를 꼼꼼하게 지적해주는 서승일 선생께 신세가 참으로 크다고 말하고 싶다.

2022년 10월 10일
번역자 일동

차례 | 몸젠의 로마사 제6권_ 혁명

● 옮긴이 서문 _ V

제7장 이탈리아 복속민들의 봉기와 술키피우스의 혁명 _ 2

로마인들과 이탈리아인들 | 주인의 무능력과 부정행위들 | 불화의 폭발 | 이탈리아 동
맹시민들과 로마 당파 | 이탈리아 동맹시민과 과두정 | 이탈리아 동맹시민들과 드루
수스 | 로마에 맞선 반란: 준비 과정 | 아스쿨룸: 반란의 시작 | 친로마적인 이탈리아
동맹시들 | 반란을 대하는 로마인들의 태도 | 반란세력들의 정치조직 | 기원전 91/90
년의 전쟁 준비 | 양측의 병력 구성 | 전쟁의 시작 | 캄파니아와 삼니움의 카이사르 |
마르시 사람들과의 전투 | 피케눔 전투 | 움브리아—에트루리아의 반란 | 전쟁 첫 해
의 최종 결산 | 로마인들의 낙담 | 이탈리아인들에게 로마시민권을 부여함 | 이탈리아
내의 켈트족에게 라티움시민권을 부여함 | 동맹시 전쟁 두 번째 해 | 기원전 89년 피
케눔의 전투 | 놀라까지 캄파니아의 복속 | 대부분 진압된 반란세력 | 미트라다테스
전쟁의 발발 | 기원전 88년의 이탈리아 전쟁 | 로마의 불안 | 군율의 몰락 | 경제적 위
기 | 술키피우스 법 | 정부의 반대 | 마리우스가 정권을 잡다 | 술라의 소환 | 술라의
로마 입성 | 술라의 첫 번째 복고정치 | 술라의 입법 | 새로운 문제들

제8장 동방과 미트라다테스 왕 _71

동방의 상황 | 이집트 | 쉬리아 | 파르티아 상황 | 소아시아 | 미트라다테스 에우파토르

| 소아시아의 민족구성 | 폰토스 지역 | 미트라다테스의 영토 확장 | 이 지역의 희랍문명 | 미트라다테스가 보스포로스 왕들을 정복하다 | 소(小)아르메니아 | 미트라다테스 제국 | 로마와 미트라다테스 | 원로원의 개입 | 술라의 카파도키아 개입 | 미트라다테스의 새로운 공격 | 아시아로 파견된 아퀼리우스 | 전쟁과 평화의 교착 | 아퀼리우스가 전쟁을 원하다 | 미트라다테스의 전쟁 준비 | 로마의 준비 부족 | 미트라다테스의 소아시아 점령 | 반(反)로마적 흐름 | 대학살의 명령 | 점령 지역의 통치 | 폰토스의 유럽 진공 | 로마의 상황 | 술라의 상륙 | 오랜 시간을 끈 아테나이의 점령 | 술라의 위기 | 폰토스 보병의 희랍 입성 | 카이로네이아 전투 | 승전의 미미한 결과 | 폰토스의 제2차 희랍 파병 | 아시아가 미트라다테스에게 반기를 들다 | 루쿨루스와 아시아 해안의 함대 | 발레리우스 플라쿠스의 아시아 상륙 | 핌브리아의 전공 | 평화 협상 | 델리온의 예비회담 | 새로운 어려움들 | 술라와 핌브리아의 대결 | 아시아 사안들의 처리

제9장 킨나와 술라 _ 138

기원전 87년 이탈리아 상황 | 킨나 | 킨나의 혁명 | 이탈리아 내의 킨나 당파 | 로마를 포위한 킨나 일당 | 이탈리아인들과의 협상 | 수도 로마의 항복 | 마리우스의 공포정치 | 마리우스의 마지막 날들 | 마리우스의 죽음 | 킨나의 정부 | 킨나와 술라 | 술라에 대한 정부의 조치 | 타협의 시도 | 술라의 어려운 처지 | 술라의 이탈리아 상륙 | 폼페이우스 | 캄파니아의 술라 | 양측의 준비 상황 | 술라와 아들 마리우스의 대결 | 프라이네스테의 승리 | 메텔루스와 카르보의 대결 | 프라이네스테의 격돌 | 북이탈리아에서 술라의 성공 | 술라파의 에트루리아 장악 | 민주당파와 삼니움족의 로마 공격 | 프라이네스테의 승리 | 속주들 | 히스파니아 | 시킬리아 | 미트라다테스와 새로운 갈등

제10장 술라 체제 _ 190

로마의 통치자 술라 | 실행 | 법익 박탈자 명단 | 재산몰수 | 시민권 문제 | 이탈리아 공동체들의 처벌 | 노병들의 정착 | 로마의 해방 자유민들 | 그라쿠스 질서의 철폐 | 원로원의 재구성 | 민회의 역할 조정 | 사제 선거 제도의 복위 | 호민관의 약화 | 최고 정무관의 제한 | 술라의 권한 조정 | 원로원 권력의 강화 | 호구감찰관의 약화 | 국가 재정 | 사법 제도의 개혁 | 술라의 특별 사문회 | 풍기 관련 법률 | 로마의 자치도시 제도 | 자치도시와 국가의 관계 | 자치도시의 성장 | 장교들의 반발 | 국정질서의 복원 | 술라의 성격 | 술라의 정치 역정 | 술라 체제의 가치 | 술라 복고 체제의 비도덕성 | 퇴임 후의 술라

제11장 공동체와 그 경제 _ 255

국가의 경제 상황 | 속주로부터 들어오는 국가 수입 | 징수비용 | 군사적 징발 | 지역 부담금 | 착취와 수탈 | 국가 재정 상황의 요약 | 국가재정과 공공사업 | 혁명 과정의 국가 재정 | 개인 경제활동 | 산업 | 상업과 금융 | 자본가 과두정 | 화폐 제도 | 속주의 화폐 | 당시의 생활상 | 혼인 | 희랍 문물의 영향

제12장 민족, 종교, 교육 _ 297

로마와 희랍의 지속적 우세 | 희랍 민족 | 인구의 혼합 | 종교 | 희랍 철학 | 로마의 스토아철학 | 국가종교 | 이탈리아에 들어온 동방 종교 | 교육 | 희랍어 교육 | 라티움어 교육 | 로마의 연설 교육 | 문학과 연설의 교육 과정

제13장 문학과 예술 _ 332

스키피오 동아리 | 비극: 파쿠비우스 | 비극: 아키우스 | 희랍 희극 | 민족 희극 | 아텔라 희극 | 공연 방식의 발전 | 서사시 | 풍자문학 | 로마의 역사서술 | 로마 연대기 | 비망록과 서신, 연설 | 일반 학문 | 수사학 | 철학 | 특수 학문 | 예술

- 연표 _ 381
- 찾아보기 _ i

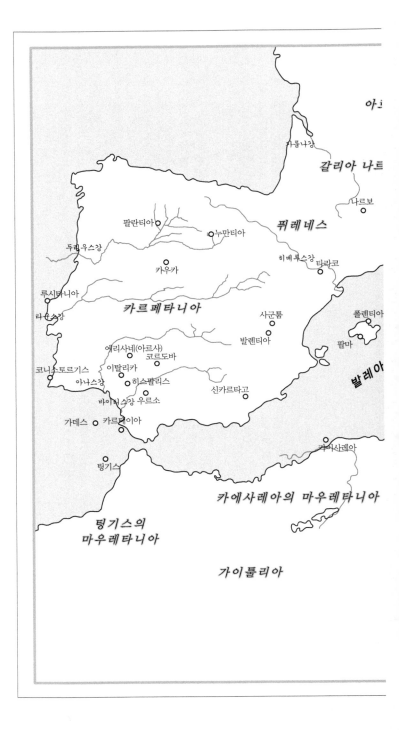

〈지도 1〉
지중해 서부

아ᆖ

갈리아 나트

퓌레네스

나르보

가룸나강

팔란티아

누만티아

히베루스강

타라코

두레우스강

카우카

루시타니아

카르페타니아

사군툼

폴렌티아

타구스강

발렌티아

팔마

애리사네(아르사)

코르도바

발레아

이탈리카

코니스토르기스

아나스강

히스팔리스

신카르타고

바이티스강 우르소

가데스

카르테이아

카이사레아

팅기스

카에사레아의 마우레타니아

팅기스의
마우레타니아

가이툴리아

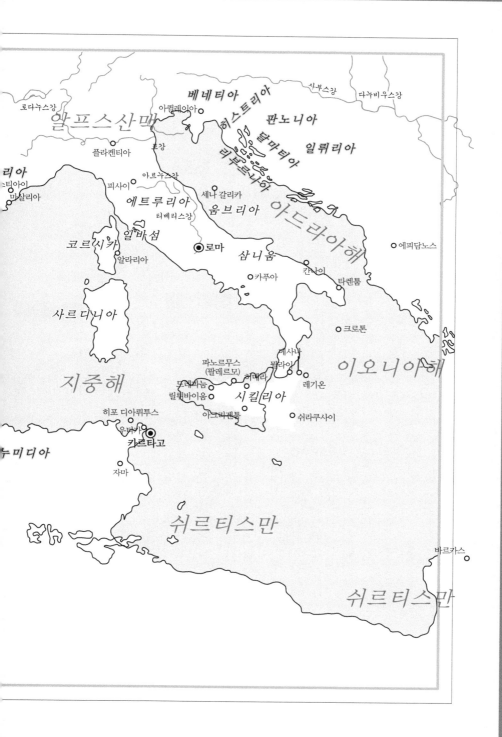

로다누스강

알프스산맥

플라켄티아

베네티아

히스트리아

아렐레이아

판노니아

포강

달마티아

일뤼리아

리아

스티아이

마살리아

피사이

아르누스강

리부르니아

아드리아해

에트루리아

세나 갈리카

에피담노스

티베리스강

움브리아

코르시카

일바섬

로마

삼니움

알라리아

카푸아

칸나이

타렌툼

사르디니아

크로톤

지중해

파노르무스
(팔레르모)

메사나

밀라이

이오니아해

드레파눔

히메라

레기온

릴뤼바이움

시킬리아

히포 디아뤼투스

아그리겐툼

쉬라쿠사이

우티카

카르타고

누미디아

자마

쉬르티스만

바르카스

쉬르티스만

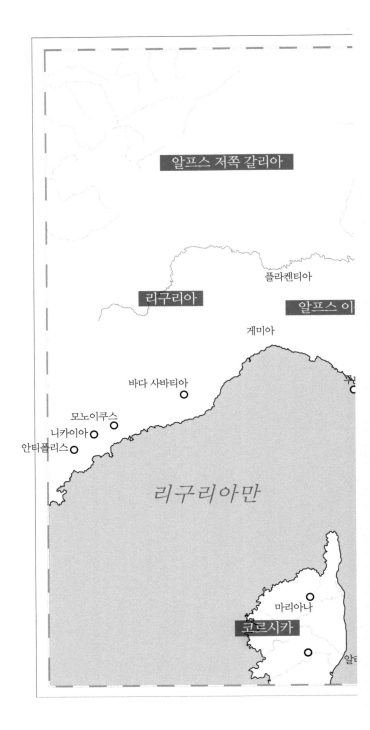

〈지도 2〉
이탈리아 북부,
리구리아

알프스 저쪽 갈리아

플라켄티아

리구리아

알프스 이

게미아

바다 사바티아

모노이쿠스

니카이아

안티폴리스

리구리아만

마리아나

코르시카

알

노리쿰

카르니

베네티아

아퀼레이아

판노니아

히스트리아

달마티아

아트리아

파두스강

아드리아해

보노니아

라벤나

루카

아리미눔

플로렌티아

피사이

세나 갈리카

파에술라이

코르토나

앙코나

볼라테라이

아레티움

피케눔

에트루리아

포풀로니아

페루시아

베톨로니움

클루시움

하드리아

볼시니이

움브리아

바섬

티베리스강

카르시올리

타르퀴니이

팔레리이

베이이

코르피니움

퓌르기

아니오강

카이레

티부르

로마

프라이네스테

오스티아

〈지도 3〉
리부르니아

아퀼레이아

히스트리아

라우리아나 ■　■타르사티카
아르사
플라로나　■풀키눔
알보나■

네스캉티움 렌
■쿠리쿰

폴라 ○

아브쉬르티데스군도
아프소루스■　■이르바

리부르니아

리부르니아군도

■■■ 리부르니아 국경
■　리부르니아 도시
○　다른 국가 도시

<지도 4>
희랍 북부
마케도니아

〈지도 5〉
갈리아

우시페테스

메나피　에부로네스　　　제르마니아

수감브리

벨가이　　아르두엔나 실바　　우바이

레미　　　　　　　　　　반기오네스

트레베리　　　레메테스

레우키

세노네스

린고네스

세콰니　헬베티이

하이두이

아르베르니　알로브로게스

알프스 저쪽
갈리아

나르보 속주

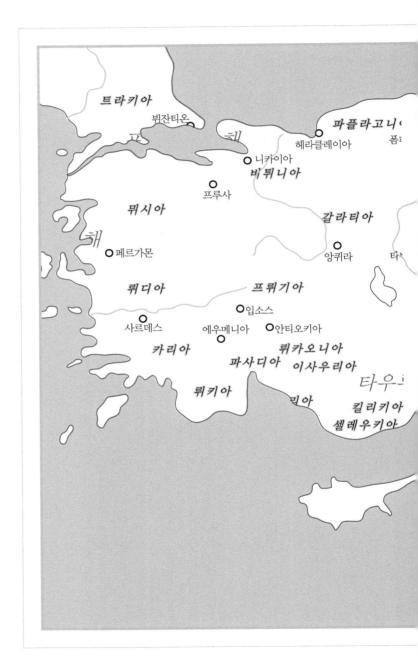

〈지도 6〉
아시아

트라키아

뷔잔티온

파플라고니

헤라클레이아   폼1

O 니카이아

비튀니아

뮈시아   O
              프루사

갈라티아

O 페르가몬   O
                              앙퀴라   타

뤼디아   프뤼기아

O 입소스

O   O에우메니아   O안티오키아
사르데스

카리아   뤼카오니아
        파사디아   이사우리아

뤼키아   타우

리아   킬리키아
       셀레우키아

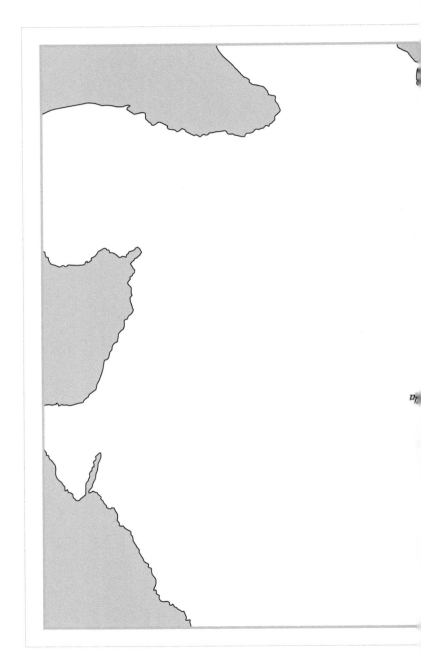

〈지도 7〉
파르티아

마

피해

파이에네

휘르카니아

메르브

마르기아나

박트라

○ 헤카톰필로스

아나우오

○ 헤라트

드랑기아나

아리아

○ 에스파한

네이

파라

엘뤼마이스

○ 엘뤼마이스

○ 페르세폴리스

페르시스

사카스탄

○ 시갈

○ 푸타

카르마니아

페르시아만

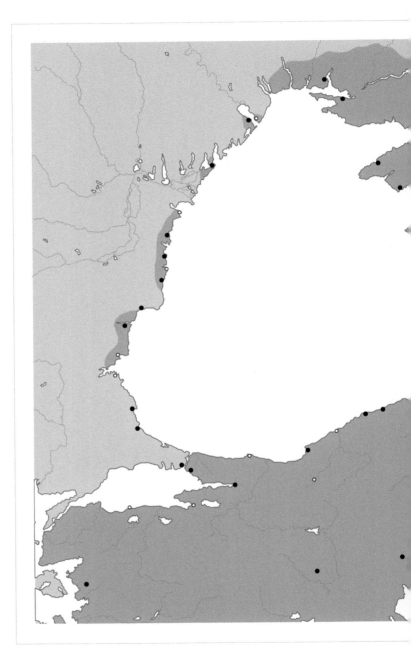

〈지도 8〉
흑해 연안

제6권

혁명: 술피키우스의 혁명부터 술라의 통치까지

역사를 기술하는 것은 험난한 일이다.
– 살루스티우스

제7장
이탈리아 복속민들의 봉기와 술키피우스의 혁명

로마인들과 이탈리아인들

이탈리아인들이 독립을 위해 벌인 마지막 전쟁은 퓌로스를 물리치면서 마무리되었다. 다시 말해 거의 200년 동안 로마의 이탈리아 통솔권은 굳건히 유지되었으며, 최악의 상황에서도 결코 그 토대가 흔들리는 일은 없었다. 영웅적 전투를 벌인 바르카스 집안도, 알렉산드로스 대왕의 후계자들이나 아카이메네스 왕조의 상속자들도 이탈리아인들을 흔들어 막강한 수도 로마와 싸우게 만들 수는 없었다. 이탈리아인들은 바이티스강에서나 바그라다강에서나 템페계곡에서나 시퓔로스산에서나 전장에 함께했고 이탈리아 젊은이들의 고결한 피를 바쳐 그들의 맹주를 3개 대륙의 주인으로 만드는 데 일조했다. 그러는 동안 이탈리아인들의 지위는 달라졌다. 하지만 나아졌다기보다 오히려 나빠졌다. 물질적 관점에서 그들은 전반적으로 불평할 만한 상황은 아니었다. 이탈리아 중소 토지 소유자들은 전체적으로 비합리적인 곡물법에 의해 피해를 보긴 했지만, 대규모 토지 소유자들이나 특히 상인 계급이나 자본가 계급들의 경우는 번영을 누렸다. 이탈리아인들은 속주의 경제적 착취를 통해 로마 시민들과 본질적으로 동일한 이득과 동일한 지원을 받았기 때문이었고, 로마인들의 정치적 우위에 따른 물질적 이득은 상당 부분 이탈리아인들에게도 이익이 되었기 때문이었다. 전반적으로 이탈리아인들의 경제적 사회적 상황은 그들의 정치적 차별과 직접적인 관련이 없었다. 에트루리아와 움브리아에서는 자영농이 완전히 소멸한 동맹시들이 있었는가 하면, 다른 지역들, 예를 들어 아브루초 계곡의 자영농은 아직 견딜 만했고 부분적으로 거의 영향을 받지 않고 유지되었다. 이런 지역적 차이는 상이한 로마 시민 식민지들에서도 그대로 관찰될 수 있었다. 반면 정치적 차별은 점점 더 가혹해졌고 점점 더 가팔라졌다. 물론 노골적인 공식적 권리 침해는 적어도 근본적인 문제에서는 존재하지 않았다. 로마 정부는 주권이라는 이름으로 이탈리아 공동체들에 조약에 따라 주어진 자치권을 전적으로 존중했다. 농지개혁 초창기에 로마 개혁파는 그 특권을 보장받은 공동체들이 관리하던 로마 국유지를 노렸으나, 로마의 정통 보수파와 중도파는 이를 극렬히 반대했고, 이에 로마의 반대당파도 공격을 멈추고 말았다. 하지만 전쟁 행위의 최고 지휘권이나 모든 행정 사무의 관리권 등 주도적 공동체로서 로마가 가지고 있고 가져야만 하는 권리들은, 마치 동맹공동체들을 권리를 갖지 못한 노예라고 선언한 것처럼, 매우 고약하게 행사되었다.

주인의 무능력과 부정행위들

가공할 만큼 엄격했던 로마 전쟁 법률은 로마 건국 7세기를 지나면서 수많은 완화 조치가 도입되었는데, 이는 전체적으로 로마시민권을 가진 병사들에게 국한되었던 것으로 보인다. 이는 가장 중요한 완화조치인 즉결 심판의 철폐(제5권 162쪽)로부터 어렵지 않게 확인할 수 있는데, 유구르타 전쟁 당시 라티움 출신의 존경받는 장교들이 작전 참모회의의 판결에 의해 참수당한 반면, 로마시민권을 가진 병사들은 같은 사안에서 로마의 시민 법정에 상소할 권리를 가지고 있었다. 로마 시민권자와 동맹시 시민들을 어떤 비율로 징집하였는지는 당연히 특정할 수 없지만, 초창기 양측은 평균적으로 동일한 수의 병사들을 징집하였을 것이다(제1권 147쪽, 제2권 254쪽). 그런데 지금, 인구비율은 아마도 로마 시민권자들에게 불리하기보다는 오히려 유리하게 달라졌음에도 불구하고, 동맹시들에 대한 요구는 점차 지나치다 싶을 정도로 가중되었다(제2권 276쪽, 제4권 178쪽). 동맹시들은 좀 더 어렵고 큰 희생이 예상되는 임무를 우선적으로 부담하였으며, 나아가 이제 시민 한 명에 동맹시 시민 2명의 비율로 징집하는 것이 규칙이 되었다. 군사 최고 지휘권과 마찬가지로 시민 최고 감독권은, 이와 결코 분리될 수 없는 최고 행정 관할권과 함께 로마 정부가 늘 행사하였으며, 당연히 이탈리아 종속 공동체들에 대해 최종 결정권도 가지고 있었다. 따라서 이탈리아인들은 속주민들과 마찬가지로 수많은 로마 관리들의 자의적 판단에 내맡겨진 상태로 아무런 보호를 받지 못했다. 유력한 동맹시들 가운데 하나인 테아눔 시디키눔에서 집정관은 그 동맹시의 시장을 광장의 형벌 기둥에 묶어놓고 태형을 가했는데, 집정관의 배우자가 남탕에서 목욕하기를 요구했을 때 자치도시 관리들이 충분히 신속하게 욕객들을 내쫓지 않았다는 것과, 그녀가 보기에 목욕탕이 깨끗하지 않았다는 것이 그 이유였다.

이와 비슷한 장면들은 최고 권리의 도시인 페렌티눔에서도 나타났고, 또한 오래된 중요 라티움 식민지였던 칼레스에서도 마찬가지였다. 라티움 식민지 베누시아에서는 자유농민이 도시를 지나가던 공직도 가지고 있지 않은 어느 젊은 로마 사절이 타고 가던 가마에 대해 농담을 했다는 이유로 제압되어 가마에 달린 가죽 멜빵으로 죽도록 매질을 당하는 사건이 발생했다. 이런 사건들은 프레겔라이 반란 시점에 때때로 언급되었다. 의심할 여지가 없이 당시 유사한 불법행위들이 종종 발생했으나, 이런 불법에 대해 충분한 처벌이 전혀 이루어지지 않았다. 반면 로마시민은 처벌 없이 결코 쉽게 침해되지 않는 상소권을 통해 신체와 생명을 상당하게 보호했다. 이탈리아인들에 대한 이런 대우의 결과로 로마 정부의 입장에서 보면 반목이—조상들의 지혜는 라티움 공동체들과 여타 이탈리아 공동체들 간의 이런 반목을 조심스럽게 조정했다—사라지지 않고 여전히 계속되는 것일 수도 있었다(제4권 179쪽). 로마에 속한 성채들과 그 성채들에 복속된 지방들은 이제 동일한 압박 아래 살아갔다. 라티움인의 경험은 피케눔 사람들에게, 그들은 둘 다 마찬가지로 '권표에 굴복한' 사람들이라는 점을 상기시켰다. 지난날의 마름들과 머슴들은 이제 공통의 폭군에 맞서 공통의 증오로 단결하였다.

따라서 이탈리아 동맹들의 상태는 감당할 만한 종속관계에서 매우 고통스러운 노예상태로 전락했으며, 동시에 이들에게는 좀 더 나은 권리를 얻을 수 있으리라는 희망도 사라졌다. 이탈리아의 복속과 함께 로마시민권은 폐쇄되었으며 공동체 전체를 상대로 한 시민권의 부여는 완전히 폐지되었고, 개인들에게만 매우 제한적으로 허용되었다(제4권 179쪽). 이제 한걸음 더 진행되었다. 로마시민권의 전 이탈리아적 확대를 목표로 하는 선동이 있었던 로마 건국 628년(기원전 126년)과 632년(기원전 122년)에는 거주이전의 자유마저 공격하였고, 로마에 거주하는 비로마시민은 민회 의결과 원로원 의결에 따라 수도 로마 밖으로 퇴거당했다(제5권 153쪽과 179쪽). 이같은 조치는 그 편협함 때문에 혐오 받을 만했고, 다방면에서 침해된 개인이익 때문에 위험하다 할 조치였다. 간단히 말해, 이탈리아 동맹들이 일찍이 로마인들에게 피후견 형제 공동체로 대우받았고, 지배당하기보다 보호받았고, 결코 영원한 미성숙의 낙인이 찍히지 않았고, 감당할 만한 굴종의, 해방의 희망이 영구히 박탈된 노예가 아닌 처지였다면, 이제 그들은 거의 모두 똑같이 노예상태에, 폭군의 채찍과 권표 아래 굴복한 동일한 절망상태에 놓이게 되었고, 기껏해야 주인에게 받은 발길질을 가난한 속주민들에게 되돌려주는 특권을 가진 노예가 되어야 했을 뿐이었다.

불화의 폭발

불화는 처음에 민족 통합의 감정 때문에 그리고 함께 공유한 오랜 위험의 기억 때문에 드러나지 않았다가, 점차 균열이 확대되면서 서서히 조금씩 노출되며, 마침내 권력이 그들의 권리가 되어버린 지배자들과, 복종할 경외심이 없어진 피지배자들 사이의 권력관계에서 노골적으로 드러난다. 이는 불화의 본성이다. 로마 건국 629년(기원전 125년) 마침내 프레겔라이에서 폭동과 봉기가 일어났고, 이는 로마지배의 성격변화를 공식적으로 확인해주었지만, 그때까지 이탈리아 인민들이 일으킨 소요는 본격적으로 혁명적인 모습을 띠지는 않았다. 동등한 권리의 요구는 점차 마음속 소망에서 커다란 외침으로 발전하였으나, 그들이 분명하게 권리를 외치면 외칠수록 요구는 그만큼 단호하게 거절되었다. 곧 사람들은 순순한 권리 보장을 바랄 수 없음을 알수 있었고, 거절된 것을 기어코 받아내려는 희망은 틀린 것이 아니었다. 하지만 당시 로마의 상황은 이 희망을 실현하려는 생각을 전혀 허용하지 않았다. 이탈리아에서 시민과 비시민의 비율을 정확하게 파악할 수는 없지만, 확실한 것은, 시민의 수는 이탈리아 동맹시민의 수에 비추어 크게 적지 않았으며, 대략 40만 명의 무장가능 시민에 대해 최소 50만 명, 아마도 60만 명의 무장가능 동맹시민이 있었을 것이다.[1]

---

[1] 이 숫자는 로마 건국 639년(기원전 115년)과 로마 건국 684년(기원전 70년)의 호구조사 기록에서 얻은 것이다. 무장 가능 시민은 로마 건국 639년에 39만 4,336명이고, 로마 건국 684년(기원전 70년)에 91만 명이다(Phlegon 단편 13 Müller에 따른 것인데, 이 문장을 클리톤Cliton과 그의 필사자가 잘못하여 로마 건국 668년의 호구조사로 보았다. 리비우스 ep. 98에 따라 숫자는 바로 잡은 판독에 의하면 90만 명이다). 확인된 두 숫자 사이에 있는 유일한 숫자는 로마 건국 668년(기원전 86년)의 것으로 히에로뉘무스에 따르면 46만 3,000명인데, 이는 아마도 호구조사가 혁명의 위기 속에 실시되었기 때문에 적게 잡힌 것이 아닐까 한다. 로마 건국 639년(기원전 115년)에서 로마 건국 684년(기원전 70년)까지 이탈리아에서 인구 증가는 고려할 여지가 없으며, 또한 술라의 토지 분배는 기껏해야 전쟁이 앗아간 인구를 메운 정도였기 때문에, 50만 명이 넘는 무장 가능 시민의 증가는 분명 두 시점 사이에 실시된 동맹시민의 수용으로밖에 설명되지 않는다. 하지만 이런 끔찍한 몇 해 동안 이탈리아의 총인구는 오히려 감소했을 개연성이 매우 높다. 만약 전체 손실 인구를 10만 명의 무장 가능 인구로 잡으면 동맹시 전쟁 시점에 이탈리아에서 시민과 비시민의

이런 인구비율이 유지되는 한에서 로마시민의 언급할 만한 외적은 단 하나도 없었으므로, 개별 도시 공동체와 지역 공동체로 무수히 쪼개지고 무수한 공적 사적 관계로 로마와 연결된 이탈리아 동맹시들이 집단행동에 이르기는 불가능하였다. 또한 정부는 불만이 가득한 까다로운 복속민들을 잘 조직된 시민을 통해, 혹은 속주들이 제공하는 엄청난 재원을 통해, 혹은 주변의 공동체들을 통해 통제하는 절제와 지혜를 보여주었다.

이탈리아 동맹시민들과 로마 당파

따라서 로마가 혁명으로 흔들리기 시작하기 전까지는, 이탈리아 동맹시민들은 조용했다. 하지만 혁명이 시작되자, 이탈리아 동맹시민들도 권리평등을 얻으려고 이쪽저쪽을 지지하며 로마 혁명 당파들의 난리법석에 개입했다. 이들은 공동관심 때문에 처음에는 민중당파를, 나중에는 원로원당파를 지지했고, 양쪽 모두에게서 별 소득을 얻지 못했다. 이 과정에서 이탈리아 동맹시민들이 분명 알게 된 것은 양 당파의 최고위는 이탈리아 동맹시민들의 요구가 가진 정당성과 합리성을 인정하면서도 막상 이를 귀족당파든 민중당파든 당파의 대중들을 설득하고 실현할 능력이 없었다는 것이다. 또 이탈리아 동맹시민들은 더없이 천부적인, 더없이 열정적인, 더없이 환영받던 로마 정치인들

비율이 2:3이다. 이는 결코 과장이 아니다.

도 이탈리아 문제의 감독관이 되자마자 그들의 열렬한 추종자들로부터 버림받고 몰락하는 것을 목도하였다. 30년의 혁명과 복고의 온갖 흥망성쇠를 겪으며 정부는 상당히 붕괴되고 다시 수립되었으며, 그때마다 정책이 달라지긴 했지만, 늘 운전대를 잡은 것은 옹졸함과 단견이었다.

이탈리아 동맹시민과 과두정

이탈리아 동맹시민들은 로마가 그들의 요구를 들어주리라고 기대한 것이 얼마나 헛된 일이었는지를 무엇보다 가장 최근의 상황을 통해 분명히 확인했다. 이탈리아 동맹시민들의 희망이 혁명당파의 희망과 하나가 되었다가 후자를 통한 실현이 대중의 몰이해로 좌초되었을 때조차, 이들은 아직 희망을 버리지 않았다. 과두정이 청원 자체가 아니라 다만 청원자들에게 적대감을 가졌을 뿐이며, 지혜로운 국가가 과두정의 본질에 충실한, 원로원에 이로운 조치를 마련할 것이라고 믿었다. 하지만 슬프게도 원로원이 다시 한번 거의 무제한적인 권력을 휘두르게 된 마지막 몇 년 동안, 로마 과두정의 의도는 너무나 적나라하게 드러났다. 이탈리아 동맹시민들은 유화정책을 희망했지만, 로마 건국 659년(기원전 95년) 집정관은 비시민에게 시민권 요구를 엄격하게 금하는 법률을 통과시켰고, 위반자는 재판과 처벌을 가하도록 하였다. 이 법률은 평등 문제에 큰 관심을 가진 상당수의 저명한 사람들로 하여금 로마 편을 떠나 이탈리아 편에 서도록 만들었고, 이에 담긴 법률적 명확성과 정치적 비상식은 미국을 모국으로부터 완전히 독립시킨 저 유명한 법률조항과 완벽하게 동일한 것으로 후자와 마찬가지로 내전의 원인이 되었다. 더욱 고약한 것은 이 법률의 입법자가 완고하고 고집스러운 귀족당파가 아니라는 점이다. 그 입법자는 다름 아니라 지혜롭고 널리 존경받던—마치 조지 그렌빌과 같은—인물, 타고난 법률가였으나 운명에 이끌려 정치가가 된 인물 퀸투스 스카이볼라였다. 그는 그의 존경스럽고도 위험천만한 정직함으로 먼저 원로원과 기사계급의 전쟁에, 이어 더없이 뜨거운 로마인과 이탈리아인의 전쟁에 불을 붙였다. 또 다른 입법자는 연설가 루키우스 크라수스였다. 그는 드루수스의 친구이자 동지였으며, 귀족당파 가운데 누구보다 온건하고 합리적인 인물에 속하였다.

이탈리아 동맹시민들과 드루수스

이 법률과 이로부터 촉발된 수많은 소송들으로 이탈리아 전역에서 끓어오른 격한 소요의 한 가운데에서 마르쿠스 드루수스는 이탈리아 동맹시민들에게 희망의 별로 떠올랐다. 이제 보수성향의 인물이 그락쿠스 형제의 개혁사상을 받아들이고 이탈리아인들의 권리평등을 주창하는, 거의 상상할 수조차 없던 일이 벌어지고 있었다. 최고 귀족의 사내는 시킬리아 해협에서 알프스까지의 전체 이탈리아인들과 그 정부를 한꺼번에 해방시키고 이런 대범한 개혁계획의 실현을 위해 모든 열정을 바쳐 헌신하겠노라고 다짐했다. 이야기되는 것처럼 그가 실제로 비밀결사 조직을 이끌었다는 것, 조직이 전체 이탈리아에 퍼져 있고 조직원들이 공동사업과 드루수스를 지지하겠다는 충성서약[2]까지 했다는 것은 확인되지 않는다. 사실 그가 로마 정무관으로서 용서받을 수 없는 그렇게까지 위험한 일을 벌이지는 않았겠지만, 그래도 분명한 것은 그가 단순한 약속만을 하지 않았다는 것이며, 아마도 그의 동의 없이 이루어지고 그의 의지에 반한 일이지만, 매우 유감스러운 결사가 그의 이름을 중심으로 만들어졌다는 것이다. 드루수스가 원로원 의원 대다수의 동의를 받아 그의 첫 번째 법률안을 통과시켰을 때 이를 들은 이탈리아는 환호하였다. 그리고 얼마 지나지 않아 갑작스러운 병으로 누웠던 호민관이 회복되었을 때 이탈리아의 모든 공동체는 더욱 크게 환호하였다. 하지만 드루수스의 향후 계획들이 드러나자, 상황은 급 반전했다. 그는 핵심 법률안을 감히 제안할 수 없었다. 그는 이를 미루어야 했고, 주저하지 않을 수 없었다. 곧이어 그는 물러나지 않을 수 없었다. 원로원의 다수가 확신하지 못했고 그들의 영

---

[2] 서약 문구가 전해진다(Diod. Vat. p. 128). 문구는 다음과 같다. "나는 카피톨리움의 유피테르와 로마의 베스타와 조상들의 마르스와 생산하는 태양과 양육하는 대지와 도시 로마의 신성한 건설자들과 확대자들(신주들)에게 맹세한다. 드루수스에게 친구이거나 적인 자들은 나에게도 친구이거나 적이다. 또한 나는 드루수스를 비롯하여 이 서약의 동지들에게 이익이 되지 않는다면 내 자신의 목숨도 내 아이들의 목숨도 내 부모의 목숨도 돌보지 않을 것이다. 하지만 내가 드루수스의 법에 따라 시민이 된다면, 나는 로마를 나의 고향처럼 모시며, 드루수스를 내 은인들 중에서도 제법 큰 은인으로 여길 것이다. 나는 내가 할 수 있는 만큼 동료시민들에게 이 맹세를 바친다. 내 맹세가 참되다면, 나는 무사할 것이며, 내 맹세가 거짓이라면 나는 불행해질 것이다." 하지만 이 보고를 조심스럽게 받아들이는 것이 좋겠다. 이 보고는 필립푸스가 드루수스를 탄핵하던 연설들에서 인용된 것일 수 있다. 이 문구를 인용한 사람에 의해 '필립푸스의 맹세'라는 제목이 붙은 것으로 보이는데 무의미하다. 아니면 기껏해야 로마에서 열린 반역재판의 후대 기록에서 유래한 것일 수도 있다. 하지만 후자의 경우 여전히 의문으로 남는 것은 이 서약 문구가 피고들의 심문에서 나왔느냐 혹은 피고들의 고발에서 나왔느냐 하는 것이다.

수를 떠나겠다고 위협했다고 전해진다. 빠르게 이어진 사건 소식들이 차례대로 이탈리아 공동체들로 전파되었다. 통과되었던 법들은 무효화되었다는 소식이, 자본가들은 어느 때보다 절대적인 힘을 가지게 되었다는 소식이, 암살자의 손에 호민관이 공격을 당하였다는 소식이, 그가 죽었다(로마 건국 663년, 기원전 91년 가을)는 소식이 숨 가쁘게 이어졌다.

로마에 맞선 반란 : 준비 과정

조약을 통해 로마 시민체에 받아들여질 마지막 희망은 마르쿠스 드루수스와 함께 무덤에 들어갔다. 보수적이면서 열정적인 사내가 매우 유리한 상황에서도 그가 속한 당파를 설득할 수 없었던 만큼, 이제 평화적 수단으로 얻을 수 있는 것이 없었다. 이탈리아 동맹시들에게 남은 유일한 선택지는 참고 인내하며 지내거나 아니면 35년 전 프레겔라이의 멸망과 함께 꺼져버린 불씨를 다시 한번, 가능하다면 모두가 힘을 모아, 살려내어 무기를 들어 로마를 멸망시키고 그 유산을 차지하거나 아니면 적어도 최소한 대등한 시민권을 얻어내는 것이었다. 후자의 결정은 물론 절망어린 결단이었다. 당시 상황에서 개별 도시 공동체가 로마 정부에 맞서 반발한 것은 미국 식민도시들이 영국 제국주의에 맞서 저항했을 때보다 훨씬 더 가망이 없는 일이었다. 외견상으로 로마 정부는 약간의 노력과 조치로도 이 두 번째 반란자들에게 먼젓번과 같은 운명을 선사할 수 있었다. 하지만 가만히 앉아 사태를 그렇게 흘러가도록 놓아두는 것 또한 못지않게 절망 어린 결단이 아니었을까? 로마인들이 평상시에도 이탈리아에서 무례하게 행동함을 기억하고 있던 이탈리아인들은, 이제 각 이탈리아 도시의 유력인사들과 드루수스가 맺은 혹은 맺었다고 알려진—사실 결과를 놓고 볼 때 둘은 매한가지였다—협정이 이제 권력을 장악한 당파의 공격을 받고 그래서 반역으로 규정된 마당에, 달리 무엇을 할 수 있었을까? 이 비밀 협정에 가담한 자들 모두에게, 아니 가담했다는 혐의를 받던 이들 모두에게 남은 선택지는 전쟁을 시작하거나 아니면 처형 도끼를 휘두르는 자 앞에 목을 내미는 것이었다. 게다가 지금 이 순간 전체 이탈리아가 참여하는 전면적 봉기를 위해 상대적으로 유리한 여건이 형성되어 있었다. 로마인들이 광범위한 이탈리아들의 동맹관계를 얼마나 분열시켜 놓았는지 우리는 아직 정확하게 알지 못한다(제2권 274쪽). 하지만 가능성이 작아 보이지 않는바, 마르시 사람들, 파일리그니 사람들, 아마도 삼니움 사람들과 루카니 사람들은 당시 아직까지, 비록 정치적으로는 중요하지 않은 일이었겠지만, 부분적으로 단순히 축제 공동체나 제사 공동체로 파악되는 동맹관계를 유지하고 있었을 것이다. 반란 초기는 늘 그렇듯 이런 연대들에서 거점을 마련하였다. 하지만 이들 연대를 저지하기 위해 로마인들이 빠른 조치를 취했다고 누가 말할 수 있겠는가? 더군다나 드루수스가 이끌었다고 하는 비밀 결사는 이제 드루수스라는 실제적 우두머리 혹은 가능적 우두머리를 잃었지만, 계속해서 유지되었고 반란의 정치적 조직 결성을 위한 중요한 발판이 되었다. 반면 군사적 조직은 각 동맹시가 독자적인 군대와 검증된 병사들을 거느리고 있다는 점과 연결시킬 수 있었다. 로마에서는 진지한 어떤일도 일어나지 않았다. 아마도 이탈리아에서 불안한 움직임이 일어나고 동맹공동체들끼리 서로 눈에 띄는 교류가 일어나고 있음을 감지했을 것이다. 서둘러 시민에게 무장하라 명하는 대신 통치자들은 전통적인 방식에 따라 정무관들의 각성을 촉구하고 염탐꾼들을 파견하여 좀 더 정확하게 사정을 파악하려고만 하였다. 수도 로마는 완전히 무방비 상태였고, 드루수스와 아주 친밀했던 동지들 가운데 한 사람이자 마르시 출신의 의지 결연한 장교인 퀸투스 폼파이디우스 실로는 옷 속에 무기를 감춘 충성스러운 사내들을 이끌고 수도 로마에 잠입하여 순식간에 로마를 장악하려는 계획을 세웠다고 한다. 따라서 반란을 위한 준비가 시작되었다. 협정이 맺어졌고, 은밀하고 차분하게 무장이 준비되었다. 하지만 반란은 흔히 그러하듯 지도자들이 생각하는 것보다 일찍 우연한 사건을 계기로 시작되었다.

아스쿨룸 : 반란의 시작

대리 집정관 권한을 가진 로마 법무관 가이우스 세르빌리우스는 정보원들로부터 아브루초 지역의 아스쿨룸(오늘날의 아스콜리)이 인근 공동체로 인질들을 보내고 있다는 소식을 듣고 부관 폰테이우스 등 몇몇 수행원들을 데리고 그곳으로 향했다. 그리고 마침 대규모 축제 때문에 극장에 모인 군중들을 향해 큰소리로 위협적인 연설을 했다. 너무도 잘 알려진 권표와 너무도 진지하기만 한 위협 연설은 수백 년 동안 켜켜이 쌓인 증오에 불을 붙였다. 로마 정무관들은 극장에 모인 수많은 관객에게 갈기갈기 찢겼고, 무서운 만용으로 화해의 다리가 모두 끊어진 것을 확인하자마자, 시당국은 도시 성문을 닫을 것을 명령했고 아스쿨룸에 머물던 모든 로마인은 살해당했으며, 그 재산은 약탈당했다. 들판의 불길처럼 폭동은 반도를 휩쓸었다. 앞장선 이들은 다수를 차지한 용감한 마르시 사람들이었고, 규모는 작지만 핵심을 이룬 아브루초 동맹도시들, 파일리그니 사람들, 마루키니 사람들, 프렌타니 사람들, 베스티니 사람들도 동참했다. 앞서 언급한 용감하고 영리한 사내 퀸투스 실로가 이런 운동의 중추였다. 제일 먼저 로마에 선전포고를 한 것은 마르시 사람들이었고, 나중에도 이 전쟁의 이름은 마르시 전쟁으로 기록되었다. 이를 삼니움 사람들이 뒤따랐고, 리리스의 공동체들과, 칼라브리아에서 아풀리아에 이르는 아브루초 전체가 뒤를 이었다. 그리하여 중부 이탈리아와 남부 이탈리아 전체가 로마에 대항하여 무기를 들었다.

친로마적인 이탈리아 동맹시들

반면 에트루리아 사람들과 움브리아 사람들은, 앞서도 이미 드루수스에 맞서 기사계급에 동조하였던 것처럼(제5권 328쪽), 로마에 동조했다. 눈에 띄는 점은, 이 지역들은 이미 오래전부터 토지귀족과 자본귀족이 압도적으로 우세했고, 중산층은 완전히 소멸하였지만, 이에 반해 아브루초 지역에서는 자영농이 이탈리아의 다른 어느 곳에서보다 건강하고 신선하게 유지되고 있었다는 것이다. 자영농 계층과 중산층 일반은 봉기를 이어가는 핵심세력이었는데 반해, 자치도시 귀족계급은 아직까지도 여전히 수도 로마 정부와 손을 잡고 있었다. 따라서 봉기한 지역의 소수 공동체들만이, 봉기한 공동체에서 소수의 사람들만이 로마와의 동맹을 부여잡고 있었다는 것은 아주 자명한 사실이었다. 예를 들어 베스티니 지역의 핀나는 로마를 지지하며 힘겨운 포위공격을 막아내고 있었고, 히르피니 지역에서 만들어진 충성파 군대는 아이클라눔의 미나투스 마기우스의 지휘 아래 로마 군단이 캄파니아에서 벌이는 작전을 돕고 있었다. 마지막으로 로마를 지지한 것은 최고 권리의 동맹시들이었는데, 캄파니아의 놀라와 누케리아, 희랍계의 해안도시인 네아폴리스와 레기온, 알바롱가와 아이세르니아 등 대부분의 라티움 식민시들이었다. 한니발 전쟁 당시에도 라티움계와 희랍계 도시들은 대부분 로마를 지지했었고, 사비눔계 도시들은 로마에 대항했었다. 선조들은 이탈리아 지배를 귀족적 신분구별에 기초하여 수립하였고, 종속의 능숙한 서열구분에 따라 최고 권리의 공동체들이 열등한 권리의 공동체들을 지배하게 하였고, 각 공동체의 시민들을 자치도시 귀족계급의 지배하에 두었다. 로마 건국 4세기와 5세기의 정치가들이 쌓아 올린 건축물이 얼마나 튼튼하고 강력한지를 평가할 완벽한 기회가 이제 비로소, 전례 없이 형편없는 귀족통치 아래에서 주어졌다. 건축물은 여러 방면에서 흔들렸지만 그럼에도 아직은 이 격류를 이겨내고 있었다. 좀 더 나은 권리를 누리던 도시들이 첫 번째 타격에도 여전히 로마를 버리지 않았지만, 이는 이들이 한니발 전쟁 때처럼 여전히 로마에 대한 충성을 잃지 않고 오랜 시간 심각한 패배에도 이를 견지하리라는 것을 의미하지는 않았다. 불의 시험은 아직 시작되지도 않았다.

반란을 대하는 로마인들의 태도

첫 번째 유혈사태가 일어난 뒤 이탈리아는 크게 두 개의 진영으로 나뉘었다. 우리가 보는 바와 같이 아직 이탈리아 동맹시들은 하나의 통일된 반란세력이라고 하기에는 부족한 것이 많았지만, 그럼에도 반란은 지도자들의 희망을 뛰어넘는 확장세를 보였고, 반란세력은 로마 정부를 상대로 합리적 협정의 제안을 생각할 수 있을 만큼은 되었다고 해도 과언이 아니었다. 그들은 로마로 사절단을 보내 로마시민권을 받는 조건으로 무기를 내려놓겠다고 자청했다. 하지만 허사였다. 로마는 완고하고 옹졸하게도 로마에서 오랫동안 보이지 않던 공동체 의식이 갑자기 되살아난 것처럼, 복속민의 정당한 요구를, 지금은 더욱이 강력한 무력이 떠받치고 있는 요구를 거절하는 데 뜻을 모았다. 이탈리아 반란의 직접적인 결과는 정부 정책이 아프리카와 갈리아에서 겪었던 패전 직후와 비슷했는데(제5권 218쪽, 271쪽), 소송 전쟁의 시작이었다. 이를 수단으로 재판권을 쥔 귀족계급은 옳고 그름과 무관하게 이런 불행의 직접적인 원인이라고 지목된 인사들에게 보복을 가했다. 호민관 퀸투스 바리우스의 제안에 따라 원로원 지도층의 반대와 호민관의 거부권에도 불구하고 국가반역 특별위원회가 설치되었다. 이 특별위원회는 설치를 지지하며 공개적인 폭력을 행사하던 기사계급으로 자연스럽게 구성되었고, 드루수스에서 시작되어 로마와 이탈리아에 퍼져나간 반역자들의 조사에 착수했다. 반역자들로부터 이탈리아의 반란이 야기되었는바, 이는 이탈리아의 절반이 무기를 들고 있는 지금, 모든 놀라고 분노한 시민들에게 의심의 여지 없이 국가반역으로 보였다. 이 특별위원회의 판결은 원로원의 중도파를 상당수 없애버렸다. 거명할 만한 사람으로 드루수스의 친구이자 젊고 유능했던 가이우스 코타는 망명을 떠났고, 백발의 마르쿠스 스카우루스는 똑같은 운명을 겨우 피했다. 드루수스의 개혁을 지지하던 원로원 의원들에 대해 의심은 계속 이어져, 이 사건 직후 집정관 루푸스가 전장에서 원로원에 보고한 내용에 따르면, 군영의 최고 귀족들과 반역자의 내통이 계속되고 있다고 보고할 정도였다. 로마 국가가 이탈리아 동맹시들이 아니라 당파 갈등에 의해 더욱 크게 흔들렸다는 미트라다테스 왕의 주장도 틀리지 않을 수 있었다.

하지만 우선 내란의 발발과 국가반역 특별위원회의 공포정치는 적어도 통합과 힘의 외관을 만들어냈다. 당파 간의 갈등은 잠잠해졌다. 가이우스 마리우스 같은 민주당파, 루키우스 술라 같은 귀족당파, 푸블리우스 술키피우스 같은 드루수스의 친구들 등 다양한 성향의 장교들도 국가의 일에 참여했다. 이 시기에 민회 의결에 따라, 곡물 분배는 국가 재정을 전쟁에 투입하기 위해서 상당히 축소되었다. 그것은 그만큼 매우 필수적이었는데, 위협적 태도의 미트라다테스 왕이 아시아 속주를 언제라도 차지하여, 이를 통해 로마국고의 주요 수입원 가운데 하나를 점령할 수 있었기 때문이다. 국가반역 특별위원회를 제외한 법정은 모두 원로원 의결로 잠정적으로 폐쇄되었다. 모든 상업 행위는 중단되었고, 사람들은 오로지 병사들의 징집과 무기의 제조에

만 동원되었다.

반란세력들의 정치조직

수도 로마가 목전에 다가온 힘겨운 전쟁을 내다보며 스스로를 단단히 조이는 동안, 반란세력들은 좀 더 힘겨운 문제를 풀어야 했다. 전투를 벌이면서 동시에 정치적으로 스스로를 조직하는 일이었다. 마르시, 삼니움, 마루키니, 베스티니 지역의 중앙에, 반란 지역의 심장에 위치한 파일리그니 사람들의 영역에, 아테르누스강의 아름다운 평원에 놓인 코르피니움 도시가 반로마 거점으로 혹은 수도 이탈리아 시로 선택되었고, 수도의 시민권은 모든 반란세력에 속한 시민들에게 부여되었다. 여기에 상응하는 규모에 맞추어 시장과 원로원 청사가 들어섰다. 500명으로 구성된 원로원은 헌법 제정이라는 과제를 맡았고, 전쟁의 최고지휘부가 되었다. 원로원의 규칙에 따라 민회는 원로원 의원급 가운데 열두 명의 집정관과 두 명의 법무관을 선출하였는데, 이들은 로마의 두 집정관과 여섯 법무관처럼 전쟁 시와 평화 시의 최고 행정권을 맡았다. 행정언어로는 이미 마르시 사람들과 피케눔 사람들에게 보편적으로 쓰이고 있던 라티움어가 채택되었다. 하지만 당시 남부 이탈리아에서 우세하던 삼니움어도 라티움어와 똑같은 권리를 가졌으며, 두 언어는 은화에 교대로 주조되었다. 그들은 로마의 전례에 따라 로마의 단위를 사용하여 새로운 국가 이탈리아의 이름을 은화에 새겨넣었다. 이로써 로마가 지난 200년 동안 독점하던 조폐권은 부정되었다.

　이러한 사정들로부터 명백한 것은, 매우 자연스러운 일인바, 이탈리아인들이 로마인들과 동등한 권리를 얻기 위해 투쟁하지 않았다는 점이다. 그들은 이를 없애버리거나 굴복시키고 새로운 국가를 건설하려고 생각하고 있었다. 하지만 또한 분명한 것은 그들의 국헌이 로마 국헌의 단순한 복제품 혹은, 같은 이야기지만, 기억할 수 없는 오랜 옛날부터 이탈리아 민족들에게 전해 내려온 익숙한 정치제도에 지나지 않았다는 점이다. 그러니까 그것은 국가 제도라기보다 도시조직이었다. 로마의 민회와 같은 어리석고 무가치한 민회를 갖춘, 로마의 원로원과 같은 과두정의 요소를 내포하는 통치자 회합을 갖춘, 로마와 같이 다수의 경쟁적 최고 정무관들에 의해 집행되는 행정부를 갖춘 조직으로, 아주 작은 부분까지도 모방하였다. 예를 들어 최고 행정을 맡은 정무관이 가진 집정관 칭호 혹은 법무관 칭호를 이탈리아 장군들도 승전 이후에 마찬가지로 승전장군으로 변경하였다. 명칭 말고 달라진 것은 없었다. 반란세력이 발행한 화폐 위에 같은 신상이 새겨졌고 'Roma' 대신 'Italia'라는 문구가 보였다. 원본 로마와 복사본 로마가 가진 장점이라 할 수 없는 차이점은 원본 로마는 아무튼 도시적 발전을 통해 도시와 국가의 부자연스러운 중간 형태에 적어도 자연적인 과정을 거쳐 도달하였다면, 새로운 이탈리아는 반란세력의 회합 장소에 지나지 않았고 순전히 법적 가상을 통해 이탈리아반도의 거주민들을 새로운 수도의 시민이라고 도장을 찍어준 것뿐이었다. 주목할 만한 것은 갑작스럽게 다수의 개별 공동체들이 하나의 새로운 정치 단위로 융합되면서 근대적 의미의 대의정치 이념에 근접했으면서도 그런 어떤 흔적도 나타나지 않았고, 오히려 정반대의 모습을 보여주었고,[3] 단지 지방자치 조직이 이제까지보다 더 나쁜 방식으로 재생산되었다. 고대인들에게 자유 국가는 민회에 주권 인민이 직접 참여하는 것 혹은 도시국가를 의미한다는 점이 아마도 이때만큼 극명하게 드러난 적은 없었다. 인민 주권을 대표자 회의를 통해 표현하는 오늘날의 공화국 이념, 오늘날 자유 국가의 존립을 규정하는 이념은 전적으로 완벽하게 근대적 산물이라는 점도 그러하다. 이탈리아 국가 건설은 어느 정도 대표성을 가진 원로원을 통해, 그리고 민회의 약화를 통해 근대의 자유 국가에 다가서고 있었지만, 당시 로마도 이탈리아도 한계를 극복하지는 못했다.

기원전 91/90년의 전쟁 준비

그리하여 드루수스가 사망하고 몇 달 후, 로마 건국 663/664년(기원전 91/90년) 겨울, 반란세력이 발행한 화폐에 새겨진 것처럼 사비눔 황소와 로마 늑대의 전투가 시작되었다. 양측은 열심히 전투를 준비하였

---

[3] 우리가 가진 정보들이 부족하기는 하지만—그중 디오도로스(p. 538)와 스트라본(5, 4, 2)은 최고의 사료다—이것이 분명히 확인된다. 예를 들어 후자가 분명하게 밝히고 있는바, 시민들이 정무관을 뽑았다. 이탈리아의 원로원은 로마의 원로원과 다른 방식으로 구성되었고 다른 방식의 권능을 가지고 있었다는 주장도 있지만, 입증되지는 못했다. 반란세력들은 첫 번째 회합에서 당연히 반란 도시들의 어느 정도 동등한 대표성을 인정하려고 고민했을 것이다. 하지만 원로원 의원들이 법률적 위임을 받아 공동체들로부터 파견되었는지는 전해지는 바가 없다. 국헌 제정의 임무가 원로원에 맡겨졌다는 사실이 정무관에 의한 법률 공포와 민회의 비준을 배제하지는 않는다.

다. 이탈리아는 막대한 양의 무기, 군량, 자금을 준비하였다. 속주들로부터, 특히 시킬리아로부터 필요한 군비가 로마로 운반되었으며, 만약의 경우를 대비하여 오랫동안 방치되어 있던 도시 성벽의 방어태세가 정비되었다. 양측의 전력은 어느 정도 균형을 이루었다. 로마인들은 이탈리아 보충 병력의 공백을 부분적으로 시민 징집률을 높여 보충하는 한편, 알프스 이쪽 갈리아의 거의 완전히 로마화된 주민들을 징집하였는데 1만 명의 병사[4]가 캄파니아 군단에 배치되었다. 또 누미디아 보충병을 비롯하여 바다 건너 다른 민족들이 합류했으며, 희랍과 소아시아의 자유도시들로부터 협력을 받아 전투함대를 구성했다.[5] 양측은 수비군을 제외하고 각각 10만 명까지 동원할 준비를 마쳤고[6] 이탈리아의 병사들의 용기와 전술과 무장은 로마에 전혀 뒤지지 않았다.

---

[4] 아스쿨룸에서 발견된 납 탄환은 스트라보의 군단에도 상당수의 갈리아 병사들이 포함되어 있었음을 증명한다.

[5] 우리에게 아직까지 전해지는 로마 건국 676년(기원전 78년) 5월 22일의 로마 원로원 의결에 따르면, 원로원은 카뤼스토스, 클라조메나이, 밀레토스에서 온 3명의 희랍 함장들에게 로마 건국 664년(기원전 90년)의 이탈리아 전쟁 발발 이래 그들이 보여준 충성심과 헌신에 대해 명예와 특권을 수여했다. 또한 흑해의 헤라클레이아에서 이탈리아 전쟁에 두 척의 삼단노선이 징발되었고 이들 삼단노선은 참전 11년차에 풍성한 전리품을 가지고 귀향했다는 멤논의 보고도 같은 종류였다.

[6] 아피아누스의 이런 보고가 과장이 아니라는 점은 아스쿨룸의 납 탄환이 증명하는데, 여기에 제15군단이 다른 군단들과 함께 거명되었다.

양측의 병력 구성

전쟁 수행은 반란 세력에게나 로마에게나 매우 힘들었다. 반란 지역이 너무 넓었고, 그래서 로마 편으로 구분되는 요새들은 많은 수에도 불구하고 넓은 지역에 흩어져 있었기 때문이다. 반란세력은 병력을 크게 분산시켜 요새 공성전을 펼치며 시간을 들여 넓게 벌어진 전선을 연결하지 않을 수 없었고, 로마인들은 제대로 집중되지 않은 반란 세력을 모든 반란 지역에서 맞서지 않을 수 없었다. 군사적으로 반란 지역은 북부 지역과 남부 지역으로 양분되었다. 북부 지역은 피케눔과 아브루초에서 캄파니아 북쪽 경계에 이르는 라티움어 사용 지역으로 이탈리아 측은 마르시의 퀸투스 실로가, 로마 측은 푸블리우스 루틸리우스 루푸스가, 둘 다 집정관으로서 최고 명령권을 행사했다. 남부 지역은 캄파니아, 삼니움어를 사용하는 지역 전체를 포함하는 지역으로 반란세력의 집정관으로 삼니움 사람 가이우스 파피우스 무틸루스가, 로마의 집정관으로 루키우스 율리우스 카이사르가 지휘했다. 이탈리아 측의 두 최고 명령권자는 6명의, 로마 측은 5명의 부사령관들을 두었고 후자의 부사령관들 각각은 특정 작전 구역의 공격과 방어를 담당하였지만, 집정관 예하 군단들은 좀 더 자유롭게 결단을 내리고 작전을 펼칠 수 있는 성격의 부대였다. 더없이 존경받던 로마 장교들, 예를 들어 가이우스 마리우스, 퀸투스 카툴루스, 히스파니아 전쟁에서 단련된 두 명의 전임 집정관 티투스 디디우스와 푸블리우스 크라수스 등을 집정관들은 예하 군단의 지휘관으로 기용할 수 있었다. 이탈리아 측에는 이렇게 대단히 유명한 이름들에 대적할 만한 인물은 없었지만, 전쟁의 결과는 이탈리아의 장군들도 로마의 장군들에게 군사적으로 결코 뒤지지 않았음을 말해준다.

전선이 대단히 넓게 흩어진 전쟁에서 공격측은 대개 로마였지만, 로마에게도 결정적 승리는 전혀 없었다. 로마도 군대를 집결시켜 우세한 공격을 반란세력에게 가하지 않았으며, 반란세력도 라티움으로 진군하여 적의 수도를 공격하려는 시도를 하지 않았음이 분명하다. 우리는 양측의 사정에 대해 아는 정보가 너무 적어서, 달리 행동을 취할 수 있었는지, 취한다면 어떻게 취했을지, 로마 정부의 안이함과 동맹공동체들과의 느슨한 관계가 전쟁 수행의 통일성 결여에 어느 정도 영향을 미쳤는지를 판단할 수 없다. 분명한 것은, 이러한 체계에서 승리와 패배가 반복될 뿐 결정적인 마무리는 요원한 일이었다는 점이다. 이에 못지않게 분명한 것은, 개별 전투를 때로는 동시적으로, 때로는 단독으로, 때로는 연계하여 펼치는 군대가 흩어져 있던 이 전쟁에 관한 전승은 유례가 없을 만큼의 파편적이기 때문에 우리는 전체적인 그림을 그릴 수 없다는 점이다.

전쟁의 시작

첫 번째 공격 목표는 당연히 반란 지역에서 아직 로마를 편들고 있던 요새들이었고, 이 요새들은 농지로부터 이동 가능한 물건들을 도시로 옮겼고 서둘러 성문을 닫았다. 실로는 마르시 인들을 옥죄기 위해 세워진 요새인 알바 푸켄스를 공격했고, 무틸루스는 삼니움의 심장에 자리한 라티움 도시 아이세르니아를 공격했다. 후자에서와 마찬가지로 전자에서도 반란세력은 결연한 저항에 부딪혔다. 유사한 전투가 북부에서, 피르뭄, 하트리아, 핀나를 둘러싸고 벌어졌고, 남부에서는 루케리아, 베네벤툼, 놀라, 파이스툼에서 벌어졌다. 이 전투들이 시작되기 이전부터, 그리고 전투 중에도 계속 로마군은 반란 지역의 국경지대에 주둔하고 있었다.

캄파니아와 삼니움의 카이사르

카이사르가 지휘하는 남부군이 대부분 아직 로마를 지지하던 캄파니아에 집결한 것은 로마 건국 664년(기원전 90년)이었다. 카푸아와—그 주변에 로마 국가 재정에 매우 중요한 국유지—그밖에 좀 더 중요한 동맹시들에 수비대를 배치한 후에, 남부군은 공세로 전환하여, 삼니움과 루카니아로 마르쿠스 마르켈루스와 푸블리우스 크라수스의 지휘하에 파견된 소규모 분견대를 돕고자 하였다. 하지만 카이사르는 푸블리우스 베티우스 스카토가 지휘하는 삼니움과 마르시 부대에게 크게 패하였다. 이에 중요한 도시 베나프룸은 반란세력에게로 기울어졌고, 그들은 로마 수비대를 반란세력에게 넘겨주었다. 이 도시의 투항으로 캄파니아에서 삼니움으로 이어지던 군사도로가 끊어졌고 아이세르니아는 고립되었고, 이 요새는 이제 전적으로 지휘관 마르켈루스와 수비대의 용기와 끈기에 의존하게 되었다. 술라가 몇 년 전에 보쿠스와 싸울 때처럼 과감한 계략의 공격을 펼쳤으나, 이는 궁지에 몰린 아이세르니아에 잠깐의 여유를 주었을 뿐이다. 그럼에도 아이세르니아는 방어전을 고집스럽게 이어갔지만, 해가 바뀔 무렵 극심한 굶주림 때문에 항복하지 않을 수 없었다. 루카니아에서도 푸블리우스 크라수스는 마르쿠스 람포니우스에게 패하여 급하게 그루멘툼으로 피할 수밖에 없었고, 길고 힘겨운 농성전에 돌입하게 되었다. 아풀리아 등 남부 지역을 로마는 속절없이 모두 넘겨줄 수밖에 없었다. 반란 세력은 확대되었다.

무틸루스가 삼니움 부대를 이끌고 캄파니아로 진입하였을 때, 놀라의 시민들은 항복하였고, 그에게 로마 수비대를 넘겨주었다. 수비대장은 무틸루스의 명령으로 처형되었고, 수비대는 승리한 병사들에게 넘겨졌다. 누케리아는 로마에 편에 섰고 이 하나만 제외하고 베수비우스에 이르는 캄파니아 전체를 로마는 상실했다. 살레르눔, 스타비아이, 폼페이, 헤르쿨라네움은 반란세력에게 지지선언을 했다. 무틸루스는 베수비우스 북쪽까지 진군하였고 삼니움과 루카니아 부대를 데리고 아케라이에 주둔하였다. 카이사르 군단에 속했던 누미디아 병사들이 집단으로 탈영하여 무틸루스 쪽으로 넘어가는 일이 벌어졌다. 그러니까 그들은 유구르타의 아들 옥쉰타스에게 달아난 것인데, 그는 베누시아 함락 때 삼니움 사람들에게로 넘어갔고 왕의 자색 옷을 입고 삼니움 전선에 등장했던 것이다. 카이사르는 아프리카 부대를 통째로 귀향시키지 않을 수 없었다. 한편 무틸루스는 심지어 로마군 숙영지를 공격하는 과감성을 보여주었지만 패하였고, 철수 과정에서 로마 기병에게 후면을 노출하면서 약 6,000명의 삼니움 병사들을 전장에서 잃었다. 로마가 이 전쟁에서 거둔 첫 번째 승리였다. 군대는 지휘관을 승전장군이라고 연호하였고 수도에서도 깊이 가라앉았던 사기가 되살아났다. 하지만 승리한 로마군은 얼마 지나지 않아 도강하던 중에 마리우스 에그나티우스의 공격을 받아 심각한 패전을 경험했고, 테아눔까지 퇴각하여 거기서 다시 군대를 정비해야 했다. 하지만 진취적인 집정관의 노력 덕분에 군대는 겨울이 시작되기 전에 다시 아케라이의 성벽 아래 군영을 설치할 수 있었고, 거기에는 무틸루스 휘하의 삼니움 주축부대가 계속 주둔하고 있었다.

마르시 사람들과의 전투

같은 시점에 중앙 이탈리아에서도 군사행동이 시작되었다. 아브루초 사람들과 푸키누스 호수의 인근 지역민이 반란을 일으킨 곳은 수도 로마와 위험할 정도로 가까운 곳이었다. 그나이우스 폼페이우스 스트라보가 지휘하는 독립 부대는 피케눔으로 파견되어 피르뭄과 팔레리오의 도움을 받아 아스쿨룸을 위협하는 임무를 수행했다. 반면 로마 북부군의 주력부대는 집정관 루푸스의 지휘 아래 라티움과 마르시의 국경 지대에 군영을 차렸는데, 이곳은 발레리우스 대로와 살라리아 대로를 통해 적들이 수도 로마에 바로 접근할 수 있는 길목이었다. 여기에 작은 톨레누스강(오늘날의 투라노강)이 티부르와 알바 푸켄스의 사이로 지나며 발레리우스 대로를 끊었고, 레아테(오늘날의 리에티)에서 벨리누스강(오늘날의 벨리노강)으로 합류했다. 양측은 이 강을 사이에 두고 대치했다. 집정관 루푸스는 인내하지 못하고 선공을 결정했고, 군복무에 익숙하지 않는 병사들을 우선 소규모 전투로 단련시키자는 마리우스의 불편한 조언을 흘려들었다.

전투가 시작되자마자 가이우스 페르펜나 휘하의 병력 1만 명이 적에게 쫓겨 후퇴하였다. 사령관은 패전한 장군의 지휘권을 박탈하였고, 잔여 병력을 마리우스가 지휘하는 부대에 재배치해 버렸으며, 공세를 취한다는 생각을 버리지 못했다. 사령관이 지휘하는 부대와 마리우스가 지휘하는 부대는 각각 멀지 않은 곳에 놓인 두 다리를 이용하여 톨레누스강을 건너갔다. 건너오는 두 부대를 맞은 것은 마르시 부대를 이끄는 푸블리우스 스카토였다. 그는 마리우스가 톨레누스강을 건너려는 지점에 군영을 차렸다가, 마리우스의 도강 직전에 군영 보초들만 남겨놓고 빠져나와 상류 쪽으로 이동하여 군대를 숨겼다. 그는 그곳에서 집정관 루푸스의 로마 병사들이 강을 건널 때 기습하였고 적의 일부를 쓰러뜨리고, 일부를 수장시켰다(로마 건국 664년, 기원전 90년 6월 11일). 집정관과 그의 병사 8,000명이 전사했다. 마리우스는 스카토의 부재를 결국 알아채고 강을 건너 적의 보초 몇몇을 해치우고 적의 군영을 차지했지만, 이는 집정관의 손실을 보상할 수 없었다. 마리우스의 도강, 그리고 동시에 장군 세르비우스 술키피우스가 파일리그니 군대를 상대로 거둔 승리는 마르시 군대로 하여금 방어선을 약간 뒤로 물리게 하였다.

원로원 결의에 따라 루푸스를 대신하여 사령관이 된 마리우스는 적어도 적들의 연전연승은 저지하였다. 얼마 지나지 않아 마리우스와 같은 권한을 갖는 퀸투스 카이피오가 투입되었다. 그는 그가 전투를 수행하였기 때문이라기보다 드루수스에게 격하게 반대하는 모습을 보여주었기 때문에 당시 로마에서 주도권을 쥐고 있던 기사계급에게 좋은 인상을 남긴 바 있었다. 군대를 배신하려 한다는 실로의 속임수에 속아 카이피오는 함정에 빠졌고, 마르시 군대와 베스티니 군대에게 상당수의 병사를 잃고 전사하였다. 마리우스는 카이피오의 전사 이후 혼자 최고명령권을 가졌으며, 끈질긴 저항을 이어가며 적장이 유리한 기회를 활용하지 못하게 막아내며 점점 더 깊이 마르시 지역으로 들어갔다. 마리우스는 오랫동안 전투를 피했다. 하지만 마침내 전투를 벌였을 때 그는 공격하는 적을 물리쳤고, 전장에 버려진 적의 전사자들 가운데는 마루키니 사람들의 지휘관 헤리우스 아시니우스도 있었다. 두 번째 전투에서 마리우스의 부대와 남부군에 속한 술라의 부대가 함께 작전을 펼쳤고, 마르시 군대에 훨씬 더 인상적인 패배를 안겨주었다. 그들은 6,000명의 병사를 잃었다. 이날의 명예는 젊은 지휘관에게 돌아갔다. 마리우스가 전투를 시작하고 승리를 이끈 반면, 술라는 도망자들의 퇴로를 막고 이를 마무리했기 때문이다.

피케눔 전투

푸키누스 호수 근처에서 격렬하게 오락가락하며 전투가 벌어지는 동안, 스트라보가 지휘하는 피케눔 부대도 승전과 패전을 오가고 있었다. 반란세력의 수장들, 아스쿨룸의 가이우스 유다킬리우스와 푸블리우스 베티우스 스카토와 티투스 라프레니우스는 힘을 하나로 모아 피케눔 부대를 공격했고, 이를 격퇴하여 피르뭄으로 후퇴하게 만들었다. 라프레니우스가 스트라보를 군영에 묶어두는 동안, 유다킬리우스는 아풀리아로 들어가 카누시움, 베누시아 등 아직 로마 쪽에 붙어 있던 도시들을 반란세력에 합류하도록 만들었다. 하지만 로마 측은 세르비우스 술키피키우스가 파일리그니 부대를 물리치면서 한숨을 돌릴 수 있었고, 피케눔으로 진군하여 스트라보를 도울 수 있었다. 라프레니우스는 전방에서 스트라보의 공격을 받는 동안 후방에서 술키피우스의 공격을 받았다. 라프레니우스의 군영은 불태워지고, 본인도 쓰러지자, 남은 병사들은 아스쿨룸으로 어지럽게 후퇴하였다. 이후 피케눔의 전황은 이전과 완전히 달라졌다. 앞서 로마인들이 피르뭄에 묶여 있었다면, 이제 이탈리아인들이 아스쿨룸에 갇혀 버린 것이다. 따라서 전쟁은 이제 다시 공성전으로 전환되었다.

움브리아-에트루리아의 반란

마침내 해가 지나가면서 여러 갈래로 나뉘어 어려움을 주었던 전황은 남부 이탈리아와 중부 이탈리아의 두 전장에 이어 북부 이탈리아의 세 번째 전장이 추가되었다. 개전 초기 몇 달 동안 로마에 위태롭게 전개되던 상황은 움브리아의 상당수와 에트루리아의 몇몇 도시에게 반란의 기회를 제공하였다. 그리하여 로마는 움브리아로 아울루스 플로티우스를, 에트루리아로 루키우스 포르키우스 카토를 파견하지 않을 수 없었다. 하지만 이때 로마인들은 마르시나 삼니움 지역에서 마주한 것보다는 훨씬 약한 저항을 경험했고 전장에서 더없이 압도적인 힘을 과시하였다.

전쟁 첫 해의 최종 결산

첫 해의 전쟁이 이렇게 힘겹게 마무리되면서 군사적으로나 정치적으로 우울한 기억과 어두운 전망을 남겼다. 군사적으로 로마의 두 부대, 마르시 주둔군과 캄파니아 주둔군은 커다란 패전으로 크게 약화되고 사기가 떨어졌다. 북부군은 무엇보다 수도 방어를 걱정하지 않을 수 없었고, 네아폴리스에 주둔한 남부군은 반란세력이 큰 어려움 없이 마르시 지역 혹은 삼니움 지역에서 출정하여 로마와 네아폴리스의 중간에 진지를 구축할 수 있게 되자 수도와의 소통에 심각한 위협을 느꼈다. 그 때문에 적어도 쿠마이에서 로마에 이르는 통신선을 마련해야 할 필요성이 대두되었다. 반란세력은 전쟁 첫 해 동안 정치적으로 사방에서 기반을 다지는 데 성공하였다. 놀라의 전향, 크고 강력한 라티움 식민지 베누시아의 빠른 항복, 움브리아-에트루리아의 반란 등은 로마 동맹체가 내적으로 아주 깊은 곳에서부터 흔들리며 동맹체가 이 마지막 시험대를 통과하지 못하리라는 불길한 신호를 보내고 있었다. 라티움에서 캄파니아로 이어지는 해안을 따라 통신선을 구축하는 데도 로마시민은 벌써 한계상황에 내몰렸는데, 6,000여 명의 해방 노예들을 군대에 받아들였고 여전히 로마에 신의를 지키던 동맹시들에게는 심각한 희생을 요구하였다. 활의 시위를 더욱 팽팽하게 당기는 일은 모든 것을 걸지 않고는 불가능했다.

로마인들의 낙담

시민의 마음은 믿을 수 없을 만큼 무겁게 가라앉았다. 톨레누스강변의 전투 이후, 집정관을 비롯하여 그와 함께 전사한 유명한 시민들이 시신이 되어 전장에서 수도로 돌아와 매장되었을 때, 정무관들이 공적 애도의 표식으로 자주색 관복과 명예 표식을 벗어놓았을 때, 정부가 수도 로마의 시민들에게 무장하라는 총동원령을 내렸을 때, 적지 않은 시민들은 절망에 빠져 모든 것을 포기해 버렸다. 그러나 카이사르가 아케라이에서, 스트라보가 피케눔에서 승리를 거둠으로써 최악의 좌절은 피할 수 있었다. 첫 번째 승전 소식에 전해졌을 때 수도 로마의 시민들은 군복을 다시 평상복으로 갈아입었고, 두 번째 승전 소식이 전해졌을 때 공적 애도의 표식을 떼어냈다. 하지만 의심의 여지 없이 분명한 사실은, 전반적으로 로마가 이번 전쟁에서 제비를 잘못 뽑았으며, 전체적으로 원로원이나 민회에 예전 한니발 전쟁에서처럼 온갖 위기를 헤쳐나가며 조국을 승리로 이끌었던 인물이 이제는 없다는 점이었다. 사람들은 당시와 같은 도전적인 자신감으로 전쟁을 시작하기는 했지만, 당시처럼 전쟁을 마무리할 능력은 없었다. 강인한 집념, 집요한 일관성은 이제 느슨하고 비겁한 성향에 밀려나고 말았다. 전쟁 첫 해를 보내면서 이미 내외적 정치는 갑자기 바뀌어 타협으로 기울었다. 이는 분명 당시 행할 수 있는 가장 현명한 선택이었다. 무기라는 직접적 폭력 앞에 강제적으로 불리한 조건을 받아들이지 않을 수밖에 없었기 때문이 아니라, 오히려 전쟁이 목적하는바, 여타 이탈리아인들에 대해 로마인들이 가진 정치적 우선권의 영구화가 공동체 전체에 이롭기보다 해롭기 때문이었다면 말이다. 공공생활에 우리는 실수를 또 다른 실수로 무마하는 경우를 종종 마주한다. 이때도 로마인들의 완고함이 초래한 잘못을 어느 정도 보상해준 것은 그들의 비겁함이었다.

로마 건국 664년(기원전 90년)은 반란세력이 제시한 협상을 더없이 차갑게 거절하면서 시작되었다. 소송전쟁도 시작되었고, 이를 통해 애국주의적 이기심을 가진 격정적인 원고인 자본가들은 균형과 적절한 관용을 언급한 의심스러운 모두에게 보복을 가했다. 반면 호민관 마르쿠스 플라우티우스 실바누스는 같은 해 12월 10일에 호민관직에 취임하여 자본가 계급 심판인들을 국가반역 특별위원회에서 배제하고, 분구의 자유 투표로 선출된, 계급적 성향 없이 자유로운 심판인들에게 이를 맡기는 법률을 통과시켰다. 이 법률이 통과됨으로써 위원회는 온건파에 대한 채찍에서 급진파에 대한 채찍으로 바뀌었고, 국가반역 특별위원회의 설치를 주도한 자들 가운데 한 명인 퀸투스 바리우스가 망명에 이르게 하였다. 공공의 목소리는 극악한 민주주의적 만행이었던 퀸투스 메텔루스 독살과 드루수스 살해의 책임을 그에게 돌렸기 때문이었다.

이탈리아인들에게 로마시민권을 부여함

이처럼 드물게 공명정대한 정치적 급변보다 중요한 것은 이탈리아 정책의 방향 선회였다. 로마가 항복조건을 수용하지 않을 수 없던 마지막 사건은 정확하게 300년 전이었다. 지금 다시 로마는 굴복했고, 평화를 원했기 때문인데, 평화는 최소한 부분적으로라도 적의 조건을 수용할 때에만 가능한 것이었다. 로마를 굴복시키고 파괴하려고 먼저 무기를 든 공동체들의 요구조건을 로마가 들어주지 않을 수 없는 가혹한 상황에 이르렀다. 만약 로마가 요구조건을 들어주어도 아마도 상대방이 이를 거부하고 나섰을지도 모른다. 애초에 아직도 계속 로마와의 신의를 버리지 않은 공동체들의 요구조건을 일정한 조건에서 보장했었다면 자발적인 굴복의 인상을 피했을 것이고, 보장하지 않아 불가피하게 생겨날 동맹시들의 단합을 막고 이를 극복하는 길로 걸었을 것이다. 이렇게 로마시민권의 문호는 오랜 세월 간청에도 굳게 닫혀 있었으나 이제 갑작스럽게, 칼들이 문을 두드리자 열려버렸다. 물론 지금 당장 완전히 활짝 개방되지도 않았고, 시민권을 얻은 이들도 모욕감에 분노하였다. 집정관 루키우스 카이사르[7]가 통과시킨 법률에 따라 로마시민권은 이탈리아 동맹시들의 모든 시민에게, 그들이 이제까지 로마를 거부한다고 공개적으로 선언하지 않았다면, 수여되었다. 호민관 마르쿠스 플라우티우스 실바누스와 가이우스 파피리우스 카르보가 통과시킨 두 번째 법률에 따라 이탈리아 내에 거주지를 가진 모든 사람에게 두 달의 말미를 두고, 그 기간 내에 로마 관리에게 등록함으로써 로마시민권을 획득할 수 있도록 하

---

[7] 율리우스 법이 로마 건국 664년(기원전 90년)의 마지막 몇 달에 통과된 것은 틀림없다. 당해연도의 상당 기간 카이사르는 전장에 있었기 때문이다. 플라우티우스 법은 아마도 호민관 법률 제안이 흔히 그러하듯, 호민관 취임 직후에 바로 통과되었을 것인바, 로마 건국 664년(기원전 90년) 12월 혹은 로마 건국 665년(기원전 89년) 1월에 제정되었을 것이다.

였다. 새로운 로마시민들은 해방 노예와 비슷하게 투표권이 제한되었는데, 해방 노예들이 35개 분구 가운데 오직 4개 분구에 등록하는 것처럼, 이들도 35개 분구 가운데 오직 8개 분구에 등록할 수 있었다. 이 제한 조건이 당사자에게만 적용되었던 것인지, 아니면 세습되었던 것인지는 분명하지 않다.

이탈리아 내의 켈트족에게 라티움시민권을 부여함

이런 조치는 우선 이탈리아 본토, 그러니까 당시 기준으로 앙코나와 피렌체를 넘어서진 않는 곳까지만 유효했다. 알프스 이쪽의 켈트족 영역은 법적으로는 외국이지만 사실적으로는 식민지 건설 등의 행정 관리를 통해 이미 오랫동안 이탈리아의 일부로 여겨지던 지역으로, 이곳에 설치된 라티움 식민지 모두는 이탈리아의 공동체들과 마찬가지로 이런 조치가 적용되었다. 이 지역 가운데 파두스강 이쪽의 토지 상당 부분은 옛 켈트족 공동체의 해체 이후 자치도시의 형식으로 재조직되지 않았지만, 그래도 장터(forum)들을 중심으로 모여 사는 로마시민의 재산이 되어 있었다. 한편 파두스강 이쪽의 많지 않은 동맹시들, 예를 들어 여기서 언급할 만한 라벤나 같은 도시들은 파두스강과 알프스 사이의 전 지역은 집정관 스트라보에 의해 로마 건국 665년(기원전 89년)에 제정된 법률에 따라 이탈리아 도시 체제로 재조직되었고, 여기에 속하지 않는 공동체들, 그러니까 알프스 계곡의 촌락들과 몇몇 도시들은 조세 납부 의무를 지는 자치 도시들에 귀속되었으며, 이렇게 만들어진 새로운 도시들은 로마시민권이 아니라 라티움 시민권이 주어졌다. 이는 이들 신생 도시들을 이제까지 낮은 권리를 누리던 라티움 도시들과 같은 권리를 가진 흡사 라티움 식민도시로 간주한다는 법률적 설정에 따른 것이었다. 당시 이탈리아는 사실상 파두스 유역까지였는데, 파두스강 저쪽은 변방으로 간주되었다. 파두스강 북쪽 지역은 크레모나, 에포레디아, 아퀼레이아를 제외하면 로마 식민지나 라티움 식민지가 없었고, 파두스강 남부와 달리 토착 원주민들도 쫓겨나는 일 없이 그대로 살고 있었다. 켈트족 행정조직의 철폐와 이탈리아 행정조직의 도입으로 풍요로운 주요 지역의 로마화가 시작되었다. 이는 한때 이탈리아가 힘을 모아 막아내고 몰아낸 켈트족이 이탈리아 종주국의 동료로 바뀌는 중요하고 오랜 개조의 첫걸음이었다.

이런 양보는 매우 놀라운 일이었다. 150년 이상 굳게 닫혔던 로마 시민권의 폐쇄성을 고려할 때 놀라운 일이었는데, 이는 반란세력에 굴복한 것과 다름없는 일이기 때문에 더욱 그러하였다. 하지만 이는 부분적으로 몰락 직전의 흔들리는 공동체들을 굳건히 하며, 부분적으로 적대세력으로부터 최대한 많은 이탈자를 확보하는 일이었다. 이 법률, 특히 가장 중요한 법률인 카이사르 법이 어느 정도까지 적용되었는지는 정확히 말할 수 없다. 법률의 통과 시점에 반란세력의 규모를 단지 대략적으로밖에 알지 못하기 때문이다. 어떤 경우든 중요한 것은, 이제까지의 라티움 공동체들, 티부르, 프라이네스테 등 옛 라티움 동맹체들 전체는 물론 특히 라티움 식민지들이—반란 세력에게 넘어간 소수의 지역을 제외하고—모두 이 법률의 시행 이후 로마시민체에 편입되었다는 점이다. 또한 이 법은 에트루리아와 특히 남부 이탈리아의 신의를 지킨 동맹시들, 예를 들어 누케리아와 네아폴리스에 적용되었다. 이제까지 로마시민권을 넘어서는 예외적 특권을 누리던 공동체들, 예를 들어 네아폴리스가 그 시민들에게 군복무의 면제와 희랍 국제의 유지, 그리고 아마도 국유지 점유를 보장해주던 로마와의 현재 계약을 폐기하고, 제한된 신규 시민권을 얻는 데 주저한 것은 당연했다. 이렇게 주저했기 때문에 맺어진 조정안에 따라, 네아폴리스는 물론 레기온 등 이탈리아에 위치한 여타 희랍계 공동체들은 로마시민체로 편입된 이후에도 지금까지의 국제를 유지하며 예전과 다름없이 희랍어를 행정 언어로 사용할 수 있었다. 전반적으로 이런 법률들 덕분에 시킬리아 해협에서 파두스강까지 여기저기 흩어진 수많은 중요 도시공동체들이 로마시민체에 편입됨으로써 로마 시민체는 획기적으로 확대되었다. 또한 파두스강과 알프스 사이의 지역은 최고의 동맹시 권리를 부여받음으로써 완전한 로마시민권 획득을 위한 법률적 예비 단계에 이르렀다:

동맹시 전쟁 두 번째 해

흔들리던 공동체들에게 내린 이런 양보를 기반으로 로마인들은 새로운 용기를 가지고 반란세력과 대결을 이어갔다. 이렇게 그들은 화재 확산을 막는 데 필수적인 것으로 보이는 만큼 기존 정치체제의 일부를 철거했다. 반란세력은 적어도 이후 확대되지는 않았다. 특히 반란의 초기 단계에 있던 에트루리아와 움브리아는 로마의 군사적 성공에 의해서라기보다 율리우스 법 때문에 놀라울 정도로 빠르게 진압되었다. 예전 라티움 식민지들에서, 인구밀도가 높은 파두스강 유역에서 이제 신뢰할 만한 풍부한 지원이 시작되었다. 이들의 지원과 로마시민체의 자원으로 이제 고립된 화재를 진압할 수 있게 되었다. 이제까지 전장을 지휘하던 두 사령관은 로마로 귀환하였다. 카이사르가 호구감찰관으로 선출되었기 때문이다. 사람들이 마리우스의 전쟁 지휘를 불안하고 더디다고 비난했기 때문이었는데, 66세의 사내는 노령으로 쇠약해졌다고 여겨졌다. 아마도 이런 비난은 매우 근거 박약한 것이었다. 마리우스는 매일 로마의 연병장에 모습을 나타내어 적어도 육체적 건강함을 입증하였으며, 전투 지휘관으로서도 그는 마지막 전투에서 대체로 과거의 유능함을 유지했던 것으로 보인다. 하지만 정치적으로 파산한 그는 대중적으로 다시 일으켜 세워줄 수 있을 빛나는 전공을 거두지는 못하였다. 환영받던 영웅은 이제 씁쓸한 비애를 품고 지휘관으로서의 격식도 없이 폐선로에 버려졌다. 마리우스의 군대는 마리우스를 대신하여 당해연도의 집정관 루키우스 포르키우스 카토가 맡았는데, 그는 에트루리아에서 빛나는 전공을 거둔 바 있었다. 캄파니아 군단은 카이사르를 대신하여 부사령관 루키우스 술라가 승계하였다. 작년의 전쟁에서 매우 중요한 전투 가운데 몇몇은 그가 거둔 것이었다. 그나이우스 스트라보는 이제 집정관으로서 그가 성공적으로 이끈 커다란 성공 덕분에 지휘권을 유지하고 피케눔 방면을 맡았다.

기원전 89년 피케눔의 전투

로마 건국 665년(기원전 89년) 두 번째 출정은 이렇게 시작했다. 아직 겨울이지만 반란세력이 먼저 움직였다. 그들은 삼니움 전쟁의 웅장한 대장정을 연상시키는 대범한 시도를 감행하여 마르시 병력 1만 5,000명을 북이탈리아에서 시작된 반란을 돕기 위해 에트루리아로 파견하였다. 하지만 스트라보는 그의 관할구역을 통과해야 했던 마르시 군대의 진로를 차단하고 이를 궤멸시켰다. 불과 몇 안 되는 병력만이 멀리 떨어진 고향으로 돌아갔다. 로마 군단에게 공세를 취할 기회가 제공된 두 번째 해에 카토는 마르시 지역으로 들어가 성공적인 전과를 거두며 마르시 지역을 몰아붙였다. 하지만 그는 푸키누스 호수 인근에서 적의 군영을 공격하던 중 전사하였다. 이후 중부 이탈리아의 작전은 스트라보가 단독으로 지휘하게 되었다. 그는 한편으로 아스쿨룸을 지속적으로 포위 공격하기 위해 애를 썼으며, 다른 한편으로 마르시, 삼니움, 아풀리아의 복속을 위해 노력하였다. 이때 유다킬리우스가 공격받는 고향 도시를 구하기 위해 아스쿨룸에 피케눔 병력을 이끌고 나타났다. 포위 공격하는 로마 군단을 공격하였고 이와 동시에 성문을 열고 나온 아스쿨룸 병력도 그들을 포위하고 있던 로마군에게 돌격하였다. 이날에 7만 5,000명의 로마군이 6만 명의 이탈리아군과 전투를 벌였다고 전한다. 승리는 로마군에게 돌아갔지만, 유다킬리우스도 구원병력 일부를 데리고 도시로 들어가는 데 성공하였다. 포위 공격은 계속되었다. 도시의 견고함 때문에, 그리고 도시 성벽 안에서 벌어진 끔찍한 선전포고를 기억하는 주민들의 목숨을 건 방어 때문에

포위 공격은 지루하게 이어졌다.[8]

　여러 달 동안의 용감한 수성을 치르고 마침내 항복하지 않을 수 없음을 알았을 때 유다킬리우스는 시민들 가운데 친 로마적 당파의 수장들을 극형에 처했고 이어 스스로 목숨을 끊었다. 이렇게 성문이 열렸고 로마 행정부가 이탈리아 행정부를 대신하였다. 모든 장교와 모든 귀족이 처형되었고, 여타 시민들은 추방되었으며, 그들의 재산은 하나도 빠짐없이 몰수되어 국가에 귀속되었다. 아스쿨룸의 포위 공격 동안이나 함락 이후에도 수많은 로마 군단은 인근의 반란 지역을 휩쓸며 하나씩 차례로 굴복시켰다. 마루키니 사람들은 세르비우스 술피키우스에게 테아테(오늘날의 키에티)에서 확실하게 패하고 항복하였다. 법무관 가이우스 코스코니우스는 아풀리아로 진군하였고 살라피아와 칸나이를 장악하였고 카누시움을 포위 공격하였다. 전쟁 능력이 떨어지는 이 도시를 돕기 위해 마리우스 에그나티우스가 이끄는 삼니움 부대가 찾아왔고 실제로 로마군을 성공적으로 몰아내어, 로마군 사령관은 부대를 아우피두스강으로 옮겨야 했다. 에그나티우스가 전사하자 나머지 병력은 카누시움의 성벽 안쪽에서 피난처를 찾았다. 로마군은 다시 돌아와 베누시아와 루비까지 진군하였고 아풀리아 전체를 손에 넣었다. 반란세력의 중심지들인 푸키누스 호수와 마이엘라 산맥에서도 로마군은 지배권을 다시 확립하였다. 마르시 사람들은 스

---

[8] 사용한 군단의 이름을 적시한 납탄들, 때로 "탈주한 노예들"이라는 저주가 적힌 납탄들—로마가 사용한 것이다—혹은 "피케눔 놈들은 맞아라" 혹은 "폼페이우스는 맞아라" 등을 써넣은 납탄들—전자는 로마군이, 후자는 이탈리아군이 사용한 것이다—은 그때 사용되었던 것들로 아직도 아스콜리 지역에서 발견된다.

트라보 휘하의 퀸투스 메텔루스 피우스와 가이우스 킨나에게 항복하였다. 파일리그니 사람들은 이듬해(로마 건국 666년, 기원전 88년)에 스트라보에게 항복하였다. 반란세력의 수도 이탈리아는 다시 소박한 파일리그니의 코르피니움으로 돌아갔다. 이탈리아 원로원의 나머지 인물들은 삼니움 지역으로 도주하였다.

놀라까지 캄파니아의 복속

이제 루키우스 술라가 지휘하는 로마 남부군은 공세를 취하는 동시에 적들이 정복한 남부 캄파니아까지 돌진하였다. 스타비아이는 술라에 의해 정복되어 파괴되었다(로마 건국 665년, 기원전 89년 4월 30일). 헤르쿨라네움은 티투스 디디우스에 의해 정복되었는데, 그는 아마도 이때 전사한 것으로 보인다(6월 11일). 폼페이는 좀 더 오래 저항하였다. 삼니움 사령관 루키우스 클루엔티우스는 폼페이에 원병을 지원하기 위해 찾아왔지만, 술라에 의해 격퇴되었다. 그가 켈트족 병사들로 군대를 보강하고 돌아와 다시 한번 원병 투입을 시도하였으나 패전하였다. 제멋대로 구는 믿을 수 없는 동맹의 변덕이 가장 큰 원인이 되었다. 그의 군영은 정복되었고 그는 놀라로 도주하다가 동료 병사 대부분과 함께 살해되었다. 로마 군단병들은 감사의 마음을 표하기 위해 사령관에게 시민관을 수여했는데, 이는 병영의 전통에 따르면 용맹함으로 대대의 동료 병사들을 구한 병사에게 수여하던 것이었다. 술라는 놀라 등 삼니움 사람들이 아직도 차지하고 있는 다른 캄파니아 도시들에 대해 포위공격을 시도하지 않고 곧바로 반란세력의 사령부가 있는 내륙으로 진격하였다. 아이클라눔의 신속한 점령과 무시무시한 처벌은 공포를 히르피눔 지역 전체에 퍼뜨렸다. 이들을 돕기 위해 루카니아 원병이 움직였지만, 도착하기 전에 이들은 항복하고 말았다. 술라는 아무런 장애 없이 계속 진격하여 삼니움 동맹 지역으로 쳐들어갔다. 삼니움 수비군은 무틸루스 지휘 아래 고갯길에서 술라를 기다렸지만 술라는 이를 우회하여 삼니움 군대를 뒤에서 공격하였고 격퇴하였다. 그들은 군영을 잃었고 지휘관은 아이세르니아로 도주하여 목숨을 구했다. 술라는 삼니움 지역의 수도인 보비아눔까지 진격하여, 그 성벽 아래서 두 번째 승리를 거두었고 보비아눔의 항복을 강요하였다. 한 해가 저물어가면서 전투는 마무리되었다.

대부분 진압된 반란세력

상황이 완전히 역전되었다. 로마 건국 665년(기원전 89년)의 시작만 해도 반란세력의 공격은 굉장히 강력했고, 승세를 타고 진격하였지만, 이제 의기소침해졌고 사방에서 패전하였고 이들에게서 완전히 희망이 사라져버렸다. 북부 이탈리아는 전체적으로 평정되었다. 중부 이탈리아에서 로마는 완전하게 양안을 장악하였고, 아브루초는 거의 완벽하게, 아풀리아는 베누시아까지, 캄파니아는 놀라까지 로마의 손안에 들어왔다. 히르피눔 지역의 점령을 통해 아직도 개별적으로 저항을 유지하던 두 지역, 삼니움과 루카니아-브루티움의 협력을 저지하였다. 반란세력의 영역은 꺼져가는 거대한 화재현장과 같았다. 눈을 돌리는 곳마다 폐허와 잿더미, 꺼져가는 불꽃뿐이었다. 여기저기 폐허들 사이에서 여전히 타오르는 불길이 있었다. 하지만 주인은 곧 화염을 전부 제압하였으며 어디에도 위험은 없었다. 이런 갑작스러운 상황역전의 원인을 겉핥기식의 기록 전승 때문에 더이상 충분히 알 수 없음은 유감스러운 일이다. 스트라보의 탁월한 지휘와 그보다 더 탁월한 술라의 지휘가, 특히 로마 군사력의 강력한 집중이, 신속한 공격이 이에 크게 기여했음은 두말할 나위가 없다. 하지만 군사적 노력 이외에 정치적 노력도 반란세력의 전력이 전례가 없을 정도로 빨리 붕괴하는 데 중요한 역할을 했을 것이다. 실바누스와 카르보의 법률은 아마도 적들이 구축한 공동전선의 분열과 파괴를 도모하려는 목적을 성취한 것으로 보인다. 이는 흔히 그러하듯, 느슨하게 결합한 반란세력들 한가운데 떨어진 불화의 황금사과가 초래한 불행이었다. 분명 급격한 붕괴가 초래한 이탈리아의 내부분열을 의미하는바, 삼니움 사람들이 아마도 마르시 사람 퀸투스 실로의 지휘 아래—그는 본래부터 반란의 수괴였고 마르시 사람들이 항복한 이후 실향민 신세로 이웃 나라로 도주하였다—이제 지역민들로만 구성된 새로운 조직을 결성하였고 이 조직이 '이탈리아'의 붕괴 이후 '사피니' 혹은 '삼니움'으로 전투를 계속 이어나갔음을 우리는 알고 있다.[9] 견고한 아이세르니아는 이제 요새가 아니라 삼니움 자유의 마지막 피난처가 되었다.

---

[9] 'Safinim'과 'G. Mutil'이라고 오스키 문자로 기록된 희귀한 데니리우스 화폐는 이 시기에 만들어졌음이 분명하다. 반란세력의 이탈리아가 존속하는 동안, 반란세력의 한 지역이 단독으로 주권적으로 자기 이름을 새긴 화폐를 주조하지는 못했을 것이기 때문이다.

집결한 병력은 명목상 보병이 3만 명에, 기병이 1,000기에 이르렀고 2만 명의 노예에게 자유를 부여하고 징집하여 보강하였다. 다섯 명의 지휘관이 이들을 지휘하였는데, 최고 지휘관은 실로였고, 다음은 무틸루스였다. 200년의 휴지기를 거쳐 놀랍게도 삼니움 전쟁이 새롭게 시작되었다. 결연한 농업 민족은 이탈리아 동맹이 좌초되고 나서, 로마 건국 5세기처럼 다시 한번 고향의 독립을 자신의 손으로 로마로부터 얻어내기 위해 시도하였다. 하지만 더없이 용맹스러운 자포자기의 결연함도 결과를 크게 바꾸지는 못했다. 삼니움과 루카니아의 산악전투는 약간의 시간과 약간의 희생을 요구했지만, 그럼에도 불구하고 반란은 이제 대부분 끝나버렸다.

미트라다테스 전쟁의 발발

하지만 그사이 새로운 분규가 일어났다. 아시아의 복잡한 문제는 폰토스의 왕 미트라다테스에게 선전포고를 하지 않을 수 없는 강제적 필연성으로 이어졌다. 이듬해인 로마 건국 666년(기원전 88년)의 집정관 가운데 한 명과 집정관이 이끄는 부대를 소아시아로 파견하기로 결정되었다. 만약 이 전쟁이 일 년 전에 발발했다면, 이탈리아의 절반과 가장 중요한 속주의 동시적 이반은 로마 정부에 커다란 위험이 되었을지 모른다. 이탈리아 반란세력의 급격한 몰락 이후 로마에는 기적 같은 행운이 다시 찾아왔다. 새롭게 시작된 아시아 전쟁은 물론 끝나가는 이탈리아 전쟁과 얽혀 있었지만, 아주 위협적이지는 않았던 것이 미트라다테스가 오만하게도 이탈리아인들이 그에게 요청한 직접적인 협력을 거부하였기 때문이다. 다만 늘 그렇듯 몹시 번거롭기는 했다. 로마가 이탈리아 전쟁과 해외 전쟁을 주저 없이 동시에 수행할 수 있던 때는 이미 지나가 버렸다. 국가 재정은 지난 2년의 전쟁으로 이미 완전히 고갈되었고, 이미 전장에 나가 있는 군단 이외에 새롭게 부대를 꾸리는 것은 불가능해 보였다. 하지만 할 수 있는 한 최선을 다했다. 수도 로마의 성채 주변에 옛부터(제1권 296쪽) 비워두었던 토지를 건축에 열광하는 자들에게 9,000리브라(250만 탈러)의 금을 받고 팔았고 이로써 필요한 자금을 확보하였다. 하지만 새로운 부대를 꾸리지 않고 캄파니아에서 술라가 지휘하는 부대를 아시아로 보내되 남부 이탈리아의 사정이 허락하는 대로 곧 출발하기로 하였다. 스트라보 휘하의 부대가 북부 이탈리아에서 진전을 보이는 가운데, 남부군도 곧 출발할 수 있을 것으로 보였다.

기원전 88년의 이탈리아 전쟁

로마 건국 666년(기원전 88년) 이렇게 로마에 유리한 전망 속에 전쟁의 세 번째 해가 시작되었다. 스트라보는 아브루초 지역에서 아직 계속되던 마지막 저항을 진정시켰다. 코스코니우스의 후임자이자 누미디아 정복자의 아들, 열정적인 보수성과 군사적 재능에서 아버지와 다르지 않은 사람인 퀸투스 메텔루스 피우스는 아풀리아에서 저항세력을 끝장내고 베누시아에 입성하였고, 이때 3,000명의 무장 병사들을 포로로 잡았다. 삼니움에서 실로는 보비아눔을 재탈환하는 데 성공했지만, 로마 장군인 마메르쿠스 아이밀리우스와 싸운 전투에서는 로마가 승리하였고, 이보다 훨씬 중요한 일은 실로 본인이 삼니움 전사자 6,000명 가운데 하나였다는 것이다. 캄파니아의 몇몇 군소 도시들은 삼니움 사람들이 차지하고 있었지만, 술라는 이를 탈환하였고 놀라를 포위하였다. 로마 사령관 아울루스 가비니우스가 루카니아로 진격하였고 적지 않은 전과를 거두었다. 하지만 그가 적의 군영을 공격하다가 전사하자, 반란세력의 우두머리 람포니우스는 그의 병사들을 데리고 다시 거의 저항 없이 넓고 황량한 루카니아 – 브레티움 지역을 차지하였다. 그는 심지어 레기온을 점령하려고 시도하였는데, 시킬리아 총독 가이우스 노르바누스는 이 시도를 저지하였다. 몇몇 사고가 있었지만, 로마는 조금씩 끊임없이 목표에 접근해갔다. 놀라의 함락, 삼니움의 정복 등 아시아로 대규모 병력을 파견할 가능성이 높아졌을 때, 수도 로마에서 발생한 사건은 거의 죽어가던 반란 세력에게 숨구멍을 터주었다.

로마의 불안

로마는 무섭게 들끓었다. 기사계급 법정에 대한 드루수스의 공격, 기사계급 당파에 의한 그의 급작스러운 몰락, 그리고 바리우스가 휘두른 양날의 칼 같은 소송 전쟁은 귀족계급과 자본계급 간의, 다시 말해 온건 세력과 강경 세력의 격심한 갈등을 가져왔다. 사건들은 양보하자는 당파가 전적으로 옳았음을 말해준다. 사람들은 기꺼이 양보하겠다는 당파가 제안한 것의 반 이상을 수용하지 않을 수 없었다. 하지만 양보가 이루어진 방식은 앞서 거부할 때처럼 완고한 근시안적 질투였다. 모든 이탈리아 공동체에 같은 권리를 보장하는 대신에, 그들은 차별과 무시를 다만 다른 방식으로 표현하였다. 이탈리아 공동체의 상당수를 로마 시민체에 수용하였지만, 그들이 수여한 것은 명예 훼손의 딱지를 붙이는 방식이었는바, 자유민 옆에 해방 노예를 세우듯이 구시민 옆에 신시민을 세웠다. 파두스강과 알프스 사이의 공동체들에 부여된 라티움 시민권에 주민들은 만족하기보다 격앙되었다. 마지막으로 그들은 최악의 세력을 포함하여 상당수의 이탈리아인에게, 다시 제압된 반란세력의 공동체들 전체에게 시민권을 주지 않았다. 심지어 이미 반란으로 무효가 된 과거의 조약들을 법적 문서로 재확인하지 않고, 다만 자비와 임의 취소의 방식으로 갱신하였다.[10] 투표권의 박

---

[10] 리키니아누스(p. 15)는 로마 건국 667년(기원전 87년)에 대해 이렇게 적었다. '항복한 모든 투항자에게 시민권이 주어졌다. 그들은 수만의 병사들을 약속했지만 겨우 15개의 보병 대대를 파견하였다*Dediticiis omnibus civitas data; qui polliciti multa milia militum vix XV …… cohortes miserunt.*' 이에 대해 리비우스는 부분적으로 좀 더 세밀하게 보고한다(Ep. 80 : 이탈리아인들에게 원로원은 시민권을 부여하였다*Italicis populis a senatu civitas data est*). '투항자 Dediticii'는 로마법에서(Gaius inst. 13~15; Ulp. 20, 14; 22, 2) 로마인들에게 복속되었고 동맹에 들지 못한 자유 거류 외인을 가리킨다. 이들은 생명, 자유, 재산은 물론 공동체의 고유 국제를 구성할 수도 있다. 무국적자(ἀπόλιδες; *nullius certae civitatis cives*; Ulp. 20, 14; Dig. 48, 19, 17, 1)는 법률적 가정에 따라 '투항자'와 동일시되는 해방 노예('투항자에 귀속하는 이들*ii qui dediticiorum numero sunt*'이라는 표현은 다만 잘못 사용된 것으로 좀 더 나은 작가들은 이를 결코 투항자라고 부르지 않는다)거나 비슷하게 *Liberti Latini Iuniani*이다. '투항자'는 로마 정부에 대하여 '권리가 없는 자'이며, 로마 국법에 따라 모든 항복은 필연적으로 무조건적이고(Polyb. 21, 1; 20, 9~10; 36, 2를 보라) 투항자에게 명시적으로 혹은 묵시적으로 허용된 권리는 오로지 자비에 의해, 다시 말해 임의 취소의 방식으로 허용된 것이다(App. *Hisp*. 44). 따라서 로마 정부가 투항자에게 즉시 혹은 나중에라도 무엇을 판결하든지 간에 이는 결코 투항자의 권리를 침해한 것이라 할 수 없다. 이런 권리 없음은 동맹조약이 체결됨으로써 비로소 사라졌다(Liv. 34, 57). 따라서 투항*deditio*과 동맹

탈은 깊은 상처를 남겼으며, 더욱이 당시 선거의 성격에 비추어 박탈은 사실 전혀 무의미한 것이었고, 선거에서 오점 없는 순수성을 지키겠다는 정부의 위선적 조치는 공정한 시각을 가진 사람들 모두에게 가소로워 보였기 때문에 더욱 그러하였다. 이런 모든 제한 조치는 참으로 위험했는데, 민중 선동가가 시민권에서 배제된 이탈리아인들과 새로운 시민권자들의 이런저런 합법적이거나 불법적인 요구사항들을 받아들여 그의 다른 목적을 관철하는 데 이용했기 때문이다.

따라서 좀 더 밝은 안목을 가진 귀족계급도 분명, 새로운 시민권자들과 시민권 배제자들만큼이나, 질투 어린 이런 반쪽짜리 양보가 불충분하다고 여기게 되었을 때, 귀족들은 그들 가운데 수많은 탁월한 인물들의 부재에 아픔을 느꼈다. 이들은 바리우스의 반역사건 조사위원회에 의해 추방되었는데, 이들의 추방을 취소하는 일이 매우 어려웠던 것은 이들이 민회가 아니라 심판인 법정에서 유죄판결을 받았기 때문이었다. 판결의 성격을 가진 민회 의결을 다른 민회 의결로 무효

---

*foedus*은 국법상 상호 배제적 관계의 대상이다(Liv. 4, 30; 28, 34; Cod. Theod. 7, 13, 16; Gothofr. thereon). 이는 다름이 아니라 바로 법률가들 사이에 성행하는바 '유사 투항자'와 '유사 라티움 시민'의 구분과 일치한다. '라티움 시민'은 존경스러운 의미에서 '동맹자'이기 때문이다(Cic. Balb. 24, 54).

옛 국헌에 따르면, 한니발 전쟁 이후 조약이 무효화된 몇몇 공동체들을 제외하고, '이탈리아 투항자'는 없었다. 로마 건국 664~665년(기원전 90~89년)의 플라우티우스 법에서 *qui foederatis civitatibus adscripti fuerunt*(Cic. Arch. 4, 7)라는 표현은 여전히 모든 이탈리아 공동체를 포함한다. 하지만 로마 건국 667년(기원전 87년)에 추가적으로 시민권을 부여받는 '투항자들'을 브레티움 사람들과 피케눔 사람들이라고 정당하게 해석할 수는 없을 것이기 때문에, 이렇게 가정해야만 한다. 다시 말해 모든 반란세력은, 그들이 무기를 내려놓고 플라우티우스-파피리우스 법에 따라 시민권을 획득하지 않은 경우, '투항자'라고 해석된다는 것이다. 혹은 같은 것이지만, 반란 때문에 저절로 폐기된 동맹조약들(그래서 키케로의 표현을 빌리자면 *qui foedrati fuerunt*들이다)은 항복을 했어도 갱신되지 않았다는 것이다.

화하는 것은 주저하지 않았지만, 심판인 법정의 판결을 민회를 통해 무효화하는 것은 선량한 귀족들에게 매우 위험한 사례로 보였다. 과격파들도 온건파들도 이탈리아 분란의 이런 결과에 모두 불만을 품었다. 하지만 늙은 사령관의 가슴에는 좀 더 큰 분노가 끓어올랐다. 그는 새로운 희망을 안고 이탈리아 전쟁에 뛰어들었다가 그의 뜻과 달리 원하지 않았지만 돌아와야 했다. 그는 새로운 봉사를 수행하였는데 그 대가로 다시 모욕을 받았다고 생각했다. 그를 더욱 아프게 한 것은 적들이 더는 그를 두려워하지 않는다는 것, 그를 우습게 여긴다는 것이었다. 그의 가슴에 자리 잡은 복수의 독충은 자기의 독으로 자양분을 얻어 자라났다. 새로운 시민권자들 혹은 시민권에서 배제된 자들에게 그러했던 것처럼 그에게도 같은 일이 일어났다. 그가 자신의 무능과 어리석음을 계속 드러냈지만, 선동가의 손에서 그의 명성은 가공할 만한 무기가 되었다.

군율의 몰락

이런 정치적 격랑의 요소들은 존경스러운 전쟁 규범과 군사 규율의 급격한 몰락과 연결되어 있었다. 반란 전쟁 동안 매우 놀라운 속도로, 무산자계급의 군대 수용으로 잉태된 씨앗이 자라났다. 이때 모든 전투 가능한 사람을 구분 없이 전투에 투입할 수밖에 없었던 전쟁에서 무엇보다 사령부는 물론 병사들의 막사에까지 선동가들이 들어오면서 군기 문란이 만연했다. 곧 군사적 위계의 모든 매듭이 느슨해진 결과가 나타났다. 폼페이의 포위 공격 동안 총사령관 술라의 휘하에서 포위 공격 부대를 지휘하던 집정관 역임자 아울루스 포스투미우스 알비누스가, 적에게 그들을 팔아버렸다고 믿은 휘하 병사들에 의해 돌과 몽둥이로 맞아 죽는 일이 벌어졌다. 그런데 총사령관 술라는 이 부대 병사들에게 적 앞에서 용감한 행동을 보여줌으로써 이런 불상사의 기억을 지우라고 경고하고 사건을 덮고 말았다. 이 사건의 주모자들은 수병들이었는데, 이들은 아무도 주목하지 않던 부대였다. 곧이어 대부분 도시 빈민 출신으로 구성된 대대가 똑같은 일을 저질렀다. 광장의 영웅이던 가이우스 티티우스라는 사람의 부추김을 받아 이 대대가 집정관 카토에게 잘못된 행동을 하였다. 다행히도 카토는 이번에는 목숨을 건졌다. 티티우스는 체포되었지만 처벌받지는 않았다. 얼마 후에 카토가 결투 중 이번에는 목숨을 잃었을 때, 이 결투가 정당한 것인지 부당한 것인지를 떠나, 그의 예하 장교들, 특히 젊은 가이우스 마리우스가 죽음의 책임자로 지목되었다.

경제적 위기

이런 정치적 군사적 위기를 시작으로 여기에 어쩌면 이보다 더 무서운 위기로 경제적 위기가 보태졌다. 이는 동맹시 전쟁의 결과이며 아시아의 불안이 초래한 것으로 로마 자본가들을 덮쳤다. 겨우 이자만을 조달하는 것조차 어려웠던 채무자들은 채권자들에게 무자비하게 시달리다가 마침내 한편으로 관련 재판 지휘권자, 다시 말해 도시 법무관 아셀리오에게 상환 유예를 신청하였는데, 이는 재산을 처분할 시간적 여유를 확보하기 위해서였다. 다른 한편 이미 사문화된 옛 이자법(제2권 88쪽)을 다시 불러내어, 일찍이 확립된 법에 따라 불법적으로 받아간 이자의 네 배 금액을 채권자들에게 요구하는 소송을 제기하였다. 아셀리오는 사실적으로 존재하는 권리를 법률 문구에 굴복시켰으며, 통상적인 방식으로 이자 소송을 지휘하였다. 이에 피해를 본 채권자들은 호민관 루키우스 카시우스의 인도에 따라 광장에 집결하였고, 마침 그곳에서 사제복을 입고 희생제를 올리던 법무관을 화합의 여신 신전 앞에서 공격하여 살해하였다. 범죄 행위였지만 이에 대해 어떤 조사도 진행되지 않았다(로마 건국 665년, 기원전 89년).

다른 한편 채무자들 사이에서는 고통받는 대중을 도울 방법은 오로지 '장부 갱신'뿐이라는 말이 돌았다. 다시 말해 모든 채무자에 대해 모든 채권자의 요구를 법적으로 소멸시키는 것밖에 다른 방도가 없다는 것이다. 하지만 이는 또 다른 계급투쟁과 같은 것이었다. 다시 자본가들은 편파적인 귀족들과 손을 잡고, 억압받는 대중과 경직된 법의 완화를 주장하는 온건파에 맞서 투쟁과 소송을 진행하였다. 다른 한편 로마는 절망적인 채무자들이 채권자들을 데리고 떨어지는 수렁의 가장자리에 섰다. 이때부터 거대한 농업 국가의 소박한 시민적 도덕적 규범을 대신하여, 하나의 자본이 여러 민족과 맞서는 사회적 분열이 들어섰다. 왕자와 거지가 서로 마주하는 도덕 붕괴가 발생한 것이다. 온갖 오해와 불화가 확대되고 심각해지고 잔인한 방식으로 광범위해졌다. 동맹시 전쟁과 시민사회의 모든 정치적 사회적 불안 요소들이 서로를 흔들었고, 새로운 혁명의 토대를 마련하였다. 혁명의 시작은 우연이었다.

술키피우스 법

호민관 푸블리우스 술키피우스 루푸스(로마 건국 630년, 기원전 124년 출생)는 로마 건국 666년(기원전 88년) 민회에 법안을 제출하였다. 2,000데나리우스(600탈러) 이상의 부채를 가진 모든 원로원 의원은 원로원 의석을 상실한다는 법안, 강제된 심판인 법정에서 유죄판결 받은 시민들에게 귀국을 허용하는 법안, 신시민들을 모든 분구에 할당하고 모든 분구의 해방노예들에게도 똑같이 투표권을 허용하는 법안이었다. 이 사내의 입에서 나온 이 제안들은 다소 놀라운 것이었다. 푸블리우스 술키피우스 루푸스는 그의 정치적 영향력을 그의 출생이나 중요한 인간관계나 상속받은 재산이 아니라, 그의 탁월한 연설 능력으로 획득한 인물로, 그의 연설 능력은 동시대의 누구와도 비교할 수 없었다. 우렁찬 목소리, 생동적이고 때로 배우같이 무대를 휘젓는 몸짓, 쏟아져나오는 어휘의 현란한 풍부함으로 인해 설득되지는 않더라도 압도되지 않는 사람은 없었다. 그의 정치적 성향은 태어나면서부터 원로원 쪽이었고, 그가 처음 정치 무대에 등장한 것(로마 건국 659년, 기원전 95년)도 정부에게 죽을 만큼 미움을 받는 노르바누스의 탄핵 때문이었다(제5권 318쪽).

술키피우스는 보수 당파 중에서 크라수스와 드루수스 계파에 속했다. 그가 로마 건국 666년(기원전 88년)의 호민관에 출마하고 이 출마를 위해 귀족 신분을 버린 계기를 우리는 알지 못한다. 하지만 그도 마치 모든 온건파처럼 보수당파에 의해 혁명당파라고 압박을 받았다고 하더라도, 그는 결코 혁명적일 수 없으며 가이우스 그락쿠스처럼 국헌의 붕괴를 기획했을 것으로도 보이지 않는다. 오히려 그는 크라수스와 드루수스 당파 가운데 바리우스의 소송 전쟁에서 무사히 벗어난 유일한 저명인사로서, 드루수스의 작업을 완수하여 아직도 남아 있는 신시민의 차별을 최종적으로 없애야 한다는 사명감을 느꼈을 수도 있고, 그래서 호민관직이 필요했을 수도 있다. 호민관직을 수행하면서 술키피우스는 민중 선동가와 반대되는 행동을 보였다고 전한다. 예를 들어 그는 동료 호민관이 바리우스 법에 따라 소집된 심판인들의 판결을 상민회 의결로 무효화하려는 것을 거부권을 행사하여 막았다. 또 전임 안찰관 가이우스 카이사르가 국헌에 반하여 법무관을 건너뛰고 로마 건국 667년(기원전 87년) 집정관에 바로 도전했는데, 이는 나중에 아시아 전쟁의 지휘권을 넘겨받으려는 의도였으나, 이에 다른 누구보다 결연하고 강력하게 술키피우스는 이의를 제기했다. 꼭 드루수스의 정신에 따라 그도 스스로는 물론 다른 누구에게도 제일 먼저 그리고 무엇보다 국법의 준수를 요구했다.

하지만 사실 그는 드루수스만큼이나 힘이 부족하여, 불협화음을 조정하고, 그가 의도하는, 그 자체로는 합리적인, 하지만 구시민들의 압도적인 다수 때문에 도저히 평화적인 방식으로는 도달할 수 없는 국헌변경을 엄격히 법률적 형식으로 관철할 역량은 모자랐다. 원로원에서 매우 큰 영향력이 있던, 집정관 루키우스 카이사르와 동생 가이우스 카이사르가 포함된 유력한 율리우스 집안과의 불화, 그리고 귀족

계급 가운데 율리우스 가문에 의존하는 계파와의 불화가 분명히 함께 작용했을 것인데, 신경질적인 술키피우스는 개인적 분노로 인해 애초의 목적을 벗어났다. 하지만 그가 제안한 법률안들의 성격은 결코 그 제안자의 개인적 성향이나 지금까지의 당파성을 부정하는 그런 종류의 법안은 아니었다. 신시민과 구시민의 평등은 이탈리아인들의 이익을 위해 드루수스가 제출한 제안들의 부분적 재수용이었으며, 이것은 다만 건강한 정치의 훈령을 실현하는 것뿐이었다. 바리우스의 심판인들에 의해 유죄판결을 받은 사람들의 귀향은 심판인 판결의 신성불가침이라는 기본원칙을 거스르는 제안이었으며, 술키피우스도 사실상 이 원칙에 동의하였지만, 귀향은 우선 본질적으로 법률 제안자와 같은 당파의 온건한 보수주의자들에게 이익이었다. 폭풍 같은 사내의 행동을 아마도 제대로 이해한다면, 그는 처음에 이런 조치에 결연히 반대하였지만, 이어 그가 부딪힌 저항에 분노하여 본인이 직접 이를 제안했던 것 같다. 과도한 부채를 가진 원로원 의원들의 제재는 의심의 여지없이 통치 가문들의 경제적 상황이 외형적 화려함에도 불구하고 최근 경제 위기를 맞아 큰 충격을 받았음이 노출됨으로써 시작되었다. 이는 매우 불쾌한 조치였지만, 술키피우스의 제안이 가져왔을 결과, 다시 말해 모든 개인이 그들의 부채를 조속히 청산하지 못할 때 원로원에서 제명된다면, 과도한 부채를 가진 많은 원로원 의원들이 부유한 동료 의원들에 종속되어 만들어진 당파가 돈에 휘둘리는 악명 높은 원로원 의원들을 배제함으로써 붕괴한다면 이는 그 자체로는 귀족계급의 합리적 이익이었다. 하지만 술키피우스는 결코 당파 지도자들과의 개인적 불화가 아니었다면, 원로원을 매우 가혹하고 흉하게 망신시키는 이런 원로원 정화작업을 제안하지 않았을 것이다.

마지막으로 해방 노예들의 이익을 위한 조치는 분명 법안 제안자가 골목의 황제가 되려는 목적이었다. 하지만 이 조치는 그 자체로 동기가 없는 것이 아니었고, 귀족 지배와 상충하는 것도 아니었다. 해방 노예들에게 군복무를 허용하기 시작한 이래 그들이 투표권을 요구하는 것은 정당하였는데, 투표권과 군복무 의무는 함께 가는 것이기 때문이었다. 하지만 무엇보다 민회는 유명무실해서 정치적으로 중요하지 않았는데, 이 늪에다 더 많은 오물을 쏟아부은들 큰 문제가 되지 않았다. 민회와 귀족계급의 공동통치 가능성은 해방 노예들의 무제한 참여 허용을 통해 축소되지 않고 오히려 증가하였다. 해방 노예들은 상당 부분 통치 가문들에 개인적으로나 경제적으로 종속되어 있었고, 제대로 활용한다면 그 어느 때보다 더 근본적으로 선거를 좌우할 통치 수단을 제공할 수 있었기 때문이다.

이 조치는 무산계급에게 베풀어진 모든 정치적 호혜들과 마찬가지로 개혁에 호의적인 귀족들에게도 반감을 얻었다. 하지만 술키피우스는 여기에 드루수스가 곡물법에 두었던 뜻과 다르지 않은 의미를 두었는데, 이를 통해 무산계급을 자기편으로 끌어들이고 이들의 도움으로 목표하는 공동선의 개혁을 위해 저항세력을 물리치는 것이었다. 저항세력이 만만치 않으리라는 예상은 어렵지 않았는데, 편협한 귀족들과 마찬가지로 편협한 자본가들은 동맹시 반란 이전처럼 반란 진압 이후에도 공통의 어리석은 질투심을 표출하였고, 모든 당파의 대다수는 아주 끔찍한 위기의 순간에 행한 반강제적 동의들을 조용히 혹은 대놓고 때 이른 양보였다고 말하였고, 이 동의들의 철회를 격정적으로 요구하였다. 드루수스의 예는, 보수파 개혁을 오로지 원로원 다수에 기대어 관철하려고 하면 어떤 결과가 얻어지는가를 보여주었다. 이로써 매우 자명해진 것은, 그의 친구이자 동지도 비슷한 의도를 이 다수파에 대항하여 민중 선동의 형태로 실현하려고 했다는 점이다. 술키피우스는 심판인 법정이라는 미끼를 가지고 원로원을 자기편으로 만들려고 노력하지 않았다. 그는 더 나은 지원군을 해방 노예들에게서 확보하였다. 그의 정적들이 보고하는 바에 따르면, 그의 무장 수행원들은 3,000명의 고용 인력과 '원로원 타도파'라고 불린 600명의 상위계층 젊은이들로 구성되었는데, 이들과 함께 그는 거리와 광장을 활보하였다.

정부의 반대

술키피우스의 제안들은 당시 원로원 다수의 극렬한 저항에 부딪혔고, 원로원 다수는 우선 시간을 벌기 위해 집정관이던 루키우스 코르넬리우스 술라와 퀸투스 폼페이우스 루푸스라는 선동정치의 공공연한 두 반대자에게 특별 종교 축제를 주최하도록 하였고, 축제 동안 민회는 휴회하였다. 술키피우스는 격한 폭동으로 응수하였다. 이때 희생자들 가운데 청년 퀸투스 폼페이우스는 집정관의 아들이자 다른 집정관의 사위였다. 두 집정관도 심각한 목숨의 위협을 당했는데, 술라는 마리우스가 그에게 문을 열어주었기에 목숨을 건졌다고 한다. 그들은 양보할 수밖에 없었고 술라는 예고된 축제를 취소하는 데 동의하였다.

술키피우스의 제안들은 간단히 처리되었다. 하지만 그것들의 운명이 그것만으로 결정된 것은 아니었다. 수도의 귀족계급은 굴복하였다고 하지만, 혁명이 시작된 이래 처음으로 등장한 새로운 세력이 있었고 이제 무시해서는 안 될 존재였는데, 그것은 다름 아니라 대리 집정관 스트라보와 집정관 술라가 이끌었던 강력한 무적의 두 부대였다. 스트라보의 정치적 입장은 모호했지만, 술라의 입장은 분명했다. 당시의 공공연한 폭력에 한발 물러서긴 했지만, 술라는 원로원 다수파와 완벽하게 뜻을 같이하였고, 축제를 취소한 직후에는 그의 부대와 합류하기 위해 캄파니아로 떠났다. 비무장의 집정관을 곤봉 패거리가 위협하는 것이나 비무장의 수도를 군단의 단검이 위협하는 것이나 결국은 같았다. 술키피우스는 그의 정적이 그가 할 수 있는 한 폭력에 폭력으로 앙갚음하고 군단의 선두에 서서 수도로 돌아와 보수파 선동 정치가를 그의 법률들과 함께 내던져버릴 것이라고 예상했다. 하지만 술키피우스의 생각은 빗나갔다. 술라는, 수도의 정치 분위기가 그를 괴롭히는 만큼이나 미트라다테스를 상대로 전쟁을 수행하길 몹시 원하고 있었다. 술라의 타고난 무관심과 놀라운 정치적 냉담함을 볼 때 그는 술키피우스가 예상했던 정변을 전혀 생각하지 않았을 개연성이 높다. 그게 아니더라도, 술라는 장기간의 놀라 포위 작전으로 바쁘다가 놀라 함락 이후 쉬지도 않고 곧장 그의 부대와 함께 아시아로 출항했을 것이다.

마리우스가 정권을 잡다

하지만 술라의 사정이 어떠했든지 간에 술키피우스는 정변을 예상하고 이를 대비하기 위해 술라의 최고명령권을 박탈할 계획을 준비했다. 이를 위해 아직도 여전히 대중적인 이름인 마리우스와 연합하여, 아시아 전쟁의 최고명령권을 마리우스에게 넘기는 안을 제출하였고 대중은 대체로 이를 통과시킬 것으로 보였다. 마리우스의 군사적 지위와 능력은 술라와 대결하게 될 때 버팀목이 될 수도 있었다. 하지만 복수심과 명예욕을 보이는 늙고 자격 없는 사내를 캄파니아 군단의 지휘관으로 세웠을 때의 위험을 술키피우스가 간과한 것은 아니며, 민회 의결을 통해 사인에게 예외적 최고명령권을 부여하는 것이 지독히 비정상적이라는 것도 알고 있었다. 하지만 마리우스의 입증된 정치적 무능력은, 그가 국헌을 크게 위협하지 못하리라는 것을 보증하기도 했고, 무엇보다 술키피우스의 처지는, 그가 술라의 의도를 정확하게 판단한 것이라면, 여타의 다른 것들을 돌볼 수 없는 그런 위험한 처지였다. 고립된 영웅은 자신을 용병대장으로 기용하려는 누구에게든 협조할 의사가 있었음은 매우 분명했다. 그의 가슴은 아시아 전쟁의 최고명령권을 지난 수년 동안 간절히 원하고 있었고, 또한 아마도 그에 못지않게 원로원 다수파와의 계산을 근본적으로 따져보는 것도 있었다. 술키피우스의 제안으로 민회 의결에 따라 가이우스 마리우스는 예외적인 최고 권한 혹은 소위 집정관 대리 권한을 가진 캄파니아 군단 지휘권을 얻었고 미트라다테스 전쟁의 최고명령권도 확보하였다. 술라로부터 군대를 인수하기 위해 두 명의 호민관이 놀라의 군영으로 파견되었다.

술라의 소환

그들은 잘못된 사람을 짚었다. 아시아 전쟁의 최고명령권을 누군가
받는다면, 그것은 술라였다. 그는 몇 년 전 같은 전장에서 더없이 커
다란 성과를 거둔 지휘관이었다. 또한 그는 위험한 이탈리아 반란을
제압하는 데 다른 누구보다 큰 공헌을 한 사내였다. 아시아 전쟁이 발
발한 해의 집정관으로서 술라는 전통에 따라 지휘권을 가졌으며, 더
군다나 그의 친구이자 인척인 동료 집정관의 완전한 동의에 따라 그
렇게 되었다. 이런 사정에서 넘겨받은 최고명령권을 로마의 주권 민
회 의결에 따라 늙은 군사적 정치적 적대자에게 양도하라는 것은 무
리한 요구였다. 더군다나 적대자의 손에서 캄파니아 군단은 입에 담
지 못할 불합리와 폭력으로 남용될 수도 있었다. 술라는 기꺼이 그런
명령에 복종할 만큼 순한 사람이 아니었고, 명령을 강제한다고 해서
따를 만큼 종속적인 사람도 아니었다. 술라의 군대는 부분적으로는
마리우스가 단행한 군대개편의 결과로, 또 한편으로는 술라가 집행한
도덕적 느슨함과 군사적 엄격함 때문에, 지휘관에게 무조건 헌신하고
정치 현안에 무관심한 용병에 지나지 않았다. 술라 자신은 거만하고
냉정하고 명민한 인물이었고, 그에게 주권 로마시민은 천민 무리에
지나지 않았다. 아콰이 섹스티아이의 영웅은 파산한 사기꾼일 뿐이었
으며, 공식적 합법성은 한낱 문구에, 로마 자체는 주둔군도 없는, 놀

라보다 쉽게 정복할 수 있는 반쯤 무너진 성벽을 가진 도시에 지나지 않았다.

술라의 로마 입성

이런 생각에서 그는 행동했다. 그는 병사들을 소집했다. 여섯 개 군단 혹은 약 3만 5,000명에 달했다. 그리고 로마에서 도착한 명령을 병사들에게 알렸고, 병사들에게 그의 생각을 알리는 것도 잊지 않았다. 새로운 최고 사령관은 당연히 술라의 군대가 아니라 새로 편성된 군단을 아시아로 데리고 가야 한다는 것이었다. 병사라기보다 시민이었던 고급 장교들은 주춤했고, 그들 가운데 소수만이 수도 로마에 반기를 든 최고 사령관을 따랐다. 하지만 예전의 경험에 비추어(제4권 194쪽) 아시아에서 편안한 전쟁과 끝없는 전리품을 얻으리라 희망하던 병사들은 흥분했다. 순식간에 로마에서 파견된 호민관 둘은 갈기갈기 찢겼고, 사령관이 그들을 로마로 이끌고 가야 한다는 외침이 사방을 가득 메웠다. 집정관 술라는 지체 없이 움직였다. 그는 도중에 그와 뜻을 같이하는 동지들을 끌어들이면서 빠른 속도로 행군을 이어갔다. 로마에서 사람들이 그를 저지하기 위해 달려올 것에 대해서는 전혀 걱정하지 않으면서 수도 로마의 성벽 아래에 이르렀다. 순식간에 사람들은 술라의 군대가 티베리스강의 각 다리에, 콜리나 성문과 에스퀼리누스 성문 앞에 배치되는 것을, 이어 두 개의 군단이 대오를 맞추어 군기를 앞세우고 신성한 도시 성벽을 통과하는 것을 보았다. 전쟁을 도시 성벽 안으로 가지고 들어오는 것은 법이 금한 일이었다. 아주 많은 갈등, 아주 많은 중요한 분쟁이 도시 성벽 안에서 해결되었지만, 로마 군대가 신성한 도시 성벽을 넘어선 적은 없었다. 그런데 이런 일이 발생하였고, 더군다나 그것도 동방 전쟁의 지휘권을 둘 중에 누가 쥐느냐의 가여운 문제를 놓고 벌어진 것이다.

성벽 안으로 침범한 로마 군단들은 에스퀼리누스 언덕 앞까지 전진했다. 지붕에서 비 오듯 쏟아지는 활과 돌에 병사들은 불안해하였고 이탈하기 시작했다. 그때 술라가 먼저 불붙은 횃불을 들었고, 병사들은 불화살을 쏘고 가옥에 불을 놓으며 위협적으로 에스퀼리누스 광장(오늘날 산타 마리아 마조레 대성당 근처)까지 진군했다. 마리우스와 술키피우스가 급하게 불러모은 사람들이 여기서 기다렸고, 압도적 다수를 이용하여 선두로 달려오던 대열을 물리쳤다. 하지만 구원병들이 성문들을 통해 들어왔고, 술라 군단의 한 대대는 수부라 거리의 방어자들을 포위할 준비를 하였다. 텔루스 신전 앞에서, 그러니까 에스퀼리누스 언덕에서 로마광장을 향해 내려가기 시작하는 초입에서 마리우스는 다시 한번 전열을 가다듬었다. 그는 원로원 의원과 기사계급과 모든 로마시민을 향해 술라의 군단에 맞설 것을 호소했다. 하지만 시민들로 구성된 로마 군단을 용병으로 바꾸어놓았던 장본인인 마리우스에게 그가 행한 조치의 결과물이 지금 공격을 가하고 있었다. 로마 군단은 정부에 복종하지 않았고 사령관에 맹종하고 있었다. 노예들에게 자유를 약속하고 무기를 들라고 권고했지만, 3명 이상은 나타나지 않았다. 마리우스에게는 로마 군단이 아직 점령하지 않은 성문으로 도주하는 것밖에 남지 않았다. 불과 몇 시간 후에 술라는 로마의 절대 지배자가 되었다. 수도 로마광장에서 로마 군단이 피워놓은 화톳불이 밤새 불탔다.

술라의 첫 번째 복고정치

시민 갈등에 개입한 최초의 군사적 행동이 발생했고, 이는 정치 갈등이 공개적이고 직접적인 폭력에 의해서만 결정될 수 있는 지경에 이르렀다는 명백한 증거였다. 몽둥이의 폭력은 칼의 폭력 앞에 무력했다. 칼을 처음 뽑은 쪽도 보수당파였고, 처음 칼을 뽑은 남자에 대한 불길한 예언이 실현된 것도 보수당파에서였다. 하지만 지금 보수당파는 완벽하게 승리하였고 그들 뜻대로 그들의 승리를 공식화했다. 당연한 일이지만, 술키피우스 법들은 법률적으로 무효화되었다. 법안 제안자와 널리 알려진 추종자들은 도주했다. 원로원은 12인의 도망자들을 수배와 처형을 위해 국가의 적으로 선포하였다. 푸블리우스 술키피우스는 이에 라우렌툼에서 체포되어 처형되었다. 술라에게 보내진 호민관의 머리는 술라의 명에 따라 로마광장의 연설대에 전시되었다. 그곳은 그가 불과 며칠 전에 청년의 기백과 연설가 능력을 과시하던 곳이었다. 나머지 추방자들도 끝까지 추격을 받았다. 노령의 가이우스 마리우스를 암살자들은 바짝 뒤쫓았다. 옛 군사령관이 영광스러운 지난날들의 추억을 일련의 비참한 사건들로 더럽히게 되었고, 이제 조국의 구원자가 자신의 목숨을 구하기 위해 달아나게 되었을 때, 그는 역시 베르켈라이의 승자였고, 이탈리아 전체는 숨이 멎을 듯한 긴박감 속에 그의 기적 같은 탈출 사건에 귀를 기울였다.

마리우스는 아프리카로 가기 위해 오스티아 항구에서 배를 탔다. 하지만 역풍이 불고 채비가 부족한 탓에 키르케이곶에 배를 댈 수밖에 없었고 여기저기 발길 닿는 대로 돌아다니게 되었다. 수행원도 몇 명 없이 비를 피할 거처도 없이 노령의 집정관 역임자는 걸어서, 종종 굶주림에 고통받으며, 가릴리아노강의 하구에 위치한 로마 식민지 민투르나이에 닿았다. 이때 멀리서 그를 추격하는 기병대가 보였다. 일 촉즉발의 위기에서 강변에 이르렀고 거기 세워진 무역선을 타고 그는 추격자들을 따돌렸다. 하지만 불안한 선원들은 곧 배를 세웠고 강가에 잠든 마리우스를 놓아두고 떠나버렸다. 추격자들은 민투르나이 하구에서 허리까지 늪에 빠진 채 갈대 더미 아래 몸을 숨기고 있던 그를 발견하여 민투르나이 시당국에 인계했다. 그는 감옥에 갇혔고 킴브리족 노예 출신의 사형 집행자가 보내졌다. 하지만 게르마니아인은 옛 정복자의 불타는 눈빛에 겁을 먹고 도끼를 떨어뜨렸다. 장군은 강력한 목소리로 그에게 호령하여, 가이우스 마리우스를 감히 죽일 수 있는지 물었다. 민투르나이 관리들은 이를 들었을 때, 마리우스가 그로부터 자유를 선물 받은 동료 시민들보다, 그에 의해 자유를 속박당한 노예에게 더 큰 존경을 받고 있다는 사실에 부끄러움을 느꼈다. 그들은 그를 풀어주었고 그에게 배와 노잣돈을 제공하여 그를 아이나리아(오늘날의 이스키아)섬으로 보내주었다. 술키피우스를 제외한 나머지 추방자들은 하나둘씩 이곳 해역에 모여들었다. 그들은 에뤽스에, 이어 과거 카르타고가 서 있던 곳에 닿았다. 하지만 시킬리아와 아프리카에 파견된 로마 관리들은 그들을 받아주지 않았다. 이어서 그들은 누미디아로 달아났고 누미디아의 황량한 해안사구는 그들에게 겨울을 지낼 피난처를 제공해주었다. 하지만 그들은 왕 히엠프살 2세의 호의를 얻으려 했고, 왕도 오랫동안 그들과 좋은 관계를 맺으려는 척했고, 그들의 안전을 보장했으나, 마침내 그들을 사로잡으려고 시도했다. 추방자들은 간신히 왕의 기병대를 따돌리고 임시로 튀니지 연안의 작은 섬 케르키나에서 은신처를 찾았다. 술라가 그의 수호 별자리에, 킴브리인들의 정복자를 죽이는 일을 면하게 된 것에 감사드렸는지 우리는 알 수 없다. 하지만 적어도 민투르나이 행정관들이 처벌받지 않았다는 것만은 분명하다.

술라의 입법

현존하는 폐단들을 철폐하고 미래의 변혁을 방지하기 위해 술라는 일련의 새로운 법률적 규정을 만들었다. 궁지에 몰린 채무자들을 위해서는 단지 최고 이자율 규정을 강화한 것 말고 다른 일은 하지 않은 것으로 보인다.[11] 다수의 식민지 건설을 위한 지침들이 마련되었다. 동맹시 전쟁의 전투와 고발로 크게 줄어든 원로원은 300명의 원로원 의원을 새로 영입함으로써 보충되었다. 새로운 의원 선발은 당연히

---

[11] 로마 건국 666년(기원전 88년) 집정관 술라와 루푸스가 제안한 '십이분의 일' 법률이 이와 관련하여 무엇을 규정하였는지는 분명하지 않다. 제일 단순한 가정으로, 로마 건국 397년(기원전 357년) 법률의 개정이 담겼으며, 최고 이자 상한이 다시 10달 1년에 전체 금액의 '십이분의 일'이거나, 12달 1년에 전체 금액의 1할로 정해졌다는 것이다.

귀족파의 이해관계가 반영되었다. 마지막으로 선거 방식과 법률 발의와 관련하여 중대한 변화가 있었다. 백인대 민회의 옛 세르비우스 선거 규칙이, 로마 건국 513년(기원전 241년)에 재산 제1등급의 비중을 축소시키기 위해 도입된 선거 규칙을 대신하여, 부활하였다. 이에 따라 재산이 10만 세스테르티우스(7,600탈러) 이상을 가진 재산 제1등급 시민들이 투표권의 거의 과반을 차지했다. 이와 함께 실제로 집정관, 법무관, 호구 감찰관의 선출을 위한 호구조사가 시행되었고, 부유하지 않은 자들은 선거권을 사실상 잃어버렸다. 호민관의 모든 법률 제안은 사전에 원로원에 제출되어야 했고, 원로원이 승인했을 때만 상 민회에 상정될 수 있다고 규정함으로써 호민관의 법률 발의는 제한되었다.

집정관 술라는 술키피우스 혁명 시도에 의해 야기된, 보수 당파의 창과 방패로 등장한 사내였다. 그가 내린 이런 조치들은 매우 특이한 성격이 있다. 술라는 감히 민회 혹은 재판을 통하지도 않고, 최고 귀족들 가운데 12명에게—이들 가운데는 현직 정무관들과 당대 가장 유명한 장군도 포함되었는데—사형을 선고하였고 공개적으로 이런 법익 박탈을 추진하였다. 이는 유서 깊고 신성한 상소권의 훼손이었고, 이에 매우 보수적인 인사들조차, 예를 들어 퀸투스 스카이볼라조차 엄중히 질책했다. 술라는 감히 150년 동안 유지된 선거 규칙을 수정하고 오래전에 사라져 없어진 선거 호구조사를 부활하려 하였다. 또한 그는 감히 정무관과 민회라는 입법권을 가진 두 부문으로부터 사실상 입법권을 박탈하려고 하였고 이를 한 번도 공식적으로 자문에 응하는 것 말고 어떤 권리도 가진 적 없는 기구에 넘겨주려고 하였다.

어떤 민주주의자도 이 보수적 개혁가처럼 이렇게 독재적인 형식으로 사법을 행사한 적도 없고, 국헌의 토대를 이렇게 무분별하고 무모한 방식으로 흔들고 바꾼 적도 없었다. 하지만 형식이 아니라 실질을 보면 매우 상이한 결과들에 이른다. 혁명은 한 번도 최소한 로마에서는 상당수의 희생자를 요구하지 않고 끝난 적이 없었고, 희생자들은 어떻게든 사법의 형식으로 갚아야 할 빚을 마치 범죄인 양 갚아야 했다. 승리한 당파가 그락쿠스의 몰락이나 사투르니누스의 몰락 이후 집행한 것(제5권 136쪽, 190쪽, 314쪽)과 같은 재판 결과를 기억하는 사람은 에스퀼리누스 광장의 승리자가 오히려 공명정대하고 비교적 절제된 조치를 했다고 칭송하고픈 생각이 들 것이다. 술라는 담백하게 사실상의 전쟁을 전쟁으로 받아들였고 패자들을 권리가 박탈된 적으로 선언하였다. 두 번째로 술라는 희생자의 숫자를 최대한 축소하였고 적어도 신분이 낮은 사람들에게는 공격적인 분노를 허락하지 않았다.

이와 유사한 절제를 그는 정치조직에서도 보여주었다. 입법 관련한 개혁은 가장 중요하고 아마도 가장 포괄적인 것으로 사실 유일하게 국헌의 정신을 국헌의 문구와 일치시키는 일이었다. 로마의 입법제도는 집정관 혹은 법무관 혹은 호민관이 아무나 임의의 모든 법적 수단을 민회에 제안하고 찬반 토론 없이 표결하는 방식으로, 본래 비합리적이었고, 민회가 점진적으로 무력화되면서 점차 비합리성이 더욱 커졌다. 이 입법제도가 용인된 것은, 사실적으로 원로원이 사전 심의권을 요구하고 상례적으로 찬반 토론 없이 표결되는 법안을 정치적 혹은 종교적 거부권(제2권 109쪽)을 행사하여 막았기 때문이었다. 혁명은 이 장애물을 쓸어버렸고, 그 결과 비합리적 입법제도는 그 본성을 완벽하게 실현하였고 모든 무모한 청년에게 국가 전복의 형식적 합법성을 획득할 방법을 제공하였다. 이런 상황에서 이제까지 우회로를 통해 실현된 원로원 입법을 이제 형식적이고 명시적으로 공인하는 것 말고 무엇이 지당하고 필연적이고 올바른 보수성이겠는가?

선거 호구조사의 혁신도 비슷한 상황이었다. 과거 국헌은 철저하게 선거 호구조사에 기초하였다. 로마 건국 513년(기원전 241년)의 개혁도 재산 우선권을 제한하는 것이었다. 하지만 이 해 이후 거대한 경제적 변동이 발생하였고, 이에 따라 선거 호구조사의 재산 하한액 상향이 정당화될 수 있었다. 따라서 새로운 금권정치도 오로지 국헌의 정신을 충실하게 반영하기 위해서 국헌의 문구를 변경하였고, 이와 동시에 수치스러운 매수행위 및 그와 연관된 모든 것을 최대한 부드러운 형식으로 척결하려고 최소한 시도는 하였다. 마침내 채무자에 이로운 결정들과 식민지 계획의 재수립은, 물론 술키피우스의 격정적인 제안들에 찬성할 마음이 없었지만, 술라도 결국 술키피우스나 드루수스처럼, 맑은 눈을 가진 귀족들처럼, 물질적인 개혁으로 기울었다는 분명한 증거들이다. 여기서 명심해야 할 것은 술라가 이런 조치들을 정권 장악 이후 완전히 자발적으로 제안하였다는 점이다. 만약 이런 사실을 술라가 그락쿠스 체제의 주요 토대들을 유지하였고 기사계급 법정도 곡물 분배도 흔들지 않았다는 점과 연결한다면, 다음의 판단이 옳다는 것을 알게 될 것인데, 다시 말해 로마 건국 666년(기원전 88년)의 술라 체제는 가이우스 그락쿠스의 몰락 이후 유지되던 상태를 주요 부분 그대로 유지하고 다만 우선 현 정부를 위협하는 과거의 규정들을 시대에 맞게 변경하였으며, 부분적으로 현재의 사회적 해악들을 힘이 닿는 한 고치려고 하였으며, 다만 상처의 깊은 부분은 건드리지 않았다. 국헌의 형식주의에 대한 격한 경멸, 현존 질서의 내적 실질에 대한 생생한 공감, 분명한 통찰력과 칭송받을 만한 의도들이 그의 입법을 특징 지운다. 하지만 그는 아주 많은 선한 의지가 담겼음에도, 이자 상한액의 확정이 혼란스러운 부채 관계를 치료할 것이라고 믿는, 원로원의 자문권이 이제까지의 거부권이나 종교보다 확실하게 미래의 민중 선동에 맞서는 저항력을 가질 것이라고 믿는 일종의 경솔함과 천박함을 보여주었다.

새로운 문제들

실제로 보수당파의 맑은 하늘에 곧 새로운 구름이 등장했다. 아시아의 상황은 점점 더 위협적인 모습을 보였다. 이미 국가는 술키피우스 혁명으로 아시아 파병을 늦춤으로써 아주 심각한 피해를 보았다. 더는 출항을 연기할 수 없는 지경에 이르렀다. 그사이 술라는 이탈리아에서 과두정에 대한 새로운 반발을 막을 보증인을, 부분적으로 새로운 선거 제도 하에 선발될 집정관들에서, 부분적으로 특히 이탈리아 반란세력의 잔당을 제압하는 임무를 맡은 군대에서 찾으려 하였다. 하지만 집정관 선거의 당선자는 술라가 지원한 후보들이 아니라, 엄격한 보수주의적 정서의 사내 그나이우스 옥타비우스와, 가장 단호한 반대파에 속한 루키우스 코르넬리우스 킨나였다. 아마도 이런 결과는 이자제한법의 발의자에게 복수하려 한 자본가 당파 때문이었을 것이다. 술라는 불편한 결과를 받아들였고, 시민들이 국헌에 따른 자유로운 투표권을 행사한 것을 보게 되어 기쁘며 두 집정관이 기존 국헌의 준수를 서약하는 것에 만족한다고 선언하였다. 군대들 가운데 특히 북부군이 앞으로의 향배를 결정하게 되었다. 캄파니아 군단은 대부분 아시아로 출정하기로 결정되었기 때문이었다. 술라는 민회 의결을 통해 북부군의 군사 지휘권을 그에게 충성하는 동료 퀸투스 루푸스에게 넘겼고, 이제까지의 사령관 그나이우스 스트라보를 최대한 정중한 방식으로 퇴임시켰다. 그는 기사계급에 속하고 술키피우스 혁명 기간에 수동적 태도를 보여 귀족 계급에게 적잖은 걱정을 끼쳤기 때문이다. 루푸스는 군대를 찾아갔고 스트라보의 후임자로 지휘권을 인수했다. 며칠 뒤에 루푸스는 병사들에게 살해되었고 스트라보는 아직 다 넘어가지도 않은 지휘권을 다시 돌려받았다. 스트라보가 살인 교사자로 생각된다. 그는 그런 행동을 할 만한 사람이 분명했고, 범죄의 열매를 수확했다. 그는 백일하에 드러난 살인자들을 겨우 말로만 처벌하였다.

술라에게 루푸스의 죽음과 스트라보의 지휘권은 새롭고 심각한 위험이었다. 하지만 술라는 후자에게서 지휘권을 빼앗기 위한 어떤 행동도 하지 않았다. 얼마 후 그의 집정관 임기가 끝났을 때 그는 후임자 킨나에 의해 이제 그만 아시아로 출발하라는 종용을 받았다. 아시아는 그의 도착이 긴급하게 필요하였다. 다른 한편 그는 새로운 호민관들 가운데 한 명에 의해 민회 법정에 나가게 되었다. 술라와 그의 당파에 대한 새로운 공격이 준비되고 있음은 아무리 어두운 눈이어도 분명히 보였다. 정적들은 그의 제거를 원했다. 술라는 킨나 혹은 아마도 스트라보와 충돌하여 다시 한번 로마로 진군하거나, 아니면 이탈리아 사안은 그대로 방치하고 다른 대륙으로 떠나는 두 가지 선택이 가능했다. 술라는 애국심인지 아니면 무관심 때문인지를 확정할 수는 없지만, 후자를 선택했다. 그는 삼니움에 잔류한 병력을 신뢰할 수 있고 전쟁에 능한 퀸투스 메텔루스 피우스에게 넘겼다. 메텔루스는 술라를 대신하여 남부 이탈리아에서 집정관 대리로서 군령권을 행사한 사람이었다. 놀라의 포위 공격은 법무관 대리 아피우스 클라우디우스에게 맡겼다. 로마 건국 667년(기원전 87년) 초에 술라는 그의 군단들을 데리고 희랍계 동방을 향해 출항하였다.

제8장
동방과 미트라다테스 왕

동방의 상황

혁명은 반복되는 화재경보와 외침으로 로마 정부를 숨도 쉴 수 없는
긴장 속에 붙잡고 있었기 때문에, 로마 정부는 속주 상황에 전혀 관심
을 두지 못했다. 특히 아시아와 동방이 그러했는데, 멀리 떨어진 평화
로운 민족들은 아프리카, 히스파니아, 알프스 저쪽 이웃들과 달리 로
마 정부의 관심을 유발하지 않았기 때문이다. 혁명 발발과 같은 시기
에 있었던 아탈로스 왕국 편입 이후 한 세대가 채워지는 동안 동방 사
안에 로마가 관여한 어떤 일도 찾을 수 없다. 유일한 예외는, 킬리키
아 해적들의 끝모르는 건방진 행위에 참다못한 로마가 로마 건국 652
년(기원전 102년)에 킬리키아 속주를 설치한 것이다(제5권 201쪽). 하지
만 사실 킬리키아 속주는 소규모 로마 육군과 로마 함대가 사용할 상

시 주둔지를 지중해 동쪽 수역에 설치한 것에 지나지 않았다. 마리우스가 로마 건국 654년(기원전 100년) 몰락하면서 복고 정부는 어느 정도 안정을 되찾았고, 이후 로마 정부는 새롭게 동방의 사건들에 약간의 관심을 두기 시작하였다.

이집트

많은 관점에서 상황은 30년 전 그대로였다. 이집트 왕국은 에우에르게테스 2세 사망(로마 건국 637년, 기원전 117년)과 함께 법적으로나 실질적으로나 이웃 나라 퀴레네와 퀴프로스 등과의 관계를 상실했다. 퀴레네는 에우에르게테스의 친아들 프톨레마이오스 아피온에게 상속되었고, 본국 이집트와 영원히 단절되었다. 이집트의 지배를 위해 선왕의 미망인 클레오파트라(로마 건국 665년, 기원전 89년 사망)와 그녀의 두 아들 소테르 2세 라튀로스(로마 건국 673년, 기원전 81년 사망)와 알렉산드로스 1세(로마 건국 666년, 기원전 88년 사망)가 반목하였는데, 이는 퀴프로스가 상당 기간 이집트와 단절되는 원인을 제공하였다. 로마는 이 혼란에 개입하지 않았다. 로마 건국 658년(기원전 96년) 퀴레네 왕국은 자식 없이 죽은 왕 아피온의 유언에 따라 로마에 유증되었고, 로마는 왕국을 한꺼번에 집어삼키지는 않았고, 땅의 대부분을 자치하게 두었다. 로마는 퀴레네 왕국의 희랍계 도시 퀴레네, 프톨레마이스, 베레니케 등을 자유도시로 선언하였고 이들 도시에 왕국 영토의 용익권을 넘겨주었다. 아프리카 속주 총독은 이 지역의 관할권을 가졌지만, 아주 멀리 떨어져 있었기 때문에, 마케도니아 속주 총독이 가진 희랍 자유도시들의 관할권처럼 명목상의 관할권에 지나지 않았다. 이는 친 희랍적 성향 때문이 아니라 단지 로마 정부의 무기력과 무관심 때문이었음이 분명하였다. 이런 조치의 결과는 희랍 지역의 똑같은 상황에서 내려진 조치의 결과와 같았다. 내전과 약탈이 온 나라를 휩쓸었고, 로마 건국 668년(기원전 86년) 우연히 어떤 로마 고급 장교가 그곳에 나타났을 때, 주민들은 그에게 달려들어 지역의 상황을 바로잡고 그 지역을 계속 통치해 달라고 애원하였다.

쉬리아

쉬리아에서도 그간의 사정은 크게 다르지 않았는데, 약간 좋아지기는 했다. 이복형제 안티오코스 그뤼포스(로마 건국 658년, 기원전 96년 사망)와 퀴지코스의 안티오코스(로마 건국 659년, 기원전 95년 사망)가 벌인 20년의 왕위 계승 전쟁(이들이 사망하면 이들의 자식들에게로 전쟁이 승계되었다)으로 인해, 쟁탈전의 대상이던 왕국은 이름뿐인 왕국이 되었다. 킬리키아 해상 왕들, 쉬리아 사막의 아라비아 족장들, 유대 땅의 제후들, 대도시들의 정무관들이 왕권 계승자보다 일반적으로 더 큰 힘을 발휘할 정도였다. 그 사이 로마는 서부 킬리키아에 확고한 교두보를 확보했다. 중요 지역인 메소포타미아는 결정적으로 파르티아에게 넘어갔다.

파르티아 상황

아르사케스 왕조는 주로 투란 족의 침입 때문에, 그락쿠스 형제의 시절에 커다란 위기를 극복해야 했다. 아르사케스 왕조의 9번째 왕인 미트라다테스 2세 혹은 미트라다테스 대왕은(로마 건국 630년경~667년경, 기원전 124년경~87년경) 왕국을 아시아 내륙의 맹주 자리로 복귀시키고, 스퀴티아인들을 몰아내고, 쉬리아와 아르메니아를 상대로 왕국의 국경을 확대하였다. 하지만 그의 말년에 새로운 소요들이 그의 통치를 마비시켰다. 왕국의 거물들, 특히 그의 친동생 오로데스가 대왕에 대항하여 일어나서 마침내 왕을 내몰고 죽게 만드는 동안, 이제까지 큰 의미가 없었던 아르메니아가 들고 일어났다. 아르메니아는 독립 선언 이래로(제4권 93쪽) 북동부 아르메니아 혹은 본래 아르메니아 혹은 아르탁시아스 왕조와, 남서부 아르메니아 혹은 소페네 혹은 자리아드리스 왕조로 분열되었는데, 다시 아르탁시아스 왕조의 티그라네스 왕(로마 건국 660년, 기원전 94년 이래 통치)에 의해 처음으로 통일 왕국을 이루었다. 부분적으로 이런 권력 강화 때문에, 부분적으로 파르티아 왕국의 약화 때문에 아르메니아 전체를 다스리는 새로운 왕이 생겨날 수 있었다. 아르메니아는 파르티아의 피호국 신세를 면하고 파르티아에게 빼앗겼던 옛 영토를 수복하였다. 나아가 패권이 아카이메네스 왕국에서 셀레우코스 왕국으로, 다시 셀레우코스 왕국에서 아르사케스 왕국으로 넘어오고, 다시 아르메니아에 이르면서 아시아의 최고 왕국이 되었다.

소아시아

마지막으로 소아시아에서 지역 구분은 아탈로스 왕국이 로마의 영향력 아래 해체되면서 형성된(제5권 81쪽) 그대로를 대부분 유지하고 있었다. 비튀니아 왕국, 카파도키아, 폰토스, 파플라고니아 제후국, 갈라티아, 수많은 도시연합체, 자유도시들 등 피호국들은 외형적으로는 거의 변화가 감지되지 않았다. 하지만 속을 들여다보면 로마 지배의 성격은 전반적으로 크게 바뀌었다. 또 모든 독재정권에 자연스럽게 나타나는 지속적 억압의 가중 때문에, 부분적으로 로마 혁명의 직접적 영향 때문에—기억해야 할 것은 가이우스 그락쿠스가 단행한 아시아 국유지의 회수, 로마가 부과하는 십일조와 세금, 징수업자들이 함께 수행하던 인간 사냥 등이다—그 자체로도 이미 견디기 어려운 로마 지배가 아시아에서 더욱 가중되었다. 그리하여 왕의 궁전도 농부의 초막도 몰수 앞에서 안전할 수 없었고 마치 풀 한 포기도 로마의 징수업자들을 위해 심은 것처럼, 자유 시민의 모든 자식이 로마의 노예 사냥꾼을 위해 태어난 것처럼 보일 정도였다. 아시아의 주민들은 그들의 고갈되지 않는 수동성으로 이 고난도 견뎌내고 있었지만, 그들을 견디게 하는 것은 사실 인내와 신중함이 아니라, 동방 특유의 자발성 결핍이었다. 이 평화로운 땅에서 이 약해빠진 민족들 가운데 놀라운 경이로운 사건이 일어날 수도 있었다. 만약 기치를 들어 올릴 줄 아는 사람이 그들 가운데 출현한다면 말이다.

미트라다테스 에우파토르

당시 폰토스 왕국은 에우파토르라고 불리는 미트라다테스 6세(로마 건국 624년, 기원전 130년 출생. 로마 건국 691년, 기원전 63년 사망)가 다스리고 있었다. 그는 아버지 쪽으로 다레이오스 휘스타스페스의 아들로부터 16대손이었고, 폰토스 왕국을 건국한 미트라다테스 1세로부터 8대손이었다. 어머니 쪽은 알렉산드로스 왕조와 셀레우코스 왕조에 속했다. 그의 아버지 미트라다테스 에우에르게테스가 시노페에서 암살로 일찍 사망하면서 로마 건국 634년(기원전 120년)에 11살의 소년이었던 그는 왕이 되었다. 하지만 왕관은 그에게 고난과 위기만을 초래하였다. 후견인들이—아마도 아버지의 유언장에 따라 공동통치를 맡은 친모가—어린 왕의 생명을 노렸다. 전해지는 바에 따르면, 그는 법적 보호자들의 칼을 피하려고 자발적으로 추방자 생활을 무려 7년 동안이나 하였다. 매일 잠자리를 바꾸고, 본인의 왕국에서 도망자가 되어 고향을 잃은 사냥꾼의 삶을 살았다. 따라서 소년은 굉장한 사내로 성장했다. 그에 관한 우리의 보고는 상당 부분 동시대의 문헌 기록에 의존하지만, 동방에서 번개처럼 퍼진 전설은 강력한 왕을 일찍이 삼손과 루스탐의 행적으로 장식하였다. 하지만 이 모두는 상상봉에 걸린 구름과 같은 성격을 가진다. 문헌 기록과 전설의 두 경우에서 그 기본 줄기는 다만 화려하고 환상적이며, 흐려지지도 크게 변경되지도 않았다. 미트라다테스 왕의 거대한 몸집에 맞는 무기들은 아시아인들은 물론 이탈리아인들의 경탄을 불러일으켰다. 그는 가장 빠른 야생동물을 능가하는 달리기 선수였다. 기병으로서 그는 야생말을 길들였고 말을 바꾸어 가며 하루에 약 185킬로미터를 주파할 수 있었다. 16살에 그는 전차를 몰았고—물론 경주에서 왕에게서 승리를 빼앗는 것은 위태로운 일이겠지만—경주에 나가 여러 번 상을 탔다. 사냥에서 그는 말을 타고 전력으로 질주하며 야생동물을 실수 한번 없이 맞혔다. 식탁에서도 그는 그런 모습을 보여주었는데, 먹기 내기를 개최하여 본인이 가장 많이 먹은 자를 위한 상과 가장 많이 마신 자를 위한 상을 거머쥐었다. 그는 하렘의 친구들 사이에서도 탁월하였음을 그의 희랍 정부들이 보낸 방탕한 편지들이 입증하는데 이것은 그의 문서들 사이에서 발견된다. 그는 정신적 갈망을 더없이 난잡한 미신—왕은 해몽과 희랍 비교(秘敎)에 적잖이 시간을 소모했다—그리고 희랍 문화의 조야한 습득으로 채웠다. 그는 희랍 예술과 음악을 사랑했는데, 희랍의 귀중품, 화려한 가구, 페르시아와 희랍의 골동품을 수집하였다. 반지를 모아놓은 그의 진열장은 유명했다. 그는 지속적으로 희랍 역사가들, 철학자들, 시인들을 주변에 불러들였고, 그의 왕궁 잔치에는 먹보와 술고래를 위한 상 이외에도 가장 우스꽝스러운 광대들과 가장 뛰어난 가수를 위한 무언가가 있었다.

그는 그런 사람이었다. 술탄이나 진배없었다. 지배자와 피지배자의 관계가 윤리 법칙이 아니라 자연 법칙의 성격을 갖는 동방에서 신하는 개처럼 충성스럽고 개처럼 표리부동했고, 지배자는 잔인하고 의심이 많았다. 이 두 가지에서 미트라다테스도 크게 다르지 않았다. 그의 모친, 그의 형제, 그와 결혼한 그의 누이, 그의 아들들 가운데 세 명, 그의 딸들 가운데 여러 명이 그의 명령에 따라 실제 반역 혹은 반역의 의혹 때문에 죽거나 영구히 구금되었다. 어쩌면 이보다 더 경악할 일은, 그의 비밀문서에는 최측근들 가운데 여럿에게 사전에 사형판결이 내려져 있었다는 것이다. 진정으로 술탄의 면모가 엿보이는 것은, 그가 나중에 단지 적들에게 승리의 전리품을 남기지 않기 위해 희랍 출신의 두 정실부인, 그의 누이들, 그의 후궁들 모두를 살해하였으며 두 정실부인에게는 겨우 죽음의 방식을 고를 자유를 주었다는 점이다. 독과 해독제의 실험적 연구를 그는 정부 업무의 중요한 과제로 삼았으며 그의 몸이 독들에 단련되도록 시도했다. 그는 일찍부터 누구나 의심했고, 특히 최측근들의 배신과 암살을 의심했고, 누구에게나, 특히 최측근들에게 이를 자행했다. 그리하여 이것의 필연적인 결과로 그의 전 생애에 걸쳐 확인되는바 그의 모든 계획은 마침내 측근들의 배신 때문에 실패로 돌아갔다. 하지만 동시에 우리는 고귀한 정의의 몇몇 사례를 만나기도 한다. 반역자들을 처벌할 때 그는 다음의 사람들은 일반적으로 사면하였는데, 반역 주모자들과의 개인적인 관계 때문에 반역에 참여하게 된 자들이었다. 하지만 무자비한 폭군들에게도 그런 공정함의 경우가 없지 않다.

많은 수의 비슷한 술탄들 가운데 실제로 미트라다테스를 빛나게 한 것은 그의 무한정한 활동성이었다. 어느 아름다운 아침 그는 홀연히 궁정에서 사라졌고 거의 한 달 동안 종적이 묘연했고, 그래서 사람들은 그가 죽었다고 생각했다. 그가 돌아왔는데, 정체를 감추고 전체 소아시아를 돌아다니며 사방의 사람들과 산천을 군사적으로 정찰한 후였다. 비슷한 사례로 그는 언변이 뛰어난 사람이었을 뿐만 아니라, 그가 다스리는 22개 민족의 각 언어로 통역자 없이 판결을 내렸다. 수많은 언어가 존재하는 동방의 활동적인 지배자를 빛나게 하는 모습이다. 통치 활동 전체는 이런 모습을 보여준다. 우리가 아는 한에서—유감스럽게도 내치에 관해서는 전혀 전해지는 것이 없다—그는 다른 모든 술탄처럼 보물을 수집하고, 군대를 양성하고(그는 적어도 초창기에 흔히 왕이 아니라 희랍 용병대장으로 군대를 이끌었다), 옛 통치령에 새로운 통치령을 추가하는 데 열중하였다. 좀 더 높은 수준의 요소들, 그러니까 문명의 진작, 민족적 대립을 대처하는 진중한 지도력, 고유한 천재성은 적어도 우리에게 전해진 전승에 비추어 보면 미트라다테스에게서 뚜렷이 드러나지 않으며, 따라서 우리는 그를 오스만제국의 위대한 통치자들인 무하메드 2세와 술레이만과도 나란히 놓을 이유는 없다. 로마식 무장이 그의 카파도키아인들에게 그러했던 것처럼 희랍적 교양이 그에게 잘 어울리지 않았기 때문인지, 그는 희랍적 교양에도 불구하고 전형적인 동방 사람이었다. 그는 거칠고, 더없이 감각적인 쾌락으로 가득하고, 미신을 따르고, 잔인하고, 신뢰할 수 없고, 무분별했고, 다른 한편 철저하게 훈련된 타고난 체력을 가졌다. 그의 도전적 좌충우돌과 그의 지칠 줄 모르는 저항은 마치 그의 능력처럼, 때로 천부적 재능처럼 보였다. 로마공화정의 고난 시절 동안은 스키피오 시절이나 트라야누스 시절보다 로마에 저항하기가 좀 더 수월하였다는 것을 생각해야 하겠고, 그리고 아시아의 정황이 이탈리아의 내적 분열과 연결됨으로써 유구르타보다 두 배나 더 긴 시간 동안 로마에 저항할 수 있었다는 것을 생각해야 하겠지만, 그래도 분명한 사실은 파르티아 전쟁이 일어나기까지 미트라다테스는 동방에서 로마에 진지한 고민거리를 제공한 로마의 유일한 적이었다는 것, 미트라다테스는 사냥꾼에게 맞서는 사막의 사자처럼 로마에 맞섰다는 것이다. 하지만 우리는 우리가 아는 것에 따르면 그에게서 천성적 저항 정신 이상을 확인할 수는 없다.

미트라다테스 왕의 개인적 품성을 사람들이 무어라고 말하든지 간에, 그의 역사적 위치는 매우 의미심장했다. 미트라다테스 전쟁은 우선 희랍이 로마에 정치적으로 반발한 마지막 저항이었으며, 다른 한편 이와 매우 다르고 매우 뿌리 깊은 대립에 연원하는, 로마 패권을 거부하는 흐름의 시작이었으며, 서방에 대해 아시아인들이 일어난 민족적 항쟁이었다. 미트라다테스처럼 그의 왕국도 동방 왕국이었다. 일부다처제와 후궁 제도가 왕궁만이 아니라 귀족들에게서도 널리 퍼져 있으며, 백성들의 종교는 물론 왕실의 공식 종교도 압도적으로 민족 전통 신앙이 우세했다. 이곳의 희랍 문화도 아르메니아의 티그라네스 왕조나 파르티아의 아르사케스 왕조의 희랍 문화와 다르지 않았다. 소아시아 희랍인들은 짧은 순간 그들의 정치적 꿈을 이 왕국에서 실현될 것이라고 믿었을지 모른다. 그가 벌인 전투들에서는 마그네시아와 퓌드나의 전장에서 결정된 것과는 전혀 다른 것이 다투어졌다. 오랜 평화 시기를 보내고 이제 동서의 거대한 대결의 새로운 시대로 들어섰다. 동서의 대결은 마라톤 전투로부터 당대까지 유증되었고, 지난날처럼 아마도 앞으로도 수천 년을 헤아릴 수 있을 것이다.

소아시아의 민족구성

카파도키아 왕의 일체 행동과 존재는 분명 이질적이고 비희랍적 성격을 보여주었다고 할 때, 그의 민족성을 확정적으로 제시하는 것은 어려운 일이며, 이와 관련하여 일반적인 것을 넘어 실질적 견해에 이르는 것은 불가능한 일이다. 고대 문명의 전 영역에서 이렇게 수많은, 이렇게 상이한, 이렇게 먼 옛날부터 다양한 민족성이 공존하며 뒤엉킨 지역도 없을 것이다. 따라서 이 지역에서 민족들의 관계는 소아시아만큼이나 분명하지 않았다. 셈족은 쉬리아에서 계속해서 퀴프로스와 킬리키아로 이주하였고, 이들은 나아가 카리아와 뤼디아의 서안에서도 민족구성의 근간인 것으로 보인다. 반면 북서부 끝은 유럽쪽 트라키아인들과 같은 계통의 비튀니아인들이 차지하고 있었다. 한편, 내륙과 북쪽 해안은 인도 – 게르만족이 지배적이었고, 다음으로 이란 계통의 민족들로 구성되어 있었다. 고대 페르시아어에 인접하였다는 것이 아르메니아와 프뤼기아 언어에서[1] 뚜렷하게 확인되며, 카파도키아 언어에서 상당히 개연적이다. 뮈시아인들에게서 뤼디아어와 프뤼기아어가 만나고 있다는 사실이 확인되는데, 이는 셈 – 이란족, 예를 들어 아쉬리아인들과 비교될 만한 혼합 민족을 나타낸다. 킬리키아와 카리아 사이에 펼쳐진 뤼키아 지역을 보자면, 도래 언어와 문자가 수도 없이 발견되었지만, 이 지역에 대한 확실한 결론에 이르지 못했다. 단지 가능성이지만, 이들을 셈족보다는 인도 – 게르만족으로 보아야 할 것이다. 이런 뒤엉킨 다민족 사회가 어떻게 희랍 상업 도시들과 연결되고, 희랍 민족의 군사적 정신적 우월함 때문에 이 지역에 소개된

---

[1] 프뤼기아어로 소개된 단어, Βαγαῖος(=제우스)는 고대 페르시아어 *bagha*(=신)에, 옛 왕의 이름 *Manis*는 게르만어 *Mannus*, 인도어 *Manus*에 분명하고 정확하게 연결된다(Lassen, *ZDMG* 10, 1888, 329쪽 이하).

희랍 문화를 어떻게 흡수하게 되었는지를 우리는 대강이나마 앞서 이미 살펴보았다.

폰토스 지역

미트라다테스는 이들 지역을 지배했다. 물론 그의 지배 지역은 우선 흑해 연안의 카파도키아 혹은 소위 폰토스라고 불리는 소아시아 북동부의 끝이었는데, 이 지역은 아르메니아와 마주하여 계속해서 아르메니아와 접촉하고 있었고, 소아시아의 다른 어떤 지역보다 더 순수하게 이란 민족성을 유지하고 있었을 것으로 보인다. 희랍 문화는 이렇게 깊은 이곳까지 들어온 적이 없었다. 다수의 희랍계 거주 지역이 분포하는 해안지대, 특히 중요한 무역 거점도시 트라페주스, 아미소스, 미트라다테스의 출생 및 거주 도시, 왕국에서 가장 화려한 도시 시노페 등은 예외로 하고, 왕국은 아직 매우 원시적인 상태에 있었다. 그렇다고 인구가 아주 없이 황폐했던 것은 아니다. 폰토스 지역은 오늘날도 여전히 지구상에서 가장 비옥한 지역이고 농작물이 밭에서 자라고 산에는 유실수들이 가득한데, 아마도 미트라다테스 시대에도 농업이 번성하고 인구도 상대적으로 풍부했을 것이다. 하지만 도시라고 할 만한 것이 없었고, 다만 성채들이 있었는데, 이는 농민들의 피난처였거나 왕에게는 거두어들인 세금을 보관하는 금고로 사용되었다. 소(小)아르메니아에만 이런 작은 성채가 75개가 있었다. 우리는 미트라다테스가 본질적으로 그의 왕국에 도시 문화를 증진시키려고 활동했다고 보지 않는다. 그가 어떤 상황에 놓여 있었는지는 사실적인, 하지만 스스로도 정확하게 의식하지 못한 반(反)희랍주의에서 명확하게 확인된다.

미트라다테스의 영토 확장

다른 동방의 군주들처럼 그가 좀 더 활동적으로 노력했던 부분은 왕국을 사방으로 확대하는 것이었다. 왕국은 이전에도 작지 않았는데, 둘레가 3,700킬로미터를 크게 넘어서는 크기였다. 우리는 흑해에서 아르메니아와 소아시아를 대적하여 그의 육군, 그의 해군, 그의 사신들이 분주하게 활동한 것을 알 수 있다. 하지만 그에게 다른 어느 곳보다 자유롭고 광대한 활동공간을 제공한 곳은 흑해의 동부해안과 북부해안이었다. 당시 이 지역의 상황을 여기서 잠깐 살펴보는 것은 빠뜨려서 안 될 일인데, 실제로 구체적인 상황을 보여주는 것은 어려운, 아니 거의 불가능한 일이다. 흑해의 동부해안은 이제까지 전혀 알려지지 않은 지역으로 미트라다테스에 의해 비로소 일반적으로 소개되기 시작하였다. 파시스강의 콜키스 땅(오늘날의 밍그렐리아와 이메레티)은 주요한 무역도시 디오스쿠리아스와 함께 그들의 왕국을 잃고 폰토스의 태수령이 되었다. 미트라다테스의 활동이 좀 더 성공적이었던 곳은 흑해의 북부해안이었다.[2] 언덕도 숲도 없는 대평원이 흑해의 북

---

[2] 여기에 묶인 이들 지역의 점령은 물론 부분적으로 로마와의 첫 번째 전쟁과 두 번째 전쟁 사이

부에, 카우카소스 산맥과 카스피해 북부에 펼쳐졌는데, 이곳은 그 자연여건 때문에, 그러니까 스톡홀름과 마데이라섬의 날씨를 오락가락하는 일교차 때문에, 그리고 드물지 않게 길게는 22개월 이상 강수량이 절대적으로 없는 날씨 때문에, 농업은 물론 정주하기에도 전혀 적합하지 않은 지역이었으며, 아마도 기후는 2,000년 전에도 오늘날과 다름없이 별로 좋지 않은 상태 그대로였을 것이다.[3] 다양한 민족들이 이 지역에서 떠돌이 본능을 추구하였는데, 자연의 선물에 순응하며 부분적으로 유목생활을 하고 있었다. 이들은 소떼 혹은 좀 더 자주는 말떼를 데리고 목초지와 거주지를 계속 바꾸어가며, 마차 위에 살림살이를 모두 싣고 돌아다녔다. 무장과 전투 방식도 이에 따른 것이었다. 이 초원의 주민들은 대부분 말을 타고 싸웠고 언제나 일정한 대형이 없었으며, 투구와 갑옷은 가죽이었고 가죽을 덧붙인 방패를 휴대했으며, 칼과 창과 활로 무장하였다. 오늘날 코작 기병의 선조들이었다. 이곳에 애초부터 정주한 스퀴티아인들은 몽골계통으로 풍모와 체형은 오늘날의 시베리아 주민과 닮은 것처럼 보이는데, 동쪽에서 서쪽으로 이주하며, 일반적으로 슬라보니아 계통으로 여겨지는 사우로마타이 족, 록솔라니족, 이아쥐게스족 등 사르마타이 계통의 종족들

에 처음으로 점령되었지만, 어느 정도는 첫 번째 전쟁 이전에 점령되었기에 여기서 함께 거론한다(Memn. 30; Iust. 38, 7; App. *Mithr*. 13; *Eutr*. 5, 5). 시간 순서에 따른 설명은 전혀 불가능하다. 새로 발굴된 케르소네소스 칙령(제6권 89쪽 주석)도 이런 관점에서 아무런 도움이 되지 않는다. 이에 따르면 디오판토스는 두 번에 걸쳐 타우리스의 스퀴티아에 대항하여 파견되었다. 이들의 두 번째 반란(제6권 94쪽)은 스퀴티아 왕들에게 유리한 로마 원로원 결정과 연관되어 있다는 사실은 이 발굴로 확인되지 않으며, 아마도 결코 확인되지 않을 것이다.

[3] 크림반도와 인근 지역에서 오늘날도 여전히 농업을 어렵게 하는 엄청난 건조기후는 중부와 남부 러시아의 숲이 사라지면서 더욱 커졌을지 모른다. 숲들은 어느 정도 해안지대를 메마른 북풍들로부터 막아주었던 것이다.

을 밀어냈다. 그런데 이들에게 붙여지는 고유명사들은 메디아어와 페르시아어에 더 가까운 것으로 보이며, 아마도 이들이 광의의 페르시아 계통에 속하지 않을까 싶다. 정반대 방향으로 트라키아 부족이 이동했는데, 특히 게타이족은 동쪽으로 드네스트르강까지 도달했다. 그 사이에 아마도 거대 게르만 민족이동의 선발대로 보이는 소위 드네프르강의 켈트족, 같은 지역의 바스타르나이족, 도나우강 하구의 페우키니족이 자리했는데, 이들의 본대는 아마도 흑해에는 이르지 못한 것으로 보인다. 어디에서도 본격적인 국가는 존재하지 않았다. 각 종족들은 자신들의 군주와 원로들 아래 각자 살아가고 있었다.

이 지역의 희랍 문명

이들 모든 야만족과 첨예하게 대립하여 희랍 거주지들이 세워졌고, 희랍 거주지들은 희랍 무역의 대융성기에, 특히 밀레토스 사람들에 의해 이 지역에 세워졌으며, 부분적으로 상업거점으로, 부분적으로 중요한 어업과 농업을 위한 정거장이었다. 앞서도 언급하였지만, 흑해의 북서부는 농업에 오늘날보다 더 부적합한 환경이었다. 농지 사용을 위해 희랍사람들은 이때 그곳 통치자에게 세금과 지대를 지불했다. 이런 거주지들 가운데 가장 중요한 것은 자유도시 케르소네소스(오늘날의 세바스토폴에서 멀지 않은 곳)였는데, 이 도시는 스퀴티아 영역의 타우리스반도(오늘날의 크림반도)에 위치하며 그렇게 유리하지 않은 조건 하에서 도시의 훌륭한 체제와 시민들의 공동체 의식으로 적절한 부유함을 누리고 있었다. 한편 크림반도의 반대편에, 흑해에서 아조프해로 들어가는 입구에 위치한 도시 판티카파이온(오늘날의 케르치)은 로마 건국 457년(기원전 297년) 이래로 세습 시장들에 의해 통치되었다. 이들은 아르카이아낙스 집안, 스파르토코스 집안, 파이리사데스 집안으로 나중에는 보스포로스의 왕들이라고 불린다. 농업과 아조프해의 어업 덕분에 이 도시는 빠르게 번영을 누렸다. 도시의 영역은 미트라다테스 시대에 크림반도의 절반에 못 미치는 동부 지역, 테오도시아 시, 아시아 대륙 쪽에 놓인 판아고레이아 시, 신디케 지역에 걸쳐 있었다. 번영하던 시절에 판티카파이온의 지배자들은 육지로는 아조프해의 동쪽 해안과 쿠반강 유역을, 바다로는 함대를 동원하여 흑해를 지배하였다.

하지만 판티카파이온은 지난날의 그 도시가 이제는 아니었다. 희랍 민족의 서글픈 쇠퇴를 이 지역보다 크게 절감할 곳은 어디에도 없었다. 아테나이는 전성기에 그들 패권에 따르는 의무를 이곳에서 수행한 유일한 희랍 도시국가였으며, 이곳 사람들도 아테나이인들의 필요를 충족시키기 위해 특별히 폰토스의 곡물을 실어 보냈다. 아티카의 해양 패권이 몰락한 이래 이 지역들은 전적으로 홀로 버텨내야 했다. 알렉산드로스 대왕의 아버지 필립포스나 뤼시마코스가 몇 차례 시도하긴 했지만, 희랍의 지상군은 진지하게 이곳을 점령해 본 적이 한 번도 없었다. 또한 로마도 마케도니아와 소아시아를 점령함으로써 이 지역에 대한 정치적 의무를 인수하였고 따라서 보호를 필요로 하는 이곳 희랍 문명의 강력한 방패가 되었어야 하지만, 명예의 부름은 물론 이익의 부름조차 완전히 외면하였다.

희랍인들은 시노페의 몰락, 로도스의 붕괴를 통해 흑해 북부 해안에서 완전히 고립되었다. 몰려다니는 야만족들에 맞선 희랍들의 처지를 생생하게 보여주는 것은 올비아(드네프르강 하구에 멀지 않은 오차코프 근처)에서 발굴된 명문이다. 명문은 미트라다테스 시대로부터 머지 않은 때에 세워진 것으로 보인다. 그곳 시민들은 매년 야만족의 왕에게 공물을 바쳐야 했고, 야만족의 왕이 도시 앞에 진을 치거나 단순히 앞을 지나쳐 가기만 해도, 왕에게 경의를 표해야 했고, 때로 이와 비슷한 방식으로 몇몇 추장들에게도 그리하였고 가끔은 야만족 모두에게 선물을 바쳐야 했다. 선물이 너무 소박하게 보일 때면 호된 벌을 받기도 했다. 도시 재정은 바닥났고, 사람들은 신전 보화까지 보증금으로 활용해야 했다. 그러는 사이에 야만의 목소리가 성문 앞에까지 다가왔다. 영토는 황폐화되었고, 농장 노동자들은 집단으로 사라져버렸다. 그 가운데 가장 가혹한 일은 이웃 야만인들 가운데 가장 약체에 속한 스퀴티아인들이 야만적인 켈트족의 공격을 피해 스스로를 구하기 위해 성벽을 두른 도시를 정복하려고 시도하였다는 것이다. 수많은 도시민들은 도시를 떠났으며 그들은 도시를 완전히 포기할 생각을 했다.

미트라다테스가 보스포로스 왕들을 정복하다

이것이 미트라다테스 왕이 그의 마케도니아 밀집방진으로 카우카소스 산맥을 넘어와 테레크강 유역과 쿠반강 유역으로 진출하고, 동시에 그의 함대로 크림 반도 수역에 등장하던 때의 상황이다. 앞서 디오스쿠리아스에서 그러했던 것처럼 여기서도 희랍인들이 폰토스의 왕을 뜨겁게 환영하고 희랍 복색을 걸친 반쪽 희랍인인 카파도키아인들을 구원자로 여긴 것은 놀랄 일이 아니었다. 로마가 놓치고 있던 것이 무엇인지 명확하게 드러났다. 판티카파이온의 지배자들에게 당시 요구되던 조공은 불가능할 정도로 크게 높아져 있었고, 케르소네소스 시는 크림반도에 진을 친 스퀴티아의 왕 스킬루로스와 그의 50명 아들들에게 가혹하게 시달리고 있었다. 판티카파이온의 지배자들은 그들의 명예 지배권을 기꺼이 포기하였고, 케르소네소스 시는 오랫동안 지켜온 자유를 포기하고 그들의 마지막 재산인 희랍 문명을 지키고자 했다. 헛된 시도는 아니었다. 미트라다테스 왕의 용감한 장군 디오판토스와 네오프톨레모스, 그리고 그의 잘 훈련된 군대는 손쉽게 초원의 유목민들을 몰아냈다. 네오프톨레모스는 유목민들을 판티카파이온의 수로에서 일부는 물로, 일부는 겨울의 얼음으로 물리쳤다. 케르소네소스는 해방되었고, 타우리스의 요새들은 파괴되었다. 크림반도의 재산은 합목적적으로 설치된 성채들을 통해 지켜졌다. 타우리스 사람들에게 도움을 주던 레욱시날레스 사람들 혹은 나중에 그렇게 불린 록솔라니 사람들(드네프르강과 돈강의 사이)은 디오판토스의 공격을 받았다. 디오판토스의 6,000명 밀집방진에 밀려 5만 명의 병력이 도주하였고 드네프르강까지 폰토스의 무력이 전개되었다.[4] 그리하여 미

---

[4] 최근 발굴된 케르소네소스 시의 기념비는 이 디오판토스(SIG 252)를 위한 것으로 전승을 완전히 확인해주었다. 이것은 도시가 아주 가까이에서—타우리스인들은 발라클라바 항구를, 스퀴티아인들은 심페로폴을 당시 장악했다—부분적으로 크림반도 남쪽 해안의 타우리스인들에 의

트라다테스는 여기서 폰토스 왕국과 연결된 두 번째 왕국을, 수많은 희랍계 무역 도시들을 기초로 세워진 소위 보스포로스 왕국을 획득하였는데, 이 왕국은 오늘날의 크림반도와 반도 맞은편의 아시아 쪽 갑을 아우르며, 매년 200탈렌툼(31만 4,000탈러)과 18만 모디우스의 곡물로 왕의 금고와 창고를 채워 주었다. 한편 카우카소스 산맥의 북쪽 산허리에서 도나우강 하구까지 분포하던 초원의 야만족은 대부분 폰토스 왕의 피호민이 되거나 혹은 계약을 맺었으며, 왕에게 다른 도움을 주지는 못했지만 적어도 그의 군대에 마르지 않는 병력자원을 제공해주었다.

소(小)아르메니아

따라서 북쪽으로 향한 가장 의미심장한 성공을 성취하는 동안, 왕은

해 위협을 받았으며, 부분적으로 무엇보다 반도의 내륙과 인접한 대륙을 장악한 스퀴티아인들에 의해 위협을 받았음을 보여준다. 그리고 이 기념비가 말해주는 것은 또한, 미트라다테스 왕의 장군이 사방으로 희랍계 도시에게 숨 쉴 여지를 제공하였고, 타우리스 인들을 물리치고 이 지역에 감시 요새(아마도 에우파토리온)를 설치하였고, 반도의 서부와 동부에 위치한 희랍인들의 연합을 도모하였고, 서부에서 스킬루로스 왕조를, 동부에서 스퀴티아 지도자 사우마코스를 몰아냈고, 스퀴티아를 대륙까지 추격하여 마침내 그들과 레욱시날레스 사람들을—이들이 처음 등장한 이곳에서는 이렇게 불리고 나중에 록소라니 사람들이라고 불렸다—커다란 전투에서 물리쳤다는 것이다. 이 전투는 문헌 전승에서도 기록되어 있다. 희랍계 도시가 왕에게 공식적으로 굴복한 일은 벌어지지 않은 것으로 보인다. 미트라다테스는 오로지 보호자 노릇하는 동맹자로 등장하는데, 왕은 당시 백전불패(τοῖς ἀνυποστάτους δοκοῦντας εἶμεν)로 여겨지던 스퀴티아인들을 희랍계 도시를 위해 싸워 이겼다. 이는 아마도 마살리아와 아테나이가 로마와 맺은 관계와 비슷한 관계였을 것이다. 스퀴티아인들은 반면 크림반도에서 미트라다테스 왕의 복속인들(ὑπάκοοι)이었다.

동시에 동쪽과 서쪽을 향해서도 세력을 전개하였다. 왕은 종속적 지배권을 가졌던 소(小)아르메니아를 폰토스 왕국에 통합된 부분으로 만들었는데, 이런 통합보다 중요한 것은 대(大)아르메니아의 왕과 밀접한 관계를 유지하는 것이었다. 미트라다테스 왕은 티그라네스 왕에게 그의 딸 클레오파트라를 배우자로 주었다. 티그라네스는 미트라다테스 왕의 지원을 받아 아르탁시아스 왕가의 통치권을 탈취하였고 아시아에 아르탁시아스 왕가가 가졌던 지위는 넘겨받았다. 티그라네스는 쉬리아와 아시아 내륙을, 미트라다테스는 소아시아와 흑해 해안을 서로 간의 도움을 받아 지배한다는 모종의 합의를 맺은 것으로 보인다. 분명 미트라다테스는 합의를 생각해내어 배후를 안정시키고 강력한 동맹국을 확보할 만큼 수완 좋은 적극적인 인물이었다.

끝으로 소아시아에서 미트라다테스 왕의 시선은 내륙의 파플라고니아—해안 지역은 오랫동안 폰토스 왕국에 속해 있었다—와 카파도키아[5]를 향하였다. 폰토스 왕국은 퓔라이메네스 왕조의 마지막 왕에 의해 미트라다테스 에우에르게테스에게 파플라고니아가 유증되었다고 주장하였다. 물론 파플라고니아의 합법적 혹은 불법적 계승자들

---

[5] 이어지는 사건의 시간 순서는 오로지 대략적으로만 확정된 것이다. 로마 건국 640년(기원전 114년) 무렵 미트라다테스 에우파토르는 사실상 왕권을 잡은 것으로 보인다. 술라의 간섭은 로마 건국 662년(기원전 92년)에 있었다(Liv. *Ep.* 70). 따라서 미트라다테스 전쟁의 시간 계산은 로마 건국 662년~691년(기원전 92년~63년)의 30년 동안으로 한정된다(Plin. *nat.* 7, 26, 97). 그 사이에 파플라고니아와 카파도키아의 왕위계승 작업들이 있었고, 사투르니누스의 첫 번째 호민관 역임 시기인 로마 건국 651년(기원전 103년)(제5권 304쪽)에 로마에서 미트라다테스가 시도한 뇌물 사건(Diod. 631)은 이 계승작업들과 아마도 관련이 있어 보인다. 로마 건국 655년(기원전 99년) 마리우스는 로마를 떠나 오랫동안 동방에 머물지는 않았지만, 카파도키아에서 미트라다테스를 만났다. 그때 마리우스는 미트라다테스의 불법 침공 문제를 논의하였다(Cic. *Brut.* 1, 5; Plut. *Mar.* 31). 아리아라테스 4세는 따라서 당시 이미 살해되었다.

과 백성들은 이를 부정하였다. 카파도키아와 관련하여 폰토스의 통치자는 카파도키아와 카파도키아 연안이 원래 하나의 나라였다는 것을 잊지 않았고, 이들을 장차 다시 통일시킬 생각을 지니고 있었다. 파플라고니아를 미트라다테스 왕은 비튀니아의 왕 니코메데스와 함께 점령하여 서로 나누어 가졌다. 이에 로마 원로원이 이의를 제기하였을 때 미트라다테스는 원로원의 권고를 받아들였고, 니코메데스는 퓔라이메네스라는 이름을 가진 아들 하나를 준비시켜, 그 이름으로 파플라고니아를 차지하였다. 카파도키아의 연합 정책도 더욱 어려운 길로 나아갔다. 왕 아리아라테스 6세는 고르디오스에게 살해되었고 이는 분명 청부 살인이었는데, 아리아라테스의 처남 미트라다테스 에우파토르의 이익에 부합하는 일이었다. 왕의 어린 아들 아리아라테스는 비튀니아 왕의 침범을 오로지 외삼촌의 모호한 도움으로만 대항할 수 있었고, 이 도움의 대가로 미트라다테스는 어린 조카에게 도주했던 부친 암살자에게 카파도키아 복귀를 허락할 것을 제안하였다. 이 때문에 분열이 생기고 전쟁이 벌어졌다. 양편의 군대가 전장에서 마주했을 때, 삼촌은 조카와의 회합을 요구하였고, 무장하지 않은 어린 조카를 자신의 손으로 살해하였다. 이후 선왕의 살해자 고르디오스는 미트라다테스에게 위임을 받아 정부를 맡았다. 이를 용납하지 못하는 백성들은 고르디오스에게 반기를 들었고 선왕의 다른 아들을 통치자로 불렀지만, 이 사람도 미트라다테스의 압도적인 무력에 맞서 저항을 길게 끌고 갈 수 없었다. 백성의 지지로 왕좌에 올랐던 젊은이의 이른 죽음으로 폰토스 왕은 훨씬 일이 용이하게 되었는데, 이 젊은이의 죽음으로 카파도키아 왕조는 폐가되었기 때문이다. 명목상의 통치자로 비튀니아에서처럼 거짓 아리아라테스를 내세웠고, 그의 이름으로 미트라다테스의 장군 고르디오스가 왕국을 통치하였다.

미트라다테스 제국

미트라다테스 왕은 지난 세월 이 지역을 통치하던 어떤 왕국보다 강력하게 흑해의 북부와 남부, 그리고 멀리 소아시아 내륙을 지배하였다. 왕이 전쟁에 동원할 수 있는 자원은 육지에서나 바다에서나 무한해 보였다. 병력획득도 도나우강 하구에서 카우카소스 산맥과 카스피해까지 폭넓게 이루어졌다. 트라키아, 스퀴티아, 사르마타이, 바스타르나이, 콜키스, 이베리아(오늘날의 조지아) 등에서 사람들이 그의 깃발 아래 모여들었다. 그는 전투병력을 특히 용감한 바스타르나이 사람들 가운데 선발하였다. 함대를 위해 콜키스의 태수가 아마, 삼, 역청, 밀랍 외에도 필요한 자원을 공급하였고, 카우카소스 산맥에서 목재가 강을 따라 조달되었다. 조타수들과 장교들은 페니키아와 쉬리아에서 채용되었다. 전하는 바에 따르면, 왕은 카파도키아에 600대의 전차, 1,000기의 기병, 8,000명의 보병을 거느리고 입성하였다고 한다. 이 전쟁에 왕은 그가 가용할 수 있는 병력을 모두 동원한 것도 아니었다. 로마 혹은 여타 언급할 만한 나라의 해군력 부족으로 인해 폰토스 함대는 시노페 및 크림반도의 항구들을 기반으로 흑해를 배타적으로 지배하였다.

로마와 미트라다테스

로마 원로원이 다소간에 원로원에 종속된 국가들을 억압하는 보편적 정책을 폰토스 왕국에게도 그대로 적용하였다는 사실을, 미트라다테스 5세의 갑작스러운 죽음 이후 왕위 계승에 원로원이 보인 태도가 증명해준다. 원로원은 왕위를 계승한 미성년의 소년에게서, 아리스토니코스와의 전쟁에 참여하는 대가로 혹은 풍부한 자금 때문에 선왕에게 양도되었던 대(大)프뤼기아를 빼앗았고 이 지역을 직접적인 로마 영토에 편입시켰다.[6] 하지만 소년 미트라다테스가 성년에 이르렀을 때 로마 원로원은 미트라다테스의 전방위적 침공과 아마도 20년 동안 완성된 인상적인 권력 장악에 맞서 완전히 수동적인 태도를 보였다. 로마 원로원은 피호국들 가운데 한 나라가 10만 이상의 무장병력을 갖춘 군사 강국으로 성장하도록 방치하였다. 또 이 나라가 이 나라의 도움으로 아시아 내륙 국가들을 이끌게 된 새로운 동방의 대왕과 아주 긴밀하게 연합하는 것을 방치하였다. 또 이 나라가 이웃한 왕국들과 제후국들을 병합하면서, 정보를 제대로 듣지 못하는 멀리 떨어진 두호국을 비난하는 마치 조롱 같은 명분을 내세우는 것을 방치하였다. 마지막으로 이 나라가 심지어 유럽에서도 교두보를 확보하고 타우리스 반도의 왕으로, 마케도니아 – 트라키아 국경에 이르는 지역의 보

---

[6] 쉰나다의 남쪽에 위치한 아레슬리 마을에서 최근 발굴된 로마 건국 638년(기원전 116년)의 원로원 의결(Viereck, *sermo Graecus quo senatus Romanus usus sit*, S. 51)은 왕이 사망할 때까지 그가 내린 모든 조치를 증명해준다. 대(大)프뤼기아가 선왕의 사망 이후 아들에게서 탈취되어, 아피아누스도 보고하는 것처럼, 로마의 통치 아래 놓이게 되었음도 말해준다.

호자로 행세하는 것을 방치하였다. 이런 상황은 원로원에서 다루어질 법했다. 하지만 파플라고니아 세습 문제가 니코메데스가 가짜 퓔라이메네스를 만들어 내세움으로써 최종적으로 해결되자, 로마 최고 회의는 속았다고 생각하기보다는 오히려 심각한 개입을 피할 수 있는 핑계를 마련해준 것을 감사하게 생각했다. 그 사이 불평이 점점 더 많아지고 급박해졌다. 타우리스 스퀴티아의 제후들은 미트라다테스에 의해 크림반도에서 쫓겨나자 로마에 도움을 요청하였다. 원로원 의원들 가운데 어느 한 사람이라도 로마 정책의 전통적인 원칙을 생각했다면, 일찍이 완전히 다른 상황에서 안티오코스 왕이 유럽을 침범하여 트라키아 케르소네소스를 군사적으로 점령한 것이 아시아 전쟁의 신호탄이 되었다는 것을(제4권 69쪽), 또 폰토스 왕이 자행한 타우리스 점령이 이제 더는 용인되어서는 안 된다는 것도 상기했어야만 했다.

원로원의 개입

카파도키아 왕국의 사실상 재통일은 마침내 파장을 불러일으켰고, 이에 대해 비튀니아의 니코메데스도 로마 정부의 개입을 재촉하는 노력이 없지 않았다. 니코메데스도 그의 이익을 위해 다른 거짓 아리아라테스를 내세워 카파도키아를 차지하길 바랐지만, 폰토스의 거짓 상속자에 의해 그가 내세운 사람이 축출되는 것을 지켜보아야 했다. 원로원은 미트라다테스가 스퀴티아 제후들을 다시 원래의 자리로 돌려놓아야 한다고 결의하였다. 이처럼 로마 정부는 올바른 정책 방향에서 벗어나 비뚤어져 버렸는데, 야만인들에 맞서 희랍인들을 돕는 대신, 정반대로 반(反)희랍인들을 맞서 스퀴티아인들을 도와주고 있었다. 파플라고니아의 독립이 선언되었고 니코메데스의 가짜 퓔라이메네스에게 파플라고니아를 떠나라는 통보가 전달되었다. 마찬가지로 미트라다테스의 가짜 아리아라테스도 카파도키아에서 물러나야 했지만, 카파도키아의 대표들이 왕위 옹립의 자유를 걷어 차버렸기에 자유로운 인민의 선택으로 다시 가짜 아리아라테스에게 왕위를 돌려주었다. 원로원 포고는 매우 강력한 울림을 주었다. 다만 잘못된 판단이었다는 점만 아니라면 말이다.

술라의 카파도키아 개입

로마는 군대를 파견하는 대신 킬리키아 총독인 루키우스 술라를 파견했고, 그는 그가 도적과 해적에 맞서 싸울 때 지휘하던 소수의 병력만을 데리고 카파도키아에 간섭하러 출발하였다. 다행히 로마가 동방에서 보여준 지난날의 힘에 대한 기억이 현 로마 정부보다 더 크게 로마의 이익을 지켜주었고, 파견된 사령관의 힘과 언변이 이를 거들었다. 이는 원로원이 양측에게 바라마지 않았던 바였다. 미트라다테스는 주춤했고, 아르메니아의 티그라네스 대왕이—그는 로마에 미트라다테스보다 자유로운 입장에 있었다—카파도키아로 군대를 파견하도록 사주하는 것에 만족했다. 술라는 그의 병력을 서둘러 챙기고 아시아 동맹시들로부터 지원 병력을 모집하였고, 타우로스 산맥을 넘어 왕국

통치자 고르디오스와 그의 아르메니아 보충 병력을 카파도키아 밖으로 내몰았다. 효과가 있었다. 미트라다테스는 전적으로 물러섰다. 고르디오스는 카파도키아의 혼란에 대해 혼자 모든 잘못을 떠안아야 했고, 가짜 아리아라테스는 사라졌다. 왕을 선발하였는데, 폰토스 추종자들은 고르디오스를 지지하였지만 실패하였고, 존경받던 카파도키아인 아리오바르자네스가 왕이 되었다. 술라가 원정 과정에서 에우프라테스강 유역에 이르렀을 때—에우프라테스강에 이때 최초로 로마 군단 표식이 강물에 비치는데—이때 처음으로 로마인들과 파르티아인들의 접촉이 이루어졌다. 파르티아인들은 그들과 티그라네스 대왕 사이의 갈등 때문에 로마인들에게 접근하려고 했다. 세계 지배자의 자리를 내주지 않는 문제가 동서 강대국의 첫 번째 만남에 달려 있음을 양측 모두가 느끼고 있었던 것으로 보인다. 술라는 파르티아 사절단보다 대담했고, 연회 석상에서 카파도키아 왕과 파르티아 사절 사이의 상석을 요구하였다. 동방의 승리보다 훨씬 더 크게 술라의 명성이 알려진 것은 에우프라테스강가에서 개최된 화려한 이 연회 때문이었다. 파르티아 사절은 나중에 이 일로 그의 주인에게 목숨을 잃었다. 하지만 당장 이 만남은 별다른 의미를 가지지 못했다. 니코메데스는 로마의 호의를 믿으며 파플라고니아를 내놓는데 동의하였다. 그리고 미트라다테스의 결정에 반하는 원로원 의결에 따라 스퀴티아 부족장들의 복귀가 이루어졌다. 동방에서 예전 상태가 회복된 것으로 보였다(로마 건국 662년, 기원전 92년).

미트라다테스의 새로운 공격

그렇게들 말했다. 그러나 사실은 과거의 질서가 참으로 회복되었다는 흔적은 찾을 수 없었다. 술라는 아시아를 떠날 수 없었다. 대(大)아르메니아의 왕 티그라네스가 카파도키아의 새로운 왕 아리오바르자네스를 공격하여 그를 내쫓고, 그 자리에 폰토스의 앞잡이인 왕위참칭자 아리아라테스를 앉혔다. 비튀니아에서는 니코메데스 2세의 사망 이후(로마 건국 663년, 기원전 91년경), 그의 아들 니코메데스 3세 필로파토르가 백성과 로마원로원에 의해 합법적인 왕위 계승자로 인정되었지만, 니코메데스 3세의 동생 소크라테스가 왕위를 요구하며 정부를 장악해버렸다. 카파도키아의 혼란은 물론 비튀니아의 혼란도 모두, 지금은 공식적인 개입을 삼가고 있는 미트라다테스가 애초의 원인 제공자임이 분명하였다. 그의 지시에 따라 티그라네스 대왕이 움직인다는 것을 누구나 알았다. 소크라테스는 폰토스 군대를 대동하고 비튀니아로 들어와 미트라다테스의 암살자들을 시켜 합법적인 왕의 목숨을 노렸다. 크림반도와 이웃한 지역들에서도 폰토스의 왕은 철수의 의사가 없었고 오히려 그의 군대를 계속 늘려갔다.

아시아로 파견된 아퀼리우스

아리오바르자네스와 니코메데스는 개인적으로 도움을 요청하였고, 요청을 받은 로마 정부는 소아시아로 그곳의 총독 루키우스 카시우스를 지원하기 위해 집정관 역임자 마니우스 아퀼리우스를 파견하였는데, 그는 킴브리 전쟁과 시킬리아 전쟁에서 능력을 입증한 장교였다. 다만 그는 군대의 선두에서 군대를 지휘하는 사령관 자격이 아니라 사신 자격이었다. 또한 로마 정부는 아시아의 피호국들과 특히 미트라다테스에게 필요에 따라 무장병력을 제공하여, 파견된 사신에게 협조하라는 지침도 전달하였다. 결과는 2년 전과 같았다. 로마 장교는 아시아 속주 총독이 제공한 소규모 로마군 병력의 도움으로 그에게 맡겨진 소임을 완수하였는데, 이에 프뤼기아와 갈라티아의 자원병들도 한몫했다. 아리오바르자네스와 니코메데스는 다시 그들의 위태로운 권좌에 올랐다. 미트라다테스는 지원 병력을 제공하라는 요구를 여러 가지 핑계를 대며 회피하였지만, 그렇다고 로마인들에게 공개적으로 저항하지는 않았다. 한편 비튀니아 왕위 계승 요구자 소크라테스는 미트라다테스의 지시로 살해되었다(로마 건국 664년, 기원전 90년).

전쟁과 평화의 교착

아주 복잡한 교착상태였다. 미트라다테스는 로마에 맞서 공개적인 투쟁을 수행할 수 있는 처지가 아니라는 것을 분명히 알고 있었고, 따라서 상황을 로마와의 공개적 단절과 전쟁으로 이끌지 않아야 한다고 결심했다. 만약 그가 그렇게까지 굳게 결심하지 않았으면 모를까, 지금 이 순간만큼 전쟁을 시작하기에 더 유리한 상황도 없었을 것이다.

아퀼리우스가 비튀니아와 카파도키아에 당도했을 당시, 이탈리아 반란은 정점에 있었고, 겁쟁이라도 로마에 전쟁을 선포할 용기를 가질 수 있는 상황이었다. 하지만 미트라다테스는 로마 건국 664년(기원전 90년)의 기회를 활용하지 않고 흘려보냈다. 하지만 그는 끈질기고 조용하게 소아시아로 세력을 확장하려는 계획을 실행하고 있었다. 평화정책을 온갖 희생을 치르면서도 교묘하게 정복 전쟁과 결합시키는 전략은 물론 그 자체로 유지될 수 없었다. 하지만 이는 미트라다테스가 진정한 정치가가 아니며, 필립포스 왕처럼 전투를 실행할 줄도, 아탈로스 왕처럼 순종할 줄도 모르는 사람이며, 다만 불타는 정복욕과 무능의 자의식 사이를 오락가락하는 진정한 술탄의 모습을 가진 사람임을 새삼 증명해준다. 그렇지만 미트라다테스가 20년의 경험으로 당시의 로마 정책을 잘 파악하고 있었다는 점을 생각한다면, 그의 이러한 시작을 이해할 수도 있겠다. 그는 로마 정부가 전쟁을 원하지 않음을 잘 알고 있었다. 사실 로마 정부는 모든 유명한 장군이 로마 정부에게 끼친 심각한 위험을 보면서, 킴브리 전쟁과 마리우스를 새삼 상기하면서, 자기 자신보다 전쟁이 일어날까 훨씬 더 크게 두려워한다는 것도 미트라다테스는 잘 알고 있었다. 그렇게 그는 행동했다. 그는 이기적인 생각에 사로잡히지 않은 열정적인 정부라면 수백 번이라도 전쟁을 선포했을 계기와 근거를 제공하는 데 주저하지 않았다. 하지만 그는 교묘하게 원로원이 선전포고를 할 수밖에 없을 공개적인 분열은 피했다. 술라에게서든 아퀼리우스에게서든 상대방이 진지하게 다가서면 그는 물러섰다. 그는 분명 열정적이지 않은 장군들과 대적하기를, 유구르타처럼 운 좋게 스카우루스와 알비누스 같은 사람들을 만나길 희망했다. 분명하게 인정되어야 할 것은, 이런 희망이 근거 없는 것은 아니었다는 점이다. 물론 또한 유구르타의 사례는, 로마 장군에게 뇌물을 제공하고 로마 병사들을 부패에 빠뜨리는 일을 로마 인민의 정복으로 생각하는 일이 얼마나 어리석은 짓인지를 분명히 밝혀주고 있다.

아퀼리우스가 전쟁을 원하다

전쟁이나 평화냐 선택해야 할 상황이었지만, 아주 오랫동안 같은 자리에서 시간이 지체되고 있었다. 하지만 이렇게 방치하는 것은 아퀼리우스의 의도가 아니었고, 그렇다고 그가 로마 정부에게 미트라다테스에게 선전포고하라고 강요할 수도 없었기 때문에, 전쟁을 위해 그는 니코메데스 왕을 이용하였다. 니코메데스 왕은 속절없이 로마 사령관의 손에 놀아나서 지난 전쟁의 비용을 포함하여 그가 로마 사령관에게 개인적으로 약속한 금액까지 합친 부채 때문에, 미트라다테스와 전쟁을 시작하라는 아퀼리우스의 무리한 요구를 거절하지 못했다. 비튀니아는 전쟁을 선포하였다. 니코메데스의 함대가 폰토스 함대를 보스포루스 해협에서 몰아내고, 그의 육군이 폰토스 국경 지역으로 진입하여 아마스트리스 지역을 불태웠지만, 미트라다테스는 여전히 흔들리지 않고 평화 정책을 유지했다. 비튀니아 군대를 국경 밖으로 몰아내는 대신, 미트라다테스는 로마 사절단에게 이를 탄원하고 로마 사절단에게 중재를 맡거나 아니면 자위권 발동을 그에게 허락해달라고 요청하였다. 하지만 그는 아퀼리우스에게 다만 어떤 상황에서도 니코메데스에게 대응하지 말라는 회답을 들었다. 물론 이것은 분명했다. 로마는 이와 똑같은 정책으로 카르타고에게도 적용한 바 있었다. 로마의 충견에게 희생자를 공격하라고 부추기는 한편, 희생자에게는 충견을 공격하지 말라고 금지하였다. 미트라다테스는 카르타고가 그랬던 것처럼 버려졌다고 생각했다. 하지만 페니키아인들이 절망 속에서 자포자기했다면, 시노페의 왕은 정반대로 그의 군대와 함대를 소집하였다. 그리고 이렇게 말했다고 전해진다. "아무리 굴복할 수밖에 없다지만, 강도 앞에서 자기를 지키지도 못하는 것인가?" 그의 아들 아리오바르자네스는 카파도키아로 진입하라는 명령을 받들었다. 그리고 로마 사절단에게 다시 한번 사신을 보내, 왕이 긴급하게 그렇게 하지 않을 수 없었음을 알리고 로마 사절단의 최종 답변을 요청하였다. 최종 답변은 예상했던 그대로였다. 로마 원로원도 미트라다테스 왕도 니코메데스 왕도 원하지 않았지만, 아퀼리우스는 전쟁을 원했고 전쟁이 선포되었다(로마 건국 665년, 기원전 89년).

미트라다테스의 전쟁 준비

미트라다테스는 그가 가진 모든 힘을 다해 피할 수 없게 된 무력행사를 위해 정치적 군사적 준비를 추진했다. 무엇보다 그는 아르메니아의 티그라네스 왕과 동맹을 좀 더 확고하게 다졌고, 소아시아로 침공할 병력 지원의 약속을 요구하였다. 토지와 영토는 미트라다테스가,

유동 자산은 티그라네스가 차지하기로 했다. 파르티아 왕은 술라의 오만한 태도에 상처를 입고 로마의 적은 아니지만, 그렇다고 로마의 동맹자도 아닌 태도를 보였다. 미트라다테스는 희랍인들에게 그가 필립포스와 페르세우스처럼 로마라는 이방의 통치자에 맞서 희랍 민족을 대표한다는 것을 보여주려고 노력했다. 폰토스 왕의 사신들은 이집트 왕과, 마지막 남은 자유 희랍인 크레타 도시 연합을 찾아가서, 이들 앞에서 로마가 이들을 결박할 사슬을 벌써 만들어놓았으며, 이번이 희랍 민족의 해방을 위해 일어날 마지막 기회라고 역설하였다. 이것은 적어도 크레타에서 헛수고로 끝나지 않았고, 많은 크레타인들이 폰토스 군대에 참가하였다. 사람들은 소규모 피호국들과 누미디아와 쉬리아와 희랍계 공화국들에서 반란이 계속해서 이어지길 희망했고, 속주들의 봉기를, 특히 가혹한 압제에 시달리는 소아시아 서부의 봉기를 기대했다. 트라키아의 반란을 부추겼고, 마케도니아의 반역을 선동하였다. 예전부터 창궐하던 해적들이 이제 환영받는 동맹자들이 되어 사방으로 퍼져나갔고, 해적함대들은 자신을 폰토스 해적단이라고 칭하며 가공할 만한 속도로 지중해 수역을 가득 메웠다. 그리고 긴장되고 기쁜 마음으로 로마시민들 내부에서 발생한 소요 소식과, 제압되었으나 오랫동안 일소되지 않고 있는 이탈리아 반란 소식을 전해 들었다. 하지만 불만을 가진 자들과 반란을 일으킨 자들 사이에 직접적인 연결은 이루어지지 않았고, 다만 아시아에 로마식으로 무장하고 조직된 외인부대가 만들어졌을 뿐인데, 이들의 주축은 로마와 이탈리아에서 탈출한 도망자들이었다.

페르시아 전쟁 이래로 미트라다테스의 군사력에 버금가는 것은 아시아에 없었다. 아르메니아 지원 병력을 제외하고도 그는 25만 명의 보병과 4만 기의 기병을 거느렸고, 300척의 폰토스 갑판선과 100척의 개방선이 바다를 가득 메웠다는 전승은, 무수한 초원 유목민을 통치하는 전쟁 사령관이 거느리기에 아주 크게 과장된 것으로 보이지는 않는다. 그의 장군들, 특히 네오프톨레모스와 아르켈라오스 형제는 경험 많고 신중한 희랍 지휘관들이었다. 왕의 휘하에 있는 병사들 가운데 죽음을 가볍게 여기는 용감한 용사들이 없지 않았고, 스퀴티아와 메디아의 황금빛과 은빛 무장들과 화려한 치장들이 희랍 용병들의 청동과 강철과 재미있게 뒤섞여 있었다. 그러나 실상 이런 다양한 색깔의 군대를 하나로 묶는 통일적 군사적 조직은 없었다. 미트라다테스의 군대는 다만 아시아의 거대한 전쟁 기계에 불과했다. 이는 이미 앞서 정확하게 100년 전에 당시 좀 더 고도화된 군사 조직에 굴복했던 마그네시아에서 벌어진 일과 다르지 않았다. 제국의 서쪽 절반도 평화와는 거리가 멀어 보였지만, 이렇게 동방은 이제 로마에 대항하여 무기를 들었다.

로마의 준비 부족

로마는 미트라다테스에게 선전포고를 할 정치적 필연성을 가지고 있었지만, 전쟁을 수행하기에는 더없이 좋지 않은 때였고, 따라서 이런 이유에서, 마니우스 아퀼리우스가 개인적 이해관계 때문에 로마와 미트라다테스의 충돌을 유도했다는 주장이 매우 개연성이 높아 보인다.

당시 아시아에는 루키우스 카시우스 휘하의 소규모 분견대와 서부 아시아의 민병대를 제외하면 가용할 수 있는 병력이 없었다. 이탈리아 동맹시 전쟁 때문에 발생한 군사적 경제적 악조건 속에서 로마 군대가 아무리 서둘러도 로마 건국 666년(기원전 88년) 여름 전에 아시아에 상륙하는 것은 불가능했다. 그때까지 로마 정무관들은 그곳에서 어려운 상황을 견뎌내면서, 로마 속주를 방어하고 현재 위치를 고수하길 희망했다. 니코메데스 왕이 이끄는 비튀니아 군대는 지난해에 획득한 위치, 아마스트리스와 시노페 중간의 파플라고니아 지역을 지켰고, 그 후방으로 비튀니아와 갈라티아와 카파도키아에는 루키우스 카시우스와 마니우스 아퀼리우스와 퀸투스 오피우스가 지휘하는 로마 병력이 있었다. 비튀니아-로마 해군은 보스포로스로 계속해서 해협을 봉쇄하고 있었다.

미트라다테스의 소아시아 점령

로마 건국 666년(기원전 88년)의 시작과 함께 미트라다테스는 공세를 폈다. 할뤼스강의 지류인 암니아스강(오늘날의 괵이르마크강)에서 폰토스의 전위부대인 기병과 경무장보병이 비튀니아 보병과 충돌하였다. 비튀니아 보병은 압도적 병력에도 불구하고 첫 번째 교전에서 완전히 패하였고, 패한 부대는 와해되었고 군영과 군자금은 승자의 손에 넘어갔다. 이 전투에서 미트라다테스가 빛나는 공적으로 크게 치하해야 할 주요 인물은 네오프톨레모스와 아르켈라오스였다. 이보다 훨씬 후방에 머물던, 이보다 훨씬 형편없던 아시아 민병대는 적병을 만나기도 전에 항복을 선언했다. 그리고 미트라다테스의 장군들이 가까이 다가오자, 뿔뿔이 흩어지고 말았다. 로마군 분견대는 카파도키아에서 패하였다. 카시우스는 프뤼기아에서 민병대를 모아 전장을 지키려고 하였지만, 전투를 감행하기를 포기하고 마침내 민병대를 해산하고, 그의 측근 몇 명만을 데리고 마이안드로스강 상류 지역으로, 특히 아파메이아로 도주했다. 오피우스도 같은 방식으로 팜퓔리아를 비우고 프뤼기아의 라오디케이아로 몸을 피했다. 아퀼리우스는 비튀니아 지역의 상가리오스강에서 후퇴 도중에 공격을 받아 완패하였고, 군영을 잃었으며 로마 속주 페르가몬으로 도망쳐 목숨을 구해야 했다. 하지만 곧 페르가몬에도 적군이 덮쳐왔으며 미트라다테스의 손에 넘어갔다. 보스포로스와 그곳의 선박들도 마찬가지였다.

미트라다테스는 승리를 거둘 때마다 소아시아 민병대 포로들을 전원 석방하였고, 애초부터 그에게 기우는 민족적 동질감을 더욱 강화하는 일에 조금도 망설이지 않았다. 이제 소수의 요새들을 제외한 마이안드로스강까지 모든 땅이 모두 그의 수중에 있었다. 그와 동시에 로마에서 새로운 혁명이 발발하였고, 미트라다테스와 대결하기로 결정된 집정관 술라가 아시아로 배를 띄우는 대신 로마로 행군했다는 소식이 들려왔다. 로마에서 가장 지지자가 많은 로마 장군들이 아시아 전쟁의 최고 명령권을 누가 가지느냐를 놓고 한판 전투를 벌였다는 소식도 있었다.

반(反)로마적 흐름

로마는 자멸하기 위해서 무진장 애를 쓰는 것으로 보였다. 소수가 여전히 여기저기서 로마를 지지하지만, 소아시아의 대다수가 이제 폰토스로 돌아선 것은 너무나 당연했다. 희랍인들과 아시아인들은 구원자를 맞이하는 환호성 가운데 하나가 되었다. 아시아와 희랍을 다시 한번 통합시킨 그를 인도의 정복자처럼 새로운 디오뉘소스라는 이름으로 추앙한 것은 자연스러운 일이었다. 그가 방문하는 도시마다 섬마다 그를 마중 나왔고 '구원의 신'으로 모셨다. 축제일처럼 옷을 입고 시민들은 성문 앞으로 몰려나와 그를 맞았다. 몇몇 도시들은 도시에 머물고 있던 로마 장교들을 포박하여 왕에게 압송하였는데, 라오디케이아는 지역 사령관 퀸투스 오피우스를, 레스보스섬의 뮈틸레네는 전임 집정관 마니우스 아퀼리우스를 압송했다.[7] 한때는 아퀼리우스의 면전에서 두려워 떨던 야만인은 아퀼리우스를 제압한 이후 모든 분노를, 전쟁을 시작한 불행한 도발자에게 쏟아냈다. 노령의 사내는 강력한 바스타르나이 기병에 묶여 걸어가야 했고, 때로 나귀에 묶여 그의 이름을 외쳐야 했다. 이렇게 아퀼리우스는 서아시아 전체를 끌려다녀야 했고, 마침내 다시 한번 페르가몬의 왕궁에서 가련한 구경거리가 되어야 했다. 왕의 명령에 따라 그의 목구멍에 녹인 황금을 부어 넣었다. 사내는 전쟁을 일으킨 근본적 원인인 탐욕을 그의 몸에 채우면서

---

[7] 아퀼리우스를 체포하고 압송한 자들은 25년 뒤에 보복을 당했다. 이들은 미트라다테스의 사망 이후 그의 아들 파르나케스에 의해 로마인들에게 넘겨졌다.

고통 가운데 죽어갔다.

대학살의 명령

하지만 미트라다테스 왕은 이 정도의 거친 조롱에 만족하지 않았다. 그것은 겨우 전쟁의 원흉을 귀족들의 명부에서 삭제하는 정도였다. 에페소스에서 왕은 그에게 귀속된 모든 태수와 도시에 명령을 하달했는데, 그의 영토에 머무는 모든 이탈리아인을, 자유인이건 노예이건, 나이와 성별을 가리지 않고, 한날한시에 처형하되, 처형 대상자 중 누구에게도 도움을 제공해서는 안 되며, 처형된 자들의 시신은 새들의 먹이로 내버려 두며, 그 재산을 몰수하되 절반은 처형자가 소유하며, 절반은 왕에게 보내라는 명령이었다. 이러한 무시무시한 명령은 코스 Kos섬 등의 몇몇 지역을 제외하고, 정확하게 이행되었다. 8만 명 혹은 다른 보고에 따르면 15만 명의 사람들이 이날 처형되었다. 죄가 없지는 않더라도 비무장인 이들이 남녀노소 가리지 않고 같은 날 소아시아에서 처형되었다. 잔혹한 처형은, 부채를 덜어낼 좋은 기회를 잡으려는 생각과, 술탄에게 어떤 형리의 역할이든 기꺼이 따르는 권력 앞잡이 성향이 함께 벌인 사건이었다. 물론 비교적 고귀한 복수의 감정도 있었다. 정치적으로 이런 조치는 이성적인 목적을 완전히 결여했다. 국가 재정적 목적은 이런 피의 명령 없이도 성취될 수 있었다. 소아시아인들은 더없이 지독한 살육의 부채 의식 때문에 전투 의지를 상실했다. 나아가 이는 심지어 목적에 반하기까지 했는데, 한편으로 아직 미온적 열정을 가지고 있었던 로마 원로원에게 전쟁 수행을 심각하게 고려하게 했고, 다른 한편으로는 로마인들뿐만 아니라, 왕의 자연스러운 동맹자가 되었을 비(非)로마적 이탈리아인들에게도 충격을 주었다. 이 에페소스 살인 명령은 다만 맹목적이고 동물적인 복수의 무목적적 행동에 지나지 않았는데, 이때 술탄 통치가 과시했던 커다란 일사불란은 위대함이라는 허상을 만들어냈다.

점령 지역의 통치

미트라다테스 왕의 뜻은 전반적으로 높아졌다. 그는 절망상태에서 전쟁을 시작했으나, 뜻하지 않게 얻은 손쉬운 승리와 두려웠던 술라가 도착하지 않은 것은 그를 더없이 높은 희망으로 이끌었다. 그는 주로 소아시아 연안으로 방향을 잡았다. 로마 총독의 소재지였던 페르가몬은 그의 새로운 수도가 되었다. 시노페의 옛 왕궁은 미트라다테스 왕의 아들 미트라다테스가 부왕으로 통치하였다. 카파도키아, 프뤼기아, 비튀니아는 폰토스 태수 관할이 되었다. 왕국의 거물들과 왕의 총아들은 넉넉한 재산과 봉토를 받았으며, 공동체 전체는 체납된 세금을 면제받았고 향후 5년 동안의 면세 혜택도 보장받았다. 만약 왕이 이로써 소아시아인들의 충성을 확보할 수 있을 것으로 생각했다면, 이는 로마인 처형 조치만큼이나 어리석은 조치였다.

물론 미트라다테스 왕의 금고는 두말할 나위 없이 헤아릴 수 없을 만큼 많은 보화로 가득 찼는데, 이는 이탈리아인들의 재산과 그 밖의 몰수 재산이었다. 예를 들어 유대인들은 800만 탈렌톰(125만 탈러)에 이르는 금액을 코스섬에 맡겨두었는데 이를 미트라다테스가 가져갔다. 소아시아 북부와 그에 속하는 섬들 대부분은 왕의 권력 하에 있었다. 파플라고니아의 몇몇 군소 왕국을 제외하면 이곳에서 아직도 로마를 지지하는 지역은 없었다. 에게해 전체는 왕의 함대에 의해 장악되었다. 다만 남서부, 카리아와 뤼키아의 도시연맹, 로도스섬은 왕에게 저항했다. 카리아에서 스트라토니케이아는 무력에 압박을 당했다. 하지만 시필로스 산자락의 마그네시아는 다행히 엄중한 포위 공격을 이겨냈고, 이곳에서 미트라다테스의 최고 장군 아르켈라오스는 패전하고 상처를 입었다. 로도스는 아시아에서 탈출한 로마인들의 피난처였는데, 이들 가운데 속주 총독 루키우스 카시우스도 있었다. 여기를 미트라다테스는 수륙으로 어마어마한 군사력을 동원하여 공격하였다. 왕의 눈에는 왕의 해군이 용감하게 주어진 의무를 다하는 것으로 보였다. 하지만 미숙한 초짜들이었다. 로도스 함선이 훨씬 더 강력한 폰토스 함대를 제압하고 나포한 전함들을 데리고 회항하는 일도 있었다. 육지에서도 포위 공격은 진전이 없었다. 공성 기계의 일부가 파괴되자 왕은 공성 작전을 포기하였다. 그리하여 중요한 섬과 섬 맞은편의 육지는 로마인들의 손에 남았다.

폰토스의 유럽 진공

아시아 속주는 결정적으로 좋지 않은 시점에 발생한 술키피우스 혁명 때문에 거의 무방비 상태로 미트라다테스에게 점령당했다. 나아가 미트라다테스는 유럽도 공격하기로 계획했다. 이미 로마 건국 662년(기원전 92년) 이래로 마케도니아와 국경을 맞댄 이웃들은 북쪽과 동쪽에서 눈에 띄게 자주 그리고 사납게 국경침범을 재개하였다. 로마 건국 664년과 665년(기원전 90년과 89년)에 트라키아인들은 마케도니아와 에페이로스 전체를 공격했고 도도나 신전을 약탈했다. 더욱 눈에 띄는 일은 이와 함께 마케도니아 왕위계승 요구자로 어떤 에우페네스라는 인물을 내세우려는 시도가 있었다는 점이다. 크림반도를 통해 트라키아인들과 접촉하였던 미트라다테스는 이런 모든 사건과 무관할 수 없었다. 속주 총독 가이우스 센티우스는 트라키아의 덴텔레타이부족의 도움으로 이 침공에 맞서 자신을 방어하는 데 일단 성공했지만, 오래지 않아 압도적인 위력의 적들은 그를 제압하였다. 미트라다테스는 이러한 성공에 이끌려 과감한 결정을 내리고 육지와 바다를 통해 군대의 중추를 그곳으로 출동시켰다. 이는 과거 안티오코스가 아시아의 패권 경쟁을 희랍 땅에서 최종적으로 결판내려고 했던 것과 비슷했다.

왕의 아들 아리아라테스는 트라키아에서 출발하여 군사력이 약화된 마케도니아로 출발했고, 지나가는 도중에 자리한 지역을 점령하면서 폰토스 태수령에 합병하였다. 압데라와 필립피는 폰토스 병력의 유럽 내 전초기지가 되었다. 폰토스 함대는 미트라다테스의 최고 명장 아르켈라오스가 지휘하였고 에게해에 모습을 드러냈는데, 이때 로마 선박은 어디에서도 찾아볼 수 없었다. 이 수역에서 로마의 무역 거점이었던 델로스섬은 점령되었고, 약 2만 명이 살해되었는데 대부분이 이탈리아인들이었다. 에우보이아도 같은 운명을 겪었다. 곧 말레아곶의 동쪽 수역에 있는 모든 섬이 적의 수중에 들어갔다. 이제 이어서 곧 육지로 상륙할 기세였다. 폰토스 함대가 에우보이아에서 출발하여 중요도시 데메트리아스를 공격했다. 그러나 이를 브루티우스 수라라는 마케도니아 총독 휘하의 용맹한 장교가 몇 안 되는 그의 병사들과 함께 몇 안 되는 배를 끌어모아 막아냈고, 심지어 스키아토스라는 섬도 정복했다. 하지만 그도 적들이 희랍 본토에 상륙하는 것 자체는 막아낼 수 없었다.

이때 미트라다테스는 군사력뿐만 아니라 민족적 선전 선동을 동원하였다. 아테나이에 대한 그의 주요 수단은 아리스티온이라는 사람이었다. 그의 태생은 아티카 출신 노예였고, 그의 직업은 한때 에피쿠로스 철학을 가르치는 선생이었는데, 지금은 미트라다테스의 측근이었다. 그는 설득의 장인이었고 왕국에서 그가 쌓은 빛나는 경력으로 민중의 눈을 멀게 만들었으며, 벌써 대략 60년 전에 폐허가 된 카르타고에서 미트라다테스를 돕기 위한 원조가 출발했다고 민중이 믿게 했다. 새로운 페리클레스의 연설 때문에 소수의 이성적인 사람들은 아테나이를 떠나버렸고, 민중과 소수의 광적인 식자들은 로마인들에게 공식적으로 단교를 통보하게 되었다. 이렇게 과거의 철학자는 폭력적 독재자가 되었고, 그는 폰토스 용병부대를 기반으로 치욕스럽고 잔인한 통치를 시작하였다. 피레우스 항구는 폰토스 해군기지가 되었다. 미트라다테스 군대가 희랍 본토에 발을 딛자마자, 아카이아, 라코니아, 보이오티아, 테살리아에 이르는 지역의 작은 자유도시들은 대부분 그의 휘하의 군대에 들어갔다. 브루티우스 수라는 마케도니아에서 병력을 일부 보충하고 보이오티아로 다시 진군하였고, 포위 공격을 받고 있던 테스피아이를 도왔으며, 아르켈라오스와 아리스티온을 맞아 카이로네이아에서 사흘간 전투를 치렀다. 전투는 승부를 가리지 못했고, 수라는 펠로폰네소스에서 출발한 폰토스 보충병력이 접근해오자 후퇴하지 않을 수 없었다(로마 건국 666년 말과 667년 초, 기원전 88년과 87년).

미트라다테스의 위세는 특히 바다에서 압도적이었고, 이탈리아 반란세력의 전령은 그에게 이탈리아 상륙 작전을 시도할 수 없겠냐고 요청할 정도였다. 하지만 당시 반란세력은 이미 거의 패색이 짙었으므로 왕은 요청을 거절하였다.

로마의 상황

로마 정부의 상황은 위태롭게 변하기 시작했다. 소아시아와 희랍은 완전히, 마케도니아는 상당 부분 적의 수중에 들었다. 폰토스 함대는 어떤 경쟁자도 없이 바다를 지배했다. 게다가 이탈리아 반란세력은 전반적으로 제압되었지만, 아직 여전히 이탈리아 전역에서 확실하게 지배권을 행사하고 있었다. 또한 완전히 종식되지 않은 혁명은 여차하면 다시 무섭게 번질 수도 있었다. 마지막으로 이탈리아 내부 불안과 아시아 자본의 엄청난 손실로 가공할 만한 무역 위기와 금융 위기(제6권 50쪽)가 찾아왔고, 믿고 맡길 만한 군대도 부족했다. 로마 정부는 로마의 혁명을 제압하고, 이탈리아의 반란을 틀어막고, 아시아의 전쟁을 수행할 세 개의 군대가 필요했다. 하지만 로마 정부는 술라가 이끄는 군대 하나만을 가지고 있었다. 왜냐하면 북부군은 신뢰할 수 없는 그나이우스 스트라보가 이끌었는데, 혼란을 보태고만 있었기 때문이다. 이 세 가지 임무 가운데 어떤 선택을 하느냐는 술라에게 달려 있었다. 그는 우리가 아는 바와 같이 아시아의 전쟁을 선택하였다. 이는 사소한 일이 아니었다. 위대한 애국적 행위라고 불러야 할 수도 있다. 일반적인 국가 이익과 특수한 당파 이익 가운데 그는 전자를 선택했기 때문이다.

술라의 상륙

술라는 그가 이탈리아를 떠남으로써 그의 체제와 그의 당파에 생길 위험에도 불구하고 로마 건국 667년(기원전 87년) 이른 봄, 에페이로스 해안에 상륙했다. 하지만 그는 흔히 로마군 최고 사령관이 동방에 모습을 나타낼 때와는 전혀 다른 모습으로 도착했다. 그의 군대는 5개의 군단 내지 기껏해야 3만 명의 병사[8]로 구성되었고, 이것이 일반적인 집정관 휘하의 군단에는 미치지 못하는 숫자였다는 점은 가장 작은 차이였다. 예전에 동방의 전쟁에서 로마 함대는 한 번도 빠지지 않았고, 실로 예외 없이 동방의 바다를 지배했다. 하지만 술라는 두 개

---

[8] 우리는 동맹시 전쟁 이래로 로마 군단에 이탈리아 보충병력이 더는 동행하지 않았고, 따라서 로마 군단은 이전의 최소 절반으로 줄어든 병력으로 편성되었다는 것을 상기해야 한다.

의 대륙과 에게해의 섬들을 다시 정복하는 임무를 띠고 파견되었음에
도 단 한 척의 전함이 없었다. 예전에 원정군 사령관은 필요 자금 전
체를 받아서 출발했고, 항해 도중에 필요한 것을 대부분 고향의 출발
지에서 실어갔다. 하지만 술라는 빈손으로 출발했다. 로마 건국 666
년(기원전 88년)의 전쟁을 위해 급하게 마련한 군자금은 모두 이탈리
아 전쟁에서 소모되었다. 따라서 술라는 오로지 징발에 의존할 수밖
에 없었다. 예전에 군사령관은 적진의 적 하나만을 상대로 전쟁을 벌
였고 계급투쟁이 종식된 이래 로마의 정치 당파들은 예외 없이 공공
의 적에 대항하여 힘을 모았다. 저명한 로마인들이 미트라다테스의
깃발 아래 싸우고 있었고, 이탈리아의 지방 도시들은 상당 부분 미트
라다테스와 동맹을 맺고자 하였다. 나아가 로마의 민주 당파가 술라
가 그들에게 보여준 대단한 모범을 따라줄지, 그러니까 그가 아시아
의 왕과 싸우는 동안 정치적 대결을 중지할지 그는 알 수 없었다.

  활기가 넘치는 장군은 온갖 난제들과 싸워야 했지만, 눈앞의 과제
를 해결하기 전에 멀리 있는 과제를 걱정하는 것에 익숙하지 않았다.
아시아의 왕에게 그가 제안했던 평화협정들이—이는 본질적으로 전
쟁 이전의 상태를 회복하는 것을 목표로 했다—모두 거절되자, 그는
상륙하자마자 에페이로스에서 보이오티아까지 진군했고, 보이오티아
의 틸포시온 산자락에서 적의 장수들 아르켈라오스와 아리스티온을
물리치고 희랍 전체를 되찾았다. 예외는 아테나이와 피레우스 항구였
는데, 그곳으로 아리스티온과 아르켈라오스가 피신해 있었고 술라는
이곳을 기습공격으로 점령하는 데 실패하였다. 루키우스 호르텐시우
스가 지휘하는 로마군 부대 하나는 테살리아를 점령했고 마케도니아

까지 진출했다. 무나티우스가 지휘하는 또 다른 부대는 칼키스 앞에 주둔하여, 에우보이아에 주둔하던 네오프톨레모스 휘하의 적군을 막고 있었다. 술라 자신은 엘레우시스와 메가라에 군영을 꾸리고, 그곳에서 희랍 본토와 펠로폰네소스반도를 통제하면서 아테나이 도시와 항구의 포위 공격을 추진했다. 늘 눈앞의 두려움에 지배되던 희랍의 도시들은 이제 로마에 무조건 투항을 했으며, 군량과 병력을 제공하고 벌금을 내는 것으로 무거운 형벌을 피할 수 있는 것에 기뻐했다.

오랜 시간을 끈 아테나이의 점령

아티카 공성전은 더디게 진행되었다. 술라는 모든 형태의 강력한 공성기계가 필요하다는 것을 알았고, 이를 위해 아카데미아와 뤼케이온의 나무들을 베어 목재로 사용해야 했다. 아르켈라오스는 방어전을 강력하고도 냉정하게 펼쳤다. 그는 그의 선원들을 무장시켰고, 압도적 위력을 가진 로마의 공격을 보강된 힘으로 강력하게 저지했으며 종종 적잖이 성공적인 결과를 얻었다. 원군으로 달려온 폰토스 보병은 드로미카이테스의 지휘 아래 아테나이 성벽 밑에서 힘겨운 전투를 벌였는데 이때 특히 술라의 용감한 부사령관 루키우스 리키니우스 무레나의 활약으로 인해 로마군에 패퇴하였다. 하지만 공성전은 빠르게 전개되지 않았다. 그사이 카파도키아인들이 결정적으로 장악한 마케도니아에서 해로를 통해 정기적으로 상당한 규모의 군수물자가 아테나이로 전달되었지만, 술라는 항구 요새를 봉쇄할 수 없었다. 아테나이 시내에서 보급물자가 점차 줄어들었고, 도시 성벽과 항구 요새의 가까운 곳에서 항구에 묶인 곡물을 아테나이 시내로 옮기려는 여러 차례의 시도가 있었고, 매번 실패한 것은 아니었다. 그렇게 로마 건국 667/668년(기원전 87/86년) 겨울은 곤혹스럽게도 아무런 성과 없이 흘렀다.

계절이 허락하자마자 곧 술라는 피레우스 항구 요새를 강력하게 공격하기 시작했다. 실제로 투석기와 땅굴을 통해 강력한 페리클레스 성벽 일부를 파괴하는 데 성공했다. 즉시 로마인들은 안으로 쳐들어갔다. 하지만 진입한 공격부대는 격퇴되었다. 진입을 다시 시도했을 때 무너진 성벽 뒤에 반달 모양의 보루가 다시 축조된 것을 발견했고, 진입 병력은 자신들이 삼면으로 적의 공격에 노출된 것을 보고 즉시 퇴각하지 않을 수 없었다. 술라는 이후 공성전을 포기하였고 봉쇄로 만족했다. 아테나이는 그사이 생필품이 완전히 바닥났다. 아테나이 방어군은 항복을 시도했다. 하지만 술라는 자신은 학생이 아니라 장군으로 그들 앞에 서 있으며 오로지 무조건적 항복만을 받아주겠다는 뜻을 밝히며 능변의 협상단을 돌려보냈다. 아리스티온은 어떤 운명이 그를 기다리고 있는지 잘 알았기에 망설이고 있을 때, 사다리들이 설치되었고 더는 방어할 수 없게 된 도시는 공격을 받았다(로마 건국 668년, 기원전 86년 3월 1일). 아리스티온은 아크로폴리스로 달려 나왔고 그곳에서 곧 항복하고 말았다. 로마군 사령관은 정복한 도시에서 병사들이 살인과 약탈을 저지르는 것을 방관하였고, 반란을 이끈 존경받던 인사들을 처형하였다. 하지만 도시 자체는 자유와 재산을, 특히 중요한 델로스섬을 되찾았고, 다시 한번 영광스러운 조상들 덕분에

구조되었다.

술라의 위기

에피쿠로스 철학 선생 아리스티온은 이렇게 정복되었다. 하지만 술라의 상황은 매우 심각하게 엉망, 아니 절망적이었다. 그는 1년 이상을 전장에 서 있었지만, 이렇다 할 성과를 이루어내지 못하였다. 항구 요새 하나가 그의 모든 노력을 비웃고 있었다. 아시아 전체는 건드려보지도 못했으며, 최근 미트라다테스의 대리자들은 암피폴리스를 점령함으로써 마케도니아 정복을 완수하였다. 점차 더욱 분명해진 사실인데, 함대 없이는 적대적인 무수한 해적함대로부터 연락선과 보급선을 보호하는 일은 불가능했으며, 아시아와 그 도서는 고사하고 피레에우스 항구 하나를 되찾는 것도 불가능했다. 하지만 어떻게 그들이 전함을 획득할 수 있을지 도저히 알 수 없었다. 로마 건국 667/668년(기원전 87/86년) 겨울 술라는 그의 가장 유능하고 노련한 장교 루키우스 리키니우스 루쿨루스를 지중해 동부 수역으로 파견해 그곳 어디서든 배를 구해오도록 하였다. 로도스인들과 여타 작은 공동체들에서 그가 징발한 여섯 척의 소형 선박을 이끌고 루쿨루스는 출항하였다. 그는 천만다행으로 해적선을 가까스로 피했지만, 그의 선박 대부분은 파괴되었다. 배를 갈아타면서 적을 속이고 그는 크레타와 퀴레네를 거쳐 알렉산드리아에 도착했다. 하지만 이집트 왕궁은 전함 지원 요청을 정중하고도 단호하게 거절하였다. 이는 다른 어떤 사건보다 분명하게 로마 정부의 심각한 몰락을 상징하는 사건이었다. 한때 모든 해군력을 로마에 제공하겠다는 이집트 왕의 제안을 감사의 마음으로 사양할 수 있던 로마였지만 이제 알렉산드리아 관리들에게는 이미 파산한 것으로 보였다. 여기에 더해 무엇보다 재정적 위기가 닥쳐왔다. 이미 술라는 올륌피아 제우스 신전 금고, 델포이 아폴론 신전 금고, 에피다우로스 아스클레피오스 신전 금고를 탕진하지 않을 수 없었고, 신들의 금고를 벌충하기 위해 처벌의 방식으로 압류된 테베 영토의 절반이 제공되었다. 하지만 이런 군사 재정적 곤궁보다 더 심각한 일은 로마에서 벌어진 정치 혁명의 반작용이었다. 급진적으로 광범위하고 잔인하게 수행된 정치적 반동은 더없이 가혹한 공포라는 커다란 후유증을 남겼다. 혁명세력이 수도 로마의 정부를 이끌었다. 술라는 버려졌고, 아시아 지휘권은 민주당파의 집정관 루키우스 발레리우스 플라쿠스에게 넘어갔고, 그가 오늘이라도 희랍에 나타날 수 있었다. 사나운 병사들은, 병사들의 기분을 맞추어주기 위해 온갖 것을 다하는 술라에게 기울어져 있었다. 하지만 재정과 보급이 고갈되고 사령관이 해임되었다. 또 신임 사령관이 부임지로 이동 중이고 바다를 장악한 끈질긴 적에 맞선 전쟁이 한없이 길어지고 있으니, 과연 무엇을 기대할 수 있었을까?

폰토스 보병의 희랍 입성

미트라다테스 왕은 그의 맞수 술라를 이 위기 상황에서 구하는 역할을 맡았다. 모든 상황으로 보건대 왕은 그의 부하들이 취한 방어 위주의 체계를 못마땅하게 여겼고 그들에게 적을 신속하게 처리하라는 명령을 내렸다. 로마 건국 667년(기원전 87년) 이미 그의 아들 아리아라테스는 희랍 본토에서 술라와 전투를 벌이기 위해 마케도니아에서 출발하였다. 하지만 당시 왕자가 행군 도중 티사이아곶에서 갑작스럽게 사망하면서, 원정은 취소되고 말았다. 왕자의 후임으로 탁실레스가 로마 건국 668년(기원전 86년)에 추정하건대 10만 명의 보병과 1만 기의 기병으로 구성된 부대를 이끌고, 테살리아에 주둔하고 있던 로마군을 몰아붙이며 테르모필라이에 모습을 드러냈다. 그에게 드로미카이테스가 합류했다. 아르켈라오스는 피레우스 항구 요새를 처음에는 부분적으로, 나중에는 완전히 비우고 보이오티아에서 폰토스 주력부대에 합류했다. 이는 술라의 무력 때문이라기보다 주군의 명령 때문이었을 것이다. 술라는 피레우스 항구를 공성 기계들로 파괴한 후에 폰토스 군대를 뒤쫓았는데, 후임자 플라쿠스가 도착하기 전에 전쟁을 결판낼 수 있을 것이라 기대하였다. 아르켈라오스는 여기에 말려들지 말고 바다와 해안을 지키며 적을 붙잡아두자고 조언하였지만, 허사였다. 일찍이 다레이오스와 안티오코스의 휘하에서 그랬던 것처럼 지금도 동방의 무리는 대형 화재에 겁먹은 짐승처럼 성급하고 맹목적으로 전투에 뛰어들었다. 여기서 무엇보다 어리석었던 것은, 아시아인들이 아마도 몇 개월만 기다렸다면 술라와 플라쿠스 사이의 전투를 구경할 수 있었다는 점이다.

카이로네이아 전투

로마 건국 668년(기원전 86년) 카이로네이아에서 멀지 않은 케피소스 들판에서 양측의 군대가 마주 섰다. 테살리아에서 급하게 귀환한 로마군 대대가 합류하였고—대대로서는 로마군 본대와 합류하게 되어 행운이었다—희랍 보충대가 합류하였지만, 그래도 로마군은 세 배나 강력한 적과 대적하게 되었다. 특히 매우 월등하고 전장의 지형으로 보건대 매우 위협적인 기병대는 무서운 적이었는데, 술라는 기병에 맞서는 한쪽 측면에 참호를 깊이 파서 보강할 필요를 느꼈다. 한편 적의 중앙에 배치된 전차 부대에 맞서 말뚝 방어선을 제1전열과 제2전열 사이에 설치하게 하였다. 전차 부대가 개전을 위해 전진하기 시작했을 때, 로마군 제1전열은 말뚝 방어선 뒤쪽으로 후퇴하였다. 전차들은 말뚝 방어선을 피해 우회하다가 로마군의 창과 화살에 쫓겨 다시 아군 전열로 달려들었고, 마케도니아 밀집방진은 물론 이탈리아 탈주병 부대의 전열을 무너뜨렸다. 아르켈라오스는 양쪽 측면에 있던 기병대를 서둘러 전진시켰으며 적에 맞서라고 명령했는데, 보병 전열을 다시 정비하는 시간을 벌기 위해서였다. 기병은 맹렬하게 공격하였고 로마군 전열을 분쇄하였다. 하지만 로마군 보병은 재빨리 밀집 대형으로 전열을 재정비하였고, 그들에게 뛰어든 적의 기병을 사방에서 막아서며 용감하게 싸웠다. 그사이 술라는 직접 우익에서 기병을 이끌고 적의 노출된 측면을 공격하였다. 아시아 보병대는 본격적으로 싸우지도 못하고 뒤로 물러섰다. 보병의 후퇴는 이어 기병에게도 혼란을 초래했다. 로마군 보병의 전체 공세는 적의 기병이 우왕좌왕하는 사이에 다시 활력을 얻었고 승리를 결정하였다. 이때 아르켈라오스가 도망병을 막기 위해 주둔지 입구를 닫으라고 명령했는데, 이는 단지 결과적으로 살육을 키우는 꼴이 되었고, 마침내 입구를 열었을 때는 아시아 병사들과 함께 로마군을 들이는 꼴이 되고 말았다. 아시아 병력 가운데 12분의 1만이 아르켈라오스와 함께 칼키스로 도주했다. 술라는 에우리포스 해협까지 그를 추격했다. 하지만 술라는 좁은 해협을 건널 수 없었다.

승전의 미미한 결과

이것은 위대한 승리였지만 그 결과는 초라했다. 부분적으로 함대가 없었기 때문이었고, 또 한편으로는 승리한 로마 사령관이 패자를 추격하기보다 우선 로마에서 부임하는 자에 맞서 자신을 방어해야겠다고 생각했기 때문이었다. 바다는 여전히 폰토스 함대가 배타적으로 지배하고 있었고, 이제는 말레아곶의 서쪽까지 진출하게 되었다. 카이로네이아 전투 이후에도 아르켈라오스는 자퀸토스섬에 보병을 상륙시키고 섬을 장악하려고 시도하고 있었다.

한편 그사이에 실제로 루키우스 플라쿠스가 2개의 로마 군단을 데리고 에페이로스에 상륙했다. 폭풍이나 아드리아해를 지키던 적군 함대에게 큰 손실을 입지 않은 것은 아니지만, 그의 군대는 테살리아에 도착했다. 술라는 우선 그곳으로 방향을 돌렸다. 오트뤼스산의 북쪽 산자락에 있는 멜리타이아에 두 로마 군대는 군영을 차리고 대치하였다. 충돌은 불가피해 보였다. 하지만 플라쿠스는 술라의 병사들이 전혀 알지 못하는 민주당파의 사령관을 위해 결코 그들의 승전장군을 배신하지 않을 것을 알았다. 그리고 오히려 그의 전위부대가 술라의 군영으로 도망치기 시작한 것을 알았을 때, 가망 없는 전투를 피하였고, 북쪽으로 길을 돌렸다. 마케도니아와 트라키아를 지나 아시아로 진군하고, 거기서 미트라다테스를 제압함으로써 더 많은 성공의 길을 확보하려는 것이었다. 술라는 약체의 정적이 떠나도록 내버려 두고, 그를 쫓는 대신 아테나이로 돌아갔다. 그곳에 그는 로마 건국 668/669년(기원전 86/85년)의 겨울을 보내야 할 것으로 보였는데, 이는 군사적으로 매우 놀라운 결정이었다. 아마도 이렇게 생각해볼 수 있는데, 이때도 정치적 동기가 있었지만, 그래도 그는 합리적이고 애국적인 결정을 내렸다. 아시아인들과 싸워야 할 일이 있을 때는 적어도 동포와의 전투는 피하고 불행한 문제에 대한 용인할 만한 해결책을 찾으려 한 것이다. 그리하여 혁명당파의 군대는 아시아로, 귀족당파의 군대는 유럽에 남아 공동의 적과 싸우는 형국이 되었다.

폰토스의 제2차 희랍 파병

로마 건국 669년(기원전 85년) 봄이 되자 유럽 쪽에서 다시 새롭게 일이 시작되었다. 소아시아에서 쉬지 않고 군비를 확장하던 미트라다테스는 카이로네이아에서 패퇴한 부대에 수적으로 뒤지지 않는 부대를 도릴라오스의 지휘하에 에우보이아로 파병하였다. 그곳에서 도릴라오스의 부대는 아르켈라오스의 부대에서 살아남은 병사들과 함께 에우리포스 해협을 거쳐 보이오티아로 이동하였다. 폰토스 왕은 비튀니아 민병대와 카파도키아 민병대를 물리친 것을 기준으로 삼아 그의 군대가 가진 전투력을 평가하였기에, 유럽 쪽에서 벌어지는 불리한 상황을 이해할 수 없었다. 새로운 파병부대는 즉시 두 번째 전투를 개시하며 이제 실수 없이 로마군을 괴멸시키라는 최후의 명령이 내려졌다. 왕의 의지는 실행되었고, 승리는 아니지만, 최소한 공격은 이루어졌다. 다시 한번 오르코메노스 근처 케피소스 평원에서 로마군과 아시아군이 마주했다. 우세한 아시아군의 대규모 기병이 로마 보병을 향해 맹렬하게 달려들었고, 로마 보병은 동요하며 도망치기 시작했다. 절박한 위기의 순간, 술라는 군기를 거머쥐고 부관들과 연락병들을 거느리고 적을 향해 앞서 달리면서 병사들을 큰 소리로 불렀다. 고향에 돌아가 사람들이 그들에게 그들의 사령관은 어디에 버려두고 왔냐고 물으면, 오르코메노스라고 답해야 할 판이었다. 이것이 제대로 먹혔다. 로마 군단이 다시 일어났고, 적의 기병대를 제압하였고, 적의 보병들도 손쉽게 격퇴하였다. 다음날 아시아군의 진영이 포위되었고 공격을 받았다. 아시아군의 상당 부분이 전사하거나 코파이스 호수에 빠져 죽었다. 소수의 병사만이 아르켈라오스와 함께 에우보이아로 돌아갔다. 보이오티아 공동체들은 다시 한번 배신의 대가를 혹독하게 치렀으며, 일부는 거의 초토화될 정도였다. 마케도니아와 트라키아로의 진입은 거침없이 이루어졌고 필립피는 점령되었다. 압데라에서 폰토스 점령군은 자진하여 철수하였다. 유럽 쪽 대륙 전반에 걸쳐 적들은 소탕되었다. 전쟁 3년 차의 끝에(로마 건국 669년, 기원전 85년) 술라는 테살리아에서 겨울 숙영지를 꾸렸는데, 로마 건국 670년(기원전 84년)[9]에 아시아 원정을 시작하려는 것이었다. 이를 위해 술라는 테살리아 지역의 항구도시들에 전함 건조를 명령하였다.

아시아가 미트라다테스에게 반기를 들다

그사이 소아시아의 상황도 크게 달라졌다. 미트라다테스 왕이 일찍이 희랍세계의 해방자로 등장했을 때, 그가 도시의 독립성을 보장하고 세금 감면으로 통치를 시작했을 때, 이런 짧은 황홀경에 이어 아주 빠른, 아주 처절한 실망만이 뒤따랐다. 순식간에 그는 진정한 모습을 드러냈고, 로마 총독들이 보여준 독재정을 크게 뛰어넘는 폭정을 펼치기 시작했다. 인내하며 참던 소아시아인들은 공개적인 저항을 펼쳤다. 술탄은 이에 다시 한번 더없이 과격한 수단을 동원하였다. 그의 조치에 따라 그를 지지한 지역들에 독립이 주어졌고, 거류외인들에게 시민권이 주어졌고, 채무자들에게 전액 채무 탕감이 이루어졌고, 무

---

[9] 이 사건들의 연대는 모든 개별 사안들이 그러하듯 어둠 속에 있다. 연구조사는 기껏해야 어둠을 어렴풋이 보일 정도로만 파헤칠 수 있었다. 카이로네이아 전투는 아테나이 공격(Paus. 1, 20)과 같은 날은 아닐지라도, 아마 그 직후일 텐데, 대략 로마 건국 668년(기원전 86년) 3월에 있었다는 것은 매우 신빙성이 높다. 이어 벌어진 테살리아 원정과 제2차 보이오티아 원정은 로마 건국 668년(기원전 86년)의 나머지와 로마 건국 669년(기원전 85년)의 전체를 필요로 했다는 것은 개연성이 있으나, 개연성 이상은 되지 못한다. 술라의 부대 규모는 아시아에서 한 번 이상의 원정을 수행하기에 충분하지 못했기 때문이다. 또한 리키니아누스는 술라가 로마 건국 668/669년 (기원전 86/85년)의 겨울에 다시 아테나이로 돌아갔고 여기서 조사와 처벌을 수행했을 것이라는 암시를 준다. 그다음에 그는 오르코메네스 전투를 이야기한다. 따라서 술라가 아시아로 건너간 것은 로마 건국 669년(기원전 85년)이 아니라, 로마 건국 670년(기원전 84년)에 놓인다.

산 농민들과 노예들에게 자유가 부여되었다. 1만 5,000명의 해방 노예들은 아르켈라오스의 군대에 병사로 편입되었다. 이렇게 위로부터 시작된 모든 기존 질서의 전복은 매우 끔찍한 장면들을 연출하였다. 유서 깊은 상업 도시였던 스뮈르나, 콜로폰, 에페소스, 트랄레이스, 사르데이스는 왕이 파견한 태수들을 추방하거나 살해하였고 로마를 지지한다고 선언하였다.[10] 하지만 왕이 파견한 장군 디오도로스는— 그는 학파는 다르지만, 아리스톤처럼 이름 높은 철학자였고, 왕의 끔찍한 명령도 기꺼이 수행하는 자였다—주인의 명령에 따라 아드라뮈티온의 원로회의 전체를 살해하였다. 키오스Chios섬 주민들은 로마 쪽으로 기울었다는 의심을 받고 우선 2,000탈렌툼(315만 탈러)의 벌금형에 처해졌다. 왕의 장군은 그들이 벌금을 제대로 내지 않자 그들을 집단으로 배에 실어, 그들이 부리던 노예들의 감시 하에, 콜키스섬에 유배시켰고, 대신 그들의 섬은 폰토스에서 온 식민지 개척자들에게 주었다. 왕은 명령을 내려, 모두가 같은 날 소아시아 켈트족의 수장들과 그 부인과 자식들을 죽이라고 시켰고, 갈라티아를 폰토스에서 파견된 태수가 다스리는 태수령으로 만들어버리라고 하였다. 이런 피의 명령은 미트라다테스의 본영이나 갈라티아 땅에서 실행되었다. 하지만 몇몇 탈주자들은 그들의 강력한 켈트족들을 이끌고 왕이 파견한 태수 에우마코스를 그들의 땅에서 몰아냈다. 암살자의 단도가 이런

---

[10] 최근(Waddington, Lebas의 부록, 3, 136a)에 에페소스 시민들의 결의문이 발굴되었다. 시민들이 선언하길, 그들은 카파도키아 왕 미트라다테스의 지배를 받게 되었는데, 그의 대규모 병력과 그의 갑작스러운 공격에 기겁했기 때문이다. 하지만 그런 기회가 주어졌을 때 그들은 '로마의 지배권 ἡγεμονία과 공동의 자유를 위하여' 미트라다테스에게 전쟁을 선포했다.

왕을 쫓은 것은 당연한 일이었다. 1,600명이 이 사건에 연루되었는데, 이들은 모두 왕의 재판에서 사형에 처해졌다.

루쿨루스와 아시아 해안의 함대

자살행위나 다름없는 왕의 분노는 당시 그의 신하들로 하여금 왕에게 반기를 들게 했으며, 로마인들 또한 아시아에서 수륙 양면에서 왕을 몰아붙였다. 루쿨루스는 이집트에서 전함을 조달하려는 계획이 실패로 돌아간 이후, 쉬리아의 항구도시들에서 전함을 건조하려는 노력을 계속하는 한편, 장차 그의 함대가 될 배들을 퀴프로스와 팜퓔리아와 로도스에서 동원하였다. 이는 미트라다테스에 대한 공격을 감행할 수 있을 정도의 함대가 만들어질 때까지 이어졌다. 그는 영리하게 압도적인 규모의 적 함대와 교전하는 것을 피하였고, 그럼에도 의미 있는 성공을 거두었다. 그는 크니도스섬과 반도를 점령하였고, 사모스를 공격하였고, 콜로폰과 키오스섬을 적에게서 빼앗았다.

발레리우스 플라쿠스의 아시아 상륙

그사이 발레리우스 플라쿠스도 그의 군대를 이끌고 마케도니아와 트라키아를 지나 뷔잔티온에 이르렀고, 다시 그곳을 떠나 해협을 건너 칼케돈에 도착했다(로마 건국 668년, 기원전 86년 말). 이곳에서 사령관에 맞서 군사반란이 일어났다. 명목상으로는 사령관이 병사들의 노획물을 횡령했기 때문이었다. 반란의 주동자는 군내 최고 장교들 가운데 한 명이었는데, 그의 이름은 로마에서 대중 선동 연설가의 대명사가 될 정도로 유명한 가이우스 플라비우스 핌브리아였다. 그는 사령관과 사이가 틀어지자, 로마의 광장에서 벌이던 선동 사업을 군영으로 끌어들였다. 플라쿠스는 군대에 의해 해임되었으며 이후 곧 칼케돈에서 멀지 않은 니코메데이아에서 살해되었다. 그의 후임은 병사들의 의결로 핌브리아로 결정되었다. 당연한 일이지만, 그는 병사들에게 무엇이든 용납하였다. 예를 들어 이웃한 퀴지코스 시에서 시민들은 사형의 위협 속에 그들의 전 재산을 병사들에게 헌납하라는 명령을 받았으며, 경고의 의미에서 그 도시의 최고 귀족들 가운데 두 명이 처형되었다. 하지만 최고 명령권자의 변경은 군사적으로는 이득이었다. 핌브리아는 플라쿠스와 달리 무능한 장군이 아니었다. 그는 열정적이고 재능을 갖춘 장군이었다.

핌브리아의 전공

밀레토폴리스(브루사 서부, 륀다코스강 유역)에서 핌브리아는 폰토스 태수령의 태수로서 핌브리아에 맞선 아들 미트라다테스를 야간 기습으로 완벽하게 물리쳤고, 이 승전으로 과거 로마 속주의 수도였고, 지금은 폰토스 왕의 수도인 페르가몬에 이르는 길이 열렸다. 이때부터 핌브리아는 왕을 쫓으며 압박하였고, 미트라다테스 왕은 멀지 않은 항구 피타네로 몸을 피하여 그곳에서 배를 타야 했다. 바로 그 순간에 루쿨루스가 그의 함대를 이끌고 이 수역에 나타났다. 핌브리아는 루쿨루스에게 그를 도와 미트라다테스 왕을 포로로 잡도록 돕겠다고 맹세하였다. 하지만 루쿨루스는 애국주의자가 아닌 완고한 원로원파의 인물이었다. 루쿨루스는 계속 항해하였고, 미트라다테스는 뮈틸레네로 달아났다. 그렇게 왕의 진영은 충분히 압박을 받았다. 로마 건국 669년(기원전 85년) 말에 그는 유럽을 잃었고, 아시아의 일부 지역에서는 반란이 일어났으며, 일부는 로마군에게 빼앗겼고, 그 자신도 아주 가까이 추격한 로마군에게 위협을 느끼고 있었다. 루쿨루스가 이끄는 로마 함대는 트로이아 지역의 해안에서 두 번의 성공적인 해전을 치렀고, 이로써 렉톤곶과 테네도스섬에서 위치를 확보하였다. 로마 함대에 그사이 술라의 명령으로 테살리아에서 건조된 배들이 추가로 배치되었고, 함대가 헬레스폰토스를 장악한 상태에서 로마 원로원 군대의 사령관은 이듬해의 전쟁을 위해 안전하고 편리하게 아시아로 넘어갈 수 있는 교두보를 보장받았다.

평화 협상

미트라다테스는 평화 협상을 시도하였다. 다른 경우였다면 에페소스 학살의 주범은 절대로 로마와의 평화를 희망할 수조차 없었을 것이다. 하지만 로마 정부의 내적 혼란 속에서 현 로마 정부는 미트라다테스를 치려고 파견한 사령관을 추방자로 선언하였고, 로마에서 술라의 동지들을 아주 참혹한 방식으로 탄압하였다. 그리하여 로마 장군이 또 다른 로마 장군과 맞선 상황에서 그 둘은 동시에 또 다른 적을 대적하는 지경이었다. 이를 노려 미트라다테스는 평화를, 그것도 유리한 조건의 평화를 얻기를 희망하였다. 미트라다테스는 술라를 택할 수도, 핌브리아를 택할 수도 있었고, 둘 모두와 협상을 진행하였다. 하지만 그의 의도는 처음부터 명백하게 술라와 평화를 체결하는 것이었다. 술라가 적어도 왕의 지평에서 보면 그의 경쟁자보다 압도적으로 탁월해 보였던 것이다. 왕의 장군 아르켈라오스는 주군의 지시에 따라 술라에게, 아시아를 왕에게 양보할 것과 그리하면 로마의 민주당파와 싸우는 술라에게 도움을 제공하겠다고 제안하였다. 하지만 술라는 그 제안을 거절했다. 늘 그러하듯 냉정하고 정확한 술라는 이탈리아의 급한 사정 때문에 서둘러 아시아 문제가 해결되길 바랐지만, 카파도키아 동맹의 이득이 이탈리아 전쟁을 목전에 둔 그에게 너무 미미하며, 나아가 불명예스럽고 이득 없이 그런 양보를 허용하기에 그는 너무나도 로마적인 인물이었기 때문이었다.

델리온의 예비회담

로마 건국 669/670년(기원전 85/84년) 겨울에 보이오티아의 해안 도시 델리온(에우보이아 맞은편)에서 평화 회담이 열렸다. 술라는 한 발짝도 양보할 수 없다고 단호하게 이야기했고, 그럼에도 전쟁 전에 요구한 조건을 승리 이후에도 유지하는 로마의 오랜 전통에 따라, 좋은 뜻에서 신의를 지키며 앞서 제시한 조건을 넘어서는 다른 것을 요구하지는 않았다. 술라는 왕이 정복하여 아직 가지고 있는 모든 것의 반환을 요구했다. 카파도키아, 파플라고니아, 갈라티아, 비튀니아, 소아시아 및 그 부속 도서 등의 반환을 포함하여, 포로의 송환과 탈영병의 인도, 아직도 열세인 로마 함대의 보강을 위해 아르켈라오스가 보유한 선박 80척의 양도, 마지막으로 병사들의 급료와 군량, 전쟁 비용 등을 변상하기 위해 매우 합리적인 액수로 3,000탈렌툼(475만 탈러)을 요구했다. 또 흑해로 끌려간 키오스 사람들을 고향으로 돌려보낼 것, 친로마 성향의 마케도니아인들을 그 가족들에게 돌려보낼 것, 로마와 동맹을 맺은 도시들에 상당수의 전함을 인도할 것도 요구했다. 엄밀히 말하자면 평화 협상에 포함되었어야 할 티그라네스에 대해서는 양측 모두 아무런 언급이 없었다. 그를 포함할 경우 그가 초래할 끝도 없는 추가 논의를 협상 당사자 가운데 누구도 감당할 수 없었기 때문이다. 미트라다테스 왕이 전쟁 이전에 소유한 영토는 그대로 유지되었고, 그에게 어떤 불명예스러운 굴복도 요구하지 않았다.[11] 아르켈라오스는 기대 이상으로 많은 것을 얻어냈고, 그 이상은 얻어낼 수 없다는 것을 분명히 인식하였기에, 이 조건을 수용하여 예비 평화 회담을 종결하였고 협상을 마무리하였다. 그리고 아시아인들이 유럽에서 아직 보유하고 있던 지역들로부터 주둔군들을 철수시켰다.

---

[11] 미트라다테스가 그의 편을 들었던 도시들을 평화 조약 이후에도 처벌하지 않는 조건을 걸었다는 이야기(Memn. 35)는 승자와 패자의 성격을 보면 매우 신빙성이 떨어지며, 이 이야기는 아피아누스에도 리키니아누스에도 빠져 있다. 평화조약의 문서 작성에는 양측이 소홀했으며, 이는 나중에 여러 왜곡의 빌미가 되었다.

새로운 어려움들

하지만 미트라다테스는 협상안을 거부하였고, 로마인들이 전함의 인도를 요구하지 말 것과 파플라고니아는 그에게 양보할 것을 최소한의 요구 조건으로 제시하였다. 동시에 그는 핌브리아가 그에게 훨씬 더 유리한 조건을 제시할 준비가 되어 있음을 통보하였다. 술라는 그가 제시한 조건들과 관직 없는 모험가의 조건들을 저울질하는 것에 유감을 표하며, 그가 보여줄 수 있는 최대한의 관용을 이미 보여주었기 때문에 평화 회담을 갑자기 중단해버렸다. 술라는 이때를 활용하여 마케도니아를 수복하였고, 다르다니 부족, 신티 부족, 마이디 부족 등을 제압하였고, 동시에 그의 병사들에게 전리품을 획득할 기회를 제공하면서 아시아 가까이 이동하였다. 술라는 어떻게든 핌브리아와 담판을 짓기 위해 아시아로 가기로 결심하였기 때문이다. 그는 트라키아에 주둔하고 있던 그의 군단과 그의 함대를 헬레스폰토스로 이동시켰다. 그때 마침내 아르켈라오스는 그의 고집스러운 주군에게 협상안을 다시 수용하도록 설득하는 데 성공하였다. 이에 대해 아르켈라오스는 나중에 왕궁에서 불리한 평화조약의 원흉으로 의심받았고, 심지어 반역자라는 책망을 들었으며, 나중에 이제 조국을 떠나 로마인들에게 망명해야겠다고 그가 생각하였을 때, 로마인들은 그를 기꺼이 받아주고 명예를 한껏 보태어주었다. 로마 병사들도 반발하였다. 그들이 희망하던 아시아 노획물이 그들에게서 사라졌다는 사실이, 8만 명의 아시아인을 살해하고 이탈리아와 아시아에 엄청난 재앙을 초래했으며 아시아에서 긁어모은 보화의 상당량을 아무런 처벌도 없이 고향으로 가져간 야만 군주에 대한 정당한 분노보다 크게 작용하였기 때문이다. 술라 자신도 아마도, 정치적 갈등이 군사적으로 아주 단순한 그의 과제를 아주 곤란스럽게 꼬아놓았다는 사실과 승전 이후에도 이런 방식으로 평화협정을 맺어야 한다는 사실에 큰 고통을 느꼈을 것이다. 하지만 그가 이 전쟁을 치르는 동안 힘이 되었던 희생정신과 통찰력이 이 평화 협상에서도 다시 한번 힘을 발휘하였다. 흑해 해안의 거의 전부를 다스리며, 평화 협상에서 여실히 그 완고함을 보여준 왕을 상대로 전쟁을 한다면 이는 아주 유리한 상황에서도 몇 년을 필요로 하였고, 이탈리아의 상황은 이미 술라에게, 그가 가진 몇 안 되는 군단을 거느리고 이탈리아를 통치하는 반대 당파와 대적하기에는 너무 늦은 것처럼 보였다.[12] 하지만 이렇게 하기 전에, 먼저 반드시 해결해야

---

[12] 아르메니아 전승도 제1차 미트라다테스 전쟁을 알고 있다. 아르메니아의 왕 아르다세스는—코레네의 모세스의 보고에 따르면—그에게 법률에 따라 주어진 페르시아(파르티아) 왕국의 2인자 자리에 만족하지 않았다. 그는 파르티아 왕 아르사간에게 최고 권력에 물러나라고 강요하였다. 이어 그는 페르시아에 그의 왕궁을 건설하였고 동시에 그의 초상을 새긴 주화를 찍어냈다. 그리고 아르사간을 페르시아의 부왕으로, 아들 디크란(티그라네스)을 아르메니아의 부왕으로 삼았다. 그리고 그의 딸을 이베리아(오늘날 조지아)의 미르다테스(미트라다테스)라는 대공과 혼인시켰다. 이 미트라다테스는 다레이오스 왕의 태수였고, 알렉산드로스 대왕이 정복된 이베리아의 총독으로 임명한 미트라다테스의 후손이었는데, 북부 산악과 흑해 연안을 다스리고 있었다. 이어 아르다세스는 뤼디아 왕 크로이소스를 사로잡았고, 두 대양 사이의 거대한 땅(소아시아)을 정복하였다. 그리고 그는 지중해를 넘어 수많은 전함을 거느리고 서진하였다. 당시 로마는 무정부 상태였기에 어디에서도 이렇다 할 저항이 없었다. 그런데 그의 병사들은 서로를 살해하였고 결국 그도 그의 병사들에 의해 살해되었다. 아르다세스의 죽음 이후 그의 후계자 디크란은 이제 아르메니아 영토를 침공한 희랍 군대(다시 말해 로마 군대)에 맞서 싸웠다. 디크란은 희랍 군대의 진격을 어느 한계에서 저지하였고, 이후 그의 매형 미트라다테스에게 마드사크(카파도키아의 마자카)와 내륙의 통치권과 상당수의 군대를 물려주었고 다시 아르메니아로 돌아갔다. 몇 년 후에 사람들은 아르메니아 도시들에 유명한 장인들이 만든 희랍 신들의 조각상을, 이 원정의 승리를 기념하여 건립하였다.
여기서 제1차 미트라다테스 전쟁의 차이점이 여럿 쉽게 파악된다. 이 전승 전체는 분명 뒤죽박죽 전개되며 여러 이질적인 요소들이 가미되어 있으며, 아르메니아를 중심으로 애국주의적

할 것은, 아시아에서 민주당파의 군대를 이끄는 건방진 사령관을 제압하는 일이었다. 이를 통해 술라가 지금 아시아에서 이탈리아혁명을 막아내길 바라는 만큼, 민주당파의 사령관이 아시아에서 이탈리아혁명에 힘을 보태지 못하게 하려는 것이었다. 헤브로스강의 쿱셀라에서 술라는 평화조약을 미트라다테스가 인준하였다는 소식을 들었다. 하지만 아시아로 행군은 계속 이어졌다. 전하는바, 왕이 개인적으로 로마 장군과 마주 앉아 평화조약을 체결하고 싶어 했다고 한다. 추측건대 이것은 아마도 군대를 아시아로 데리고 가서 핌브리아와 끝장을 보려고 적당히 내세운 핑계였다. 술라는 그의 군단을 이끌고 아르켈라오스의 안내로 헬레스폰토스를 건넜다. 헬레스폰토스의 아시아 쪽 연안 다르다노스에서 그는 미트라다테스를 만나 구두로 평화조약을 완결지었고, 행군을 이어갔다. 그는 페르가몬에서 멀지 않은 튀아테이라까지 행군하여 마침내 핌브리아의 군영에 도달했다. 핌브리아의 군영 바로 옆에 그는 그의 군영을 차렸다.

으로 조작되어 있다. 또한 크라수스에 대한 승전을 아주 뒤늦게 아르메니아의 것으로 만들었다. 이 동방의 보고들은 매우 주의 깊게 살펴야 하는데, 그것들이 민담으로 전해진 것들이기 때문이 아니라, 요세푸스, 에우세비우스 등의 기록들, 5세기 기독교인들에게 회자하던 정보들이 아르메니아 전승과 혼용되었기 때문에, 그리고 희랍인들의 역사 소설과 모세스의 고유한 애국주의적 공상이 이에 크게 기여하였기 때문이다. 또한 우리의 서방 전승도 형편없기는 마찬가지지만, 동방 전승의 참조는 이 경우 또는 이와 유사한 경우에, 예를 들어 무비판적인 생마르땡이 그랬던 것처럼, 오히려 전승을 더욱 혼란스럽게 만드는 결과를 초래하였다.

술라와 핌브리아의 대결

술라의 병사들은 수에서, 군율에서, 작전 수행에서, 용기에서 핌브리아의 병사들을 월등히 앞섰다. 그들은 사기가 저하된 오합지졸들과 그들을 지휘하는 부적격의 사령관을 깔보았다. 핌브리아의 병사들 가운데 탈영병이 점차 증가하였다. 핌브리아가 공격을 명령했을 때 병사들은 동료 시민들을 공격하는 것을 거부하였고, 심지어 전투에서 충직하게 전선을 지키도록 맹세하라는 요구도 거부하였다. 술라를 암살하려는 시도가 실패로 돌아갔다. 핌브리아가 요구한 회합 자리에 술라는 모습을 보이지 않았다. 이때 술라는 부관들 가운데 한 명을 보내 핌브리아에게 개인적인 피난길을 구해보라고 종용하였다. 핌브리아는 무도한 인물이었지만, 그렇다고 겁쟁이는 아니었다. 술라가 내어준 배를 얻어 타고 이민족에게로 피신하지 않고, 핌브리아는 페르가몬으로 들어갔고 아스클레피오스의 신전에서 자신의 검으로 스스로 목숨을 버렸다. 핌브리아의 병사들 가운데 크게 위협을 느낀 자들은 미트라다테스나 해적들에게로 피신하였고, 그곳에서 그들은 뜨거운 환영을 받았다. 그러나 대부분의 병사들은 술라의 지휘 아래 남았다.

아시아 사안들의 처리

술라는 새로 거느리게 된 이 두 로마 군단을 아시아에 남겨두기로 하였다. 앞둔 전쟁에서 그는 이들을 신뢰할 수 없었고, 아시아에는 아직 개별 도시들과 지역에서 상당 기간 당황스러운 위기 상황들이 이어졌기 때문이다. 이 군단의 명령권과 아시아 속주의 총독 권한을 술라는 최고의 부하였던 루키우스 리키니우스 무레나에게 넘겨주었다. 미트라다테스가 취한 혁명적인 조치들, 그러니까 노예 해방, 부채 탕감 등의 취소는 당연한 일이었다. 복고 조치를 단행하는 데 물론 여러 곳에서 무력을 동원하지 않을 수 없었다. 동쪽 국경 지대의 도시들은 포괄적인 복고 조치에 순종하였고 로마 건국 670년(기원전 84년)을 그들 정부 창설의 원년으로 여겼다. 정의는 승자가 생각한 것보다 진전된 방식으로 행사되었다. 미트라다테스의 추종자들 가운데 이름 높은 이들과, 이탈리아인들의 학살을 이끈 주동자들은 사형에 처해졌다. 납세 의무자들은 지난 5년의 십일조와 관세 총액을 평가하여 즉시 완납해야 했다. 그들은 그밖에 전쟁 배상금으로 2만 탈렌툼(3,200만 탈러)을 내야 했으며, 이를 징수하기 위해 루키우스 루쿨루스가 아시아에 남았다. 이는 경악할 만한 결과를 초래할 무섭도록 엄정한 조치들이었다. 하지만 에페소스 학살 명령과 그 실행을 상기한다면, 이는 오히려 상대적으로 온건한 처벌이었다고 생각해야 한다고 느낄 것이다. 여타의 강탈들이 일반적인 수준이었음을, 이후의 승전에서 거두어들인 전리품의 가치가 귀금속으로 겨우 800만 탈러 정도였다는 점이 말해준다.

반면 로마를 배반하지 않은 소수의 공동체들은, 다시 말해 로도스섬, 뤼키아 지방, 마이안드로스강 유역의 마그네시아는 크게 보상을 받았다. 로도스는 페르세우스에 맞선 전쟁 이후 그들이 상실한 재산들(제4권 143쪽) 가운데 일부이지만 이를 돌려받았다. 마찬가지로 키오스Chios섬은 그들이 당한 고난을 보상하는 차원에서, 일리온 주민들은 술라와 연관된 협상 때문에 핌브리아에게 그들이 당한 흉악한 가혹 행위를 보상하는 차원에서 받을 수 있는 최대한의 특권과 특전을 받았다. 술라는 비튀니아 왕과 카파도키아 왕을 다르다노스로 폰토스 왕과 함께 불러 모았으며, 그들이 모두 서로에게 평화와 선린을 약속하게 하였다. 물론 그때 자존심이 강한 미트라다테스는 왕가의 혈통을 갖지 못한 아리오바자네스, 다시 말해 (그가 그렇게 그를 부르는 이름으로) '노예'와 개인적으로 마주하는 것을 거부하기도 하였다. 가이우스 스크리보니우스 쿠리오는 미트라다테스가 내놓은 이 두 왕국에서 법질서 재건 상황을 감시하는 역할을 맡았다.

이렇게 목표에 이르렀다. 4년의 전쟁을 치르고 폰토스 왕은 다시 로마의 피호국이 되었고, 희랍과 마케도니아와 소아시아에서 안정된 단일 정부가 회복되었다. 이익과 명예의 요구들은 흡족할 정도는 아니었지만 급한 대로 충족되었다. 술라는 병사로서 그리고 장군으로서 빛나는 모습을 보여주었을 뿐만 아니라, 대담한 완고함과 현명한 유연함 사이의 어려운 외줄 타기에서 수천 가지 난관들을 극복하는 탁월함을 과시하였다. 그는 거의 한니발처럼 그에게 첫 번째 승리를 안겨준 그의 병력을 재차 더 어려운 전투에 투입하며 싸우고 승리하였다. 그는 그의 병사들이 풍요로운 소아시아의 넉넉한 겨울 숙영지에서 지난 전투에서 그들이 겪은 고난을 보상받을 수 있도록 하였으며, 이후 로마 건국 671년(기원전 83년) 봄에 병사들을 1,600척의 에페소스 선박들에 실어 피레우스 항으로, 그곳에서 다시 육로로 페트라이로, 그곳에 준비된 선박에 실어 다시 브룬디시움 항구로 이동시켰다. 그는 먼저 원로원으로 서신을 보냈는데 희랍과 아시아에서 치른 원정

결과를 적은 보고서였다. 이 보고서에서 그는 전혀 그의 파면을 몰랐던 것처럼 쓰고 있다. 이는 이제 곧 다가올 복고정치를 알리는 묵언의 통지서이기도 했다.

제9장
킨나와 술라

기원전 87년 이탈리아 상황

로마 건국 667년(기원전 87년) 초에 술라가 이탈리아를 떠나 희랍으로 출발할 때의 긴장되고 불투명한 관계들, 반쯤 진압된 반란세력, 정치적으로 이중적 태도를 보이는 장군이 반쯤 찬탈한 군사 지휘권 아래 놓인 로마 주력군, 수도 로마의 혼란과 다양한 음모 등은 앞서 설명하였다. 무력을 통한 과두정의 승리는 온건했기 때문에 혹은 온건했음에도 다양한 불만을 만들어냈다. 로마가 겪었던 가장 심각한 경제위기로 직격탄을 맞은 자본가들은 정부가 제시한 조세법 때문에, 그리고 정부가 저지하지 못한 이탈리아 전쟁과 아시아 전쟁 때문에 분노하였다. 반란세력들은 그들이 무기를 내려놓으면서 시민 지배세력들과 동등한 권리를 가지리라는 가슴 벅찬 희망을 잃었기 때문에, 또 그들이 그간 누려왔던 계약조건과 그들이 새로 처하게 된 전혀 권리가 없는 예속상태에 불평을 토로하였다. 알프스와 파두스강 사이에 위치한 공동체들은 그들에게 반쯤 주어진 양보들에 만족하지 못했고, 새로운 시민들과 자유민들은 특히 술키피우스 법의 철회에 강한 불만을 품었다. 도시 빈민들은 전반적인 곤궁함에 시달렸고, 칼의 정부가 합법적 곤봉 통치를 받아들이지 않는 것은 오히려 불법이라고 생각하였다. 술키피우스의 혁명 이후 추방된 자들의 추종자들은—술라가 특별히 온건하게 조치한 결과 아직도 상당수가 수도에 머물고 있었는데—추방자들의 귀환 허가를 위해 애를 쓰고 있었다. 특히 몇몇 부유한 귀족 부인들은 이를 위해 노력과 돈을 아끼지 않았다. 이 모든 불만은 새로운 폭력적 계급 충돌을 예고하는 것이었다. 대부분은 목적 없이 지나가 버릴 수도 있었지만, 모두는 전반적인 불평을 증가시켰다. 루푸스의 살해, 술라를 암살하려는 반복된 시도들, 로마 건국 667년(기원전 87년) 집정관 선거와 호민관 선거에서 부분적으로 반대 당파에 유리한 결과 등은 이 불평불만이 작용한 결과였다.

킨나

이 불만 세력들이 국가의 최고 권력자로 호명한 인물인 루키우스 코르넬리우스 킨나는 그가 동맹시 전쟁에서 장교로서 맹활약했을 때를 제외하면 지금까지 전혀 알려진 바 없었다. 킨나 개인과 그의 근본적 의도에 관해 우리는 로마 혁명당파의 어느 다른 인물보다 아는 것이 없다. 그 이유는 아마도 그가 아주 치졸한 이기주의로 움직이는 저급한 인간으로서 본래 아무런 정치적 계획을 가지고 있지 않았기 때문이다. 그가 처음 등장했을 때 그가 새로운 시민권자들과 마리우스 도당에게 상당량의 돈을 뿌렸다는 주장이 있었는데, 이 고발은 상당히 신빙성이 높다. 이 고발이 거짓일 수도 있지만, 그럼에도 주목할 만한 것은, 킨나에게 붙은 이런 유의 의심이 사투르니누스와 술키피우스에게는 전혀 등장하지 않았다는 것이다. 사실 그가 주도한 정치 운동은 그 근거와 목적에서도 함량 미달의 모습을 보여주었다. 이 정치 운동의 시작은 당파적 운동이라기보다, 본격적인 정치적 목적을 갖지 않았으며 언급할 만한 뒷생각도 없었던 일부 불만 세력이 그저 추방자들의 귀환을 법적으로 혹은 비법률적으로 관철하려던 운동이었다. 킨나는 이들의 모의에 뒤늦게 끌려 들어간 것으로 보인다. 이들은 호민관 권한이 제한되었기에 그들의 법률안을 통과시키려는 계략에 집정관이 필요했고, 로마 건국 667년(기원전 87년) 집정관 입후보자들 가운데 이들은 킨나를 제일 적당한 도구로 선택하였고 그래서 그를 집정관으로 밀었다. 정치 운동의 제2선에서 활약한 지도자들 가운데 몇몇 능력 있는 인물들이 보인다. 폭풍 같은 민회 연설 능력으로 이름을 드높인 호민관 그나이우스 파피리우스 카르보가 있었다. 특히 퀸투스 세르토리우스도 있었는데, 그는 아주 재능이 넘치는 로마 장교들 가운데 한 명이었고 모든 면에서 탁월한 사내였으며, 호민관에 출마할 때부터 술라와 개인적으로 사이가 틀어졌고, 이런 불화 때문에 불만 세력의 편에 서게 되었는데, 그렇지 않았다면 그는 거기에 끼어들 사람이 아니었다. 전직 집정관 스트라보는 정부 세력과 팽팽히 맞서곤

했지만, 그럼에도 혁명당파와 함께할 사람은 아니었다.

킨나의 혁명

술라가 이탈리아에 있는 동안 혁명당파는 그럴 만한 이유가 있어 조용히 있었다. 하지만 집정관 킨나의 경고 때문이 아니라 동방의 사정이 위태로워졌기 때문에 두려운 존재인 전직 집정관이 동방 원정의 배에 오르자, 킨나는 호민관 다수의 지지를 등에 업고 즉시 법안을 제출하였다. 로마 건국 666년(기원전 88년) 술라가 취한 복고정치에 부분적으로 대항하기 위해 뜻을 모은 법안이었다. 법안은 술키피우스가 앞서 제안했던 바대로 새로운 시민권자들과 해방 노예들의 정치적 평등은 물론, 술키피우스 혁명 이후 추방된 사람들의 복권도 담고 있었다. 새로운 시민권자들은 집단으로 수도 로마로 몰려들었고, 해방 노예들과 힘을 합쳐 정적들을 흔들었고, 필요한 경우에는 강압을 행사하였다. 집권당파는 추호의 흔들림도 없었고 양보할 생각조차 없었다. 집정관이 집정관과 맞서는, 그나이우스 옥타비우스와 루키우스 킨나가 맞서는 상황이었고, 호민관과 호민관이 맞서는 상황이었다. 양측은 투표 날에 대부분 무장하고 투표 장소에 나타났다. 원로원 당파의 호민관들은 중재를 요청하였다. 이들을 향해 연단 위로 칼을 찬 이들이 달려들었고, 옥타비우스는 폭도들에게 폭력을 행사하였다. 그를 따르는 일군의 무장한 사람들은 신성 가도와 로마광장을 청소하였고, 온건파였던 지도자의 명령을 무시하고, 잔혹한 방식으로 운집한 군중을 공격하였다. 역사상 전무후무한 '옥타비우스의 날'에 로마광장은 피가 흘러넘쳤고, 시신의 수는 1만 명을 헤아렸다. 킨나는 노예들을 향해 전투에 참여하여 자유를 얻으라고 외쳤다. 하지만 그의 외침은 한 해 전에 마리우스가 외쳤던 똑같은 외침처럼 아무런 소용이 없었다. 운동의 지도자들에게는 도망갈 수 있는 곳이 남지 않았다. 하지만 임기가 남아 있었던 모반의 지도자들에 맞서 정부 세력이 취할 수 있는 국헌의 조치는 없었다. 하지만 아마도 어떤 경건하기보다는 보수당파에 충성스러운 예언자가, 집정관 킨나를 포함하여 여섯 명의 호민관들을 추방함으로써 국가에 평화와 안녕이 회복될 것이라고 예언했다. 국헌에는 부합하지 않지만, 다행히 신탁 수호자들의 귀에 들어간 예언 때문에 원로원은 집정관 킨나를 파면하는 결의안을 통과시켰고, 그를 대신하여 루키우스 코르넬리우스 메룰라가 선출되었다. 도주한 주모자들에게는 추방령이 내려졌다. 모든 위기 상황은 누미디아로 추방된 자들의 수가 몇 명 더 늘어나는 것으로 종결될 것처럼 보였다.

이탈리아 내의 킨나 당파

분명 그렇게 사그라들었어야 할 운동은 그렇게 끝나지 않았다. 이는 부분적으로 원로원이 평소대로 태만하게, 추방자들에게 최대한 서둘러 이탈리아를 떠나라는 명령을 내리지 않았기 때문이었고, 또 부분적으로 추방자들이 새로운 시민권자들의 평등권 주창자로서 그들의 이익을 위해 이탈리아인들의 반란을 새롭게 부추길 수 있었기 때문이기도 하였다. 추방자들은 아무 방해도 받지 않고 티부르와 프라이네스테 등 새롭게 시민권을 받은 라티움과 캄파니아의 모든 공동체를 돌아다녔고, 여기저기서 공동의 과업을 위한 자금과 인력을 끌어모았다. 그렇게 지원을 받으며 추방자들은 놀라를 포위 공격하고 있는 군대를 찾아갔다. 당시 군대는 민주정을 지지하는 혁명적 성향이었는데, 당시 사령관은 위풍당당한 모습만으로 병사들을 완전히 제압하지는 못했다. 도망 중인 정무관들의 연설은 강렬한 인상을 남겼다. 특히 킨나와 세르토리우스 등은 부분적으로 지난 원정에서 병사들에게 좋은 인상을 남겼다. 평민파 집정관의 불법적 파면, 인민의 권리를 침해하는 원로원의 만행은 평민 병사들을 자극하였고, 집정관의 돈, 정확하게는 새로운 시민권자들의 돈은 국헌 파괴를 장교들에게 분명하게 각인시켰다. 캄파니아 군대는 킨나를 집정관으로 인정했고, 그에게 남자 대 남자로 충성을 맹세하였는데, 이들이 새로운 시민권자들과 동맹시 구성원들로 이루어진 무리의 핵심이었다.

비록 대부분 풋내기 병사들이었지만 곧 상당한 규모의 군대가 캄파니아에서 로마를 향해 움직이기 시작했다. 다른 무리들이 북쪽에서 그들에게로 내려오고 있었다. 킨나의 소집 명령에 따라 한 해 전에 추방된 자들이 에트루리아 해안의 텔라몬에 상륙하였다. 이는 약 500명 정도의 무장병들이었고, 대부분은 추방자들의 노예들이었고 고용된 누미디아 기병들이었다. 가이우스 마리우스는 한 해 전에 수도 로마의 불량배들과 한패를 이루고자 하였던 것처럼, 이제 다시 이 지역의 토지 소유자들이 노예들을 야간에 가두어놓은 수용소들을 깨부수고 노예들에게 무기를 쥐어 주었으며, 그들이 그들의 자유를 쟁취하도록 하였을 때 노예들은 이를 마다하지 않았다. 이 병력을 포함하여, 새로운 시민권자들과 사방에서 구름처럼 추종자들을 데리고 몰려든 추방자들을 합쳐 마리우스는 곧 6,000명의 인원을 그의 독수리 휘장 아래 모았고, 40척의 선박에 병력을 실을 수 있었다. 이들은 티베리스 하구에 내려 로마로 이동하는 곡물 수송선을 사냥하였다. 마리우스는 '집정관' 킨나가 이들을 쓸 수 있도록 준비시켰다. 캄파니아 군대의 지도자들은 흔들렸다. 통찰력을 가진 인물들은, 특히 세르토리우스는 그 이름 덕분에 혁명 운동의 선두에 세워졌지만, 악명이 높고 정치가로서 무능하며 광적인 복수심을 가진 마리우스와의 너무 긴밀한 연대를 경계하였다. 킨나는 그 위험성에 신경 쓰지 않았고, 마리우스에게 에트루리아와 인근 바다에서 전직 집정관 권한의 최고 명령권을 부여하였다.

로마를 포위한 킨나 일당

그렇게 먹구름이 수도 로마 주변에 모여들었고, 정부 측은 자신들을 보호하기 위해 군대를 불러들이는 일을 더는 늦출 수 없었다.[1] 하지만 메텔루스의 병력은 삼니움의 이탈리아인들 때문에 놀라 인근에 붙들려 있었다. 스트라보만이 수도 로마로 서둘러 도우러 올 수 있었다.

---

[1] 이하의 모든 내용은 대부분 새로 발굴된 리키니아누스의 보고에 의존한다. 리키니아누스는 전에는 알려지지 않았던 사실들을 상당수 전해주고 있으며, 특히 이제까지 밝혀낼 수 있었던 것보다 더욱 명확하게 이 사건의 경과와 연관 관계를 알려주고 있다.

그는 모습을 나타냈고 콜리나 성문 앞에 군영을 차렸다. 그는 전쟁에 단련된 강력한 병사들을 데리고 아직 나약한 반란군 무리를 쉽고 완전하고 깨끗하게 정리할 수 있었다. 하지만 이것이 그의 의도가 아니었던 것으로 보인다. 그는 오히려 로마가 반란자들에 의해 사실상 전복되는 일이 벌어지는 것을 방관하였다. 킨나는 그의 군대와 카르보의 군대를 이끌고 티베리스 우안에 야니쿨룸 언덕을 등지고 자리 잡았고, 세르토리우스는 티베리스 좌안에 폼페이우스와 마주 보며 세르비우스 성벽 근처에 자리 잡았다. 마리우스는 점점 많아져 이제는 3개 군단에 이르는 무리를 데리고 상당수의 전함을 차지한 채 해안 거점들을 하나둘씩 정복하였고, 마지막으로 오스티아 항구마저 속임수에 속아 그의 손에 들어갔고 사령관 마리우스의 사나운 패거리에 의해 살인과 약탈이 이어졌다. 이는 곧 다가올 공포정치의 서막이었다. 수도 로마는 도로의 단순한 봉쇄로도 이미 커다란 위험에 처해 있었다. 원로원의 명령에 따라 성벽과 성문들에 방어군이 배치되었고, 징집된 시민들은 야니쿨룸 언덕으로 이동하라는 명령을 받았다.

스트라보의 무대응은 귀족들과 평민들에게 똑같이 불쾌감과 분노를 일으켰다. 그가 킨나와 은밀히 내통하였다는 의혹이 일어나는 것도 당연한 일이었지만, 사실무근이었다. 스트라보가 세르토리우스의 무리와 벌인 심각한 전투, 마리우스가 수비대의 어떤 장교와 작당하여 야니쿨룸으로 쳐들어갔을 때 스트라보가 집정관 옥타비우스에게 제공한 지원, 그리고 이 지원으로 실제 반란군이 상당한 피해를 보고 다시 쫓겨났다는 사실은 스트라보가 반란군 지도자들에 합류한다거나 그 휘하로 들어가려는 의도가 전혀 없음을 입증한다. 스트라보의 속셈은 오히려 두려움에 떠는 수도 로마의 정부와 시민들에게 그의 도움을 제공하여 반란군을 무찌르고 이듬해의 집정관 자리를 얻거나 혹은 정부를 장악하여 권력의 칼자루를 쥐려는 것으로 보였다.

이탈리아인들과의 협상

하지만 원로원은 한쪽 찬탈자에게 벗어나기 위해 다른 쪽 찬탈자에게 뛰어드는 일을 선택하지는 않았고, 대신 다른 곳에서 도움을 찾았다. 원로원 의결에 따라, 과거 동맹시 전쟁에 참여하였으나, 무기를 내려놓고 이후 옛 동맹 관계를 상실한 모든 이탈리아 공동체에 추가적으로 시민권이 부여되었다.[2] 동시에 이로써 로마가 이탈리아인들과의 전쟁에 사활을 걸었던 것은 큰 목적 때문이 아니라 그저 허영심 때문이었다는 것이 공식적으로 확인되는 것으로 보였다. 처음에 순간적으로 당황하여 로마는 천여 명 혹은 그 이상의 병사들을 전선에 투입하려고 모든 것, 로마가 동맹시 전쟁에서 끔찍한 값을 치르고 얻은 모든 것을 희생하였다. 실제로 로마의 이런 양보를 받아들인 공동체들부터 병력이 오기도 했다. 하지만 약속된 수많은 군단이 아니라 보조병들이었고, 전체적으로 병력은 기껏해야 1만 명에 지나지 않았다. 더 중

---

[2] 제6권 47쪽을 보라. 투표를 통해 재가되지 않았음은 키케로의 《필립포스 연설》 12, 11, 27에서 확인된다. 원로원은 플라우티우스·파피리우스 법률(제6권 33쪽)의 기한을 단순히 연장하는 형식을 취한 것으로 보인다. 출신(제2권 111쪽)에 따른 시민권 부여는 원로원의 재량이었고, 이를 모든 이탈리아인에게 사실적으로 적용하였다.

요한 일은 삼니움 사람들이나 놀라 사람들과 평화협정을 체결하는 것이었을지도 모른다. 그 경우 매우 신뢰할 만한 메텔루스의 병력을 수도 방위에 투입할 수도 있었기 때문이다. 하지만 삼니움 사람들은 카우디움의 굴욕을 떠오르게 하는 요구조건을 내걸었다. 삼니움 사람들에게서 빼앗은 재산의 반납, 포로의 인계, 도망자들의 양도, 삼니움 사람들이 로마인들에게 빼앗은 전리품의 포기, 삼니움 사람들은 물론 삼니움으로 도망친 로마인들의 로마시민권 인정 등이었다. 원로원은 이렇게 위태로운 상황에서도 평화 조건을 불명예스럽다고 받아들이지 않았고, 다른 한편 메텔루스에게 일부 군대를 남겨두고 급하지 않은 모든 병력을 서둘러 남부 이탈리아에서 로마로 이동시키라고 명령하였다. 메텔루스는 이에 복종하였다. 하지만 그 결과, 삼니움 사람들은 메텔루스가 삼니움에 남긴 부사령관 플라우티우스와 그의 소수 병력을 공격하여 괴멸시켰고, 놀라 군대는 로마와 동맹을 맺은 인접한 도시 아벨라로 출동하여 도시를 불태웠으며, 킨나와 마리우스는 삼니움 사람들에게서 그들이 원하는 모든 것을 얻었고—이들에게 로마의 명예가 무슨 문제였겠는가?—삼니움 지원병들은 반란자들의 병력을 보강해주었다.

뼈아픈 손실은 정부군의 불운한 한 번의 패전 이후 아리미눔을 반란세력이 차지하면서, 병력과 물자의 유입을 위해 절실한, 로마와 파두스강의 연결로가 끊어져 버린 것이다. 결핍과 기근이 함께 찾아왔다. 인구가 많은 대도시에 군병력까지 더해지면서 비축 식량은 충분하지 못했다. 특히 마리우스는 로마로 들어가는 물자 유입을 하나둘씩 차단하는데 큰 관심을 기울였다. 앞서 그는 티베리스강을 배다리로 차단하였다. 그리고 안티움, 라누비움, 아리키아 등 인근 지역을 정복하면서 아직도 열려 있던 육로들을 장악하였고, 동시에 정복된 도시의 시민들을 그에게 도시를 팔아버린 사람들을 제외하고 살해함으로써 일시적으로 그의 복수심을 달래고 있었다. 궁핍의 결과인 전염병은 수도 로마 주변을 가득 채우고 있던 병력을 집단으로 쓸어버렸다. 스트라보의 노병들 가운데 1만 1,000명이, 옥타비우스의 병력 가운데 6,000명이 전염병으로 쓰러졌다고 한다. 하지만 정부는 좌절하지 않았다. 스트라보의 갑작스러운 죽음은 다행스러운 결과였다. 그는 전염병으로 사망하였다.[3] 많은 이유로 분노한 군중은 그의 시신을 상여에서 끌어내려 길거리에 내팽개쳐 버렸다. 집정관 옥타비우스는 스트라보의 병사들 가운데 살아남은 나머지를 그의 군대에 통합하였다. 메텔루스의 도착과 스트라보의 사망 이후 정부군은 다시 적어도 반란군에 대응할 만 해졌고 알바 산에서 반란군에 맞서 전투를 벌일 수 있었다.

하지만 정부군 병사들의 마음은 크게 흔들렸다. 킨나가 그들에 대항하여 등장했을 때 그가 마치 그들의 사령관이자 집정관인 양 병사들은 그를 연호하였다. 메텔루스는 전장에 나가기보다 병사들을 군영에 묶어두는 것이 상책이라고 생각하였다. 귀족 당파는 확신을 잃었고 그들 내부적으로도 갈라졌다. 존경을 받을 만한 사람이지만 안목이 짧고 고집스러운 집정관 옥타비우스를 정점으로 한 분파는 완강하

---

[3] 리비우스(*Obsequens* 56에 따르면)가 언급한 "adfatus sidere"라는 말은 "전염병에 걸리다"(Petr. 2; Plin. *natu.* 2, 41, 108; Liv. 8, 9, 12)라는 뜻이다. 후대 사람들이 잘못 이해한 것인데, "번개를 맞다"가 아니다.

게 어떤 양보의 의사도 없었고, 전쟁 경험이 많고 합리적인 메텔루스
는 타협할 여지를 찾았다. 하지만 메텔루스와 킨나의 회합은 양쪽 진
영의 매파들을 크게 분노하게 했다. 킨나는 마리우스에게 겁쟁이로
비쳤고, 메텔루스는 옥타비우스에게 배신자로 비쳤다. 그렇지 않아도
흔들렸던 병사들은 검증받지 않은 옥타비우스의 지휘를 신뢰하지 않
을 여러 가지 이유가 있었기에, 메텔루스에게 최고 지휘권을 넘겨받
도록 종용하였다. 하지만 메텔루스가 이를 거부하자 병사들은 집단으
로 무기를 버리거나 심지어 적에게로 도망치기 시작하였다. 시민들의
분위기는 매일 더욱 깊이 가라앉았고 점점 다루기 어려워졌다. 투항
한 노예들에게 자유를 보장한다는 소식을 킨나의 전령들이 전했을
때, 노예들이 구름처럼 수도 로마를 이탈하여 반란군에 가담하였다.
반면 옥타비우스는 군에 입대하는 노예들에게 자유를 보장하자는 원
로원의 제안을 단호하게 거절하였다.

수도 로마의 항복

정부는 그들이 패배하였음을 감출 수 없었고, 이제 강도를 당한 여행
자들이 강도들과 협상하듯 반란군의 수괴들과 가능하다면 협정을 맺
는 것 이외에 다른 선택지가 남지 않았다. 킨나에게 사신들이 급파되
었다. 하지만 이들은 어리석게도 킨나를 집정관으로 인정하지 않으려
했고 그가 협상이 진행되는 동안 로마 성문 앞으로 군영을 옮겼기 때
문에, 투항자들은 점점 많아졌고, 마침내 이렇다 할 조건을 내걸 수조

차 없었다. 원로원은 그저 추방되었던 집정관 앞에 조아릴 수밖에 없었다. 그에게 다만 피의 복수는 삼가길 간곡히 청하였다. 킨나는 이를 수락하였지만, 맹세로써 그 이행을 다짐하지는 않았다. 마리우스는 킨나 옆에서 협상을 지켜보면서 무거운 침묵을 지켰다.

마리우스의 공포정치

수도 로마의 성문들이 열렸다. 집정관은 그의 군단들을 이끌고 입성하였다. 하지만 마리우스는 조롱조로 추방령을 상기시키며 추방령이 철회되기 전에는 입성하지 않겠다고 거부하였다. 서둘러서 민회가 로마광장에 소집되었고 법률 폐기가 의결되었다. 그리하여 그는 수도로 들어왔고 그를 따라 공포정치도 들어왔다. 몇몇을 제물로 삼을 것이 아니라, 귀족 당파의 거물들 전부를 죽이고 그 재산을 몰수하기로 의결하였다. 성문들이 봉쇄되었다. 5일 낮과 5일 밤 동안 학살이 쉬지 않고 이어졌다. 몇몇 도주자들이나 누락자들은 늦게나마 매일 처단되었고, 한 달 내내 피의 사냥이 이탈리아 전체에서 전개되었다. 집정관 그나이우스 옥타비우스가 첫 번째 희생자였다. 그가 입에 달고 살던, 목숨을 앗길 수는 있어도 불법적인 인물들에게 추호도 양보할 수 없다는 신조에 걸맞게 그는 도주하기를 거부하였고, 집정관 관복을 차려입고 야니쿨룸 언덕에서 암살자를 기다렸고, 암살자는 망설이지 않았다. 아케라이의 위대한 승리자(제6권 26쪽) 루키우스 카이사르(로마 건국 664년, 기원전 90년 집정관)와 그의 동생, 연설가와 시인으로 알려졌으며 사랑받는 사교계 인물이자 터무니없는 명예심으로 술키피우스 지지자들의 격분을 초래한(제6권 53쪽) 가이우스 카이사르가 죽었다. 루키우스 크라수스 사망 이후 논쟁의 여지없이 당대 최고의 연설가 마르쿠스 안토니우스(로마 건국 655년, 기원전 99년 집정관)도 죽었다. 히스파니아 전쟁에서, 동맹시 전쟁에서, 그리고 로마가 포위되었을 때도 탁월한 능력으로 지휘를 맡았던 푸블리우스 크라수스(로마 건국 657년, 기원전 97년)도 죽었다. 집권당파의 아주 뛰어난 인물들 가운데 상당수가 죽었다. 이 가운데 탐욕스러운 추적자들이 거부들을 맹렬하게 탐한 사례도 있다. 무엇보다 루키우스 메룰라의 죽음은 비통하기 짝이 없었는데, 그는 전혀 그러길 원치 않았지만 킨나의 후임자가 되었고, 바로 그 때문에 고발당하여 민회에 세워졌고 유죄판결을 피할 수 없던 상황에서, 유피테르 신전의 제단에 유피테르 사제였던 그는 사제의 머리띠를 바치고—죽음을 앞둔 대사제는 종교적 의무에 따라 머리띠를 반납하였다—자신의 동맥을 끊었고 그의 영혼이 몸을 떠났다. 퀸투스 카툴루스(로마 건국 652년, 기원전 102년 집정관)의 죽음은 더욱 비통하였다. 그는 좋았던 시절에 아주 영광스러운 승리와 개선식에서 마리우스의 동료였는데, 마리우스는 옛 동료의 친척들이 애원하였지만, '죽어야 한다'는 단 한 마디 외에 다른 말은 없었다.

마리우스의 마지막 날들

이 모든 범죄의 주동자는 가이우스 마리우스였다. 그는 희생자들과 그 집행자들을 지명하였다. 메룰라와 카툴루스에 대해서만 예외적으로 법 집행의 형식을 취하였다. 그가 그에게 인사하는 사람들을 바라보는 눈빛 혹은 침묵은 사형선고였고, 이는 늘 곧바로 실행되었다. 희생자의 죽음에도 마리우스의 복수는 멈추지 않았다. 그는 매장을 금지하였다. 그는—물론 술라는 그에게 선례가 되었다—죽은 원로원 의원들의 머리를 로마광장의 연단에 전시하도록 명했다. 몇몇 시신들을 그는 로마광장 밖으로 끌어내었는데, 가이우스 카이사르의 시신은 아마도 카이사르에 의해 지난날 고발되었던 퀸투스 바리우스(제6권 33쪽)의 묘소에 다시 한번 못 박혔다. 마리우스는 식탁에 앉아 있는 그에게 안토니우스의 머리를 가져다 바친 젊은이를 공개적으로 포옹해 주었는데, 그때 마리우스는 몸소 안토니우스의 은신처를 찾아내고 자신의 손으로 그를 처형하고 싶은 욕망을 간신히 참고 있었다. 주로 마리우스의 노예 군단, 이른바 아르뒤아이이 부족(제5권 257쪽)으로 구성된 대대는 마리우스를 위해 망나니 노릇을 했으며 이들은 새로 얻은 자유의 신 사투르누스 축제를 맞아 과거 주인의 집들을 약탈하였으며, 그때 거기서 만난 모두를 욕보이고 살해하였다. 마리우스의 동료들조차 이런 광적인 분노에 염증을 느꼈다. 세르토리우스는 집정관에게 어떤 희생을 치르더라도 이런 만행을 멈추게 할 것이라고 맹세하였고, 킨나도 충격을 받았다. 하지만 이런 시대에는 광기 자체가 권력이었다. 사람들은 어지럼증을 벗어나기 위해 웅덩이 속으로 몸을 던졌다. 미쳐 날뛰는 늙은이와 그의 패거리를 제압하는 것은 쉬운 일이 아니었다. 최소한 킨나는 그런 용기가 있었다. 그러나 그는 오히려 마리우스를 이듬해의 집정관 동료로 선택하였다. 공포정치는 나자빠진 패자들뿐만 아니라 온건한 사람들에게도 두려움을 주었다. 오로지 자본가들만이 오만한 과두파를 한번 철저히 짓밟아준 것에 크게 만족하고 있었고, 게다가 재산몰수와 적산 공매를 통해 전리품들 가운데 상당 부분이 그들의 수중에 떨어졌다. 자본가들은 이 공포정치 시기에 민중들에게서 '투기꾼'이라는 별명을 얻었다.

마리우스의 죽음

운명은 이 공포정치의 주동자, 노구의 가이우스 마리우스에게 그의 두 가지 소원을 들어주었다. 마리우스는 우선 그의 승리를 우습게 여기고 그의 패배로 그를 공격하던 귀족 패거리 전체를 상대로 복수에 성공하였다. 그는 모든 비방 한 마디에 칼침 한 방씩을 갚아줄 수 있었다. 더군다나 그는 이듬해에 다시 집정관으로 선출되었고, 신탁이 그에게 알려주었고 지난 13년 동안 그가 집착해오던 7번째 집정관직의 꿈이 드디어 실현되었다. 신들은 그에게 그가 원하는 것을 허락해주었다. 하지만 이번에도 예전 신화시대처럼 신들은 인간이 그 소원을 이루고 몰락하는 저주스러운 역설을 보여주었다. 첫 번째 집정관직을 그는 자부심으로 수행했고, 여섯 번째 집정관직은 동료 시민들의 조롱으로 가득했고, 일곱 번째 집정관직에서 그는 모든 당파의 저주와 온 국민의 증오를 온몸으로 받았다. 그는 원래 정의롭고 유능하고 선량한 사내였으나, 비열한 도적 떼의 광적인 우두머리로 낙인찍혔다. 그 자신도 이를 의식하고 있던 것으로 보인다. 망상 가운데 그는 여러 날을 보냈고, 밤에 휴식을 취하지 못하다가, 잠들기 위해 의식을 잃을 때까지 술을 마셨다. 고열에 그의 몸은 펄펄 끓었다. 소아시아의 들판에서 전투를 벌이는—이 전투의 승자는 분명 술라였다—거친 망상 가운데 7일 동안 병상에 누워 있던 그는 로마 건국 668년(기원전 86년) 1월 13일에 시신으로 발견되었다. 그가 70세가 넘은 나이로 침대에서 사망했을 때 그는 그가 명예와 권력이라고 부른 모든 것을 손에 쥐고 있었다. 하지만 복수의 여신은 여러 모습으로 등장하며 늘 피를 피로 갚지는 않았다. 로마와 이탈리아가 라우디우스 평원에서 그가 거둔 승전보를 들었을 때보다, 과거 환영받던 민중 구원자의 부고를 들었을 때 더욱 크게 안도의 한숨을 내쉬었던 것도 일종의 복수가 아닐까?

마리우스의 사망 이후에도 공포정치 시대를 상기시키는 일들이 계속되었다. 예를 들어 가이우스 핌브리아는 마리우스의 학살에 그 누구보다 깊이 관여한 인물로 마리우스의 장례식에서, 모두에게 널리 존경받으며 마리우스 자신도 손대지 않았던 최고 목교관 퀸투스 스카이볼라(로마 건국 659년, 기원전 95년 집정관)를 살해하려는 시도를 감행하였다. 그리고 그는 스카이볼라가 그때 입은 부상에서 회복되었을 때 고약하게도 스카이볼라를 고발하였는데, 핌브리아의 우스꽝스러운 표현을 빌리자면, 스카이볼라가 암살당하려 하지 않은 죄였다. 하지만 살해의 광란은 그렇게 지나갔다. 급료 지급을 명목으로 세르토리우스는 마리우스의 도적 떼를 불러보았고, 그가 신뢰하는 켈트족 부대로 그들을 에워싸고, 아무리 적게 잡아도 4,000명에 이르는 자들을 모두 베어버렸다.

킨나의 정부

공포 정치와 함께 독재정이 등장했다. 킨나는 4년 동안 내리(로마 건국 667~670년, 기원전 87~84년) 집정관을 역임하며 국가권력의 정점에 있었다. 또한 그는 민회에 묻지도 않고 자신과 자신의 동료 집정관을 자신이 직접 지명하였다. 민주당파가 주권 민회를 고의적으로 무시하고 따돌린 것처럼 보였다. 다른 어떤 민중당파의 수장이 그렇게 완벽하게 절대적인 권력을 이탈리아는 물론 속주 대부분에서 그렇게 오랫동안 지속적으로 아무런 방해도 받지 않고 킨나처럼 행사한 사례는 전무후무했다. 하지만 또한 어떤 누구의 정부도 킨나의 정부처럼 그렇게 완벽하게 무목적적이고 무능한 사례는 없었다. 술키피우스가 발의하고 나중에 킨나도 발의한, 새로운 시민들과 해방 노예들에게 구시민들과 똑같은 투표권을 보장한다는 법률안은 자연스럽게 다시 살아났으며, 형식상 원로원 의결을 통해 법률로 인정되었다(로마 건국 670년, 기원전 84년). 호구감찰관들이 지명되었고, 이들은 전체 이탈리아인들을 35개의 분구에 편입하는 일을 맡았다. 이때 흔하지 않은 운명의 장난이 벌어졌는데, 호구감찰관에 입후보할 유능한 후보자들이 부족한 이유로, 로마 건국 663년(기원전 91년) 집정관으로서, 이탈리아인들에게 투표권을 부여하자는 드루수스의 계획을 좌초시켰던(제5권 328쪽) 장본인인 필립푸스가 이제는 호구감찰관으로 선정되어, 시민 명부에 이탈리아인들을 등록하는 일을 맡게 되었다. 로마 건국 666년(기원전 88년) 술라에 의해 반동적으로 수립된 체제는 당연히 무너졌다.

무산자 계급의 마음에 들기 위해 몇몇 조치가 이어졌다. 몇 년 전 도입된 곡물 분배 제한 조치(제6권 18쪽)가 아마도 이때 다시 폐지되었다. 호민관 마르쿠스 유니우스 브루투스의 제안에 따라, 가이우스 그락쿠스가 계획했던 식민지 건설이 실제로 카푸아에서 로마 건국 671년(기원전 83년)에 추진되었다. 소(少) 루키우스 발레리우스 플라쿠스는 모든 사적 채권을 명목 금액의 4분의 1로 낮추고 채무자의 이익을 위해 4분의 3을 탕감하는 부채법을 제안했다.

킨나 정부의 유일하게 합법적인 이 조치들은 예외 없이 충동적으로 결정되었다. 아마도 이 모든 파국 가운데 가장 끔찍한 것은, 이 조치들이 잘못된 계획에 따른 것이 아니라, 전혀 정치적 계획 없이 시행되었다는 점이다. 정부는 민중들에게 아부하였고 동시에 매우 불필요한 방식으로 국헌적 선거규정을 아무 목적 없이 무시함으로써 그들을 망치고 있었다. 정부는 자본가 계층에게서 도움을 받을 수도 있었을 텐데, 그들에게 부채법으로 매우 심각한 치명상을 입혔다. 정부의 진정한 지지 기반은 신시민들이었지만, 이를 위한 정부의 추가 조치는 전혀 없었다. 그들의 조력을 받긴 했지만, 삼니움 사람들의 특이한 상황을 통제하기 위한 어떤 일도 일어나지 않았다. 삼니움 사람들은 명목상 이제 로마시민이었지만, 분명 사실상 그들은 그들 투쟁의 진정한 목표와 보상이야말로 그들 지역의 독립이라고 생각하였고, 독립을 유지하기 위해서라면 누구든지 가리지 않고 싸울 준비가 되어 있었다. 존경받는 원로원 의원들이 마치 개처럼 살해되었다. 하지만 원로원을 정부의 이익에 따라 재조직하거나 아예 영속적으로 굴복시키는 어떤 아주 작은 조치도 하지 않았다. 정부는 원로원을 전혀 신뢰하지 않았다. 새로운 통치자는, 합법적 허수아비 왕들처럼, 자신이 만든 왕좌에 자기 자신을 앉힐 수 있어야 했다. 가이우스 그락쿠스는 이런 과두정 몰락의 의미를 이해하지 못했었다. 하지만 이 킨나를 왕좌에 올린 것은 그의 의지가 아니라, 순전한 우연이었다. 킨나가 혁명의 해일이 그를 쓸어다 놓은 곳에, 또 다른 혁명의 해일이 다시 그를 쓸어갈 때까지 머물렀다는 것, 이것은 기적이 아닌가?

킨나와 술라

권력자들이 동시에 가진 가장 강력한 정치 권력과 가장 완벽한 무능의 이 결합은 과두정을 향한 혁명정부의 전쟁을 의미했는데, 혁명정부의 존재는 우선 전쟁에 달려 있었다. 혁명정부는 이탈리아에서 무제약적 권력을 행사하였다. 구시민들 가운데 대부분은 근본적으로 민주당파적 성향을 보였고, 조용한 사람들의 상당수는 마리우스의 학정을 비난했지만, 다른 한편 과두정의 복고를 과두정에 의한 또 다른 공포 정치의 시작으로 받아들였다. 로마 건국 667년(기원전 87년)의 만행들이 인민에게 남긴 인상은 비교적 강력하지 않았다. 이 만행들은 무엇보다 주로 수도 로마의 귀족들에게 행해졌고, 특히 이후 이어진 3년의 그런대로 평화로운 정부 때문에 그 인상이 어느 정도 불식되었기 때문이다. 마지막으로 신시민 전체는—아마도 전체 이탈리아 인민의 5분의 3이었다—현 정부에 호의적이진 않았지만, 동시에 과두정도 단호하게 반대하였다.

이탈리아와 마찬가지로 대부분의 속주는 과두정을 지지했는데, 시킬리아, 사르디니아, 알프스 이쪽 갈리아와 알프스 저쪽 갈리아, 이쪽 히스파니아와 저쪽 히스파니아 등이었다. 아프리카에서 퀸투스 메텔루스는 암살자들을 운 좋게 벗어나 아프리카 속주를 원로원파 속주로 만들려고 시도하였다. 이에 가담하기 위해 마르쿠스 크라수스는 히스파니아에서 메텔루스를 찾아왔다. 그는 마리우스의 살육에 희생된 푸블리우스 크라수스의 막내아들이었는데, 히스파니아에서 결집한 무리를 이끌고 와서 메텔루스에게 힘을 보탰다. 하지만 이들 사이의 내분 때문에 이들은 혁명정부가 파견한 속주 총독 가이우스 파비우스 하드리아누스에게 굴복했음이 분명하다. 아시아는 미트라다테스가 장악하고 있었다. 따라서 추방당한 과두정의 유일한 해방구는, 술라가 장악하고 있는 마케도니아 속주밖에 없었다. 술라의 배우자와 자식들은 그곳으로 도망쳐 간신히 목숨을 건졌다. 그곳을 찾은 몇몇 소수의 원로원 의원들도 있었고, 술라의 사령부에 일종의 원로원이 구성되었다.

술라에 대한 정부의 조치

과두정을 지지하는 전직 집정관에 대한 칙령을 정부는 빼놓지 않았다. 술라는 민회에 의해 그의 군령권과 그 밖의 명예와 지위를 상실하였고 추방되었다. 이는 메텔루스, 아피우스 클라우디우스 등 명망 있는 추방자들에게 취해졌던 조치와 같은 것이었다. 로마에 있는 술라의 저택은 파괴되었고, 그의 토지들은 황폐화되었다. 하지만 이것으로 문제가 마무리된 것은 아니었다. 가이우스 마리우스가 좀 더 오래 살아 있었다면, 분명 그는 술라를 공격하는 원정을 감행하였을 것이다. 그는 죽음을 앞두고 신열 속에서 그곳으로 떠나는 환영을 보았다. 그의 사망 이후 술라에 대해 어떤 조치가 취해졌는지는 벌써 설명하였다. 소(少) 루키우스 발레리우스 플라쿠스[4]는 마리우스 사망 이후 집정관과 동방 군령권을 넘겨받았다(로마 건국 668년, 기원전 86년). 하지만 그는 병사도 장교도 아니었다. 그와 동행한 가이우스 핌브리아는 무능하지는 않았는데, 고분고분하지도 않았고, 이들이 이끌고 간 군대보다 술라의 부대가 수적으로 3배나 많았다. 소식이 하나씩 전해졌는데, 플라쿠스는 술라에게 당하지 않기 위해 술라를 지나쳐 아시아로 달아났고(로마 건국 668년, 기원전 86년), 핌브리아는 플라쿠스를 배

---

[4] 루키우스 발레이우스 플라쿠스는 연보에 따르면 로마 건국 668년(기원전 86년)의 집정관으로, 로마 건국 654년(기원전 100년)의 집정관이 아니라, 같은 이름의 연소자로 아마도 아들일 것이다. 우선, 집정관 재출마를 금지하던 법은 로마 건국 603년(기원전 151년)(제5권 104쪽)부터 로마 건국 673년(기원전 81년)까지 적용되었다. 아마도 스키피오 아이밀리아누스와 마리우스에게 적용된 법이 플라쿠스에게 적용되지는 않았을 것이다. 두 번째로, 플라쿠스라는 이름이 언급된 곳에 어디에도 두 번의 집정관직은 언급된 바가 없으며, 키케로의 〈플라쿠스 변호 연설〉 32, 77처럼 반드시 언급되었어야 할 곳에도 그런 언급은 없다. 세 번째로, 루키우스 발레리우스 플라쿠스는 로마 건국 669년(기원전 85년) 원로원 최선임이었고, 집정관 역임자로 로마에서 활동하였다(Liv. 83). 그는 로마 건국 668년(기원전 86년)의 집정관일 수 없다. 왜냐하면, 당시 로마 건국 668년(기원전 86년)의 집정관은 이미 아시아에 와 있었으며 아마도 이미 사망하였기 때문이다. 로마 건국 654년(기원전 100년) 집정관, 로마 건국 657년(기원전 97년) 호구감찰관이었던 사람이 키케로가(Att. 8, 3, 6) 로마 건국 667년(기원전 87년) 로마에 살던 집정관 역임자로 언급한 인물이다. 그는 로마 건국 669년(기원전 85년) 로마에서 현재 살아 있는 호구감찰관 역임자들 가운데 가장 연장자였을 것이며, 원로원 최선임에 적합한 인물이다. 그는 또한 로마 건국 672년(기원전 82년) 대행왕과 기병대장이었다. 반면 로마 건국 668년(기원전 86년)의 집정관은 니코메데이아에서 사망하였고(제6권 123쪽), 키케로가 변호한 루키우스 플라쿠스의 부친이었다(Flacc. 25, 61; 23, 55; 32, 77).

제하고 그의 자리를 차지했으며(로마 건국 669년, 기원전 85년 초), 술라는 미트라다테스와 평화조약을 체결했다(로마 건국 669/670년, 기원전 85/84년)는 것이었다. 그때까지 술라는 수도 로마의 정부에 대해서는 침묵하고 있었으나, 이제 술라의 서신이 원로원에 전달되었고, 편지에서 술라는 전쟁의 종식을 통지하며 이탈리아로 복귀한다고 알렸다. 또 그는 새로운 시민들에게 주어진 권리를 존중하며, 징벌은 불가피하지만, 그래도 대중이 아니라 죄인들에게 한정될 것이라고도 했다. 이런 통지에 킨나는 무대책 속에서 두려움에 떨었다. 그동안 술라에 대항하여 그는 무장 병사들을 얼마간 준비하고 아드리아해에 전함들을 몇 척 모아둔 것 말고는 아무것도 하지 않았는데, 이제 서둘러 희랍으로 건너가기로 결심하였다.

타협의 시도

하지만 다른 한편 술라의 편지에서—이런 상황에 걸맞게 매우 온건했다고 말할 수 있었기 때문에—중도파는 평화로운 조율의 희망을 보았다. 원로원의 다수는 노(老)플라쿠스의 제안에 따라 화해를 유도하고자 하였는데, 이를 위하여 술라에게는 이탈리아 복귀와 안전 보장을 약속할 것이라고 전하였고, 집정관 킨나와 카르보는 술라의 답변이 도착할 때까지 무장을 보류하라고 권하였다. 술라는 이 제안을 전적으로 거부하지는 않았다. 물론 그 자신이 직접 오지는 않고 전령을 통해, 그가 원하는 것을 알려왔다. 그의 요구사항은 오직 추방자들이 예전의 위치로 복위되고 불법 행위자들이 정당한 처벌을 받는 것이며, 자신에게 안전을 보장할 것이 아니라 고향으로 돌아올 사람들에게나 안정을 보장해주는 것이었다. 술라의 전령은 이탈리아의 사정이 완전히 달라졌다는 것을 알았다. 킨나는 원로원 결의를 더는 고려하지 않았고, 즉시 의회를 걷어치우고 군대로 이동하여 군대의 승선을 추진하였다. 일기가 불순한 계절에 항해하라는 명령에 이미 불만이 차오른 병사들은 앙코나의 사령부에서 반란을 일으켰고, 그 희생자는 킨나였다(로마 건국 670년, 기원전 84년 초). 동료 집정관 카르보는 희랍으로 이동시킨 병력을 다시 불러들이며, 희랍 땅에서의 전쟁은 피하고, 겨울 숙영지를 아리미눔으로 옮겨야 한다는 것을 알았다.

술라의 제안은 더는 받아들여지지 않았다. 원로원은 그의 요구를 거절하였고 술라의 전령이 로마로 들어오는 것도 허락하지 않았다. 그에게 조속히 항복하라고 명하였다. 앞서 이런 단호한 태도에 영향을 미친 것은 마리우스 당파가 아니었다. 지금도 그렇게 할 수밖에 없자, 마리우스 당파는 찬탈했던 최고 정무관직을 내려놓았다. 로마 건국 671년(기원전 83년)의 결정적인 순간 집정관 선거를 하지 않을 수 없었다. 투표 결과는 이때 지금까지의 집정관 카르보나 지금까지의 집정관 당파에 속하는 유능한 장교들, 예를 들어 퀸투스 세르토리우스, 아들 가이우스 마리우스가 아니라, 루키우스 스키피오와 가이우스 노르바누스를 지목하였다. 둘 다 싸울 줄을 몰랐고, 심지어 스키피오는 말할 줄도 몰랐다. 전자는 안티오코스 정복자의 증손자라는 것 말고 자신을 소개할 것이 없었고, 후자는 과두정파의 정적으로 자신을 소개하였다. 마리우스 당파는 그들의 악행 때문에 미움받았다기보다 그들의 무능 때문에 무시당했다. 국민이 이들에게 냉담했다면, 국민의 상당수는 술라와 과두정 복위를 훨씬 더 강하게 거부하였다. 사람들은 진지하게 방어를 준비하였다. 술라가 아시아로 넘어가고, 핌브리아의 군대가 술라에게 전향하면서 그들의 지휘관을 제 손으로 살해했을 때, 이탈리아에서 정부는 술라의 이런 행보로 얻어진 얼마의 시간을 전투 준비에 열정적으로 쏟아 부었다. 술라의 상륙 시점에 10만 명의 병력이, 나중에는 두 배수의 무장병력이 술라에 맞선 전선에 배치되었다.

술라의 어려운 처지

술라는 이 이탈리아 병력에 맞서 균형을 맞출 아무것도 가지고 있지 않았다. 그에게는 겨우 5개의 군단이 있었다. 마케도니아와 펠로폰네소스에서 징집된 병력까지 합산해도 4만 명이 채 되지 않았다. 하지만 이 병사들은 7년 동안 이탈리아, 희랍과 아시아의 전투에서 정치성은 완전히 버리고 오로지 그들의 사령관에게 헌신하였다. 사령관은 주색, 잔학행위, 심지어 장교들에 대한 불복종까지 뭐든 병사들을 관대하게 처분하였고, 오로지 요구한 것은 용맹과 사령관에 대한 충성이었다. 승리에 대해 사령관은 호사스러운 보상을 약속하였다. 이에 병사들은 그를 열정적으로 따랐는데, 이렇게 가장 고귀한 열정과 가장 저열한 열정이 종종 그들의 가슴속에서 서로 만나게 됨으로써 그들의 열정은 더욱 강력해졌다. 자발적으로 술라의 병사들은 로마의 전통에 따라 서로를 지키겠다고 맹세하였고, 자발적으로 그들은 모두 사령관에게 전쟁 비용에 보태라며 저축한 돈을 가져다 바쳤다. 이렇게 뭉친 핵심 전력만으로도 대결하는 상대방 무리를 충분히 압도하였지만, 그래도 술라는 이탈리아가 하나로 결연하게 맞선다면 이탈리아인들을 5개의 군단으로 제압할 수 없다는 사실을 잘 알고 있었다.

민중당파와 그들의 무능한 독재자들을 끝장내기는 어렵지 않았을 것이다. 하지만 술라는 과두정의 공포 정치 부활을 원치 않는 민중 전체가 이들과 연합하여 그에게 맞서고 있음을 알았다. 무엇보다 신(新)시민들 전체, 그러니까 율리우스 법에 따라 동맹시 전쟁에 참가하지 못하게 저지당했던 사람들과 몇 년 전 로마에 반란을 일으켜 로마를 파멸의 벼랑 끝으로 내몰던 사람들 전체가 그에게 맞서고 있음을 알았다. 술라는 이런 상황을 완벽하게 파악하였고, 그의 당파들 대부분이 보여주던 맹목적인 증오와 독선적인 고집을 완전히 버렸다. 국가 공공건물들이 불타고, 그의 친구들이 살해되고, 그의 저택이 파괴되고, 그의 가족이 곤궁에 내몰리는 동안, 그는 흔들리지 않고, 국가의 적을 제압하고 로마 국경이 안정될 때까지 그의 위치를 지켰다. 또한 이와 똑같이 애국적 통찰력과 절제심을 가지고 그는 지금도 이탈리아 상황에 대처하고 행동하였다. 그는 무엇을 하든지 온건한 자들과 신(新)시민들을 진정시키려고 하였고, 내전이라는 이름으로 구(舊)로마시민들과 이탈리아 동맹시들이 훨씬 더 위험한 전쟁을 다시 한번 벌이지 않도록 저지하려고 하였다. 앞서 술라가 원로원에 보낸 첫 번째 서한도 법과 정의 이외에 어떤 것도 요구하지 않았고, 공포 정치에 명확하게 반대 의사를 밝혔다. 그리고 이제 술라는 그때와 마찬가지로 혁명정부와 결별하기를 원하는 모든 사람에게 무조건적 사면을 내릴 생각을 하고 있었고, 그의 병사들에게, 남자 대 남자로, 이탈리아인들을 전적으로 친구와 동료 시민으로 대우할 것을 맹세하게 시켰다. 가장 구속력 있는 선언으로 신(新)시민들에게 그들이 획득한 정치적 권리들이 보장되었다. 그리하여 이 때문에 카르보는 모든 이탈리아 공동체로부터 인질을 확보하길 원했지만, 모든 사람의 분노와 원로원의 반대 때문에 실패하였다. 하지만 사실 술라의 가장 어려운 처지는, 팽배한 실언과 배신 때문에 신(新)시민들이, 그의 개인적 의도를 의심하지는 않지만, 그가 그의 당파로 하여금 약속을 지키도록 만들 수 있을지를 의심할 수밖에 없는 수많은 이유를 가지고 있었다는 것이다.

술라의 이탈리아 상륙

로마 건국 671년(기원전 83년) 이른 봄, 술라는 그의 군단을 데리고 브룬디시움 항구에 내렸다. 원로원은 이 소식을 듣고 조국의 위기를 선포하였고, 집정관들에게 무제한적 전권을 위임하였다. 하지만 이 무능한 지휘관들은 이를 예상하지 못하였고, 수년 전부터 이미 예견된 일인데도 술라의 상륙에 기겁했다. 병력은 아직 아리미눔에 있었고, 항구들은 무방비 상태였고, 매우 놀랍게도 남동부 해안에 무장병력이 한 명도 없었다. 그 결과는 곧 나타났다. 상당한 규모의 신(新)시민 공동체였던 브룬디시움은 저항 없이 과두정의 장군에게 성문을 열었고, 이 전례를 메사피아와 아풀리아 전체가 따랐다. 술라의 부대는 이 지역을 마치 아군 지역처럼 통과하였고, 맹세를 되새기며 철저하게 가장 엄격한 규율을 준수하였다. 사방에서 술라의 군영으로 귀족당파의 흩어졌던 무리가 모여들었다. 퀸투스 메텔루스는 아프리카를 떠나 리구리아의 계곡에 숨어 있다가 달려왔고 술라의 동료가 되어, 로마 건국 667년(기원전 87년) 그에게 주어졌으나(제6권 69쪽) 혁명 이후 박탈되었던 집정관 대리 권한을 다시 받았다. 또한 아프리카로부터 소규모 무장병력을 데리고 마르쿠스 크라수스가 나타났다. 귀족당파 대부분은 귀족 망명자 신분으로 달려왔지만, 요구는 많고 전투의 의지는 없었다. 그래서 이들은 국가의 안녕을 위해 자신을 구하고자 하면서 단 한 번도 그들의 노예들을 무장시키는 일조차 하지 않던 귀족 주인들이라는 혹독한 소리를 술라에게서 들어야 했다. 이보다 중요한 것은 민주당파의 진영으로부터 변절자들이 넘어왔다는 것이다. 그리하여 순수하고 고귀한 루키우스 필립푸스가 넘어왔는데, 그는 무능하기로 이름난 사람들과 어울린 유일한 집정관 역임자로 혁명정부에 관여하였고 혁명정부 아래서 관직을 역임하였다. 그는 술라 진영에서 가장 열렬한 환영을 받았고, 술라를 대신하여 사르디니아를 접수하라는 명예롭고 쾌적한 임무를 부여받았다. 또한 퀸투스 루크레티우스 오펠라와 다른 쓸 만한 장교들이 넘어왔고, 곧바로 임무를 부여받았다. 술키피우스 반란 이후 술라에게서 추방당한 원로원 의원들 가운데 한 명인 푸블리우스 케테구스조차 술라에게 용서를 구하고, 군대에서 한자리를 차지하였다.

폼페이우스

이런 개별적 당파 변경보다 훨씬 중요한 것은 피케눔의 지역적 당파 변경이었다. 이는 스트라보의 아들, 청년 그나이우스 폼페이우스가 상당히 큰 역할을 한 것이었다. 폼페이우스는 아버지와 마찬가지로 애초부터 과두정 지지파가 아니었고, 혁명정부를 인정하였고 심지어 킨나의 부대에서 복무하였다. 하지만 그는 그의 선친이 혁명에 반대하여 무기를 들었다는 사실을 잊지 않았다. 그는 사방의 적들에게 위협을 느꼈는데, 특히 그의 선친이 아스쿨룸 점령 직후 착복한—실제로 착복한 것인지 혹은 그저 죄명을 받은 것인지는 알 수 없다—전리품을 반납하라는 고발 때문에 그의 가산이 크게 손실을 볼 지경이었다. 집정관 역임자 루키우스 필립푸스와 청년 퀸투스 호르텐시우스의 달변보다, 그에게 개인적으로 호감이 있던 집정관 카르보의 보호가 그의 경제적 파탄을 막아주었다. 하지만 불쾌감은 남았다. 술라의 상륙 소식이 전해지자 그는 피케눔으로 갔다. 폼페이우스는 그곳에 막대한 재산이 있었고, 선친 때부터 그의 집안은 동맹시 전쟁 이래로 그곳 자치정부와 더없이 좋은 관계를 유지하고 있었다. 그는 아욱시뭄(오늘날의 오시모)에 귀족당파의 깃발을 꽂았다. 구(舊)시민들이 대부분인 지역들은 그를 따랐다. 그와 함께 그의 선친 밑에서 함께 복무하던 젊은이들은 기꺼이 용감한 지도자를 받아들였다. 그는 아직 23살도 되지 않은 청년으로 병사이자 장군이었는데, 기병 전투에서는 그의 병사들보다 앞에서 달려 나가 적들을 괴멸시키는 뛰어난 모습을 보여주었다. 피케눔 의용병은 순식간에 3개 군단으로 불어났다. 수도 로마에서 피케눔의 반란에 제동을 걸기 위해 파견된 3개 부대에 맞서 —클로일리우스, 가이우스 카리나스, 루키우스 유니우스 브루투스 다마십푸스[5]가 지휘했다—즉석에서 사령관으로 뽑힌 폼페이우스는 파견 부대 간에 발생한 불화를 적절히 활용하여, 후퇴하거나 혹은 하나씩 공격하였고, 아마도 아풀리아에서 술라의 주력부대와 연합을 꾀하였던 것으로 보인다. 술라는 그에게 승전장군이라고 인사하였는데, 다시 말해 그를 하위 장군이 아니라 독자적으로 군령권을 행사하는 장교로 받아들였다. 그리고 이 젊은이를 명예의 언명으로 칭송하였는데, 이는 이때까지 그의 귀족 피호민 누구에게도 그가 보여준 바가 없던 것이었다. 추측건대 당파 동지들의 나약함을 이로써 간접적으로 징벌하려는 숨겨둔 의도도 있었을 것이다.

캄파니아의 술라

따라서 사기 측면에서나 군비 측면에서나 괄목할 정도로 강력해진 술라와 메텔루스는 아풀리아를 떠나, 아직도 여전히 반란을 이어가던 삼니움 지역을 지나 캄파니아에 도착하였다. 반대파의 주력부대도 이쪽을 향했고, 여기서 결판이 날 것처럼 보였다. 집정관 가이우스 노르바누스의 부대는 이미 카푸아에 도착해 있었는데, 카푸아에는 최근

---

[5] 마르쿠스 브루투스는 소위 해방자의 부친으로 로마 건국 671년(기원전 83년) 호민관이었기 때문에 군대를 지휘할 수 없었다. 따라서 생각해 볼 가능한 인물은 이 사람뿐이다.

민주당파의 모든 모양을 갖춘 새로운 식민지가 세워졌다. 두 번째 집정관 부대도 마찬가지로 아피우스 대로를 따라 이동 중이었다. 술라는 이들이 도착하기 전에 노르바누스와 마주 섰다. 술라가 한 차례 협상을 시도하였지만, 오히려 그의 전령이 구금되고 말았다. 다시 한번 격분하여 술라의 노련한 병사들은 적군을 공격하였다. 티파타 산맥에서 몰아친 강력한 공격은, 평야에 배치된 적군을 첫 번째 격돌에서 패퇴시켰다. 노르바누스는 남은 병력을 데리고 혁명당파의 식민지 카푸아와 신(新)시민 도시 네아폴리스로 피신하였고, 그곳에 틀어박혔다. 술라의 부대는 지금까지 병력이 대규모의 적군에 비해 열세라는 점을 걱정하지 않을 수 없었으나, 이제 이번 승리로 군사적 우위를 만끽하였다.

틀어박힌 적 패잔병을 포위 공격하느라 시간을 낭비하는 대신, 술라는 근처에 있던 도시들을 우회하여 아피우스 대로를 따라 북상하였고, 스키피오가 주둔한 테아눔에 이르렀다. 술라는 전투를 시작하기 전에 그에게도 우선 평화를 위한 손을 내밀었다. 그것은 진심이었던 것으로 보인다. 스키피오는 유약한 사람으로 제안을 받아들였다. 휴전이 선언되었다. 칼레스와 테아눔 사이에서 두 명의 사령관이 직접 만났다. 둘 다 귀족 혈통으로 모두 교양 있고 세련된 사람들로 오랜 세월 원로원의 동료 의원이었다. 두 사람은 몇 가지 문제를 서로 논의하였다. 논의에 진전이 있었는바, 스키피오는 카푸아로 전령을 보내 동료 집정관의 의견을 물었다. 그 사이에 양쪽 진영의 병사들은 서로 어울렸다. 술라의 병사들은 사령관으로부터 넉넉히 돈을 받았기에 전쟁에 전혀 관심이 없는 병사들에게 술을 사면서, 너무나 쉽게 적이 아니라 동료로 지내는 것이 좋지 않겠냐고 설득하는 데 성공하였다. 세르토리우스는 그의 사령관에게 이런 위험한 회합을 마쳐야 한다고 설득하였으나, 헛수고였다. 합의는 거의 성사될 뻔하였으나, 결국 결렬되었다. 휴전의 종료를 선언한 것은 스키피오였다. 하지만 술라는 이미 너무 늦었으며 협정은 이미 체결되었다고 주장하였다. 스키피오의 병사들은 그들의 사령관이 불법적으로 휴전 선언을 파기했다는 핑계를 대며 집단으로 반대파의 진영으로 넘어갔다. 이 장면은 모두가 서로 포옹하면서 끝났고, 이를 혁명군의 지휘관들이 보았어야 했다. 술라는 집정관 스키피오에게 사임을 요구하였고, 스키피오는 이를 따르면 그가 그의 부관들과 기병대를 데리고 원하는 곳으로 어디든지 떠나도록 허용하겠다고 했다. 스키피오는 이를 받아들이지 않았고, 그의 관직을 상징하는 휘장을 걸치고 새롭게 병사들을 모으기 시작하였으나, 의미 있는 군사작전을 실행하지는 못하였다. 술라와 메텔루스는 캄파니아에 겨울 숙영지를 차렸고, 노르바누스와 휴전 협상을 다시 시도하였다가 협상이 결렬되자, 카푸아를 겨우내 봉쇄하였다.

양측의 준비 상황

첫 전투의 결과는 술라에게 아풀리아, 피케눔, 캄파니아의 복속, 한 집정관 부대의 해산, 다른 집정관 부대의 격퇴와 봉쇄였다. 벌써 이탈리아 공동체들은 두 압박자 가운데 하나를 각자 선택할 필요가 생기자, 상당수는 술라와 교섭을 진행하였고 그들이 민주당파에게서 받은 정치적 권리를 과두정의 장군에게서 보장받으려고 공식적인 특별계약을 맺었다. 술라는 특별한 기대를 품었고 이를 의도적으로 드러냈다. 혁명정부를 다음 전투에서 굴복시키고 다시 로마로 들어가겠다는 것이었다.

하지만 절망은 혁명세력에게 새로운 힘을 불어넣었다. 혁명당파의 가장 단호한 지도자들이 집정관직을 이어받았다. 카르보는 세 번째로 집정관직에 취임하였고, 다른 한 명은 아들 가이우스 마리우스였다. 후자는 이제 겨우 20대의 청년으로 국헌에 따르면 집정관직에 취임할 수 없었지만, 사람들은 국헌의 다른 조항들처럼 이 또한 신경 쓰지 않았다. 퀸투스 세르토리우스는 다른 경우들에서처럼 이 경우에도 듣기에 불편한 비판을 하였고, 새로운 징병을 위해 에트루리아로 떠날 것과 거기서 다시 그의 임지인 이쪽 히스파니아로 떠날 것을 명받았다. 국고를 채우기 위해 원로원은 수도 로마의 신전들에서 사용되고 있는 금제와 은제 살림을 녹여야 했다. 그 금액이 얼마나 대단했는지는, 몇 달에 걸친 전쟁 이후에도 여전히 400만 탈러(금 1만 4,000리브라와 은 6,000리브라)가 남아 있었다는 점에서 알 수 있다. 이탈리아의 많은 지역은 강압에 의해서든 자발적이든 여전히 혁명당파를 지지하여 열성을 다해 전비를 다지고 있었다. 신(新)시민 공동체가 매우 많았던 에트루리아 지방과 파두스강 지역에서 새로 징집된 군단들이 엄청나게 만들어졌다. 마리우스의 아들이 부르자, 엄청난 수의 마리우스의 노병들이 그의 깃발 아래 모였다.

하지만 어디보다 열정적으로 반(反)술라 전쟁을 준비한 것은 반란을 일으켰던 삼니움 지역이었고 여기에 몇몇 루카니아의 지역들이 합류하였다. 오스키 지역의 다수 보충 병력이 혁명 정부의 군대를 보강하였는데, 이는 다른 것은 몰라도 로마의 혁명 정부에 대한 헌신 때문은 아니었다. 하지만 이런 상황을 설명할 수 있는 것은, 술라가 부활시킨 과두정은 이제 사실적으로 존재하는 이 지역의 독립성을 느슨했던 킨나 정부처럼 받아들이려 하지 않았다는 점이다. 그리하여 반(反)술라 전쟁에서 삼니움 사람들과 라티움 사람들의 오래된 적대감이 되살아났다. 삼니움과 라티움은 이 전쟁을 로마 건국 5세기의 전쟁처럼 거의 민족 전쟁으로 받아들였다. 사람들은 정치적 권리를 다소간 신장시키기 위해서 싸운 것이 아니라, 오랜 앙숙을 완전히 박멸하겠다는 증오심 때문이었다. 따라서 이 지역의 전투가 나머지 다른 지역의 전투들과 전혀 다른 성격을 보인 것은 놀라운 것도 아니었다. 여기서는 어떤 합의도 시도되지 않았고, 투항을 하지도 받아주지도 않았으며, 공방은 극한 상황까지 계속되었다.

이렇게 로마 건국 672년(기원전 82년)의 전투는 양측이 병력을 증강하고 열정을 불태우면서 시작되었다. 무엇보다 혁명당파는 결사항전을 결의하였다. 카르보의 청원에 따라 로마민회는 술라의 진영에 가담한 모든 원로원 의원의 자격을 박탈하였다. 술라는 침묵했다. 그는 아마도 그들이 스스로에게 유죄를 선고했다고 생각했던 것 같다.

술라와 아들 마리우스의 대결

귀족당파는 병력을 둘로 나누었다. 집정관 대리 메텔루스는 피케눔 반란 세력의 지지를 받으며 북이탈리아로 진군하는 임무를 맡았고, 술라는 캄파니아에서 곧장 수도 로마로 행군하게 되었다. 전자를 카르보가 상대하였다. 후자의 주력군은 라티움에서 마리우스와 마주하기를 원하였다. 라티움으로 이동하는 길에서 술라는 적과 조우하였는데, 시그니아에서 멀지 않은 곳이었다. 적은 술라를 피하여 소위 '신성 항구Sacriportus'라는 도시까지 물러났는데, 이곳은 시그니아와 강력한 프라이네스테의 중간이었다. 프라이네스테는 아들 마리우스를 따르는 병사의 주요 거점이었다. 이곳에서 아들 마리우스는 전투 대형을 펼쳤다. 그의 병력은 약 4만 명에 이르렀고 거친 성정과 용맹성을 보면 그 아버지의 그 아들이었다. 그의 부대는 그의 아버지와 함께 싸웠던 부대만큼 잘 훈련된 병력이 아니었고, 미숙한 젊은이도 노련한 전쟁의 장인과 더욱 비교될 수 없을 정도였다. 그의 부대는 곧 뒤로 밀렸다. 전투 중에 한 대대가 당한 패퇴는 패전을 더욱 재촉하였다. 마리우스 부대의 절반 이상이 죽거나 사로잡혔다. 나머지 병력은 전선을 유지할 수도 없었고 티베리스의 건너편 강둑으로 넘어갈 수 없었으며, 이웃한 요새로 피신할 수밖에 없었다. 군수품 준비에 소홀하였던 수도 로마가 함락되는 것을 돌이킬 수 없었다. 그리하여 마리우스는 그곳을 맡아 통솔하던 법무관 루키우스 브루투스 다마십푸스에게 수도 로마를 비우라고 명령하면서 그전에 이제까지 살려두었던 모든 반대파 귀족을 살해하라고 지시하였다. 아들 마리우스가 아버지가 당한 추방을 갚아주려고 내린 명령은 완벽하게 이행되었다. 다마십푸스는 핑계를 대고 원로원을 소집하였고, 지체 높은 인물들은 앉은 자리에서 혹은 의사당에서 도망치다 죽음을 당하였다. 사전에 철저하게 제거 작업이 진행되었지만, 아직 몇몇 명성 높은 인물들이 남아 있었다. 안찰관을 지낸 푸블리우스 안티스티우스가 그중 하나였는데, 그는 그나이우스 폼페이우스의 장인이었다. 법무관을 지낸 가이우스 카르보도 하나였는데, 그는 그락쿠스 형제의 절친한 친구였으나 나중에는 정적이 된 카르보의 아들이었다(제5권 190쪽). 이렇게 많은 대단한 인물들이 사망한 이후에 두 명의 가장 뛰어난 법정 연설가가 고립된 광장에서 살해되었는데, 집정관을 역임한 루키우스 도미티우스와 존경받는 최고 목교관 퀸투스 스카이볼라였다. 스카이볼라는 과거 핌브리아의 칼날을 피했으나, 이제 혁명의 최후 전투에서 그가 감독하던 베스타 신전의 입구에서 피를 흘리며 쓰러졌다. 말을 잃고 두려움에 떨며 대중은 공포 정치의 마지막 희생자가 시가지를 지나 끌려가는 것과 그의 시신이 강에 버려지는 것을 지켜보았다.

프라이네스테의 승리

마리우스의 오합지졸들은 패하여 인근의 강력한 신시민도시 노르바와 프라이네스테로 피신하였는데, 마리우스는 군자금과 도망병들의 대부분을 이끌고 프라이네스테로 갔다. 술라는 카푸아에서 지난해에 그랬던 것처럼, 프라이네스테에서도 퀸투스 오펠라라는 유능한 장교 한 명을 남겨두고, 그에게 전력이 공고한 도시를 포위 공격하느라 애쓰지 말고 그저 도시를 넓게 에워싸고 고립시켜 굶주리도록 만들라는 임무를 부여하였다. 술라 자신은 여러 방면으로 수도 로마를 향해 진군하였고, 수도 로마와 인근 지역 모두가 버려졌음을 발견하였고, 이들 지역을 별다른 저항 없이 차지하였다. 하지만 그는 민중을 인사말로 달래고 긴급한 조치조차 취할 시간적 여유가 없었다. 그는 이어 곧장 에트루리아로 이동하여 메텔루스와 합류하고 적들을 북이탈리아에서도 몰아내고자 하였다.

메텔루스와 카르보의 대결

그 사이 메텔루스는 아이시스강가에서—앙코나와 시니갈리아 사이에 위치한 오늘날의 에지노강은 피케눔 지역과 갈리아 속주를 나누는 경계선이다—카르보 휘하의 카리나스와 마주쳤고 그를 물리쳤다. 카르보가 압도적인 병력으로 접근해 왔기 때문에, 메텔루스는 더는 전진할 수 없었다. 하지만 사크리포르투스 전투의 소식이 전해졌을 때 카르보는 연락선 확보를 염려하여 플라미니우스 대로까지 후퇴하였고, 플라미니우스 대로의 기착점인 아리미눔에 사령부를 설치하고 그곳을 중심으로 아펜니노 산맥의 통로와 파두스강을 장악하였다. 이 후퇴 과정에서 여러 대대가 적의 수중에 떨어졌고, 또한 세나 갈리카(오늘날의 시니갈리아)가 공격받았으며, 카르보의 후방 수비군이 폼페이우스의 빛나는 기병대에 붕괴되었다. 그런 와중에도 카르보는 전체적으로 그의 목적을 완수하였다. 집정관 역임자 노르바누스는 파두스강 유역의 명령권을 받았고, 카르보 자신은 에트루리아로 진군하였다. 하지만 술라가 무적의 군단들을 이끌고 에트루리아로 진군하면서 상황이 급변하였다. 곧 갈리아, 움브리아, 로마에서 출발한 세 개의 술라 부대들은 연락망을 구축하였다. 메텔루스는 함대를 이끌고 아리미눔을 지나 라벤나에 당도하였고, 파벤티아에서 아리미눔과 파두스 강 계곡의 통행로를 끊었다. 그는 파두스강 계곡으로 플라켄티아에 이르는 대로를 따라 일개 대대를 투입하였는데, 술라의 재무관이자, 미트라다테스 전쟁에서 해군 제독이었던 루키우스 루쿨루스의 동생인 마르쿠스 루쿨루스가 지휘하였다. 청년 폼페이우스와 동년배의 경쟁자 크라수스는 피케눔에서 산길을 뚫고 움브리아로 진군하였고, 스폴레티움에서 카르보 휘하의 카리나스를 물리치고 도시에 가두어놓음으로써, 플라미니우스 대로를 장악하였다. 카리나스는 비가 내리는 밤에 스폴레티움을 탈출하는 데 성공하였고, 약간의 병력 손실은 있었지만, 무사히 카르보의 부대에 이르렀다.

술라 본인은 로마를 떠나 두 개 군단을 이끌고 에트루리아로 들어갔는데, 그중 하나는 해안선을 따라 전진하여, 옴브로네강과 알베냐 강 사이에 위치한 사투르니아에서 대적하는 적군을 물리쳤다. 술라가 직접 지휘한 다른 한 군단은 클라니스 계곡에서 카르보의 부대와 조우하였고, 그의 히스파니아 기병대와 성공적인 전투를 벌였다. 하지만 술라와 카르보 사이의 본격적인 전투는 클루시움(오늘날의 키우시) 근처에서 펼쳐졌고, 결정적인 승패를 가리지는 못했다. 오히려 카르보에게 유리하게 진행되었는데, 승승장구하던 술라의 행진이 여기서 멈추게 되었다.

프라이네스테의 격돌

로마 인근에서도 혁명당파에게 유리한 사건들이 벌어졌고, 다시 이곳으로 전쟁이 사람들을 끌어들이는 것처럼 보였다. 귀족당파가 모든 병력을 동원하여 에트루리아에 집중되는 동안, 사방에서 모여든 민주당파는 프라이네스테의 봉쇄를 무너뜨리기 위해 총력을 쏟아 부었다. 심지어 시킬리아 총독 마르쿠스 페르펜나도 프라이네스테로 출발하였다. 물론 그가 프라이네스테에 당도한 것 같지는 않다. 카르보가 파견한 마르키우스가 지휘하던 엄청난 규모의 군대도 그리 성공적이지는 않았다. 스폴레티움에 주둔한 적군에 의해 기습을 받아 패퇴하였고, 명령체계의 붕괴와 보급품의 부족, 반란 때문에 사기가 꺾인 채로 일부 병력만이 카르보에게로 돌아왔고, 일부는 아리미눔으로 퇴각하였고, 나머지는 실종되었다.

하지만 상당한 지원이 남부이탈리아에서 도착하였다. 삼니움 사람들은 텔레시아의 폰티우스의 지휘로, 루카니아 사람들은 그들의 검증된 전투 사령관 마르쿠스 람포니우스의 지휘로 출발하여, 그들의 행군을 막아서는 것이 없었기에 어렵지 않게 캄파니아에 이르렀다. 아직 카푸아가 버티고 있는 캄파니아에서 주둔군 가운데 구타가 이끄는 부대를 합류시켜 7만 명에 이르는 병력이 프라이네스테에 도착하였다. 술라는 카르보를 막을 병력을 남겨두고 라티움으로 돌아왔고, 프라이네스테에 이르는 협로[6]에 좋은 위치를 장악하여 지원 병력이 접

---

[6] 술라가 프라이네스테로 들어가는 유일한 통로인 이곳에 주둔하였다는 보고가 있다(App. 1, 90).

근하지 못하게 길을 봉쇄하였다. 프라이네스테 수비군은 오펠라의 방어선을 무너뜨리려고 시도하였고, 지원군 지휘관들은 술라를 몰아내려고 시도하였으나, 양쪽 모두가 굳건히 그들의 위치를 지켜냈다. 카르보가 파견한 다마십푸스가 두 개의 군단을 이끌고 지원군을 늘렸지만 소용이 없었다.

북이탈리아에서 술라의 성공

에트루리아의 전황은 라티움에서만큼 정체상태에 있다가 갑자기 파두스강 계곡에서 결정나버렸다. 이곳에서 지금까지 민주당파의 사령관이었던 가이우스 노르바누스가 공세를 취하며 메텔루스의 부사령관 마르쿠스 루쿨루스를 압도적인 무력으로 공격하여, 루쿨루스가 플라켄티아에서 성문을 닫아걸고 농성하지 않을 수 없게 하였는데, 마침내 노르바누스는 메텔루스를 직접 공격하기로 하였다. 노르바누스는 파벤티아에서 메텔루스와 조우하였고, 늦은 오후에 행군에 지친 병사들을 데리고 메텔루스를 공격하였다. 결과는 완벽한 패배였다. 그의 군대는 완전히 괴멸되었고, 겨우 1,000여 명의 병력만이 에트루리아로 돌아갔다. 이 전투의 소식을 들은 루쿨루스는 플라켄티아를

이어지는 사건들이 말해주는 것은 로마로 이르는 길이 술라에게처럼 구원 부대에게도 열려 있다는 것이다. 분명히 술라는, 삼니움족이 그곳에 올 때 통과했던 라티움 대로로부터 발몬토네에서 팔레스트리나로 꺾어지는 길이 갈라지는 교차로에 주둔해 있었다. 이 경우 술라는 프라이네스테를 거쳐, 적들은 라티움대로 혹은 라비키 대로를 통해 로마를 오갔을 것이다.

나와 자신을 봉쇄하기 위해 남아 있던 병력들을 피아첸차와 파르마의 중간지점인 피덴티아에서 공격하였다. 알비노바누스의 루카니아 부대는 집단으로 투항하였는데, 그 부대의 지도자는 초반에 그가 보여준 망설임을 보상하기 위해, 혁명당파의 고위 장교들을 식사자리에 초대하여 살해하는 모습을 보여주었다. 모든 지역에서 모두가 할 수만 있다면 휴전을 맺었다. 아리미눔은 그들의 모든 군량과 군자금을 포함하여 메텔루스의 통제에 들어갔다. 노르바누스는 로도스섬을 향해 배에 올랐다. 알프스 산맥과 아펜니노 산맥 사이의 전 지역은 귀족당파의 정부를 받아들였다.

술라파의 에트루리아 장악

이제까지 그곳에 매달려 있던 병력들을 에트루리아의 공격에 투입할 수 있었다. 에트루리아는 적들이 아직 장악하고 있는 마지막 지역이었다. 카르보는 클루시움의 주둔지에서 이 소식을 들었을 때 제정신을 유지할 수 없었다. 물론 아직 그는 그의 휘하에 여전히 상당수의 병력을 유지하고 있었지만, 그럼에도 비밀리에 사령부 주둔지를 벗어나 아프리카를 향하는 배에 몸을 실었다. 버려진 병력들은 그들의 사령관이 그들에게 보여준 전례를 따르거나, 일부는 고향으로 돌아갔으며, 일부는 폼페이우스에 의해 죽임을 당하였다. 최후의 생존자들을 카리나스는 한군데로 모았고, 이들을 데리고 프라이네스테의 부대를 향해 라티움으로 이동하였다. 이곳은 그 사이 아무것도 달라진 것이 없었다. 최후의 결전이 가까이 다가왔다. 카리나스의 병력은 술라를 흔들 정도로 충분하지 않았다. 이제까지 에트루리아에 머물던 귀족당파의 부대 가운데 선발대가 폼페이우스의 지휘로 그곳에 접근하고 있었다. 며칠 만에 민주당파의 부대와 삼니움족 부대를 에워싼 포위망이 좁혀지고 있었다.

민주당파와 삼니움족의 로마 공격

민주당파와 삼니움족의 지도자들은 프라이네스테를 떠나 강행군해 모든 병력을 하루 거리에 있는 로마로 돌리기로 결심하였다. 이들은 이로써 군사적으로 모든 것을 상실하였다. 그들의 퇴각로인 라티움 대로는 이 강행군 때문에 술라의 손에 들어갔다. 그들이 로마를 장악할지라도 그들은 방어에 매우 불리한 도시에 스스로를 가두는 꼴이 될 것이고, 메텔루스와 술라의 훨씬 더 강력한 두 군대의 틈바구니에 끼어버리게 될 것이고, 여기서 압살당할 것이 뻔했다. 하지만 이번 로마 진격에서 중요한 것은 더 이상 보존이 아니었고, 오로지 복수였다. 격정적인 혁명세력의, 특히 절망적인 삼니움 민족의 마지막 분노 폭발이었다. 텔레시아의 폰티우스가 동포들에게 외칠 때 그의 외침은 진지했다. 이탈리아의 자유를 앗아간 늑대들을 쫓아내기 위해 그는 그들이 살아온 숲을 태워야 한다고 소리쳤다. 로마가 그렇게까지 두려운 위험에 노출된 적은 없었으니, 로마 건국 672년(기원전 82년) 11월 1일 폰티우스, 람포니우스, 카리나스, 다마십푸스는 라티움 대로를 따라 로마로 진군하여 콜리나 성문에서 약 400미터쯤 떨어진 곳에 주둔지를 꾸렸다. 로마 건국 365년(기원전 389년) 7월 20일 켈트족 침공의 날, 기원후 455년 6월 15일 반달족 침공의 날과 같은 위협이었다.

로마 기습이 어리석은 계획이던 시대는 지나갔고, 수도 로마 내부의 내통자들이 공격하는 자들에게 없을 수 없었다. 자발적으로 도시에서 나와 적진으로 돌격한 무리들은 대부분 귀족 청년들이었는데, 이들은 압도적인 무력 앞에서 먼지처럼 산산이 흩어졌다. 유일한 희망은 술라뿐이었다. 술라는 삼니움 군대가 로마로 향해 진격한다는 소식을 듣자마자 서둘러 수도 로마를 돕기 위해 출발하였다. 시민들의 침체된 사기는 아침이 되어 술라의 기병 선발대가 발부스의 지휘 하에 도착하면서 살아났다. 정오가 되자 술라 본인이 주력군을 이끌고 도착하였고, 곧 콜리나 성문(오늘날 포르타 피아에서 멀지 않은 곳) 앞 에뤼키나 아프로디테의 신전 근처에 진영을 갖추었다. 술라의 휘하 장교들은 강행군에 지친 병사들을 곧 바로 전투에 투입하면 안 된다고 불평하였다. 하지만 술라는 그날 밤에 로마에서 발생할 수도 있을 사태를 심사숙고하였고, 늦은 오후에 공격 명령을 내렸다.

전투는 치열했고 유혈이 낭자했다. 술라 본인이 지휘한 그의 좌익은 도시 성벽까지 후퇴하였고, 성문을 닫을 수밖에 없는 지경에 이르렀다. 패잔병들은 루크레티우스 오펠라에게 전투의 패배를 보고하였다. 한편, 우익에서 마르쿠스 크라수스는 적을 밀어붙였고 안템나이까지 추격하였다. 이 덕분에 좌익은 다시 숨을 돌렸고 일몰 이후 한 시간 동안 우익과 마찬가지로 공세로 돌아섰다. 밤새도록 이어진 전투는 다음 날 아침에도 계속되었다. 3,000명의 부대가 전향하여 방금 전까지의 전우들을 공격하면서 전투는 끝을 맺었다. 로마는 구조되었다. 반란군 병사들은 더는 후퇴할 길이 없었고 완벽하게 괴멸되었다. 전투에서 사로잡힌 포로들은 3,000명에서 4,000명에 이르렀는데 그 가운데 다마십푸스와 카리나스, 심각한 부상을 입은 폰티우스 등 장군들도 있었다.

술라는 전투의 세 번째 날에 이들을 마르스 연병장의 공관에 몰아넣었다가 한 명도 남김없이 모조리 죽여버렸다. 술라는 근처의 벨로나 신전에서 원로원 회의를 열었고, 원로원 의원들은 또렷하게 칼을 휘두르는 소리와 죽어가는 자들의 비명을 들었다. 이는 참혹한 처형이었고 용서는 없었다. 잊지 말아야 할 것인바, 그곳에서 죽은 사람들은 수도와 로마시민을 약탈하려던 도적떼처럼 살해되었는데, 만약 그들에게 시간이 있었다면 그들은 불과 칼로 수도와 로마시민을 파괴할 수 있을 만큼 파괴했을 것이다.

프라이네스테의 승리

이로써 수도 로마의 전투는 끝을 맺었다. 프라이네스테에서 농성전을 벌이던 반란군도 성벽 너머로 던져진 카리나스 등 장교들의 머리를 보았을 때 로마의 전투가 끝났음을 알았고 순순히 항복하였다. 반란군의 지휘관들이었던 집정관 가이우스 마리우스와 폰티우스의 아들은 탈출을 시도하다 실패하자 서로가 서로를 동시에 찔러 자결하였다. 다수의 병사는 승자가 그들을 이번에도 사면해줄 것이라는 희망을 품었고 케테구스는 희망을 확인해주었다. 하지만 자비의 시대는 이미 지나가 버렸다. 술라는 마지막 순간에라도 전향한 자들에게는 무조건적이고 전적인 용서를 베풀었지만, 반면 마지막 순간까지 저항했던 지휘관들과 공동체에는 그만큼 더욱 잔인한 형벌을 내렸다. 1만 2,000명에 이르는 프라이네스테 포로들 가운데, 어린아이들과 여인들, 대부분의 경우 로마인들과 소수의 프라이네스테인들은 사면되었고, 모든 로마 원로원 의원, 거의 모든 프라이테스테인들과 모든 삼니움족은 무장 해제되고 살해되었다. 풍요롭던 도시는 파괴되었다.

이런 상황에서 아직도 전향하지 않는 신(新)시민 공동체들이 끈질기게 저항을 이어간 것은 너무도 당연한 일이었다. 라티움의 도시 노르바에서, 아이밀리우스 레피두스가 모반을 이용해 도시를 점령하였을 때, 시민들은 자기들끼리 서로 죽이고 자신들의 도시에 불을 질렀는데, 이는 다만 그들을 반역자로 처벌할 자들에게서 복수와 약탈의 기회를 박탈하기 위해서였다. 남부 이탈리아에서 네아폴리스는 진작 점령되었고, 아마도 벌써 카푸아는 자진해서 항복하였을 것이다. 하지만 놀라에서 삼니움족은 로마 건국 674년(기원전 80년)에야 제거되었다. 놀라에 마지막으로 남은 이탈리아인들의 마지막 남은 저명한 지도자이자 희망이 넘치던 로마 건국 664년(기원전 90년)의 반란군 집정관 가이우스 파피우스 무틸루스는 변장을 하고 몰래 아내를 찾았고 그곳에서 은신처를 찾을 수 있으리라 생각하였지만, 아내는 이를 거절했고, 그는 테아눔의 자택 앞에서 자결하였다. 삼니움족과 관련하여 독재관은 삼니움족이 건재하는 한 로마는 평화를 찾을 수 없고, 따라서 삼니움족이라는 이름마저 이 땅에서 없애버려야 한다고 선언하였다. 그는 이 말을 로마에서 그리고 프라이네스테에서 포로로 잡힌 자들을 두고 끔찍한 방식으로 실천하였고, 이탈리아 전체에 걸쳐 이런 척결 작업을 이어가는 듯 보였다. 그는 아이세르니아[7]를 점령(로마 건국 674년, 기원전 80년)한 뒤, 그때까지 번영하고 인구가 넘치던 도시를 황무지로 바꾸어 버렸다. 그때 이후 그 도시는 황무지로 버려졌다.

마찬가지로 움브리아의 투데르는 마르쿠스 크라수스에게 점령되었다. 에트루리아의 포풀로니움과 무엇보다 불굴의 볼라테라이는 오랫동안 저항하였다. 볼라테라이에는 패배한 당파의 잔여 병력 가운데 4개 군단의 병력이 모여 있었고, 그들은 2년에 걸쳐진 공격을 견뎌내었다. 처음에는 술라 본인에 의해, 이어서는 민주당파 집정관의 동생인 전직 법무관 가이우스 카르보에 의해 진행된 포위 공격을 견뎌낸 것이다. 그러나 마침내 콜리나 성문 앞에서 벌어진 전투 이후 3년째 되던 해에(로마 건국 675년, 기원전 79년) 자진 철수를 조건으로 농성을 풀고 항복하였다. 하지만 이런 혼란의 시대에는 전쟁법도 전쟁규율도 무의미했다. 병사들은 속임수를 규탄하며 소리쳤고 지나치게 타협적인 그들의 사령관을 돌로 쳐 죽였다. 로마 정부가 파견한 기병대는 항복 조건에 따라 철수하는 병사들을 살해하였다. 승리한 부대는 이탈리아 전역으로 분산 배치되었는데, 모든 불안한 지역에는 강력한 군사력이 배치되었다. 술라 휘하의 장군들은 철퇴를 들어 혁명당파와

---

[7] 리비우스 89에 훼손된 전승 'miam in Samnio'에 다른 이름을 찾아내는 것은 불가능하다. Strabo. 5, 3, 10.

민족주의자들의 마지막 저항까지 하나씩 끝장내버렸다.

속주들

속주들에는 아직 할 일이 남아 있었다. 사르디니아 총독은 혁명정부의 퀸투스 안토니우스에서 빠르게 루키우스 필립푸스로 바뀌었다(로마 건국 672년, 기원전 82년). 알프스 저쪽 갈리아도 거의 혹은 전혀 저항하지 않았다. 하지만 시킬리아, 히스파니아, 아프리카에서는 여전히 이탈리아에서 축출된 당파의 힘이 유지되고 있었다. 이 당파의 충실한 총독 마르쿠스 페르펜나가 시킬리아를 통치하였다. 퀸투스 세르토리우스는 이쪽 히스파니아에서 속주민들을 노련하게 장악하였고, 히스파니아에 정착한 로마인들로 상당 규모의 군대를 모집할 수 있었고, 이 군대로 퓌레네 협곡들을 봉쇄하였다. 그는 여기서도 다시 한 번, 그가 어디에 부임하든 그의 자리에서 모든 혁명세력의 무능력자 가운데 유일하게 그가 쓸모 있는 사내임을 증명하였다. 아프리카에서 속주총독 하드리아누스는 혁명을 아주 철저하게 추진하였지만, 노예들에게 자유를 선물하기 시작하였을 때 우티카의 로마 상인들이 벌인 폭동 때문에 관저에서 공격을 받고 시종들과 함께 불타 죽었다(로마 건국 672년, 기원전 82년). 하지만 아프리카 속주는 여전히 혁명정부에 속하였고, 킨나의 사위인 젊고 유능한 그나이우스 도미티우스 아헤노바르부스가 통치권을 인계받았다. 그곳으로부터 심지어 피호국들인 누미디아와 마우레타니아까지 선전선동은 이어졌다. 이 국가들의 적

법한 통치자들, 가우다의 아들 히엠프살 2세와 보쿠스의 아들 보구드는 술라편에 가담하였지만, 민주당파의 왕위 참칭자 히아르바스는 킨나파의 도움으로 전자를 왕위에서 몰아냈고, 마우레타니아도 비슷한 갈등으로 흔들렸다. 이탈리아를 탈출한 집정관 카르보는 아프리카와 시킬리아 중간에 위치한 코쉬라섬(오늘날의 판텔라리아)에서 머물렀다. 이집트로 망명할 것인지 아니면 믿음직한 속주들 가운데 하나를 골라 전쟁을 이어갈지, 그는 분명 아직도 결정하지 못하고 있었다.

히스파니아

술라는 히스파니아로 가이우스 안니우스와 가이우스 발레리우스 플라쿠스를 보냈는데, 전자는 저쪽 히스파니아 속주의 총독이었고, 후자는 히베루스강 유역 속주의 총독이었다. 퓌레네 협곡을 무력으로 돌파하는 어려운 일을 그들은 손대지 않고 해결하였는데, 세르토리우스가 그곳에 파견된 사령관이 휘하 장교들 가운데 한 명에 의해 살해되면서 그곳 부대가 흩어졌기 때문이었다. 세르토리우스는 대등한 전투를 벌일 수 없을 만큼 전력이 약화되자, 서둘러 그의 주변 부대들을 규합하여 신(新)카르타고로 향하는 배에 올랐다. 어디로 갈지는 그 자신도 알지 못했다. 아마도 아프리카 해안이나 혹은 카나리아 제도로 갈 수 있었는데, 술라의 군대가 쫓아오지 못하는 곳이면 어디든지 상관없었다. 이후 히스파니아는 술라가 파견한 관리들에게 자진하여 굴복하였다(로마 건국 673년경, 기원전 81년경). 플라쿠스는 켈트족의 지역을 통과하면서 성공적으로 그들과 싸워 이겼고, 히스파니아의 켈티베리아족과도 그러하였다(로마 건국 674년, 기원전 80년).

시킬리아

그나이우스 폼페이우스가 시킬리아 총독 대리로 파견되었고, 폼페이우스가 120척의 선박과 6개 군단을 데리고 해안에 나타나자, 페르펜나는 시킬리아를 이렇다 할 저항 없이 내주었다. 폼페이우스는 그곳에서 함대를 코쉬라로 파견하였고, 함대는 이곳에 머물던 마리우스파 장교들을 제거하였다. 마르쿠스 브루투스와 몇몇 사람들은 즉시 처형되었고, 다만 집정관 카르보를 폼페이우스는 먼저 릴뤼바이움으로 이송하도록 명하였고, 그 위험했던 시기에 카르보가 그에게 도움을 제공하였던 일은 생각하지 않고(제6권 164쪽), 그를 직접 사형집행인에게 넘겼다(로마 건국 672년, 기원전 82년). 여기서 다시 아프리카로 가라는 지시를 받고 폼페이우스는 아헤노바르부스와 히아르바스가 모아둔 상당한 병력을 그의 훨씬 더 강력한 부대로 전장에서 물리치고, 그를 승전장군이라고 부르며 환호하는 사람들의 인사를 일단 사양하고 즉시 적의 군영을 공격하라는 신호를 보냈다. 그리하여 그는 단 하루만에 적을 제압하였다. 아헤노바르부스는 전사자들 가운데 이름을 올렸다. 보구드왕의 도움으로 불라에서 히아르바스를 공격하여 살해하였고, 히엠프살은 그가 물려받은 왕국을 되찾았다. 마리우스에 의해 상당수가 자유민으로 인정받았던 사막의 주민들은 이제 대대적으로 정벌되어 히엠프살의 백성이 되었다. 이에 따라 이곳에서 한때 주저 앉았던 로마의 이름은 다시 우뚝 솟았다. 폼페이우스가 아프리카에 상륙한 지 40일 만에 모든 것이 종료되었다(로마 건국 674년?, 기원전 80년?). 원로원은 폼페이우스에게 군대를 해산하라고 지시하였고, 이 는 그에게 개선식이 허락되지 않는다는 것을 의미하였는데, 그는 임 시관직을 맡은 정무관이었기 때문에 전통에 따라 개선식을 요구할 수 도 없었다. 사령관은 속으로 분노하였고, 병사들은 이를 소리쳐 표현 하였다. 아프리카 군단이 원로원에 대항하고 술라가 그의 사위에 맞 서 전투를 벌여야 할지도 모를 일촉즉발의 순간이었다. 술라는 양보 하였고, 청년 폼페이우스는 원로원 의원이 되기 전에 개선장군이 된 유일한 로마인이라는 자부심을 가지게 되었다. '행운아'가 이런 위업 들을 가볍게 마치고 귀향하는 젊은이에게 약간의 조소를 섞어 '위대 한 자'라고 인사를 건넸다.

미트라다테스와 새로운 갈등

동방에서도 술라가 출항한 이후 로마 건국 671년(기원전 83년) 사람들 이 무기를 들었다. 옛 관계의 복원과 몇몇 도시의 복속은 이탈리아나 아시아에서처럼 여전히 처절한 전쟁을 요구하였다. 다시 말해 자유도 시 뮈틸레네에 대해 루키우스 루쿨루스는 온갖 온건한 수단을 모두 동원한 후에 마침내 군대를 동원하지 않을 수 없었다. 야전에서 로마 가 승리하였지만, 시민들은 제 나름대로의 저항을 멈추지 않았다.

그러는 사이에 로마 아시아 속주의 총독 루키우스 무레나는 미트라다테스와 새롭게 충돌하였다. 미트라다테스는 평화 협정 이후, 흔들린 그의 북방 지배력을 다시 확보하기 위해 분주하였다. 그는 콜키스를 평정하고, 그의 유능한 아들 미트라다테스를 그곳의 태수로 앉혔다. 그리하여 장애물을 제거한 이후 그는 다시 보스포로스 왕국으로 군대를 돌렸다. 당시 무레나에게 망명할 수밖에 없는 상황에 처한(제6권 131쪽) 아르켈라오스에게 이것이 로마를 공격하기 위한 준비라는 확언을 들은 무레나는 미트라다테스가 여전히 카파도키아 국경지대를 장악하고 있다는 핑계를 들어, 군대를 이끌고 카파도키아의 코마나로 이동하였고, 그리하여 폰토스 국경을 침범하였다(로마 건국 671년, 기원전 83년). 미트라다테스는 무레나에게, 그리고 무익한 일이지만 로마 정부에 불만을 표하는 것으로 만족하였다. 실제로 술라의 대리인들이 아시아 총독에게 경고하기 위해 찾아왔다. 하지만 총독은 이에 굴하지 않고, 할뤼스강을 건너, 폰토스 영토인 것이 분명한 지역으로 들어갔고, 이때 미트라다테스는 무력에 무력으로 대처하겠다고 결심하였다. 미트라다테스의 장군 고르디오스는 주군이 훨씬 더 강력한 군사력을 이끌고 올 때까지 로마군을 붙잡아 두어야 했다. 무레나는 크게 패전하여 프뤼기아의 로마 국경까지 후퇴하였고, 카파도키아 전 지역에서 로마 점령군은 쫓겨나고 말았다. 무레나는 이 군사작전에서 자신이 승자라고 우겼고, 승전장군의 칭호를 받아야 한다고 억지를 부렸다(로마 건국 672년, 기원전 82년). 하지만 술라의 꾸지람과 제2차 경고에 그는 이 문제를 더는 거론하지 않겠다고 마음을 접었다. 로마와 미트라다테스 사이의 평화는 다시 이어졌다(로마 건국 673년,

기원전 81년).

이런 어리석은 갈등 때문에 뮈틸레네의 정복은 지연되었다. 무레나의 후임자는 육상과 해상의 긴 포위공격 후에야 도시를 정복하는 데 성공하였고, 이때 비튀니아 함대가 큰 역할을 하였다.

10년의 혁명과 반란이 동방은 물론 서방에서도 종식되었다. 국가는 다시 통일적 정부를 구성하였고, 대내외적으로 평화를 이룩하였다. 마지막 몇 년의 가공할 만한 발작이 지나갔고, 이것만으로도 한결 수월해졌다. 이것이 더 많은 것을 보장할 수 있을지, 국가의 적을 제압하는 어려운 과제를 성취하고, 혁명을 통제하는 더 어려운 과제에 성공한 막강한 사내가 과연 근본에서부터 흔들린 사회 정치적 질서를 회복하는 더없이 어려운 과제에도 성공할 수 있을지, 이는 이어지는 시대에 결정되어야 했다.

제10장
술라 체제

로마인들과 로마인들이 서로 맞붙어 처음 전투를 벌인 날인 로마 건국 671년(기원전 83년) 7월 6일 밤 카피톨리움 언덕에 있는 로마 유피테르의 신전이 화염 속에 사라졌다. 왕들이 건설하고 공화정의 자유가 봉헌한, 500년 풍상을 견뎌온 존귀한 신전이었다. 이는 징조가 아니라, 로마 국가체제의 초상이었다. 로마 국가체제는 폐허가 되었고 이제 재건이 필요했다. 혁명은 진압되었지만, 그렇다고 옛 체제를 다시 부활시키는 것은 크게 부족한 일이었다. 특히 귀족당파는 혁명당파의 두 집정관이 사망하자 이제 관례에 따른 보궐선거를 실시하였다. 그들은 승리한 병사들에게 포상금을 지급하고, 가장 큰 죄를 지은 혁명세력들을 처벌하며, 비슷한 갈등의 발생을 사전에 방지하는 데 필요한 모든 일을 원로원이 담당하면 된다고 생각했다.

하지만 술라는 승리자로서 한 순간 모든 권력을 그의 손에 장악하고, 상황과 인물들을 좀 더 정확하게 파악하였다. 로마의 귀족들은 그 전성기에서 깨어나지 못하고, 고상하면서도 편협하게 전통적 형식들을 여전히 고수하고 있었다. 틀에 박힌 동료제 정부를 가지고 어떻게 이 시대의 포괄적인 국가 개혁을 열정적이고 성공적으로 완수할 수 있을까? 마지막 극한 대립이 거의 모든 원로원 지도자를 쓸어가 버린 지금, 원로원에는 새로운 시작에 필요한 힘과 지혜가 그 어느 때보다 모자랐다. 술라는 귀족 순수 혈통이 철저히 쓸모없는 존재라는 것과 이들의 무능함을 정확히 간파하였다. 이는 혼인동맹으로 술라의 인척이 되는 퀸투스 메텔루스를 제외하고 술라가 기용한 모든 개혁 인력은 과거 중립파였거나 아니면 민주당파에서 귀순한 자들, 그러니까 루키우스 플라쿠스, 루키우스 필립푸스, 퀸투스 오펠라, 그나이우스 폼페이우스 등이라는 점을 통해 증명된다. 술라는 더없이 고통 받았던 망명 귀족들만큼이나 진지하게 구체제의 회복을 희망했다. 하지만 그는 —완벽하게나 세세하게는 아니지만—같은 편 사람들보다는 정확하게 이 복고 작업이 얼마나 어려운 일인지를 파악하고 있었다. 술라는 과두정의 본질을 훼손하지 않으면서 양보할 수 있는 한에서 포괄적인 양보, 그리고 강력한 억제와 예방 체계의 수립이 불가피하다고 보았다. 또한 그는 현재의 원로원이 어떠한 양보도 거부하거나 훼손할 것이며, 어떠한 체계적인 재건도 의회 질서에 따라 좌초시키리라는 것을 분명히 알았다. 술라가 술키피우스 혁명의 진압 이후 어느 방향으로든지 필요하다고 생각하는 것을 수행하면서 여러 사람들에게 그래도 조금은 물었다면, 지금 그는 훨씬 더 첨예화되고 고조된 긴장 관계 속에서 과두정을, 과두 세력의 도움을 받지 않고, 그들의 뜻과 상관없이 그의 손으로 재건하기로 결심하였다.

로마의 통치자 술라

술라는 예전처럼 집정관이 아니었고, 단지 전직 집정관 권한, 다시 말해 순수 군사적 권한만을 가지고 있었다. 그는 국헌에 따른 형식들에 최대한 가까운 직함 하나를 장착해야 했고, 그것도 비상한 권한을 가진 것이어야 했다. 정적들은 물론 같은 편 사람들에게도 그의 개혁을 강압하기 위해서였다. 술라는 원로원에 서한을 보내 국가 질서를 단한 명의 무제한적 절대 권한을 가진 사람이 맡지 않을 수 없다고 생각하며, 이런 중차대한 과업을 완수하는 데 자신이 적임자라고 생각한다고 선포하였다. 이 제안은 많은 이에게 불편한 일이지만 현재 상황에서는 일종의 명령이었다. 원로원의 제안에 따라 원로원 일인자로 대행왕을 맡은 아버지 루키우스 발레리우스 플라쿠스는 임시로 보유한 대권을 행사하여, 민회에 법안을 제출하였는데, 전직 집정관 루키우스 코르넬리우스 술라가 과거 집정관과 대리 집정관으로서 수행한 모든 직무 행위를 추인하며, 장차 그에게 다음의 권한을 부여하는바, 우선적이고 최종적인 심급으로서 시민의 생명과 재산을 판단하며, 그의 판단에 따라 국유지를 처분하며, 그의 재량에 따라 로마, 이탈리아, 국가의 경계선을 변경하며, 이탈리아에 도시공동체들을 해산하거나 건설하며, 속주들과 예속 국가들을 처리하며, 인민 대신 최고 명령권을 행사하며, 대리 집정관들과 대리 법무관들을 임명하며, 마지막으로 새로운 법률을 통해 미래의 국가를 정비하는 권한을 술라가 가진다는 내용이었다. 거기에 그가 그의 과업을 언제 종료하며 어느 시점에 그 특별 관직을 내려놓을지는 그의 고유한 재량에 달렸다는 것도 포함되었다. 끝으로 또한 그의 관직 기간 동안 정규적인 최고 정무 관직을 그에게 협력하기 위해 채울 것인지 그냥 내버려둘지는 그의 판단에 달렸다는 내용도 들어 있었다. 법안이 반대 없이 통과된 것은 당연한 일이었다(로마 건국 672년, 기원전 82년 11월). 그리고 이제 이제까지 전직 집정관으로 수도 로마에 입성하길 피해왔던 그가 국가의 새로운 주인으로 로마 성벽 안에 등장한다.

한니발 전쟁 이후 사실상 철폐된 독재관이라는 관직명을 빌어 술라의 새로운 관직명이 정해졌다(제4권 209권). 새로운 독재관은 무장한 수행원들 외에도 과거의 독재관이 데리고 다니던 것보다 2배나 많은 종행리를 두었는데, 사실적으로 새로운 독재관은 공식 관직명이 말해주는 바대로 "법률을 제정하고 공동체를 규율하는" 독재관이었다. 이는 임기와 권한이 제한적이고, 민회 상소를 막지 못하고 정규 정무관을 폐기하지 못하는 예전의 독재관과는 완전히 다른 존재였다. 이는 오히려 무제약적 권한을 가진 특별 정부조직인, 정규 정무관을 배제하고 등장한, 사실상 적어도 무제한적 임기를 가진 '법률 제정을 위한 십인관'에 가까운 관직이었다. 혹은 오히려 새로운 독재관은 민회 의결에 따라 성립한, 임기와 동료에 의해 제약받지 않는 절대 권력인 까닭에, 시민들 가운데 한 명을 절대 군주로 하는 시민들의 자유 복종에 기초한 과거의 왕권과 다르지 않았다. 동시대인들조차 술라를 정당화하기 위해 왕이 무능한 정부보다 훌륭하다는 주장을 내세웠다.[1] 추측하건대 독재관 명칭이 선택된 것도 단지, 예전의 독재관이 몇 가지 제약이 있는 왕권의 부활인 것처럼(제2권 15쪽, 63쪽, 102쪽), 새로운 독재관은 무제약적 왕권의 부활임을 드러내기 위한 것이었을지도 모른다. 이 점에서 매우 특이한 방식으로 술라의 길도, 완전히 다른 의도를 가진 가이우스 그락쿠스가 선보였던 길과 같았다. 이것도 보수당파는 그 반대파에게서 도용한 것임에 분명한데, 그들은 과두정부의 수반을 독재자로 만들어, 계속해서 달려드는 다른 독재를 막아내게 하였다. 과두정의 이 마지막 승리는 분명 패전과 다르지 않았다.

실행

술라는 복고라는 힘겹고 두려운 작업을 수행하려고 한 적도 열망한 적도 없었다. 이 작업을 그가 스스로 맡느냐 아니면 완전히 무능한 손에 맡기느냐 말고 다른 선택지는 없었기 때문에 그는 가차 없는 열정으로 작업에 착수하였다. 무엇보다 먼저 책임자들에 대한 입장을 정리해야 했다. 술라는 개인적으로 사면하는 쪽이었다. 그는 다혈질이었기에 어쩌면 분노를 좇아 폭발할 수 있었고, 그의 눈에서 불이 솟고 그의 뺨이 울그락불그락하는 것을 본 사람은 주의해야 했다. 하지만 노회한 마리우스가 원한에 사무쳐 보여주었던 급작스러운 복수 충동

---

[1] *Satius est uti regibus quam uti malis legibus*(Rhet. Her. 2, 22)

은 술라의 가벼운 성정과 어울리지 않았다. 로마 건국 666년(기원전 88년)의 혁명 이후에도 그는 상대적으로 대단히 온정적인 태도를 보여주었다(제6권 66쪽). 그리고 참혹한 잔인함을 드러내고 술라에게도 개인적으로 매우 가혹하게 닥쳐왔던 두 번째 혁명에도 그는 균형감각을 잃지 않았다. 술라는 사형 집행자가 친구들의 시신을 수도의 거리와 골목으로 끌고 다닐 때에도 피로 얼룩진 핌브리아의 목숨을 구해주려고 시도하였고, 핌브리아가 스스로 죽음을 택하자 그의 시신을 정중히 매장하라고 지시하였다. 이탈리아 상륙 시점에도 술라는 진지하게 용서와 사면을 주장하였고, 그에게 평화를 제안하는 누구에게도 그는 거절을 표하지 않았다. 첫 번째 승리 이후에도 그는 이런 의미에서 루키우스 스키피오와 협상하였다. 하지만 이 협상을 깨버리고, 몰락의 마지막 순간에 다시 한번 어느 때보다 잔인한 학살을 자행하고, 수도 로마의 파괴를 위해 아주 오랜 국가의 숙적과 손을 잡은 것은 혁명당파였다.

이제 그것으로 충분했다. 술라는 새로운 관직의 권한에 따라 정부를 인수한 직후, 술라의 주장에 따르면 합법적으로 체결된 계약에 따라 스키피오와 함께 혁명을 위해 활동한 모든 관리와 시민 가운데 눈에 띄게 혁명을 지지한 자들을 국가의 적으로 선언하고 그들의 법익을 박탈하였다. 국가의 적을 죽인 사람들은 법에 따라 사형을 집행하는 사형 집행자처럼 처벌이 면제되었고, 처형을 집행한 대가로 1만 2,000데나리우스(3,600탈란툼)도 받았다. 반대로 이들을 받아준 사람은 그가 아주 가까운 친척일지라도 매우 무거운 처벌을 받았다. 국가의 적들이 가졌던 재산은 전쟁 노획물처럼 국가에 귀속되었고, 그들의 자식들과 손자들은 공직 진출에서 완전히 배제되었고, 다만 이들이 원로원계급에 속하는 경우 이들은 원로원계급의 의무를 계속해서 짊어져야 했다. 재산과 후손에 대한 마지막 두 조항은 혁명을 위해 싸우다 죽은 자들의 자손들에게도 적용되었다. 그런데 이는 국가에 반역하여 무기를 든 사람의 처벌을 규정한 아주 오래된 법률에 정한 바를 넘어서는 조항들이었다. 이런 공포 체제 가운데 가장 경악할 만한 것은 제시된 범주들이 명확하게 정의되지 않았다는 것인데, 원로원은 이에 즉시 이의를 제기하였고 술라 본인도 이를 명료하게 하려고 시도하였다. 그는 법익 박탈자 명단을 공시하게 하였고, 명단의 최종 확정 시점을 로마 건국 673년(기원전 81년) 6월 1일로 정하였다.

법익 박탈자 명단

살생부[2]는 매일 점차 늘어나면서 마침내 4,700명에 이르렀다. 이는

---

[2] 이 전체 숫자는 발레리우스 막시무스 9, 2, 1에 등장한다. 아피아누스에 따르면(*civ.* 1, 95) 술라에 의해 법익이 박탈된 자들 가운데 약 40명의 원로원 의원들이 있었는데, 이 숫자는 뒤에 추가되기도 하였으며, 약 1,600명의 기사계급이 있었다. 플로루스에 따르면(2, 9. 이에 따라 Aug. *civ.* 3, 28) 원로원 의원들과 기사계급이 2,000명에 달한다고 한다. 플루타르코스에 따르면(Sull. 31) 첫 3일 동안 520명이, 오로시우스에 따르면(*hist.* 5, 21) 첫 날에 580명이 명부에 기록되었다고 한다. 이 모든 보고에는 근본적으로 상충되는 점은 존재하지 않는다. 살해된 것이 원로원 의원들과 기사계급만이 아니었기 때문이며, 부분적으로 목록이 한 달 동안 계속 추가되었기 때문이다. 다른 곳에서 아피아누스(*civ.* 1, 103)가 술라에 의해 살해되고 추방된 사람들로 15명의 집정관 역임자들, 90명의 원로원 의원들, 2600명의 기사계급이라고 하였는데, 이것은 문맥상 내전의 희생자 전체와 술라의 희생자들을 혼동한 결과이다. 15명의 집정관은 로마 건국 652년(기원전 102년) 집정관 퀸투스 카툴루스, 로마 건국 655년(기원전 99년) 집정관 마르쿠스 안토니우스, 로마 건국 657년(기원전 97년) 집정관 푸블리우스 크라수스, 로마 건국 659년(기원전 95년) 집정

시민들의 정당한 분노를 나타냈다. 명부 작성자의 자의적 판단은 대체로 배제되었다. 이런 엄청난 희생자들이 쓰러진 것은 최소한 통치자의 개인적 증오에 기인한 것은 아니었다. 그의 무서운 증오는 오직 로마 건국 667년(기원전 87년)과 로마 건국 672년(기원전 82년)에 벌어진 끔찍한 학살을 자행한 마리우스파를 향해 드러났다. 술라의 명령에 따라 아콰이 섹스티아이의 승자가 묻힌 무덤이 파헤쳐졌고, 승자의 유해는 아니오강에 던져졌고, 아프리카인들과 게르만인들을 물리친 승리의 기념비는 파괴되었다. 술라의 복수를 아버지 마리우스와 아들 마리우스는 사망 덕분에 피했기 때문에, 마리우스의 입양 조카 마르쿠스 마리우스 그라티디아누스가―두 번이나 법무관을 지냈고,

관 퀸투스 스카이볼라, 로마 건국 660년(기원전 94년) 집정관 루키우스 도미티우스, 로마 건국 664년(기원전 90년) 집정관 루키우스 카이사르, 로마 건국 666년(기원전 88년) 집정관 퀸투스 루푸스, 로마 건국 667~670년(기원전 87~84년) 집정관 루키우스 킨나, 로마 건국 667년(기원전 87년) 집정관 그나이우스 옥타비우스, 로마 건국 667년(기원전 87년) 집정관 루키우스 메룰라, 로마 건국 668년(기원전 86년) 집정관 루키우스 플라쿠스, 로마 건국 669년, 670년, 672년(기원전 85년, 84년, 82년) 집정관 그나이우스 카르보, 로마 건국 671년(기원전 83년) 집정관 가이우스 노르바누스, 로마 건국 671년(기원전 83년) 집정관 루키우스 스키피오, 로마 건국 672년(기원전 82년) 집정관 가이우스 마리우스인데, 이 중 14명은 살해되었고, 한 명 루키우스 스키피오는 추방되었다. 반면 에우트로피우스(5, 9)와 오로시우스(5, 22)에 전하는 리비우스의 보고에 따르면, 동맹시 전쟁과 내전에 휩쓸려간(consumpti) 숫자는 집정관 24명, 법무관 7명, 안찰관 6명, 원로원 의원 200명인데, 부분적으로 로마 건국 655년(기원전 99년) 집정관 아울루스 알비누스, 로마 건국 655년(기원전 99년) 집정관 티투스 디디우스, 로마 건국 664년(기원전 90년) 집정관 루키우스 카토 등 이탈리아 전쟁에서 사망한 사람들이 포함된 것이며, 부분적으로 아마도 퀸투스 메텔루스 누미디쿠스(제6권 133쪽), 마니우스 아퀼리우스, 아버지 가이우스 마리우스, 그나이우스 스트라보 등은 이 시기의 희생자로 계산할 수 있을 것이고, 혹은 우리가 알 수 없는 운명으로 희생된 자들도 있다. 14명의 살해된 집정관들 가운데 세 명(루푸스, 킨나, 플라쿠스)은 군사 반란으로 희생된 것이고, 8명은 술라파 집정관으로, 3명은 마리우스파 집정관으로 두 진영의 대결에 희생된 것이다. 위에 언급된 숫자들을 조정해보면, 마리우스에 의해 희생된 자들은 원로원 의원 50명, 기사계급 1,000명이고, 술라에 의해 희생된 자들은 원로원 의원 40명, 기사계급 1,600명이다. 이것이 양쪽 파벌의 무자비함이 저지른 희생자 범위를 평가할 수 있는, 최소한으로 자의적이지 않은 기준이다.

로마 시민들에게 매우 사랑받던 인물이—마리우스에 의해 희생된, 가장 통탄할 만한 인물인 카툴루스의 무덤가에서 가장 잔인한 형벌로 처형되었다. 또한 술라와 대적한 자들 가운데 가장 이름 높은 자들은 벌써 죽음으로 복수를 피했다. 혁명 지도자들 가운데 유일하게 남아 있던 가이우스 노르바누스는 민회가 그의 송환을 결정했을 때 로도스 섬에서 스스로 삶을 마감하였다. 루키우스 스키피오는 가담 정도가 미미하고 아마도 좋은 가문 출신이라 사면을 받았고, 그의 망명지 마살리아에서 여생을 조용히 보내도록 허락받았다. 그리고 퀸투스 세르토리우스는 망명자 신세로 마우레타니아 해안을 떠돌았다.

하지만 살해된 원로원 의원들의 머리가 세르빌리우스 샘 근처, 그러니까 '멍에 골목Vicus Ingarius'이 로마광장과 만나는 곳에 효수되었고, 이를 공개적으로 전시한 것은 독재자의 명령에 따른 것이었다. 무엇보다 제2계급과 제3계급에 속한 인물들 가운데 죽음은 가공할 만한 수확을 거두어들였다. 명예를 위해 혁명군에서 혹은 혁명군을 위해서 봉사한 이들은 때로 혁명군 장교들 가운데 한 명에게 돈을 빌려주었기 때문에 혹은 그러한 호의를 보였기 때문에 이렇다할 구별 없이 명단에 이름을 올렸는데, 특히 원로원 의원들에 대한 재판에 심판인 역할을 하고 마리우스가 행한 재산몰수에서 돈을 벌어들인 자본가들, 이른바 투기꾼들은 복수를 피할 수 없었다. 약 1,600명의 소위 기사계급[3]이 법익 박탈자 명단에 이름을 올렸다. 마찬가지로 직업적인 고발자들,

---

[3] 이들 가운데 한 명이 키케로의 푸블리우스 퀸크티우스 변론 연설에 여러 번 언급된 원로원 의원 섹스투스 알페누스다.

귀족들을 옥죄는 가장 가혹한 채찍들, 원로원 계급의 인물들을 기사계급의 법정에 끌어냄으로써 돈벌이를 하던 존재들도 복수를 당했다. 어떤 변호인은 물었다고 한다. "도대체 어떻게 돌아가는 일인가? 그들은 고발인들과 심판인들을 처형하고 재판은 우리에게 맡기려는 것인가." 더없이 야만적이고 창피스러운 분노들이 여러 달 동안 고삐 풀린 채로 이탈리아를 휩쓸었다. 수도 로마에서는 무엇보다 사형집행을 전담하는 켈트족 부대가 있었고, 술라의 병사들과 하급 장교들도 똑같은 목적으로 이탈리아의 여러 지방들을 돌아다녔다. 하지만 이에 참여할 자원자들도 크게 환영받았고, 신분이 높던 낮던 불량배들이 여기에 몰려들었는데, 살해 수고비를 벌기 위해서이기도 했지만, 특히 정치적 추궁을 빌미로 개인적인 복수심이나 탐욕을 채우려 하였다.

하지만 때로는 법익 박탈자 명단에 등록되고 사형 집행이 뒤따른 것이 아니라 먼저 사형이 집행되기도 했다. 마리우스를 지지하는 신시민도시 라리눔에서 스타티우스 알비우스 오피아니쿠스라는 인물은 살인죄로 고발당하였다가 피신하여 술라의 사령부에 합류하였고, 내전 승리 이후 통치자의 대리인으로 다시 라리눔을 찾았다. 그는 도시 고위층을 쓸어버리고 그 자리에 자신과 자신의 친구들을 앉혔으며, 그를 살인죄로 고발하며 위협하였던 자와 그 친척들과 친구들을 법익 박탈자 명단에 등록하고 살해하였다. 이런 사례는 헤아릴 수 없이 많았고, 그 가운데 결연한 과두정 지지자들도 적잖이 개인적 적개심이나 탐욕 때문에 희생되었다. 모든 면에서처럼 이 문제에서도 그의 최측근들에 대해 술라가 가진 놀라운 착각과 잘못된 신중함은 측근들이 저지른 저열한 범법행위의 모든 처벌을 방해하였다.

재산몰수

재산몰수도 비슷한 방식으로 진행되었다. 술라는 정치적 고려에 따라 지체 높은 시민들이 몰수 재산 경매에 참여하도록 종용하였다. 상당수는 순순히 이에 참여하였는데, 누구보다 열심인 자는 마르쿠스 크라수스였다. 지배적인 시대 분위기 때문에 극악한 약탈 경제를 피할 수 없었다. 이는 흔히 부분적으로 적용되던 로마적 방식에 따른 것으로 국가가 몰수한 재산을 일괄 판매 방식으로 현금화하였기 때문이다. 또한 부분적으로 통치자 자신이 몰수 재산을 사들였고, 부분적으로 특히 그의 부인 메텔라와 그의 귀족 측근들이나 천민 측근들이, 심지어 그의 해방노예들과 술친구들이 경쟁이 전혀 없이 몰수 재산을 사들이도록 허용하였고, 때로는 낙찰금을 부분적으로나 전체적으로 면제시켜 주었기 때문이다. 예를 들어 술라의 해방 노예들 가운데 한 명은 600만 세스테르티우스(45만 7,000탈러) 상당의 몰수 재산을 2,000세스테르티우스(152탈러)에 낙찰 받았고, 부하 장교들 가운데 한 명은 이런 투자로 1,000만 세스테르티우스(76만 1,000탈러)의 재산을 획득하였다.

이에 분노는 상당했고 정당했다. 술라의 통치 기간 동안 어떤 법률가는 저 귀족은 그의 해방노예들과 노예들을 부자로 만들어주기 위해 내전을 치른 것은 아니냐고 물었다. 이런 비리에도 불구하고 국고로 환수된 몰수 재산의 총액은 적어도 3억 5,000만 세스테르티우스(2,700만 탈러)에 이르렀다. 이를 통해 시민들 가운데 가장 부유한 자들에게 주로 가해진 재산몰수가 어느 정도였는지를 대략적으로나마 이해할 수 있다. 이는 전적으로 가공할 처벌이었다. 재판도 없었고, 더는 사면도 없었다. 둔중한 충격이 이탈리아 강토를 무겁게 강타하였고, 수도 로마의 광장에서도, 지방 도시의 광장에서도 자유발언은 입을 다물었다. 귀족당파의 공포정치는 혁명당파의 공포정치와는 다른 성격을 나타냈다. 마리우스가 개인적 복수심을 적들의 피로 채운 것이라면, 술라는 폭력을 말하자면 냉정하게, 새로운 독재정치의 도입을 위해 필수적인 것으로 여겼고, 무심하게 살육을 행하거나 방치하였다. 하지만 공포정치는 그것을 보수파가 전혀 감정 없이 행했을 때 더 무서워 보였고, 양 진영의 광기와 만용이 균형을 이루면서 공동체의 구제는 더욱 불가능해 보였다.

시민권 문제

술라는 전반적으로 혁명 기간 동안 진행된 국가처분을, 다만 현안을 처리하는 경우가 아니라면, 모두 무효로 처리해버렸지만, 이탈리아와 로마의 관계를 바로잡는 과정에서는 혁명정부가 확립한 기본법을 그대로 유지하였다. 그리하여 이탈리아 공동체들 가운데 어느 한 곳의 시민은 모두 그 자체로 로마시민으로 인정되었다. 로마시민과 이탈리아 동맹시 시민의 차별, 조금 더 나은 권리를 가진 구시민과 상대적으로 제한된 권리를 가진 신시민의 차별은 철폐되었던 그대로 유지되었다. 다만 해방노예들에게서 무제한적 투표권이 다시 박탈되었고, 예전의 상태로 돌아갔다. 귀족계급의 과격파는 이마저도 큰 양보라고 생각하였다. 술라는 혁명당파 지도자들에게서 그들을 지지할 강력한 지렛대를 빼앗아야 하며, 과두정의 패권이 이렇게 시민들의 숫자를 늘린다고 해서 실질적으로 위협받지는 않는다고 생각하였다.

이탈리아 공동체들의 처벌

하지만 이런 양보는 원칙적으로, 이탈리아 전체의 개별 공동체들에 대한 더없이 가혹한 심판과 짝을 이루었고, 이러한 심판은 특명 관리들에 의해 집행되었다. 집행은 반도 전체에 배치된 군의 협력으로 이루어졌다. 몇몇 도시들은, 예를 들어 술라에게 협력한 일등 공동체들은 보상을 받았으며, 브룬디시움은 항구도시에게 매우 중요한 관세면세를 부여받았다. 다수의 도시들은 처벌을 받았다. 죄가 크지 않은 공동체들은 벌금, 성벽 철거, 성채 파괴를 명받았다. 아주 완강하게 저항했던 공동체들에게서 통치자는 토지 일부를 몰수하였고, 일부에게는 전체 토지를 몰수하였다. 이는 법률적으로 몰수형에 해당하는 것으로 볼 수 있는데, 로마가 이들 공동체들을 조국을 배신한 시민공동체로 간주하거나 혹은 영구적 평화협정을 어기고 로마와 전쟁을 벌인 동맹국가로 간주하였다는 뜻이기도 하다. 이 경우, 재산을 박탈당한 시민들 모두가, 그리고 물론 오직 이들만이 개별 공동체 시민권 및 로마 시민권을 동시에 빼앗겼고, 다만 가장 열악한 라티움 시민권을 부여받았다.[4] 술라는 상대적으로 열악한 권리를 가진 이탈리아 공동체들에 속한 그의 반대파에게 낱알 한 톨도 내주지 않았다. 고향과 재산을 잃은 자들은 곧 무산자계급으로 전락해야 했다. 캄파니아에서, 당연한 일이지만, 민주당파의 식민지 카푸아는 해체되었고 토지는 국가에 귀속되었을 뿐만 아니라, 아마도 이 시기쯤에 네아폴리스는 아이나리아섬(오늘날의 이스키아)을 빼앗겼다. 라티움에서 공동체 전체가 해체된 경우는 크고 부유했던 프라이네스테와 추측컨대 노르바였으며, 움브리아에서는 스폴레티움이었다. 심지어 파일리그니 지역의 술모는 초토화되었다. 하지만 통치자의 철퇴에 다른 어디보다 심각한 타격을 입은 지역은 마지막까지 싸우고 최근 콜리나 성문 앞 전투에서 강력하게 저항하였던 두 지역, 즉 에트루리아와 삼니움이었다. 에트루리아에서 일련의 아주 대단한 자치도시들이 전면적 몰수를 당하였는데, 예를 들어 플로렌티아, 파이술라이, 아레티움, 볼라테라이 등이다. 삼니움의 운명은 앞서 언급되었는데, 여기서는 몰수가 아니라 영구적 초토화가 이루어졌다. 번영하던 도시들, 심지어 과거 라티움 식민지였던 아이세르니아마저 황폐화되었고 브루티움 지방이나 루카니아 지방도 똑같이 되었다.

---

[4] 제2권 272쪽. 여기에는 특별한 불리함이 가중되었는데, 라티움 시민권은 일반적인 경우에 거류외인 시민권처럼 어떤 특정 라티움 공동체나 거류외인 공동체에 귀속되었지만, 이때의 라티움 시민권은 나중에 해방노예들에게 부여된 라티움 시민권과 예속 시민권처럼, 특정한 소속 공동체가 없는 것이었다. 결과적으로, 이 라티움 시민권을 가진 자들은 도시 공동체 규율과 연결된 특권을 가지지 못했는데, 정확하게 말하자면 유언장을 남길 수 없었다. 왜냐하면, 소속 도시 공동체의 법에 따르지 않고서는 달리 유언장을 남길 방법이 없었기 때문이었다. 하지만 아마도 이들은 로마의 유언장에 따라 유산을 획득할 수는 있었으며, 생존 당시에 서로, 로마법의 형식에 따라 로마인들이나 라티움인들과 재산을 주고받을 수는 있었을 것이다.

노병들의 정착

이탈리아 영토의 이런 정리를 통해, 과거 동맹 공동체들이 그 용익권을 가지고 있다가 이제 동맹 공동체들의 해체와 더불어 국가에 환수된 국유지들과 처벌을 받은 공동체들에서 몰수한 경작지들이 통치자의 손에 들어왔다. 그는 이 토지들을 이용하여 승리한 당파의 병사들을 그곳에 정착시키기로 하였다. 새로운 정착지들 대부분은 에트루리아에, 예를 들어 파이술라이와 아레티움에 생겼고, 다른 것들은 라티움과 캄파니아에 생겼는데, 그 가운데 프라이네스테와 폼페이는 술라 노병들의 식민지였다. 말하자면 삼니움에 다시 사람을 살게 하는 것은 통치자의 의도가 아니었다. 이 정착지들의 상당수는 그락쿠스의 방식에 따라 진행되었는데, 새로 정착한 사람들은 기존에 있던 도시 공동체에 귀속되었다. 정착지가 어느 정도였는지는 12만 단위에 이르는 분배 토지의 숫자가 말해준다. 하지만 몇몇 농지들은 다르게 처분되었는데, 예를 들어 티파타 산지의 디아나 신전에 수여된 농지의 경우가 그렇다. 볼라테라이 지역과 아레티움 지역 일부 등은 분배되지 않았다. 일부는 법적으로 금지되었으나(제5권 192쪽), 이제 다시 등장한 옛 방식에 따라 술라의 측근들이 정복자의 권리에 따라 이를 차지하였다.

술라는 이런 식민지 건설에 다각적인 목표를 두었다. 우선 이를 통해 그는 그의 병사들에게 했던 약속을 이행하였다. 또한 그는 혁명당파와 온건 보수파가 내세웠던 주장을 수용하였으며, 자신이 벌써 로마 건국 666년(기원전 88년) 상당수의 식민지 건설을 제안했던 때의 생각을 실천하였다. 정부 주도로 거대 지주들의 농장을 해체하여 이탈리아 자영소농의 숫자를 늘리려 했던 것이다. 그가 이를 얼마나 진지하게 생각하였는가는 분배 토지의 병합을 새롭게 금지한 데서 확인된다. 마지막으로 무엇보다 그는 이렇게 정착한 노병들을 통해 상비 주둔군과 비슷한 효과를 노렸는데, 그들이 자기 지분의 토지와 함께 술라의 새로운 정부체제를 수호하게 하였다. 때문에 토지 전체를 몰수하지 못한 곳에서, 예를 들어 폼페이의 경우에, 정착 병사들이 기존 도시 공동체와 병합되지 않도록 구시민들과 정착 병사들을 하나의 도시 울타리 안에 공존하는 이원 시민체로 만들어졌다. 이 식민지 건설은 아마도 과거와 마찬가지로 민회 의결을 근거로 하였을 것인데, 다만 통치자가 민회를 발레리우스 법의 해당 조항에 따라 구성하는 간접적인 방식이었다. 사실상 이는 통치자의 전권에 따른 것으로, 과거 국유재산에 대한 왕권의 자유로운 처분을 연상시켰다. 이 식민지들을 옛 식민지들과 구분하여 군사 식민지라고 부르는 것도 잘못은 아닌데, 병사들과 시민들의 대립은 다른 경우라면 병사들의 철수를 통해 해소되었지만 술라의 식민지들에서는 식민지 건설 이후 지속될 수 있었고 실제로 지속되었기 때문이며, 그리고 이 식민지들이 원로원 상비군 역할을 했기 때문이다.

로마의 해방 자유민들

사실상 원로원 상비군의 이런 창설과 유사한 조치로 통치자는 법익 박탈자들의 노예 가운데 젊은 힘센 남성들 1만 명 이상을 선발하여 해방시켰다. 새로운 코르넬리우스 피호민들의 시민 위상은 그들의 두호인이 수립한 질서의 법적 지속에 의존하였기 때문에, 이들은 과두정을 위해 일종의 경호원 노릇을 하였고, 과두정이 도시 폭민을 통제하는 것을 도왔으며, 수도 로마의 수비군이 없는 상황에서 이들에게 모든 것이 달려 있었다.

그락쿠스 질서의 철폐

통치자가 다른 무엇보다 과두정을 지탱할 동량으로 삼은 이런 예외적 조치들은, 이를 만든 사람에게조차 약하고 일시적인 것으로 보였지만, 그래도 유일한 가능성이었다. 다른 방법은 없었는바, 예를 들어 로마에 상비군을 공식적으로 주둔시키는 등의 수단들을 동원하였다면, 선동정치의 공격보다 더 빨리 과두정을 끝장냈을지도 모른다. 과두정의 법적 통치권을 떠받치는 항구적 토대는 당연히 원로원일 수밖에 없었는데, 원로원은 모든 점에서 조직되지 않은 적을 압도할 수 있도록 매우 강력하게 집중된 권력을 가져야 했다. 40년 동안 지속된 타협 체제는 막을 내렸다. 로마 건국 666년(기원전 88년)의 첫 번째 술라 개혁에서는 유지되었던 그락쿠스 체제가 이제 완전히 철폐되었다.

가이우스 그락쿠스 이래로 정부는 수도 로마의 무산계급에게 마치 폭동의 권리를 허락한 듯 했고, 수도 로마에 거주하는 시민들에게 규칙적으로 곡물을 분배함으로써 이들을 매수하였던 셈이다. 하지만 술라는 이를 폐지하였다. 속주 아시아의 십일조와 관세를 도급으로 수도 로마의 자본가 계급들에게 맡김으로써 가이우스 그락쿠스는 이들을 조직하고 굳건히 하였다. 술라는 이 도급 제도를 철폐하고 아시아주민들이 지던 지금까지의 부담액을 고정 금액으로 변경하였다. 연체세금의 추가 납부를 목적으로 작성된 평가금액 목록에 따라 개별 지역마다 고정 금액이 부과되었다.[5] 가이우스 그락쿠스는 심판인 자리를 기사계급에게 넘겨줌으로써 자본가 계급을 간접적인 공동 통치와공동 행정에 참여시켰는데, 이들은 때로 공식적인 행정기구나 통치기구보다 강력한 힘을 발휘하였다. 술라는 기사계급 법정을 철폐하였고이를 원로원 의원들로 다시 채웠다. 가이우스 그락쿠스 혹은 그락쿠스 시대는 기사계급에게 축제기간동안 특별석을 제공하였는데, 이는상당 기간 동안 원로원 의원들에게 제공되었던 자리였다(제4권 159쪽). 술라는 특별석을 폐지하였고 기사계급을 다시 평민석으로 돌려보냈다.[6] 기사계급은 가이우스 그락쿠스에 의해 얻었던 정치적 위상을 술라를 통해 모두 잃었다. 원로원은 절대적이고 완전하게 그리고지속적으로 입법, 사법, 행정에서 최고 권력으로 다시 태어났으며, 외

---

[5] 술라가 5년간의 연체 세금과 전쟁 비용을 아시아의 공동체들에게 부과한 것(App. *Mithr.* 62 등)은 미래에도 좋은 선례가 되었음은, 아시아를 40개로 구획하는 것도 술라에게서 기원한다(Cassiod. *chron.* 670)고 보는 것을 보아도 분명하다. 술라의 구획은 후대의 세금 부과에도 토대가되었다(Cic. *Flacc.* 14, 32). 로마 건국 672년(기원전 82년) 전함 건조에 사용된 모든 비용이 세금에서 공제된 것도 그러하다(*ex pecunia vectigali populo Romano*; Cic. *Verr.* 1, 35, 89). 이에 대해 마침내키케로(*ad Q. fr.* 1, 11, 33)는 '희랍인들은 세금 도급업자 없이 술라가 그들에게 부과한 세금을스스로 지불할 수 없었다'고 말한다.

[6] 제5권 166쪽. 옛 특권을 부활시키는 것이 필요하다고 본 로스키우스 극장법(로마 건국 687년, 기원전 67년)이 누구에 의해 통과되었는지는 전해지지 않는다(Friedländer in Becker, Bd. 4, 531쪽). 하지만 사태를 보건대 이 법률의 제안자는 술라가 분명하다.

형적으로도 특권 계급, 그것도 유일한 특권 계급이 되었다.

원로원의 재구성

무엇보다 이런 목적을 위해 이 통치 기구는 보충되어야 했고 독립적으로 자리 잡아야 했다. 최근의 위기를 겪으며 원로원 의원들의 숫자는 경악할 만큼 줄어들었다. 술라는 기사계급 법정을 통해 추방된 인물들에게 이제 귀환을 허락하였는데, 예를 들어 전직 집정관 푸블리우스 루틸리우스 루푸스(제5권 324쪽)와 드루수스의 친구 가이우스 코타(제6권 18쪽)에게 귀환이 허락되었으나, 전자는 귀환 허락을 받아들이지 않았다. 하지만 이는 혁명당파나 반동당파가 자행한 공포정치로 인해 발생한 원로원 의원들의 결원에 비해 매우 적은 수의 보충에 지나지 않았다. 때문에 술라의 조치에 따라 원로원은 예외적으로 약 300명의 원로원 의원들이 새롭게 보강되었다. 구민회는 기사계급에 속한 인물들 가운데 일부를 원로원 의원으로 지명해야 했는데, 당연히 원로원 계급의 집안에 속한 젊은이들 가운데, 그리고 술라의 장교들과 최근의 혼란 가운데 두각을 나타낸 인물들 가운데 지명이 이루어졌다. 하지만 미래를 위해서 원로원 의원 선출의 새로운 규칙이 만들어졌고 근본적으로 전혀 다른 토대가 마련되었다.

이제까지의 국법에서 원로원 의원은 우선 호구조사를 통해 이루어졌는데, 이는 본래적이고 정규적인 방식이었다. 다른 하나는 집정관, 법무관, 안찰관 등 고관역임을 통해 이루어졌는데, 이들에게 오비니우스 법에 따라 원로원 참석권과 투표권이 주어졌던 것이다(제4권 157쪽). 호민관이나 재무관 등 낮은 직급의 정무관 역임자들에게는—무엇보다 호구감찰관의 선택을 받는 한에서—사실상 원로원 참석이 허락되었지만, 결코 법적 권리는 아니었다. 앞의 두 가지 선출 방식 가운데 첫 번째 방식을 술라는 호구감찰관을 적어도 사실상 배제함으로써 없애 버렸고, 두 번째 방식은 원로원의 법적 선출 고관을 변경하여 안찰관에서 재무관으로 낮추었고, 동시에 매년 새롭게 선출되는 재무관의 숫자는 20명[7]까지 높였다. 이제까지 호구감찰관들에게 법률적으로는 주어져 있었으나, 사실상 이미 오래전부터 작동하지 않아, 5년마다 실시된 호구 조사를 통해 합당한 이유를 적시하여 원로원 의원 명단에서 원로원 의원을 삭제할 수 있는 애초의 엄격한 권한(제4권 160쪽 이하)은 이제 없어졌다. 이제까지 사실상으로 보장되었던 원로원 의원의 해임 불가능성은 술라에 의해 영구히 법률적으로 확인되었다.

원로원 의원의 총수는 당시까지 추측컨대 옛 정원 300명을 크게 넘

---

[7] 얼마만큼의 재무관이 매년 선출되었는지는 알려지지 않았다. 로마 건국 487년(기원전 267년)에 재무관의 숫자는 8명이었다. 2명의 도시 재무관, 2명의 군사 재무관, 4명의 함대 재무관이 있었다(제2권 267쪽과 282쪽). 여기에 속주로 파견되는 정무관들을 보좌하는 재무관들이 추가되었다(제3권 95쪽). 함대 재무관은 오스티아와 켈레스에 근무하였고 중도에 임무를 중단할 수 없었고, 군사 재무관은 임지를 바꿀 수 없었다. 재무관이 추가되지 않을 경우, 집정관은 원정 사령관으로서 속주로 재무관을 대동할 수 없었을지도 모른다. 술라 시대까지 9개의 정무관직이 있었고, 두 명의 재무관이 시킬리아에 파견되었기 때문에 아마도 술라 때에 18명의 재무관이 있었을 것이다. 이 시기의 고위 정무관 숫자도 그 업무에 비해 현저히 적었고, 이때 항상 임기 연장 등의 편법이 동원되었고, 로마 정부의 경향은 일반적으로 정무관의 숫자를 가능한 줄이려 했기 때문에 재무관 업무는 실제 재무관 숫자에 비해 많았을 것이다. 그러니까 소규모 속주, 예를 들어 킬리키아에는 이 시대에 재무관이 파견되지 않았을 수 있다. 하지만 술라 시대 이전에 이미 8명의 재무관이 존재했었다.

어서지는 않았을 것이고 종종 정원을 채우지 못했는데, 술라의 조치로 상당히, 아마도 평균적으로 두 배까지 증원되었다.[8] 이런 증원은 심판인 기능까지 넘겨받으면서 원로원 의원들의 임무가 늘어났기 때문에 어쩔 수 없는 일이었다. 특별한 방식으로 발탁된 원로원 의원들은 물론 재무관들이 상민회를 통해 지명되면서, 이제까지 간접적으로 인민의 투표에 따르던 원로원(제4권 179쪽)은 이제 완전히 직접적으로 인민투표에 기초하게 되었는바, 원로원은 과두정의 본질과 고대적 개념에 부합하는 한에서 이제 대의정치에 근접한 기구가 되었다. 과거 단지 정무관들에게 조언을 해주던 위원회였던 원로원은 이제 시간의 흐름과 함께 정무관들을 통솔하며 통치하는 기구가 되어 있었다. 이는 원로원 의원들을 지명하고 퇴출하는 권한이 애초 정무관들에게 주어졌다가 박탈되고, 원로원이 동일한 법적 권한을 회수하고 공권력이 이에 종속되면서 생겨난 당연한 결과였다. 원로원 의원을 감찰하고 그 판단에 따라 이름을 삭제하거나 추가하는 호구감찰관의 과도한 권한은 정비된 과두정 체제와 사실상 양립하지 못했다. 이제 재무관 선거를 통해 정기적으로 충분한 원로원 의원 보충이 이루어지면서, 호구감찰관의 감찰은 쓸모없는 일이 되었고, 감찰이

---

[8] 정확히 몇 명의 원로원 의원들이 있었는지는 전혀 확인할 수 없다. 술라 이전에 호구감찰관들도 300명의 목록을 완성하였지만, 이 목록에는 언제나 원로원 의원이 아닌 자들도 더해져 있었다. 이들은 지난 호구 조사 직후에서 다음 호구 조사의 공시까지 고위 정무관을 역임한 자들이었다. 술라 이후에는 재무관들 중 살아 있는 사람들만큼의 원로원 의원들이 추가되었다. 추측하건대, 술라는 원로원을 약 500명에서 600명까지 채우려는 의도를 가졌던 것으로 보인다. 이 숫자는 매년 20명씩 추가되어 평균적으로 30년간 원로원 의원으로 일한 경우인데, 일반적으로 원로원 자리는 평균적으로 25년에서 30년에 이르렀다. 키케로 시대에 원로원 자리가 많을 때에 그 숫자는 417명이었다.

사라지면서 과두정의 핵심 기본원리가 되는바, 의석과 의결권을 부여받은 통치계급 구성원들의 면직 불가능한 종신임기는 최종적으로 확고하게 굳어졌다.

민회의 역할 조정

입법과 관련하여 술라는 로마 건국 666년(기원전 88년)에 만들어진 규정들을 다시 수용하는 것으로 만족했고, 오랫동안 원로원이 가지고 있던 사실상의 법률 발의권을 적어도 호민관에 맞서 원로원에게 법률적으로 보장하였다. 시민은 여전히 공식적인 주권자였다. 하지만 민회와 관련해서 통치자는 그 형식의 유지에 세심한 노력을 기울여야 한다고 생각하면서, 동시에 민회의 모든 실질적 활동을 막는 데는 더욱 세심한 노력을 기울여야 한다고 생각하였다. 심지어 술라는 시민권을 매우 하찮게 생각하였다. 그래서 그는 조금의 주저도 없이 새로운 시민공동체들에 이를 허락하였고, 히스파니아인들과 켈트족에게도 집단적 시민권 수여를 남발하였다. 아마도 의도적이었을 것인데, 심지어 시민 명부 확정을 위한 아무런 조치를 취하지 않았다. 그렇게 커다란 격변을 겪은 직후이기 때문에, 만약 정부가 로마 시민의 특별한 권리를 진지하게 걱정하였다면, 명부 재정비가 시급하였을 텐데 말이다. 솔직히 민회의 입법적 기능은 전혀 위축되지 않았지만, 그렇다고 이 기능이 필요하지도 않았다. 왜냐하면, 원로원이 좀 더 훌륭하고 안정적인 발의 역할을 수행하면서 인민은 정부의 의지에 반하여 행정부와 재정과 사법에 개입하는 것이 쉽지 않았기 때문이며, 나아가 인민의 입법 참여는 국헌 변경에 동의하는 권한으로 다시 한번 크게 축소되었기 때문이다.

사제 선거 제도의 복위

각종 선거에서 시민의 참여는 훨씬 중요했고, 사람들은 결코 선거에서 시민의 참여를 막을 수 없었다. 술라가 현재 시행되고 있는 복고 정치를 더욱 세차게 밀어붙일 수 있거나 밀어붙이고자 한다면 모를까, 이것마저 흔들 수는 없었다. 개혁 당파가 사제 선거에 개입하는 것은 금지되었다. 로마 건국 650년(기원전 104년)에 최고 사제직의 선거를 전적으로 인민에게 맡기는 도미티우스 법(제5권 300쪽)과, 최고 목교관이나 최고 동회 사제와 관련된 비슷한 옛 조치들(제4권 201쪽)이 술라에 의해 폐지되었고, 사제단 충원의 권리를 무제한적으로 사제단에게 되돌려주었다. 하지만 정무관 선거는 전체적으로 그간의 방식이 그대로 유지되었다. 그밖에 곧 언급하겠지만 군사령관 임명의 새로운 규칙은 민회 권한의 본질적 제한을 내포하고 있었으며, 그런 의미에서 군사령관 직책의 임명권은 시민에게서 원로원으로 넘어갔다. 또한 술라가 과거에 시도되었던 세르비우스 선거법(제6권 66쪽)의 회복을 지금 다시 시도했던 것으로 보이지는 않는다. 투표 단위를 법률적으로 이렇게 저렇게 규정하는 것에 술라가 전혀 무관심하였는지, 과거의 규정이 자본가들의 위험한 영향력을 증대시킬 것이라고 그가 생각하였는지는 알 수 없다. 다만 자격 규정들이 회복되었고 부분적으로 강화되었다. 모든 정무관의 취임에 요구되는 연령제한은 다시 한번 엄격해졌다. 마찬가지로 모든 집정관 입후보자들은 먼저 법무관을, 모든 법무관 입후보자들은 먼저 재무관을 역임해야 한다는 규정이 덧붙여졌고, 반대로 안찰관은 건너뛸 수 있도록 허용되었다. 최근 여러 차례 시도되었던바 여러 해 동안 내내 집정관직을 거머쥐는 방식으로 독재의 토대를 마련하려는 것을 막고 남용을 방지하기 위해 좀 더 엄격하게 규정이 만들어졌는데, 상이한 두 정무관에 취임하는 데 최소한 2년, 동일한 두 정무관에 취임하는 데는 적어도 10년의 간격을 두도록 하였다. 마지막 규정은 최근의 초강경 과두정 시기에 엄격하게 금지되었던 집정관 재임(제4권 105쪽)을 완화하여 로마 건국 412년(기원전 342년, 제2권 102쪽)의 옛 규정을 부활한 것이었다. 하지만 전반적으로 술라는 선거에는 개입하지 않고, 다만 정무관 권한을 제한하려 하였다. 민회의 예측불가능한 분위기가 누구를 정무관으로 선출하든지 상관하지 않았지만, 선출된 자는 과두정에 반기를 들지 않아야 했다.

호민관의 약화

국가의 최고 정무관들은 이 시기에 사실상 호민관단, 집정관단, 법무관단 그리고 호구감찰관단이었다. 이들은 술라의 복위 정치에 따라 현저하게 위축된 권한을 가지게 되었다. 무엇보다 호민관직은 통치자가 보기에 원로원통치에 필수불가결한 관직이면서 동시에 혁명에 의해 생겨나 늘 혁명을 일으킬 경향을 가진 관직으로서 엄격하고 지속적인 통제가 필요한 통치기구였다. 호민관 권력은 정무관들의 행정조치들을 거부권 행사를 통해 무효화하고, 이를 거부하는 자에게 때로 벌금형을 부과하거나 다른 더 큰 처벌을 내리도록 지시하는 권한에서 출발했다. 이 권한들은 이때에도 계속 호민관들에게 부여되었고, 다만 일반적으로 시민으로서의 존재 자체를 파괴하는 과도한 벌금형은 거부권의 오용으로 간주되었다. 또한 때로 고발을 위해서, 특히 정무관 역임자들을 불러 해명을 요구하기 위해서, 혹은 법률을 표결에 부치기 위해서 행사되던 호민관 권한인바, 임의로 민회에 회부할 권리는 과거 그락쿠스 형제, 사투르니누스, 술키피우스가 국가를 전복시키는 데 사용한 지렛대였다. 이제 이 권한이 없어진 것은 아니었지만, 사전에 원로원에 이에 대해 재가를 받아야 하는 것으로 바뀌었다.[9] 마지막으로 호민관 역임자는 다른 고위 정무관에 취임하지 못한다는 규정이 추가되었다. 이는 술라의 복위 정치에서 다른 많은 것

---

[9] 레피두스는 살루스티우스(*hist*. 1, 41, 11)에서 이렇게 언급한다. *populus Romanus exutus…iure agitandi*. 타키투스도 이를 암시한다(*ann*. 3, 27). *statim turbidis Lepidi rogationibus neque multo post tribunis reddita licentia quoquo vellent populum agitandi*. 호민관들은 민회에 회부할 권한을 전혀 상실하지 않았음은 키케로 《법률론》 3, 4, 10보다 'plebiscitum de Thermensibus 테르메수스(Thermessus)에 관한 상민회 의결'에서 더욱 분명히 확인된다. 하지만 이 상민회 의결은 시작 문구에서도 'de senatus sententia 원로원의 표결에 따라 통과되었다'고 적혀 있다. 이에 반해 집정관들은 술라의 법에 따라서도 원로원의 사전 의결 없이도 민회에 가져갈 수 있다는 점은 그 출처에 달리 언급이 없다는 것이 증명할 뿐만 아니라, 로마 건국 667년(기원전 87년)과 로마 건국 676년(기원전 78년)의 혁명 진행도 이를 증명한다. 이 두 혁명의 지도자들은 이런 이유에서 호민관들이 아니라 집정관들이었다. 따라서 이 시기의 부차적 행정 규칙에 관한 집정관 법률, 예를 들어 로마 건국 681년(기원전 73년) 곡물법을 만나게 되는데, 이것들은 다른 시기에는 상민회 의결이었던 것들이었다.

과 마찬가지로 옛 귀족정의 규정을 회복한 것이며, 상민들에게 관직 취임이 허용되기 이전에 그러했던 것처럼 호민관과 고위 정무관직의 엄격한 구별을 선언한 것이기도 했다. 이 방식을 통해 과두정의 입법자는 호민관 민중 선동을 방지하고, 공명심을 가지고 출세하려는 모든 젊은이들에게 호민관직을 멀리하게 만드는 한편, 호민관직을 원로원을 위해 원로원과 민회를 동시에 중재하고, 만약의 경우에 정무관을 통제하기 위한 도구로 붙들어놓기를 희망하였다. 왕의 통치와 마찬가지로 공화정의 정무관들이 시민들을 통치한다는 것을 가장 분명하게 보여주는 것은 오로지 정무관들만이 인민 앞에서 공식적으로 발언할 권리는 갖는다는 조항인 것처럼, 이제 처음으로 법률적으로 확고해진 원로원 지배가 가장 분명하게 드러난 것은, 인민 지도자가 인민과의 모든 논의를 원로원에 요청하여 허락을 받아야 한다는 조항이었다.

최고 정무관의 제한

로마를 재생하려는 귀족 통치자의 눈에 집정관직과 법무관직은 그 자체적으로 의심쩍은 호민관직보다는 좀 더 호의적으로 보였지만, 이들도 과두정의 적나라한 특성이었기 때문에 불신을 벗어나지는 못했다. 좀 더 유연한 형태였지만, 두 정무관직에 매우 뚜렷한 방식의 제약이 있었는데, 술라는 여기에 업무분장을 연결하였던 것이다. 이 시기 초에 다음의 규정이 지켜졌다. 두 집정관에게는 최고 정무관 업무 일반이라는 과거의 개념처럼 여전히 총체적 개념의 최고 정무관 업무가 주어졌고, 이에 대해 법적으로 그 권한이 규정되지도 않았다. 후자의 사례가 수도 로마의 사법행정이었는데, 집정관들은 반드시 지켜야 할 어떤 규칙에 결코 얽매이지 않았다. 또 하나의 사례는 당시 해외에 만들어진 시킬리아, 사르디니아, 두 히스파니아 속주의 행정이었는데, 물론 예외적으로 행사하였지만, 집정관은 속주의 군령권을 행사할 수 있었다. 일반적인 사무 규칙에 따르면, 6개 특수 권한, 다시 말해 2개의 수도 로마 사법행정권, 4개의 해외 속주 군령권은 여섯 명의 법무관들에게 주어져 있었고, 두 집정관들은 일반적 최고 정무관 권한으로 수도 로마의 비(非)사법 행정과 이탈리아 본토의 군령권을 담당하였다. 일반적 최고 권한 정무관이 두 명이었기 때문에, 사실상 한 명에게는 정부 재량에 따라 임무가 부여되었다. 따라서 평상시에는 8명의 1년 임기 최고 정무관들이면 충분한 정도가 아니라 넘치도록 충분했다. 비상시를 위해서는 비(非)군사적 권한들은 한 명에게로 집중시키는 한편, 군사적 권한을 임기 이상으로 연장하는 조치가 준비되어 있었다(prorogare). 2개의 로마 사법 행정을 한 명의 법무관이 맡는 것이나, 집정관들이 맡는 정규적 수도 로마 행정을 시민 담당 법무관이 맡는 것도 이례적인 것이 아니었다. 반면 한 사람이 여러 개의 군령권을 거머쥐지 못하도록 최대한 합리적으로 막았다. 이에 도움이 된 규정은, 군령권에는 공위 기간이 없으며, 따라서 군령권은 전임자의 임기가 끝나도 임기 이후에도, 후임자가 나타나서 군령권을 인수인계하기 전까지는 법적으로 전임자가 계속 보유한다는 규정이거나, 혹은 동일한 것이어서 군령권을 가진 집정관이나 법무관은 임기 만료 이후에도 후임자가 나타나지 않으면 집정관과 법무관을 대리하여 계속 군령권을 가질 수 있고 가져야 한다는 규정이었다.

이 업무분장에서 원로원의 영향력은 이 보통의 규칙을 유지하느냐 아니면 이 규칙의 예외를 만드느냐가 전적으로 원로원의 결정 사항이라는 것이었다. 그러니까 6명의 법무관이 6개의 특수 권한을 서로 존중하고 집정관들이 이탈리아 본토의 비(非)사법적 업무에 종사하느냐, 아니면 예를 들어 집정관이 잠깐 동안 특별히 중요한 해외 군령권이나 특별한 군사적이고 사법적인 특임, 가령 함대 군령권이나 중요 범죄 조사 등의 권한을 맡느냐, 필요에 따라 그 임기를 연장하고 권한을 추가하느냐는 원로원이 결정하였다. 더군다나 이때 집정관 권한과 각 법무관 권한의 규정은 원로원이 담당하였고, 관직을 맡을 인물의 지명은 철저하게 피선출자들의 경합이나 제비뽑기를 통해 결정되었다. 시민은 좀 더 먼 과거에는 임무 교대의 지연으로 발생한 사실적 군령권 연장을 특별한 민회 의결로 비준하도록 요청받기도 하였지만(제2권 111쪽), 이는 국헌의 법규가 아니라 국헌의 정신에 따라 필연적인 것이었는데, 시민은 이에 더는 개입하지 않았다.

로마 건국 600년이 넘어가면서 이제 점차 기존 6개의 특수 권한에 덧붙여 새롭게 6개의 특수 권한이 생겨났다. 마케도니아, 아프리카, 아시아, 나르보, 킬리키아 속주를 관할하는 5개의 법무관 자리와 수탈 재산 반환에 관한 상설 사문회의 주재관이었다(제5권 105쪽). 여기에 덧붙여, 로마 정부의 행정 영역이 지속해서 확대되면서, 고위 정무관들에게 특별한 군사적 임무나 특별한 재판 임무가 주어지는 일이 점점 더 자주 벌어졌다. 하지만 매년 정규적으로 선출되는 최고 정무관의 숫자는 증원되지 않았다. 따라서 매년 8명의 정무관들이 지명되었고, 그러니까 별다른 일이 없는 한, 매년 적어도 12명의 특수 권한을 가진 정무관들이 임명되어야 했지만, 새로운 법무관을 창설하여 인원 부족을 단번에 해결하지 않은 것은 당연히 우연이 아니었다. 국헌의 법규에 따라서 최고 정무관 전체는 매년 시민들에 의해 선출되어야 했다. 새로운 관례—아니 오히려 새로운 혼란—에 따라, 발생한 결원은 대부분 임기 연장으로 충원하고, 연장된 임기는 법적으로 1년으로 이는 원로원에 의해 부여되었다. 물론 임의로 거부되기도 하였다. 국가에서 가장 중요하고 이익이 되는 정무관직들은 더는 시민들이 아니라, 시민들에 의한 선거 결과인 경쟁자 목록을 보고 원로원이 결정하였다. 이들 자리 가운데 해외 군령권 자리가 가장 이득이 되었기 때문에 많은 사람이 원했고, 법적으로나 사실적으로 수도 로마에 붙잡힌 정무관들, 그러니까 2명의 시민 담당 법무관이나 특히 집정관들은 1년 임기가 끝나면 해외 군령권 자리를 받게 되는 것이 일반적이었다. 이는 임기 연장의 방식에 부합하였다. 로마와 속주에서 복무하는 최고 정무관의 권한은 다른 방식으로 주어졌지만, 국법에 비추어 보면 사실 다른 성질의 권한이 아니었기 때문이다.

술라의 권한 조정

이것이 술라 이전의 상황이었고, 술라는 이를 기반으로 새로운 규정을 수립하였다. 새로운 규정의 근본이념은 시민 영역을 통치하는 정치적 권한과 비(非)시민 영역을 통치하는 군사적 권한을 완전히 분리하는 것과, 모든 최고 정무관 임기를 2년으로 연장하여, 임기 첫 해는 시민 업무에, 두 번째 해는 군사 업무에 전념토록 하는 것이었다. 공간적으로 시민 권한과 군사 권한은 특히 오래전부터 국헌에 따라 명확히 구분되어 있었는데, 전자의 권한은 시 외곽 성역까지만 미치고, 후자의 권한은 여기서부터 시작되었다. 물론 아직 여전히 동일인이 정치적 최고 권한과 군사적 최고 권한을 한손에 거머쥐었다. 장차 집정관과 법무관은 원로원과 민회와 협의하고, 전직 집정관과 전직 법무관은 군대를 통솔하게 될 것이었고, 전자들에게서 군사적 활동이, 후자들에게서 정치적 활동이 법적으로 금지될 것이었다. 이는 우선 북부 이탈리아와 이탈리아 본토의 정치적 단절을 초래했다. 지금까지 이탈리아 북부와 이탈리아 본토는 민족적 대립 관계에 서 있었는데, 북부 이탈리아가 주로 리구리아인들과 켈트족으로, 중부와 남부 이탈리아가 이탈리아인들로 구성되었기 때문이었다. 하지만 정치적으로나 행정적으로 로마 정부의 전체 영토는 시킬리아 해협에서 알프스산맥까지, 일뤼리아 소유지를 포함한 지역으로, 로마시민 공동체들이나 이탈리아 공동체들이나 비(非)이탈리아 공동체들은 모두 구분 없이 일반적인 경우에 로마에서 정무를 보는 최고 정무관들의 통제를 받았고, 이 지역 전체에서 식민지 건설도 이루어졌다. 술라의 법령에 따르면 이탈리아 본토는—아이시스강을 대신하여 루비콘강으로 그 북쪽 경계선을 변경하였다—이제 예외 없이 로마 시민권자들이 거주하는 지역으로서 정규 로마 고위 정무관들의 관할이 되었으며, 이 관할구역 내에서는 어떤 부대도 어떤 군 지휘권도 발을 들여놓을 수 없다는 것이 로마법의 기본 법규들 가운데 하나였다. 반면 알프스 이쪽 갈리아는 지속적으로 발생하는 알프스 민족들의 침입 때문에 군 지휘권이 없을 수 없었으므로 과거의 해외 군 지휘권의 예를 따라 총독 관할지가 되었다.[10] 하지만 마침내 이제 매년 선출되는 법무관의 숫자가 6명에서 8명으로 증원되었고, 이에 대해 새로운 업무 지침이 주어졌는바, 매년 선출되는 최고 정무관 10명은 그들의 임기 첫 해 동안 집정관이나 법무관으로 수도 로마의 업무, 다시 말해 2명의 집정관은 정부와 행정을, 2명의 법무관은 시민 담당 법무를, 나머지 6명의 법무관은 6개의 재편된 형사 재판을 담당하며, 다음의 1년 동안은 전직 집정관이나 전직 법무관으로 10개의 총독 자리(시킬리아, 사르디니아, 이쪽

---

[10] 이 추정의 다른 증거는 없고, 유일한 증거는 알프스 이쪽 갈리아가 이전에는 분명, 매년 바뀌는 총독에 의해 다스려지는 관할지라는 의미에서의 속주가 아니었으며, 카이사르의 시대에는 분명 그런 속주였다는 사실이다(Licin. p. 39. *data erat et Sullae provincia Gallia cisalpina*). 이는 국경을 북쪽으로 이동한 것과 다르지 않다. 우리는 아이시스강이 예전에, 카이사르 시대에는 루비콘강이 갈리아와 이탈리아를 나누는 경계선이었음을 알고 있다. 하지만 언제 이런 국경 변경이 있었는지는 알지 못한다. 마르쿠스 테렌티우스 바로 루쿨루스가 전직 법무관으로 아이시스강과 루비콘강 사이의 지역에서 국경 조정을 시행했다는 사실(Orelli 570)로부터, 이 지역이 적어도 루쿨루스의 법무관 역임(로마 건국 679년, 기원전 75년) 이듬해에도 여전히 속주 지역이었다고 추정하였다. 이탈리아 지역이었다면 전직 법무관이 그런 일을 수행할 수 없었기 때문이다. 하지만 시 외곽 성역 안쪽에서는 임기를 경과한 모든 군령권이 자동으로 소멸되지만, 이탈리아 지역에서는 술라의 법령에 따르면 임기를 넘긴 군령권이 일반적으로 존재하지는 않지만 허용될 수도 있다. 하지만 아무튼 루쿨루스의 권한은 분명 특별한 권한이었다. 우리는 루쿨루스가 언제 어떻게 이 지역에서 그런 권한을 가지게 되었는지를 증명할 수도 있다. 그는 술라의 개혁(로마 건국 672년, 기원전 82년) 이전에도 이 지역에서 군령권을 가진 사령관으로 활동한 바 있다(제6권 180쪽). 아마도 폼페이우스처럼 술라가 임기 연장된 권한을 부여한 것일 수도 있다. 이런 자격으로 루쿨루스는 로마 건국 672년(기원전 82년) 혹은 로마 건국 673년(기원전 81년)에(App. 1, 95를 보라) 이 국경 문제를 정리하였다. 따라서 이 비문에서 북부 이탈리아의 법적 지위에 대해 아무것도 유추할 수 없고, 술라의 독재 이후 시대라는 것이 최소한의 것이다. 반면 주목해야 지점은 술라가 로마의 시 외곽 성역을 확장하였다는 사실이다(Sen. *dial.* 10, 14; Dio. Cass. 43, 50). 이는 로마 국법에 따라 오로지 로마 제국의 국경이 아니라 수도 로마, 다시 말해 이탈리아의 국경을 확장한 사람에게만 허용되는 것이었다(제1권 142쪽).

히스파니아, 저쪽 히스파니아, 마케도니아, 아시아, 아프리카, 나르보, 킬리키아, 알프스 이쪽 갈리아) 가운데 하나의 군령권을 담당했다. 마찬가지로 이런 변경에 따라, 앞서 언급된 것처럼 재무관들의 숫자는 술라에 의해 20명까지 증원되었다.[11]

원로원 권력의 강화

이로써 우선 이제까지 무질서하게 진행되며 온갖 음모와 계략이 난무하던 관직 배분에 분명하고 확고한 규칙이 생겨났으며, 이어 이로써 정무관 권력의 일탈 행위가 최대한 예방되면서 최고 권력 기구의 영향력이 상당히 확대되었다. 이제까지의 법령에 따르면 로마 제국 내에서 법적으로 오직 성곽으로 둘러싸인 수도와 시 외곽 성역, 그리고 지방으로 구분되었다. 새로운 법령에 따라, 수도를 대신하여 영구 평화가 보장되고 정규적 군령권이 행사되지 않는 이탈리아[12]와, 이와 달리 필연적으로 군사령관이 배치된 그 밖의 대륙과 해외 지역들, 그러니까 이제부터 새롭게 속주라고 불리는 지역으로 구분되었다. 이제까지의 법령에 따라서는 동일인이 매우 빈번히 2년 혹은 더 길게 동일 관직에 머물렀다. 새로운 법령은 수도 정무관직이나 속주 총독직의

---

[11] 시킬리아에는 2명의 재무관이, 다른 속주에는 한 명의 재무관이 파견되었고, 2명은 도시 재무관으로, 2명은 전쟁을 수행하는 집정관들에게 배속되었다. 4명의 함대 재무관은 그대로 유지되었다. 따라서 19명의 재무관이 매년 필요했다. 나머지 한 명의 재무관의 관할은 분명하지 않다.

[12] 이탈리아 동맹은 훨씬 더 오래된 것이다(제2권 284쪽). 하지만 이탈리아 동맹은 국가연합이었고, 술라의 이탈리아와 달리, 로마 제국 내에 뚜렷이 구분된 통일된 국가 영역이 아니었다.

임기를 철저하게 1년으로 제한하였고, 모든 총독은 후임자가 임지에 도착한 이후 30일 이내에 임지를 반드시 떠나야 한다는 특별한 규정은 아주 분명하게 그 규제의 경향성을 보여준다. 특히 이를 앞서 언급한바 앞선 관직에 다시 한번 혹은 다른 공직에 곧바로 재선되는 것을 금지한 규정과 연결시켜 본다면 말이다. 일찍이 원로원이 왕권을 굴복시킬 때부터 시간이 입증한 원리는, 정무관의 권한 제한은 인민에게, 그 임기 제한은 귀족에게 이득이 된다는 것이었다.

이제까지의 법령에 따라 가이우스 마리우스는 원로원 수장이면서 동시에 국가 최고 통수권자였다. 다만 이런 이중적 권력을 행사하여 과두정을 무너뜨리는 데 실패한 것이 그의 무능 때문이라고 할 때, 좀 더 똑똑한 후임자가 나타날 것을 대비하여 이런 권력을 행사하지 못하게 막아야 할 것으로 보였다. 이제까지의 법령에 따라 인민이 직접 선출한 정무관도 군사적 지위를 가질 수 있었다. 하지만 술라의 법령은 원로원이 그 임기를 연장하여 권한을 행사하게 한 정무관들에게만 군사적 지위를 허용하였다. 물론 이런 임기 연장은 이제 정례적인 것이 되었지만, 그럼에도 이는 권한이나 명칭, 그러니까 국법에 따라 공식적 표현에 따르면 예외적인 임기 연장으로 취급되었다. 이는 적지 않은 차이였다. 이제 인민이 그 직위를 해임할 수 있는 것은 집정관이나 법무관이었다. 대리 집정관이나 대리 법무관은 원로원이 임명하고 해임하였다. 따라서 이런 조치에 따라, 모든 것이 궁극적으로 의존하는 모든 군사 권력은 형식적으로는 적어도 원로원에 의해 조정되었다.

호구감찰관의 약화

마지막으로 모든 정무관 가운데 가장 높은 호구감찰관은 형식적으로 없어지지 않았지만, 과거 독재관을 배제할 때처럼 그렇게 배제되었음은 이미 앞서 언급하였다. 실질적으로 호구감찰관직은 아무튼 할 일이 없었다. 원로원 의원의 보강은 다른 방법으로 이루어졌다. 이탈리아 전체가 사실상 조세를 감면받고 군대가 실질적으로 모병을 통해 조직되면서, 수도 로마에서 조세 및 군역 의무자들의 명부 작성은 의미를 상실하였다. 기사계급 명부와 유권자 명부에 혼란이 생겨났지만, 사람들은 이를 나쁘게 생각하지 않았다. 따라서 통화 재정 관련 업무만이 남는데, 이 또한 이미 오래전부터 호구감찰관 선거가 실시되지 못할 때, 집정관들이 관리하고 있었고 이제 집정관 정규 업무의 하나로 간주되었다. 호구감찰관들이 최고 명예를 잃게 된 것은 중요한 의미였지만, 최고 통치 기구의 독재에 하등 영향을 미치지 못하는 사소한 사건이었다. 다만 수많은 원로원 의원들의 야심을 채워주기 위해 9명의 목교관과 9명의 조점관과 10명의 예언서 박사를 각각 15명으로 늘리고, 3명의 연회 관리관을 7명으로 늘렸다.

국가 재정

국가 재정은 이제까지의 국헌에 따라서도 이미 원로원에 결정적인 발언권은 있었다. 따라서 이와 관련해서는 과거의 올바른 행정 사무를 회복하는 일이 관건이었다. 술라는 처음부터 적지 않은 자금 부족을 겪었다. 소아시아에서 가지고 온 군자금은 지속해서 늘어나는 거대한 병력의 급료로 곧 바닥을 보였다. 콜리나 성문의 승전 이후에 원로원은, 국고가 프라이네스테로 옮겨져 있었기 때문에 비상 조치를 취하지 않을 수 없었다. 수도 로마의 다양한 건축부지들과 캄파니아 국유지의 일부가 경매에 부쳐졌고, 피호왕국들이나 해방된 동맹 공동체들에게 이례적으로 기여금이 부과되었고, 이들 가운데 일부에게서 그들의 토지와 세금이 몰수되었고, 또 다른 일부에게 돈을 내는 대신 새로운 특권을 부여하기도 하였다. 하지만 프라이네스테를 점령하면서 대략 4백만 탈러의 잔고가 남은 국고와 곧 시작된 경매와 이례적인 조치들 덕분에 급한 재정적 위기를 넘겼다. 미래의 국가 재정을 위해 아시아 조세 개혁은 큰 도움이 되지 않았다. 이 개혁은 특히 납세자들은 이득을 보고 국고는 손해를 보지 않는 수준이었다. 오히려 도움이 된 것은 아이나리아를 포함한 캄파니아 국유지의 회수였고, 특히 도움이 된 것은 가이우스 그락쿠스 이래로 로마재정을 좀먹는 암적 요소였던 곡물 분배의 폐지였다.

사법 제도의 개혁

사법 제도는 근본적으로 바뀌었다. 이는 부분적으로 정치적 고려 때문이었고, 부분적으로 이제까지 매우 복잡하고 통일성이 없는 재판 제도에 좀 더 커다란 통일성과 유용성을 부여하기 위해서였다. 이제까지의 법령에 따르면 판결에 이르는 재판은 민회에 가는 경우와 심판인에게 가는 경우가 있다. 정무관들의 판결에 대한 상소 사건을 상민 전체가 결정하는 법정은 술라 직전까지는 우선은 호민관의 손에 달려 있었고, 다음으로는 안찰관의 손에 달려 있었다. 정무관이나 공동체의 위임을 받은 자가 그의 사무에 책임을 다하다가 받게 되는 모든 재판에서 그를 사형에 처하느냐 벌금형에 처하느냐는 호민관들이 결정하고 이어 집행하였고, 인민이 최종적으로 판단하는 다른 모든 재판은 상민 안찰관이나 고등 안찰관이 결정하고 이어 집행하였다. 술라는 호민관들의 입법권과 마찬가지로 호민관의 상소 재판을 직접적으로는 아니지만 폐지하였는데, 원로원의 허가를 받도록 만들었으며, 추측하건대 안찰관의 형사소송도 비슷한 방식으로 제약하였다.

반면 술라는 심판인 권한을 확대하였다. 당시 심판인들에게는 두 개의 절차가 주어져 있었다. 우리 식으로 형사재판이나 민사재판이라고 할 수 있는 사안에 모두 적용될 수 있는 정규 절차는, 직접 국가에 반하는 범죄를 제외하고, 두 명의 시민 담당 법무관들 가운데 한 명이 사안을 조사하고 그가 지명한 한 명의 심판인이 조사 내용을 바탕으로 판결하는 것이었다. 다른 하나는 특별 사문회로, 이는 몇몇 중요한 형사 및 민사 사건에 해당되었는데, 특별법에 따라 개별 심판인이 아니라 특별 심판인단을 설치하는 것이었다. 여기에 속한 것은 특별한 사안에 대해 설치되었던 특별 법정(예를 들어 제5권 218쪽, 272쪽)이었다. 또 재산 수탈(제5권 105쪽)을 다루는 상설 사문회, 독살과 살해를 다루는 상설 사문회(제5권 162쪽)가 여기에 속하며, 아마도 선거 부정과 기타 범죄는 다루는 상설 사문회도 여기에 속했을 것인데, 이것들은 로마 건국 600년대에 설치되었다. 마지막으로 노예해방을 다루는 10인 심판단과 유산 상속을 다루는 105인 혹은 줄여서 100인 심판단, 혹은 모든 재산 다툼에 사용된 창 자루 때문에 '창 법정hasta'이라고 불리던 것도 여기에 속했다. 10인 심판단(decemviri litibus iudicandis)은 상민을 그 두호인에 대해 보호하기 위해 생겨난 오래된 기구였다(제2권 46쪽). 창 법정의 설치시기와 설치 이유는 아직 밝혀지지 않았으나, 추측컨대 대략 앞서 언급한 매우 유사한 형사재판 위원회들과 동일할 것이다.

각 법정들의 업무는 각각의 재판 법규에 따라 상이하게 규정되어 있었다. 따라서 재산 수탈 법정은 법무관이 지휘를 맡았고, 살인 법정은 안찰관 역임자들 가운데 특별히 지명된 사람이 지휘를 맡았고, 창 법정은 재무관 역임자들 가운데 뽑힌 여러 명의 책임자가 지휘를 맡았다. 적어도 정규 절차와 특별 절차를 위해 필요한 심판인들은 그락쿠스 법령에 따르면 원로원 의원이 아닌 기사계급 출신들로 구성되었고, 그 선발은 일반적으로 재판을 지휘하는 정무관들이 책임졌다. 물론 선발은 이 정무관들이 관직을 맡는 즉시 심판인 후보자 명단을 일회적으로 공지해야 했고, 이후 이 명단 가운데 심판인단을 구성하되, 정무관의 임의 선택이 아닌, 제비뽑기를 통해, 원고와 피고의 거부가 없으면 확정하였다. 오직 노예해방을 위한 10인 심판단만은 인민 투표로 선출되었다.

술라의 특별 사문회

술라 개혁의 핵심은 3가지였다. 우선 술라가 법정의 숫자를 매우 크게 늘렸다는 것이다. 특별 사문회들이 생겨났는데, 재산 수탈을 다루는 사문회, 방화와 거짓 증언을 포함한 살인을 다루는 사문회, 선거 부정을 다루는 사문회, 반역과 국가 명예 손상을 다루는 사문회, 중대한 사기를 다루는 사문회, 유언장 위조와 화폐 위조를 다루는 사문회, 간통을 다루는 사문회, 중대한 모욕, 특히 개인의 명예와 가정 안녕의 침해를 다루는 사문회 등이 있었고, 아마도 공금 횡령을 다루는 사문회, 고리대금 등을 다루는 사문회도 있었을 것이다. 이들 법정 가운데 상당수는 술라에 의해 착안되거나 설치되었고, 술라에 의해 이를 위한 특별한 형사법과 형사절차법이 만들어졌다. 그렇지만 정부는 향후 생겨나게 될 일군의 범죄를 다룰 특별 법정을 설치할 권한을 그대로 가지고 있었다. 이 때문에 결과적으로 상민회 법정은 상당히 축소되었는데, 반역 사건 재판이 새로운 반역 사건을 다루는 법정으로 옮겨졌기 때문이다. 또한 일반 법정도 상당히 위축되었는데 중대 위조 사건과 모욕 사건이 다른 데로 옮겨졌기 때문이다. 두 번째로 재판 지휘와 관련하여, 앞서 언급한 바와 같이 이제 여러 사문회들의 지휘를 맡을 여섯 명의 법무관이 있었고, 이들에 보태어, 가장 수요가 많았던 살인 사건을 다루는 법정에 필요한 또 다른 책임자들이 추가되었다. 세 번째로 심판인 자리를 그락쿠스의 기사계급이 아니라 원로원 의원들이 다시 맡게 되었다.

　이제까지 이루어진 기사계급의 정부 참여에 종지부를 찍는 이런 조치들의 정치적 목적은 분명하다. 하지만 또한 놓치지 말아야 할 것은, 이 조치들이 정치적 수단의 조치였을 뿐만 아니라, 더 나아가 이때 처음으로, 계급투쟁 이후 점점 더 망가져 가던 형사재판과 형사법을 바로잡으려는 시도가 있었다는 사실이다. 술라의 이런 입법에서 오늘날도 아직 우리가 사용하는 구분으로, 과거의 법에는 없었던 형사와 민사의 구분이 시작되었다. 형사 사건은 그 이래로 법무관이 지휘하는 법정에 속하는 사건을, 민사 사건은 법무관이 주재하지 않은 채 심판인이나 심판인단이 처리하는 절차를 가리킨다. 술라의 사문회 법령들은 12표법 이래로 첫 번째 로마 법전이면서 동시에 특별히 공포된 첫 번째 형사 법전으로 기록될 수 있다. 구체적으로도 칭송할 만한 자유 정신이 담겨 있었다. 재산몰수의 원조가 했다 하기에는 이상하게 들릴 수도 있지만, 엄연한 사실인바, 그는 정치범의 사형을 폐지하였다. 술라도 엄격하게 고수하였던 로마 관습에 따르면, 생명 박탈이나 인신 구속은 사문회가 아니라 오로지 인민이 결정할 사안이었다(제5권 163쪽). 따라서 반역사건 재판이 민회에서 상설 법정으로 이관되면서 반역 사안의 사형 철폐가 이어졌고, 다른 한편 각각의 반역사건들을 극악하게 다루는 특별사문회를 제약함으로써—동맹시 전쟁에서 바리우스 특별위원회가 그 사례인데(제6권 18쪽)—발전적 개선이 이루어졌다. 개혁 전체는 지속해서 대단한 국익이 되었으며, 실질적이고 합리적이며 정치가다운 정신의 기념비가 되었다. 이런 정신에 따라 활약한 개혁의 주동자는 지난날의 10인 위원회처럼 당파들 사이에서 법률 두루마리를 들고 주권적 중재자로 빛을 발하였다.

풍기 관련 법률

형사법의 부록으로 풍기 관련 법률을 언급할 수 있다. 술라는 이를 통해 호구감찰관의 역할을 대신하게 하였으며 올바른 행실과 엄격한 규율을 다시 벼리고, 낡고 오래된 것을 대신할 새로운 의례준칙을 제정하여 잔치, 장례 등의 의례에서 사치를 금하고자 하였다.

로마의 자치도시 제도

마지막으로 술라의 치적은 아니어도 술라 시대의 성과로 독립적인 로마 자치도시들의 발전을 들 수 있다. 지방 공동체들을 종속적 정치단위로 상위의 국가 단위에 유기적으로 종속시킨다는 생각은 고대인들에게 낯선 것이었다. 동방의 전제정은 엄격한 의미에서 도시 공동체라는 것을 알지 못하였고, 희랍—이탈리아 세계에서 도시와 국가는 하나였다. 따라서 희랍에서나 이탈리아에서나 원래 자치도시란 개념은 없었다. 무엇보다 로마 정치는 그들의 지독한 일관성을 강력하게 고집하였다. 로마 건국 600년이 지난 시점에도 이탈리아의 종속 공동체들은 그들의 자치 체제를 유지하기 위해 형식적으로 주권적 비(非)시민국가로 구성되었거나, 혹은 로마시민권을 가지고 있을 경우에 단위 공동체를 구성하는 데 문제는 없었지만 본래적 의미의 자치권은 없었으며, 따라서 모든 시민 식민지들이나 시민 자치도시들에서는 재판과 건설조차 로마의 법무관과 호구감찰관에 의해 통제되었다. 사람들이 생각해낸 최상의 방법은 로마로부터 지명 받은 법무관 대리자(praefectus)가 최소한 긴급한 재판은 즉석에서 처리하는 것이었다(제2권 272쪽). 속주에서도 다르지 않지 않았다. 다만 속주에서는 수도 로마의 정무관들을 대리하여 속주 총독이 집행하였다는 것이다. 자유도시, 그러니까 형식적으로 주권 도시들에서는 민사 재판과 형사 재판이 자치도시의 정무관들에 의해 해당 도시의 조례에 따라 집행되었다. 다만 아주 특별한 특권이 주어진 도시가 아니라면, 모든 로마 시민권자는 피고가 되든 원고가 되든 사안을 이탈리아 법정에서 이탈리아 법에 따라 심판받도록 요구할 수 있었다는 점이다. 일반적인 속주 공동체들에서는 로마에서 파견된 총독이 유일한 합법적 사법부였고 모든 재판의 심리는 총독이 통제하였다. 하지만 많은 경우, 예를 들어 시킬리아에서 피고가 시킬리아 사람인 경우 총독은 속주의 조례에 따라 그 고장의 심판인을 선임하여 그 고장의 관례에 따라 재판이 이루어지도록 조치하였다. 대부분의 속주에서 이런 조치도 재판 지휘권을 가진 총독의 판단에 좌우되었던 것처럼 보인다.

로마 건국 7세기에 들어서면서 로마를 유일한 중심으로 하는 절대적 중앙 집중은 적어도 이탈리아에서는 포기되었다. 이탈리아가 단일 도시 공동체가 되고 아르노강과 루비콘강에서 시킬리아 해협까지 하나의 도시 영토가 되면서(제6권 219쪽), 이런 거대한 도시 공동체 안에 다시 작은 도시 공동체들을 만드는 것을 결정해야 했다. 그리하여 이탈리아는 완전 시민권 공동체들로 조직되었고, 이때 그 구역의 크기 때문에 위험 요소가 될 거대 지역구들은, 아직 이런 분할이 앞서 시행되지 않은 한에서, 좀 더 작은 다수의 도시 단위로 분할해야 했다. 이렇게 새로 만들어진 완전 시민권 공동체들의 위상은 과거 로마의 동맹국가들이 가졌던 위상과, 과거 로마 공동체의 한 구역으로 통합된 공동체들이 옛 법률에 따라 가졌던 위상의 중간이었다. 전반적으로 이제까지 형식적으로 주권 라티움 공동체의 국헌을 토대로 하거나 혹은 로마 국헌과 근본적으로 동일한 국헌을 가지는 한에서 로마의 옛 귀족—집정관 공동체의 국헌을 토대로 하였다. 다만 다른 것은 자치 도시의 동일한 기구에 대해 수도에서, 다시 말해 국가에서 사용되는 이름과 다른, 지체 낮은 명칭을 사용하는 것이었다.

지방 민회는 정점에서 지방 공동체 조례를 제정하고 지방 공동체 정무관을 지명하는 권한을 가졌다. 100명으로 구성된 지방 공동체 원로원은 로마의 원로원이 하는 역할을 맡았다. 사법행정은 네 명의 판관들이 지휘하였는데, 2명의 정규 판관은 로마의 집정관에 상응하는 자리였고, 2명의 시장판관은 로마의 고등 안찰관에 상응하는 자리였다. 로마에서 5년마다 갱신되며 외형상으로 주로 공동 건축물을 감독하는 호구감찰관 업무들은 지방 공동체 최고 관리들, 그러니까 2명의 정규 판관들이 겸직하였는데, 이때 이들을 나타내는 칭호는 '호구감찰관 권한의 혹은 5년 권한의 판관'이었다. 지방 공동체 재정은 두 명의 재무관들이 맡았다. 제사 업무는 우선 아주 오래된 라티움 국헌에만 존재하는 제례 제관단이 맡았는데, 이들은 자치도시 목교관과 조점관이다.

자치도시와 국가의 관계

국가의 이런 하위 정치 조직과 상위 정치 조직의 관계에 관하여, 일반적으로 후자와 마찬가지로 전자에도 정치적 권한이 전적으로 주어졌으며 지방 공동체 결의나 지방 공동체 정무관의 명령은 로마 민회 결의와 집정관 명령과 동일하였다. 이는 전반적으로 국가 명령과 지방 공동체 명령의 경합으로 이어졌다. 예를 들어 양자는 재산 조사와 과세의 권한을 가지고 있었고, 어떤 지방 공동체의 재산 조사와 과세는 로마의 재산 조사와 과세를 고려하지 않았고, 반대의 경우도 그러하였다. 이탈리아 전체의 공공건물들을 로마의 정무관이 관리하는 동시에, 지방 공동체 정무관에 의해 해당 지역의 공공건물이 관리되었다. 여타의 경우에도 그러하였다. 양자가 상충하는 경우, 지방 공동체보다 국가가, 지방 공동체 결의보다 민회 결의가 우선시 되었다. 공식적인 권한 분리는 오로지 사법 행정에서만 존재했는데, 순수 경합 체계가 아주 커다란 혼란을 야기할 수도 있었기 때문이었다. 이때 형사 재판 가운데 추측컨대 모든 극형에 처할 사안이나, 민사 재판 가운데 중대한 사안들이나, 재판을 지휘하는 정무관들의 독립적인 판단이 전제되는 재판들은 수도 로마의 관리들과 심판인들이 다루었고, 이탈리아의 지방 공동체 법정 관할은 상대적으로 덜 중요하고 덜 복잡한 사안이나 혹은 매우 시급한 재판에 국한되었다.

자치도시의 성장

이런 이탈리아 지방 공동체의 성립에 관해서는 전해지는 바가 없다. 아마도 그 기원은 로마 건국 500년 이후에 세워진 거대 시민 식민지들의 예외적 법규들로 거슬러 올라갈 것이다(제4권 177쪽). 시민 식민지들과 시민 자치도시들의 형식적으로는 동일하지만 몇몇 차이들은, 당시 실질적으로 라티움 식민지들을 대신하여 세워진 새로운 시민 식민지들이 과거의 시민 자치도시들보다 근본적으로 좀 더 높은 국법상의 지위를 가졌다는 것을 의미한다. 추후에 이 지위는 모든 시민 식민지와 시민 자치도시에 똑같이 주어졌다. 분명히 증명될 수 있는 것은 우선 혁명당파 식민지 카푸아에 주어진 새로운 법규다(제6권 156쪽). 추호의 의혹도 없는바, 새로운 법규는 이탈리아에 소재한 이제까지의 주권 도시들 전체가 동맹시 전쟁 이후 시민 공동체로 재조직될 수밖에 없었을 때 비로소 완전하게 적용되었다. 율리우스 법에 따라서인지, 로마 건국 668년(기원전 86년)의 호구감찰관들에 의해서인지, 술라가 처음 세부적으로 규율한 것인지는 불확실하다. 호구감찰관 업무가 판관들에게 부과된 것은, 호구 감찰관들을 배제하는 법을 도입한 술라를 따른 것처럼 보이지만, 어쩌면 호구감찰관을 몰랐던 아주 먼 옛날의 라티움 국헌에 따른 것일 수도 있다. 어떤 경우이든 지방 공동체를 국가에 편입 종속시키는 체제는 술라 시대와 로마 국가 일반이 이룩한 매우 주목할 만하고 매우 중요한 성과들 가운데 하나였다. 고대 세계는 국가와 지방 공동체를 유기적으로 조직할 줄도 몰랐고, 대의 정치 등 오늘날 우리의 국가가 발전시킨 위대한 근본 사상도 몰랐다.

하지만 로마는 정치적 발전을 이루고 주어진 한계를 넘어섰다. 무엇보다 로마는 모든 면에서 고대의 정신과 현대의 정신이 갈라지고 연결되는 지점에 서 있었다. 술라 체제에서 국가 로마의 공동체성과 민회의 성격은 사라져 거의 무의미한 형식이 되었으며, 다른 한편 국가내에 종속된 지방 공동체들은 이미 이탈리아 안에서 완전하게 성장하였다. 이런 일에서 5할을 차지하는 명칭에서도, 자유 공화정이라는 이 마지막 국가 체제는 대의 정치 체제와, 지방 공동체들을 토대로 삼은 국가를 완성해 내었다.

이와 달리 속주의 자치도시 체제는 변하지 않았다. 종속 도시들의 지방 공동체 관청들은 몇몇 예외들을 제외하면 오히려 행정과 경찰업무에 국한되었고, 로마 관청이 자체적으로 다루려 하지 않는 사법 사건들을 맡았다.

장교들의 반발

이것이 루키우스 코르넬리우스 술라가 로마 공동체에 부여한 국가체제였다. 원로원과 기사계급, 시민과 무산자들, 이탈리아인들과 속주민들은 이를 받아들였다. 이를 그들의 지배자가 그들에게 명령하였기 때문인데, 불평이 없지는 않았으나 거부하지도 않았다. 그러나 술라의 장교들은 그렇지 않다. 로마군은 그 성격이 완전히 달라져 있었다. 무엇보다 마리우스의 개혁을 통해 군대가, 전투를 감행하지도 못한 누만티아 공성전 당시보다 좀 더 전투에 능숙하고 군사적으로 쓸모 있게 변모한 것은 사실이었다. 하지만 이때 군대는 시민군에서 용병집단으로 변질하여, 국가에는 전혀 충성하지 않았고, 장교에게는 오로지 개인적으로 어쩔 수 없다고 생각할 때만 충성하게 되었다. 내전은 군인 정신의 이런 완전한 변화를 처참한 방식으로 완성하였다. 6명의 군사령관들, 알비누스(제6권 50쪽), 카토(제6권 50쪽), 루푸스(제6권 69쪽), 플라쿠스(제6권 127쪽), 킨나(제6권 161쪽), 가이우스 카르보(제6권 183쪽)가 내전 도중 그들의 병사들에 의해 살해되었다.

유일하게 술라만이 아직까지 위험천만한 폭도들의 지휘관으로 남아 있을 수 있었다. 물론 술라가 이전의 다른 사람들과 달리 폭도들의 모든 거친 욕망에 족쇄를 채운 로마군 사령관이었기 때문이다. 그 때문에 만약 그에게 옛 군율의 타락에 대한 책임을 묻는다면, 이는 정확한 것은 분명 아니지만, 그렇다고 부당한 것도 아니다. 그가 그의 군사적 정치적 임무를 완수할 수 있었던 것은 용병 대장 노릇을 한 최초의 로마 정무관이었기 때문이다. 그가 군사 독재를 시행한 것은 국가를 용병들의 시종으로 만들기 위해서가 아니라, 오히려 국가의 모든 것, 특히 군대와 장교들을 시민법의 공권력 아래 굴복시키기 위해서였다.

이것이 분명해진 것처럼 그에 대항하는 반대세력이 그의 참모들 가운데 등장하였다. 과두정은 시민들을 상대로 독재자 놀이를 하고 싶었던 것일까? 그들의 선한 무기로 전복된 원로원을 바로 세웠던 장군들도 이제 바로 그 원로원이 무조건적 복종을 요구했을 때 이를 받아들이지 못한 것으로 보인다. 심지어 술라가 가장 믿었던 두 명의 장교가 새로운 질서에 반기를 들었다. 술라가 시킬리아와 아프리카 정복을 맡기고 사위로 선택한 그나이우스 폼페이우스는 임무를 완수한 직후 원로원으로부터 그의 군대를 해산하라는 명령을 받았다. 그는 복종하기를 거부하였고 거의 공개적인 반란에 가까운 행동도 빼놓지 않았다. 프라이네스테에서 굳건히 버텨줌으로써 마지막의 가장 힘겨운 전투에서 승전하는 데 지대한 공헌을 한 퀸투스 오펠라는 새롭게 공포된 법규에 마찬가지로 공개적으로 반발하여, 하급 정무관을 거치지 않고 바로 집정관직에 출마하였다. 폼페이우스의 경우에는 감동적인 화해는 아니지만, 어느 정도 타협이 이루어졌다. 술라는 폼페이우스를 잘 알고 있었고 그래서 두려워하지 않았으며, 폼페이우스가 그의 면전에서 뱉은 무례한 언사에—사람들은 떠오르는 태양을 걱정하지, 지는 태양은 두려워하지 않는다는 말—화내지 않았다. 허영심 가득한 청년에게 그가 진심으로 바라던 헛된 명예훈장이 수여되었다(제6권 166쪽).

한편으로 관대한 태도를 보였던 술라는 오펠라와 관련해서는 그가 그의 장군들에게 흔들릴 사람이 아님을 입증하였다. 오펠라가 국헌에 반하여 집정관 출마자로 인민 앞에 나서자, 술라는 그를 공개적인 광장에서 죽이라고 시켰고, 모여든 시민들 앞에서, 그의 명령에 따른 조치였으며 왜 이런 일이 벌어졌는지를 설명하였다. 그리하여 당장은 술라의 참모들 가운데 새로운 질서에 대한 공개적 반발이 멈추었다. 하지만 반대파는 남아 있었고, 술라의 연설에 그들은 실행으로 옮겨질 촌평을 덧붙였다. 술라의 이번 행동이 다시 반복될 수는 없다는 것이었다.

국정질서의 복원

아직 한 가지 일이 남아 있었다. 아마도 모든 것 가운데 가장 어려운 일이었을 것이다. 예외적 비상상황을 다시 등장한 옛 법적 질서로 되돌려놓는 것이었다. 옛 질서의 회귀는 술라가 이 마지막 목표를 한순간도 잊지 않았기 때문에 쉽게 이루어졌다. 발레리우스 법이 술라에게 절대적 권한을 주고 술라의 모든 조치에 법률적 힘을 보태주었지만, 그는 이런 예외적 권한을 다만 임시 조치의 의미를 가진 방법으로 활용하였다. 원로원과 민회가 참여하여 쓸데없이 위신을 깎일 수도 있을 일에, 특히 추방 사안에서 그는 그의 권한을 휘둘렀다. 술라는 언제나 그가 미래를 위해 그려놓은 그림을 염두에 두고 있었다. 우리는 '인민의 의견을 물었다'를 재무관 법률에서 읽을 수 있는데, 이는 부분적으로 이미 있어왔던 것이었다. 다른 법률들, 예를 들어 사치금지법과 토지몰수의 법률들에서 우리는 이를 볼 수 있다. 마찬가지로 비교적 중대한 행정 조치들, 예를 들어 아프리카 군단의 파견과 철수, 수도의 노예해방증서 교부도 그는 원로원에 문의하였다. 이런 정신에 따라 술라는 로마 건국 673년(기원전 81년) 집정관 선거를 실시하였는데, 이를 통해 적어도 공식 연도표기에 혐오스럽게도 통치자의 이름이 남지 않게 하였다. 하지만 권력은 배타적으로 오직 통치자에게만 있었고, 보조적 인물의 선거가 치러졌다. 하지만 이듬해(로마 건국 674년, 기원전 80년)의 선거에서 술라는 정식 절차를 다시 완벽하게 부활시켰고 집정관으로서 그의 집정관 동료 퀸투스 메텔루스와 함께 국가를 통치하였다. 물론 그는 통치권을 그대로 유지하였고, 다만 잠시 이를 내려놓았던 것이다.

술라는 그의 군사독재를 영구화하는 것이 그가 수립한 국가체제에 얼마나 위험한 일인지를 정확히 파악하고 있었다. 새로운 상황들이 유지될 수 있을 것으로 보였기 때문에, 새로운 제도들 가운데 일부, 예를 들어 식민지 건설은 후퇴하였지만, 아주 크고 중요한 사업이 대부분 마무리되었기 때문에, 술라는 로마 건국 675년(기원전 79년)의 집정관 선거는 자유롭게 진행되게 하였고, 집정관으로 자신이 재선되는 것을 그가 수립한 새로운 조치들과 모순된다는 이유로 거부하였고, 새로운 집정관 푸블리우스 세르빌리우스와 아피우스 클라우디우스가 임기를 시작하자마자, 그러니까 로마 건국 675년(기원전 79년) 초에 통치권을 내려놓았다. 냉담했던 이들조차 감동받았다. 이제까지 수백만의 생명과 재산을 마음대로 주물렀던 사내가, 그의 눈짓만으로 그렇게 많은 머리를 날려버린 사내가, 로마의 골목마다, 이탈리아의 도시마다 그의 목숨을 노리는 적들을 가진 사내가, 대등한 동맹자들 없이, 정확하게 말하자면 확고한 당파적 후원 없이, 수천의 이해관계와 의지들에 상처를 주면서까지 국가 재건 사업을 끝마친 사내가 로마 광장에서 등장하여, 그의 권력 전체를 자유의지에 따라 반납하였고, 그의 무장 경호원들과 작별하였고, 그의 종행리들을 해산시켰으며, 무수히 몰려든 군중에게 자신에게 따질 것이 있으면 말해보라고 청하였다. 모두가 침묵하였다. 술라는 이내 연단에서 내려왔고, 걸어서, 그의 식솔들만 거느리고, 8년 전 그의 집을 파괴하던 그 군중들을 뚫고, 그의 집으로 돌아갔다.

술라의 성격

후대는 시대의 폭풍에 맞서며 살아온 인물들에 대해 흔히 공정하지 못하게 판단하였던 것처럼, 술라 혹은 술라의 재건 사업에 대해서도 옳게 이해하지 못하였다. 사실 술라는 역사상 가장 경이로운 현상들 가운데 하나이자 유일한 현상이라고 말할 수도 있다. 육체적으로나 정신적으로 다혈질, 푸른 눈, 노란 머리, 눈에 띄게 흰 피부, 격정에 빠지면 언제나 붉어지는 안색, 아름답고 뜨거운 눈동자를 가진 사내는 그의 선조들만큼이나 국가에 헌신할 운명은 아니었다. 퓌로스 전쟁에 참전한 가장 명망 높은 사령관들 가운데 한 명이면서 사치를 좋아했던 고조할아버지 푸블리우스 코르넬리우스 루피누스 이래로(로마 건국 464년과 477년, 기원전 290년과 277년 집정관) 그의 집안은 제2인자의 위치를 고수하였다. 술라는 뜨거운 쾌락 이외의 다른 것을 삶에서 요구하지 않았다. 당시 로마의 덜 풍요로운 원로원 가문에서도 이미 자리 잡은바, 교양을 갖춘 사치의 정교함 가운데 성장하면서 술라는 빠르고 신속하게, 희랍의 섬세함과 로마의 풍요로움이 힘을 합쳐 만들어낼 수 있었던 감각적이고 정신적인 향유의 충만함을 만끽하였다. 귀족의 응접실에서나 전장의 막사에서나 그는 환영받는 유쾌한 손님이었고 훌륭한 동무였다. 귀족 친구들이든 신분 낮은 친구들이든 누구나 그를 동정심 많은 친구이자 호의적인 협력자로 알았다. 술라는 그의 돈을 풍요로운 채권자에게 갚기보다 어려움에 처한 동료들에게 베풀었다.

술라는 격정적으로 술잔을 칭송하였고, 이보다 더 격정적으로 여인들을 찬양하였다. 그는 나이가 들어서도 하루의 일과를 마치고 식탁에 앉으면 더 이상 통치자가 아니었다. 그의 천성에는 모순적 성향, 아마도 이렇게 말할 수 있다면 광대 기질이 흐르고 있었다. 통치자로서 그는, 그가 법익 박탈자들의 재산을 경매에 붙일 때 그에게 형편없는 찬양시를 바친 시인에게 전리품 중의 일부를 그 대가로 지불하라고 명하였는데, 다시는 그의 찬양시를 짓지 않겠다는 맹세를 조건으로 하였다. 술라는 시민들 앞에서 오펠라 처형의 정당성을 옹호하면서 사람들에게 농부와 벼룩의 이야기를 들려주었다. 그는 그의 친구들로 배우들을 선택하였으며, 로마의 프랑수아 탈마라고 할 수 있는 퀸투스 로스키우스는 물론이고 훨씬 덜 유명한 배우들과도 기꺼이 포도주잔을 기울이기를 즐겼다. 술라 자신이 나쁘지 않은 가수였으며, 심지어 친구들에게 보여줄 연극공연을 위해 본인이 희극을 쓰기도 하였다.

이런 즐거운 박코스 축제를 즐기면서도 그는 육체적으로나 정신적으로 활력을 잃지 않았다. 심지어 시골의 은퇴 생활을 즐기던 말년에도 그는 열정적으로 사냥을 다녔다. 그가 아테나이를 정복하고 아리스토텔레스 저작들을 로마로 가져왔다는 것은 그가 진지한 책 읽기에 얼마나 관심이 있었는가를 증명한다. 그는 오히려 독특한 로마 풍조에 비위가 상하였다. 술라에게는 로마의 거물들이 희랍인들 앞에서 보여주기 좋아하던 졸렬한 과시나, 치졸한 거물들의 허세가 없었다. 그는 자유롭게 행동하였으며, 그의 동포들을 조롱하려는 듯이 희랍 복색을 걸치고 희랍도시들을 활보하였으며, 축제 때에는 그의 귀족 동료들에게 직접 전차경주에 참가하도록 종용하기도 하였다.

자유로운 체제의 국가들에서 모든 능력 있는 젊은이를 정치적 각축장으로 유혹하는, 어쩌면 다른 청년들처럼 그도 한때 가졌을지도 모르는, 반은 애국주의적이고 반은 이기적인 야망은 술라와 더욱 거리가 멀었다. 술라가 살았던 것과 같은 삶 속에서, 격정적 도취와 더없이 차가운 각성 사이를 오락가락 하는 가운데, 환상들은 금방 산산이 흩어져 버리기 마련이다. 절대적으로 우연이 판치는 세계에서, 무언가에 기대야 한다면, 기댈 수 있는 것이 우연 밖에 없는 세계에서 희망과 노력은 그에게 어리석게 보였을 수 있다. 술라는 시대의 전반적인 흐름을 쫓아 무신론을 따르는 동시에 미신을 믿었다. 그의 신앙은, 사제로 하여금 돈을 위해 예언하게 하고 그것을 통해 그의 행동을 결정하는 마리우스의 천민적 맹신은 아니었다. 그렇다고 광신도적인 어두운 숙명론은 더더욱 아니었다. 그것은 부조리함에 대한 신앙이었다. 세상이 잘 짜인 질서에 따라 움직인다는 믿음을 차츰 잃어가는 인간에게 필연적으로 나타나는 그런 것이었다. 그러니까 행운을 쫓는 노름꾼의 미신이었는바, 그는 자신이 운명의 특별한 보살핌을 받아 매번 언제나 맞는 숫자를 뽑으리라 확신하였다. 실제적인 물음에서 술라는 종교의 요구들을 역설적으로 만족시킬 줄 알았다. 희랍 신전의 금고를 털면서 그는 말하길, 신들이 금고를 채워주는 사람에게는 결코 부족함이 없으리라 말하였다. 델포이의 사제들이 그에게 통지하여, 그가 보내라고 한 봉헌물들에 손을 대자 아폴로의 칠현금이 크게 울었기에 보낼 수 없노라 하였을 때, 이에 술라는 그렇다면 더더욱 보내야 할 것인 즉, 신은 분명 그의 생각에 동의를 표한 것이라고 답하였다. 하지만 또한 그는 이에 못지않게 그가 신들의 각별한 사랑을 받는 존재라는 생각에 잠겨 있었는데, 특히 그가 말년까지 크게 몰두한 아프로디테의 사랑을 받는다고 믿었다. 사적인 대화에서나 자서전에서 그는 수차례 그가 꿈과 징조를 통해 불멸의 신들과 나눈 대화를 자랑하곤 하였다. 그는 다른 누구보다 크게 그의 업적을 자랑스러워할 권리를 가졌다. 물론 그렇게 하지는 않았지만, 그의 유일하게 변함없었던 행운을 자랑스러워했다. 술라는 종종 모든 즉흥적인 행동이 계획된 행동보다 그에게 더 좋은 결과를 가져왔다고 말하곤 하였다. 술라의 가장 놀라운 괴벽들 가운데 하나는 전장에서 그를 위해 쓰러진 사람들의 숫자를 언제나 0이라고 언급하는 것이었는데, 이는 다름 아닌 행운의 아이가 가진 유치함이었다. 그가 인생 역정의 정점에서 그의 모든 동시대인이 깊은 수렁에 빠진 것을 보면서 '행운아'라고 그의 공식적인 별칭을 정하고 그의 자식들에게도 상응하는 별칭을 남겼을 때, 이는 그의 타고난 천성을 표현한 것에 지나지 않았다.

술라의 정치 역정

정치 야망의 계획적 수행만큼 술라와 거리가 먼 것은 없었다. 그는 당대의 수많은 귀족 젊은이들처럼 그의 이름을 집정관 목록에 올리는 일을 인생 목표로 삼기에는 너무나 이성적이었다. 또 부패한 국가 구조물의 개혁을 자발적으로 맡기에 그는 너무나 세상에 무관심했고 이념과도 너무나 거리가 멀었다. 그는 그의 출생과 교육이 그를 이끄는 대로 귀족 사회 울타리 안에 머물며 다른 이들이 하는 대로 관직 계단을 밟아 올라갔다. 그렇다고 그는 열심히 할 이유가 없었고, 당시에 없지 않던 정치 일벌레들에게 그는 모든 것을 양도하였다. 그리하여 로마 건국 647년(기원전 107년) 재무관 자리 추천에서 우연은 그를 가이우스 마리우스의 사령부에 배치하였다. 수도 로마의 애송이 귀족은 거친 농부 사령관과 그의 노련한 부관에게 그렇게 환영받는 인물은 아니었다. 이런 환영에 자극받아 술라는, 그의 천성대로 두려움 없이 그리고 노련하게 아주 빠른 속도로 군사 업무를 익혔고, 저돌적으로 맡은 마우레타니아 원정에서 그는 무모함과 영리함의 교묘한 조합을 최초로 발전시켰다. 이런 조합을 두고 그의 동시대인들은 말하길, 그는 반은 사자고 반은 여우인데, 그의 안에 있는 여우가 사자보다 훨씬 더 위험하다고 하였다. 모두가 동의하듯 길고긴 누미디아 전쟁을 실질적으로 종결시킨 귀족 출신의 유능한 젊은 장교에게 이제 더없이 빛나는 성공가도가 열렸다. 그는 킴브리 전쟁에도 참전하였는데 힘겨운 보급 업무를 진두지휘하며 그의 비상한 업무 능력을 보여주었다. 그럼에도 그를 끌어당긴 것은 전쟁도 정치도 아닌 도회적 쾌락이었다. 한번 낙선을 맛보고 이듬해인 로마 건국 661년(기원전 93년)에 당선되어 맡은 법무관직에서 그는 다시 한번 능력을 과시하였는데, 가장 형편없는 임지에 부임하여 그는 미트라다테스 왕을 상대로 최초의 승리를 거두었고, 막강한 아르사케스 왕조와 처음으로 조약을 맺어 아르사케스 왕조를 굴복시키는 데 성공하였다.

내전이 시작되었다. 내전의 서막이라 할 이탈리아 봉기를 맞아 결정적으로 로마에 유리한 상황을 이끌어낸 사람은 술라였고 이때 그는 칼로써 집정관직을 획득하였다. 집정관으로서 술키피우스 혁명을 저돌적이고 신속하게 제압한 사람도 술라였다. 행운의 여신은 이로써 늙은 영웅 마리우스를 젊은 장교로써 지워버린 것처럼 보였다. 유구르타의 체포와 미트라다테스의 정복은 마리우스가 시도하였으나 실패한 일이었지만, 이 두 가지 일을 술라는 마리우스 통치 시절에 성공적으로 완수하였다. 동맹시 전쟁에서 마리우스는 군사령관의 명성을 상실하였고 퇴출되었지만, 술라는 군사적 명성의 토대를 다졌고 집정관직에 이르렀다. 로마 건국 666년(기원전 88년)의 혁명은 무엇보다 두 장군의 개인적 갈등이었는데, 이것도 마리우스의 추방과 도주로 끝을 맺었다. 그렇게 되길 희망한 것도 아닌데 술라는 당대의 가장 유명한 군사령관이자 과두정의 보루가 되었다. 미트라다테스 전쟁, 킨나의 혁명 등 계속해서 다시 한번 끔직한 위기들이 이어졌다.

술라의 별자리는 여전히 솟아오르고 있었다. 불붙은 선박의 화재를 끄지 못하고 계속 항해하는 선장처럼, 술라는 이탈리아 혁명의 화염을 타오르는 동안에도 계속 아시아에서 꿋꿋하게 버텨냈고 국가의 적을 제압할 때까지 아시아에 머물렀다. 이 일을 완수하고 그는 무정부 상태를 끝장내고, 좌절한 삼니움 부족과 혁명세력들의 화염으로부터 수도 로마를 지켜냈다. 귀향의 순간은 술라에게 기쁨과 고통이 함께 한 영광의 순간이었다. 술라는 그의 비망록에 로마의 첫날밤 내내 한숨도 눈을 붙이지 못했다고 기록하였는데, 아마도 실제로 그랬을 것이다.

하지만 여전히 술라의 과업은 끝나지 않았다. 그의 별자리는 더욱 높이 솟아오르고 있었다. 어느 왕보다 절대적 독재자로서, 그리고 철저하게 공적 법률의 토대 위에 머물면서 술라는 과도한 반대당파를 제압하였고, 지난 40년 동안 과두정을 압박하던 그락쿠스 체제를 분쇄하였으며, 과두정에 도전하는 자본가들과 도시 무산자들의 힘을 최초로 눌러 놓았으며, 마지막으로 그의 측근들 가운데 자라나던 무력의 방자함을 다시 새롭게 확립된 법률 아래 굴복시켰다. 그는 과두정을 그 어느 때보다 바로 세웠으며, 정무관 권력을 과두정에 봉사하는 도구로서 정립하였으며, 입법, 사법, 군사, 재정의 최고 권력을 과두정에 부여하였고, 과두정을 호위할 일종의 경호원으로 해방노예들을 두었으며, 과두정을 옹위할 일종의 군대로 식민지에 정착한 퇴역병들을 두었다. 마지막으로 모든 과업이 완수되었을 때 창조자는 그의 창조물로부터 물러났다. 절대적 독재자는 자발적으로 물러나 다시 평범한 일개 원로원 의원으로 돌아갔다. 이렇게 길고긴 군사적 정치적 역정에서 술라는 한번도 전투에서 패한 적이 없었으며, 한 걸음도 뒤로 물러서야 했던 적이 없었으며, 적들이나 친구들에게 한 번도 잘못 이끌린 적이 없었으며, 언제나 그의 과업을 그가 세운 목표까지 성공적으로 이끌었다. 실로 그는 그의 탄생 별자리에 감사할 만하다. 행운이라는 변덕스러운 여신은 여기서 한결같은 여신으로 바뀐 것 같다. 술라의 의사와는 무관하게, 행운의 여신은 자기가 아끼는 사내의 성공과 명예를 높이는 데 헌신한 듯 보인다. 하지만 역사는 그에게, 그가 그 자신에게 했던 것보다 훨씬 더 정당한 평가를 내렸다. 역사는 그를 단순히 행운의 도움을 받았던 대열보다는 한층 더 높은 대열에 배치하였다.

술라 체제는 예를 들어 그락쿠스 정치체제나 카이사르 정치체제처럼 정치적 천재성이 돋보이는 성과는 아닐지도 모른다. 그의 정치체제에는 정치적으로 새로운 사상이 보이지 않는데, 이는 흔히 복고정치의 본질이라고 할 수 있다. 그의 모든 조치가 그러했다. 재무관직의 원로원 등청, 원로원 의원을 원로원에서 배제하는 호구감찰권의 폐지, 원로원의 입법 제안, 군령권 견제를 위한 원로원의 도구로 호민관직의 전환, 2년으로 연장된 최고정무관 임기, 선거로 뽑힌 정무관에서 전직집정관 혹은 전직법무관인 원로원 의원으로 군령권의 이관, 형사법과 자치도시법 등은 술라가 만들어낸 것이 아니라, 이미 앞서의 과두정 정부가 창안하고 다만 그가 정비하고 확정한 제도였다. 그의 복고정치에 붙여진 잔혹함, 법익 박탈과 재산 몰수 등도 나시카, 포필리우스, 오피미우스, 카이피오가 벌인 행동들과 비교하면, 적들을 몰아내기 위해 전통적으로 로마 과두정이 행한 법적 조치에 지나지 않았다. 이 시대의 로마 과두정을 판단해보자면 오직 무자비하고 냉혹한 엄단이 전부였다. 로마 과두정과 관련된 다른 모든 것처럼 술라 체제는 그저 이런 엄단 조치의 완수였을 뿐이다. 악한의 천재성에 매료되어 그를 칭송한다면 그것은 역사의 경건함을 침해하는 일이다. 우리가 기억해야 할 것인바, 술라 복고정치의 책임은 술라가 아니라, 지난 수백 년 당파적으로 정부를 지배한, 매년 점점 더 늙어가며 고약해진 쇠약과 고집 때문에 무너져간 로마 귀족당파 전체에게 물어야 한다. 모든 흉악한 것, 모든 극악무도한 것은 궁극적으로 로마 귀족당파에게 그 책임이 있다.

술라는 국가를 재조직하였다. 그는 흩어진 가산과 가솔들을 본인의 생각에 따라 정리하는 가부장이 아닌, 임시 경영자처럼 그에게 주어진 지침을 충실히 따랐다. 최종적이고 본질적인 책임을 주인이 아니라 관리자에게 전가하는 것은 잘못된 피상적 이해이다. 만약 우리가 소름끼치는 법익 박탈과 재산 몰수와 복고 정치를 우연히 국가 최고 권력자에 오른 독재자의 광기로 치부함으로써 우리는 술라를 너무 높게 평가하거나 혹은 반대로 너무나 가볍게 평가한다. 이것들을 포함하여 복고정치가 행한 공포정치는 귀족들의 행위였고, 술라는 그저, 시인의 말을 빌리자면, 의식적 사유에 의해 움직여진 무의식적 참수 도끼에 지나지 않았다. 술라는 이런 역할을 경탄스러울 정도로, 실로 신들린 사람처럼 완벽하게 수행하였다. 그들이 그를 가둔 경계 안에서 그가 거둔 업적은 참으로 대단하였고, 유익하기까지 하였다. 깊은 나락에 빠져 계속해서 더욱 깊은 곳으로 빠져들고 있던 당시의 로마 귀족당파는 술라처럼 유능하고 자발적인 대리인을 다시는 찾을 수 없었다. 그는 그들을 대신하여 권력 장악의 욕심 없이 군통수권자와 입법자의 일을 맡아 처리해 주었다. 물론 어떤 장교가 시민 정신에 입각하여 왕권을 거부한 것과 오만방자한 태도로 왕권을 차버린 것에는 큰 차이가 있다. 하지만 정치적 이기심이 완벽하게 없었다는 점에서, 오직 바로 이 점 하나에서 술라는 조지 워싱턴과 나란히 이름을 올릴 만하다.

술라 체제의 가치

단지 귀족당파만이 아니라 나라 전체가 그에게 큰 빚을 졌고, 이는 후대가 생각하는 것보다 컸다. 술라는 이탈리아 혁명을 통해 몇몇 자격

없는 사람들이 권리를 가진 다른 사람들을 밀어내려 했을 때, 이탈리아 혁명을 철저하게 봉쇄하였고, 모든 이탈리아인의 평등권을 법으로 인정하도록 자신은 물론 귀족당파를 강제적으로 설득하였는바, 그는 이탈리아의 완전한 국가적 통일을 이룩한 진정한 마지막 설립자가 되었다. 끝없는 빈곤과 유혈사태에도 불구하고 도저히 얻을 수 없었던 목표에 이른 것이다. 하지만 술라가 한 것은 그것만이 아니었다. 지난 50년 이상 로마의 힘은 쇠락하고 있었고, 동시에 혼란은 극성을 부리고 있었다. 원로원 통치는 그락쿠스 체제와 함께 혼란에 빠져들었고, 킨나 정부나 카르보 정부도 훨씬 더 극악한 무정부 상태에 지나지 않았다. 그 처참한 몰골을 가장 적나라하게 반영하는 것이 삼니움족들과의 혼란스럽고 부자연스러운 동맹이었다. 이는 모든 예측 가능한 정치 상황 가운데 가장 불명료하고, 도저히 참아줄 수 없고, 가장 잘못된 상황이었고, 그것은 실로 몰락의 시작이었다. 만약 술라가 아시아와 이탈리아에 개입하여 로마 공동체를 구원하지 않았다면, 오랜 기간 무너져 내리고 있던 로마 공동체는 결국 몰락할 수밖에 없었다는 것도 무리한 주장은 아니다.

물론 술라 체제가 크롬웰 체제처럼 이렇다 할 내용을 가진 것도 아니었고, 그의 건물이 안정적이지 않았음을 파악하는 것도 어려운 일이 아니다. 하지만 술라가 없었다면 건물이 세워진 땅 자체가 분명 모두 홍수에 쓸려내려 갔을 것이라는 점을 간과해서는 안 된다. 그의 건물이 불안정했다는 비난도 사실 술라에게는 해당하지 않는다. 정치가는 그에게 주어진 범위 안에서 지을 수 있는 것을 짓는 사람이다. 술라라는 보수적 성향의 인물은 구체제를 구하기 위해 그가 할 수 있는 일을 모두 다 했다. 그가 할 수 있는 일은 점령군 배치가 아니라, 그저 방벽을 세우는 것뿐이며, 과두정 당파의 끝을 모르는 허영심이 과두정을 구하려는 그의 모든 시도를 허사로 만들고 말 것을 술라는 잘 알고 있었다. 그의 체제는 밀려드는 파도를 막기 위해 임시로 세워진 제방에 불과했다. 10년 뒤 파도가 앞을 막아선 제방을 넘어섰을 때, 제방의 보호를 받던 사람들조차 돌보지 않는 제방이 무너졌다고, 제방을 건설한 사람을 비난할 일은 아니다. 정치가라면 술라의 허망한 재건 사업을 옹호하기 위해, 예를 들어 아시아 조세제도와 형사재판 등 아주 칭송받는 그의 개별 개혁을 언급하지 않을 것이다. 정치가라면, 옳게 계획되고 온갖 어려움 속에서도 전반적으로 꾸준히 수행된 그의 로마 공동체 재건 사업에 경탄할 것이며, 로마의 구원자이자 이탈리아 통일의 완성자를 크롬웰 밑에, 아니 크롬웰과 나란히 놓은 것이다.

술라 복고 체제의 비도덕성

물론 망자를 두고 목소리를 내는 것은 정치가만이 아닐 것이다. 정의롭게 고양된 인간 감정은 술라가 저지르거나 방관한 일들을 결코 용서하지 않을 것이다. 술라는 자신의 독재정을 무자비한 폭력으로 유지했을 뿐만 아니라, 다른 한편 일종의 냉소적인 솔직함으로 자신의 행위들을 정확한 이름으로 불렀다. 이로써 그는 어리석은 대중들에게 불치의 상처를 안겼는데, 그들은 사태 자체보다 그 이름 때문에 더욱 크게 놀랐던 것이었다. 또한 도덕적으로 판단해보면, 그의 악행은 그

냉정함과 확신 때문에 감정적이라기보다 도발적으로 보였다. 법익박탈, 살인자에 대한 보상, 재산몰수, 복종하지 않은 장교들의 즉결 재판 등은 수백 번 있었고, 고대 문명의 둔감한 정치적 도덕성은 이를 다만 미온적으로 비난하였다. 하지만 추방 명단을 공개적으로 게시하고 그 머리를 공개적으로 효수하는 일, 도망자 추적자들에게 일정한 금액을 지불하고 공식적인 회계장부에 이를 기록하는 일, 몰수 재산을 마치 적에게 빼앗은 노획물처럼 공개 시장에서 경매에 부친 일, 사령관이 복종하지 않는 장교들을 즉결 처형하고 모든 인민에게 그 사실을 알리는 일 등은 예전에는 없었던 일이었다. 인간성에 대한 이런 공개적 조롱 또한 그의 정치적 과오 가운데 하나다. 그는 이로써 미래의 혁명들을 저지하는 데 적잖은 기여를 한 것은 사실이다. 하지만 그 때문에 아직도 법익 박탈의 주동자를 떠올리는 기억마다 어두운 그림자가 드리우는 것도 당연한 일이라 하겠다.

술라를 정당하게 비난할 수 있는 것은 오히려, 그가 모든 일을 가차 없이 처리하면서도, 부차적인 문제들, 그러니까 개인적인 문제들은 매우 자주 그의 다혈질적 성향에 따라, 그의 호불호에 따라 결정하고 조치하였다는 것이다. 그는 그가 일단 증오심을 품으면, 예를 들어 마리우스파에게 그러했는데, 심지어 무고한 자들에게조차 멈출 수 없는 증오심을 드러냈으며, 스스로 떠벌려 누구도 그보다 친구와 적을 제대로 대하는 사람은 없을 것이라고도 하였다.[13] 권력을 얻는 과정에서

---

[13] 에우리피데스, 《메데이아》 807행 이하 "아무도 나를 태만하고 허약하고 온순하다고 여겨서는 안 될 것이오. 오히려 그와는 달리 나는 원수들에게는 무섭지만, 친구들에게는 상냥하죠."

그는 기념비적 재산을 모으는 일도 소홀히 하지 않았다. 로마 최초의 절대 왕정은, 권력자는 절대로 법에 구애받지 않는다는 절대 권력의 핵심 원칙을 지켰는데, 특히 술라 본인이 제안한 이혼법과 사치 금지법에 술라는 매이지 않았다. 그가 그 자신에게 보인 이러한 관대함보다 더욱 국가에 해로운 것은 그가 그의 측근들과 당파에 보인 관대한 태도였다. 느슨해진 군 규율 또한—그것이 정치적 필연성을 가진 조치였지만—이렇게 이해해야 할 것이다. 하지만 훨씬 더 해로운 것은 그가 그의 정치적 지지자들에게 보인 관대함이었다. 그가 보인 태도는 간혹 도저히 믿을 수 없는 것이었다. 예를 들어 루키우스 무레나가 최악의 불합리와 불복종 때문에 패전하였을 때 술라는 처벌 면제에 그치지 않고 심지어 개선식마저 허락하였다(제6권 188쪽). 그나이우스 폼페이우스는 더욱 심각한 잘못을 저질렀지만 술라는 그에게는 훨씬 더 관대한 명예를 베풀어주었다(제6권 187쪽과 236쪽). 법익박탈과 재산몰수라는 더없이 잔인한 만행과 그 기한 연장은 술라 자신의 의지 때문이라기보다, 그런 지위에 오른 사람이라면 결코 용서받을 수 없는 무관심 때문이었다. 술라는 그의 내면에 열정과 동시에 무관심을 가지고 있었기 때문에 매우 상반된 모습을 보였는바, 때로는 믿기 어려울 정도로 관대하게, 때로는 무자비하게 엄격한 태도를 보였다고 이해할 수 있다. 그가 왕권을 잡기 전에는 선량하고 부드러운 사람이었으나, 왕이 되면서 피에 굶주린 독재자가 되었다는 말을 술라는 수도 없이 말했는데, 이는 잘못된 말이다. 그가 왕으로서 예전의 관대함과 반대되는 태도를 보여주었을 때, 그것은 오히려 그가 용서할 때의 무관심을 똑같이 처벌할 때도 보여준 것이라고 말해야 할 것이다. 이와 같이 그의 모든 정치적 행보에는 전반적으로 반쯤 역설적인 경솔함이 깔려 있었다. 그는 승리를 위한 그의 헌신을 다만 행운이었다고, 승리 자체는 무가치했다고 깎아내리고 싶어 하는 승자 같았고, 그의 업적이 허망하고 허무한 일임을 반쯤 자각한 자 같았고, 철거하고 다시 짓기보다 고쳐 쓰기를 원하며 끝내 피해를 그럭저럭 가리는 것으로 만족하는 관리인 같았다.

퇴임 후의 술라

하지만 그가 어떠했든지 간에, 이 정치계의 돈 주앙은 늘 같은 인물이었다. 그의 삶 전체는 존재의 내적 균형을 증언한다. 아주 상이한 상황에서도 술라는 언제나 변함없이 그대로였다. 아프리카의 빛나는 성공 이후 그에게 수도 로마의 게으른 생활을 찾도록 만들고, 절대적 권력의 완벽한 장악 이후 쿠마이의 저택에서 휴식과 회복을 구하게 한 것은 같은 생각이었다. 그의 입에서, 그가 맡은 공적 과업들이 던져버릴 수 있으면 던져 버리고 싶은 짐이라는 소리는 단 한 마디도 흘러나온 적이 없었다. 퇴임 이후에도 그는 완벽하게 평온하였고, 불편함이나 집착을 보이지 않았으며, 공적 과업에서 벗어났음을 기뻐하였고, 그러면서도 기회가 될 때마다 여기저기 개입하기도 하였다. 사냥, 낚시, 회고록 작성 등으로 그는 여가 시간을 채웠다. 그 사이 그는 서로 갈등을 빚는 시민들의 청원에 따라 이웃한 식민도시 푸테올리를 신속하고 확실하게, 과거 수도 로마에서 그랬던 것처럼 안정시키는 데 참여하였다. 병상에 누워 그가 한 마지막 일은 카피톨리움 신전의 재건을 위한 기금조성에 이바지하는 것이었는데, 신전의 완성을 그는 끝내 볼 수 없었다. 은퇴하고 일 년이 조금 지나 60세를 맞았을 때, 육체와 정신은 아직 맑았지만, 그는 죽음을 맞았다. 병상에 있었던 것은 잠깐이었는데, 심지어 사망 이틀 전에도 그는 자서전을 기록하였다. 갑작스러운 각혈[14] 끝에 그는 사망하였다(로마 건국 676년, 기원전 78년). 그에게 평생 충실했던 행운은 그를 죽음에서도 배신하지 않았다. 다시 한번 당파 갈등의 고약한 소용돌이로 말려들지 않기를, 노병을 다시 한번 새로운 혁명에 맞서 끌어내지 않기를 그는 소망하지 않을 수 있었다. 히스파니아와 이탈리아의 상황도 그가 사망할 무렵 만약 그가 좀 더 오래 살았다면 그를 가만히 놓아두지 않았을 것이다.

　수도 로마에서 성대한 장례식을 거행하느냐가 논의되던 때에, 그가 살아 있을 때는 침묵하던 수많은 목소리가 독재자에게 드리는 마지막 예의를 반대하고 나섰다. 하지만 아직도 기억은 너무나 생생하였고, 그의 병사들에 대한 사람들의 두려움은 아직 그대로였다. 그리하여 시신을 수도 로마로 운구하고 로마에서 장례식을 거행하는 것이 결정되었다. 이탈리아는 이보다 더 성대한 장례식을 본 적이 없었다. 제왕처럼 치장된 망자가 들르는 곳마다 그를 위해 그의 유명한 군기와 속간(束桿)이 뒤따랐고, 주민들과 특히 그의 병사들이 장례행렬에 합류하였다. 마치 그의 병사들 전체가 살아생전 그들을 번번이 승리로 이

---

[14] 어떤 이들이 말하는 슬증(蝨症) 때문은 아니다. 그것은 단순한데, 그런 질병은 오직 상상에만 존재하기 때문이다.

끌던 장수 주변에 다시 한번 장수의 죽음을 맞아 모여든 것처럼 보였다. 끝없는 장례 행렬이 수도 로마에서 이어졌고, 법원들도 문들을 닫았고 모든 업무가 멈추었다. 망자에게 충실했던 군단병들, 도시들, 가까운 친구들이 마지막으로 바치는 2,000개의 황금 꽃다발이 만들어졌다. 술라는 코르넬리우스 집안의 전통에 따라 시신을 화장 없이 매장할 계획이었지만, 다른 사람들은 지난 과거가 가져온 것과 장차 미래가 가져올 것을 망자보다 잘 알고 있었다. 원로원의 명령에 따라, 안장된 마리우스의 시신을 무덤에서 다시 파냈던 사람의 시신은 화장되었다. 모든 정무관, 모든 원로원 의원, 예복을 걸친 사제들과 여사제들, 기병 무장을 갖춘 귀족 청년들이 뒤를 따르는 가운데 장례행렬은 로마 광장에 닿았다. 그의 행위들과 그의 위협적인 목소리가 아직도 메아리치는 광장에서 망자를 위한 장례식 연설이 행해졌다. 이어 원로원 의원들은 어깨에 짊어지고 화장 준비를 마친 마르스 연병장으로 관을 옮겼다. 시신이 불에 타는 동안 기병들과 병사들은 시신 주변을 맴돌았다. 통치자의 유골은 마르스 연병장 바로 옆 옛 왕들의 묘역에 매장되었다. 그리고 일 년 내내 로마의 여인들은 그를 눈물로 애도하였다.

제11장
공동체와 그 경제

우리는 90년의 시간을 지나왔다. 그 중 40년은 완전한 평화의 시대였고, 나머지 50년은 거의 지속으로 이어진 혁명의 시대였다. 이 시대가 로마 역사에서 가장 불명예스러운 시대였다. 알프스 산맥을 넘어 동서로 진출한(제5권 241쪽, 258쪽) 로마의 무력은 히스파니아 반도의 대서양 연안까지 진출하였으며(제5권 25쪽), 마케도니아와 희랍 땅에서 도나우강에 이르렀다(제6권 259쪽). 하지만 이는 아무런 이득도 내용도 없는 승리의 월계관이었을 뿐이다. "로마 시민의 자의와 지배와 통치와 우호 아래 놓은 외방 민족들"[1]의 크기는 실질적으로는 확장되지 못했다. 사람들은 그저 좋았던 시절의 이득을 실현하고 느슨한 형태

---

[1] "*exterae nationes in arbitratu dicione, potestate amicitiave populi Romani*"는 수탈재산반환법의 첫 줄이다. 이는 이탈리아의 동맹시들과 친족도시들(socii nominisve Latini)과 구분하여 비(非)이탈리아 복속민과 피호민들을 가리키는 공식용어였다.

의 종속 관계에 있던 공동체들을 점차 완전한 굴복상태로 만들어가는 것에 만족하였다. 속주 재통합이라는 아름다운 명분 아래 아주 분명하게 증후를 드러낸 로마 패권의 몰락이 감추어져 있었다. 고대 문명 전체가 더욱 분명하게 로마에 통합되고 더욱 보편적으로 동일한 형태로 정형화되어가는 동안, 알프스 너머와 에우프라테스강 건너의 이런 통합에서 배제된 민족들은 로마에 대해 공세로 전환하기 시작하였다. 아콰이 섹스티아이와 베르켈라이, 카이로네이아와 오르코메노스의 전장에서, 이탈리아 희랍 세계를 향해 게르만족과 아시아 유목민들이 펼치게 될 이런 공세의 첫 징후가 감지되었으며, 그들의 느려터진 마지막 파도는 이 현재 시점에 이르러 드디어 희랍 이탈리아 세계에 도착하였다.

하지만 그 내적 발전을 보면 이 시대 역시 동일한 성격을 보여준다. 과거의 질서는 재건 불가능할 정도로 붕괴되었다. 로마 공동체는 도시 국가 형태로 자리 잡았고, 이 도시의 자유 시민들은 통치자들을 선출하고 법률을 제정하였고, 현명한 지도자들이 법적 질서 내에서 제왕적 자유를 누리며 이 도시를 이끌었다. 이 도시를 둘러싸고 로마 공동체와 본질적으로 동일한, 자유로운 친족 공동체들의 총체인 이탈리아 동맹과, 다른 한편 희랍의 자유도시들, 야만족들과 왕국들을—후자의 둘은 로마에 의해 지배된다기보다 보호를 받는 편이었다—묶은 총체로서 이탈리아 밖의 연맹은 두 개의 축을 형성하였다. 명목상 보수당파는 물론 민주당파도 이에 관여하였고 공히 영향을 미친 혁명의 최종적 결과인바, 현 시기 초에는 균열이 있었고 불안정하였지만 그래도 여전히 굳건히 버티고 서 있는 로마라는 존경스러운 건물은 이 시대의 끝에는 벽돌 하나까지 전부 무너져 내리고 말았다.

국가의 주권자는 이제 한 명의 사내거나 아니면 폐쇄적인 소수 집단, 다시 말해 귀족 집단 혹은 자본가 집단이었다. 시민들은 정부의 법적 참여 지분을 전부 상실하였다. 관리들은 그때그때의 권력자가 부리는 종속적 통치도구로 전락하였다. 로마 도시 공동체는 비정상적인 팽창으로 인해 공중 분해되어 버렸다. 이탈리아 동맹은 도시 공동체로 변모하였고, 이탈리아 밖의 연맹들은 완전히 속국으로 변모하였다. 로마 공동체의 모든 유기적 조직들은 파괴되었고, 여기저기 흩어진 부분들이 어지러운 혼돈으로 남았다. 완벽한 무정부상태에 이르기 직전이었고, 외적으로나 내적으로나 국가의 와해로 이어질 판이었다. 정치적 움직임도 전반적으로 전제정으로 방향을 틀었다. 문제가 아직 해결되지 않은 것은 다만, 귀족 족벌의 폐쇄 집단이 전권을 장악하느냐, 아니면 자본가들의 원로원이냐, 아니면 독재자 한 명이냐의 문제였다. 정치적 움직임은 철저하게 독재정으로 이어지는 길을 따라갔다. 경쟁하는 권력들이 서로 견제하며 간접적인 구속에 따른다는 자유 공동체의 기본이념을 이제 모든 정파는 완전히 망각해버렸고, 여기저기서 권력을 쟁취하기 위해서 먼저 곤봉을, 이어 단검을 잡기 시작하였다. 양쪽 정파가 옛 국헌이 이제 최종적으로 폐기되었다고 인정하고 새로운 정치 발전의 목표와 길을 분명히 확인하면서 그 끝에 이른 혁명은 국가의 재조직을 위해 아직까지는 겨우 임시방편을 찾았을 뿐이었다. 그락쿠스 체제도 술라 체제도 결정적인 해결책이 되지 못했다.

이 가혹한 시대에 가장 가혹한 일은 희망과 노력이 혜안을 가진 애국자를 돕지 못했다는 것이다. 자유의 태양은 모든 무한한 전설과 더

불어 돌이킬 수 없이 지고 있었고, 석양은 아직 화려하게 빛나는 세계 너머로 저물고 있었다. 애국심과 천재성으로 막을 수 있는 우연한 파국이 아니었다. 로마 공동체를 무너뜨린 것은 뿌리 깊은 사회적 질병이었고 그 핵심은 중산층이 노예적 무산자계급으로 몰락한 것이었다. 제아무리 지혜로운 정치가라도 환자의 고통을 연장하느냐 덜어주느냐 이외에 달리 할 것이 없는 진퇴양난의 의사와 비슷한 처지였다. 분명 로마에 줄 수 있는 가장 좋은 조언은, 최대한 신속하고 철저하게 독재정이 자유주의적 구체제를 제거하고 인간적 번영이라는 소박한 척도에 어울릴—이를 위해서라면 절대주의도 가능했다—새로운 국가 형태와 형식을 찾는 것이었다. 주어진 상황에서 과두정보다 독재정이 선호된 배경은, 열정적으로 파괴하고 열정적으로 건설할 독재체제가 동료제 관료들에 의해 단 한 번도 시도된 적이 없었다는 사실이다. 이 대담한 계획은 역사를 가지지 못했는바, 미래를 만드는 것은 이성이 아니라 오로지 열정이었다. 공동체가 살아지지도 죽지도 못한 채로 얼마나 더 명맥을 이어갈지, 그리고 마침내 공동체가 강력한 생명력 덕분에 그 주인을, 그리고 가능하다면, 새로운 창조자를 찾게 될지 아니면 질병과 가난 가운데 무너져 내릴지 사람들은 그저 지켜보아야만 했다.

국가의 경제 상황

이제 남은 것은 아직까지 다루지 못한 채로 있던 이 시기의 경제적 사회적 측면을 살펴보는 것이다.

이 시기의 초부터 국가 재정은 대부분 속주들로부터 들어오는 수입에 의존하였다. 이탈리아에서 토지세는 국유지 사용 부담금 등의 일반 조세와 달리 늘 특별세로 부과되었고, 퓌드나 전투 이후 다시는 부과되지 않았다. 따라서 절대적 토지세 면제가 국헌에 따른 로마 지주들의 특권으로 인식되기 시작하였다. 국가의 수익권들, 예를 들어 소금 독점(제4권 170쪽)과 조폐권 등은 이제 일반적으로 적어도 국가 수입원으로 취급되지 않았다. 이제 새로운 상속세(제4권 244쪽 이하)도 다시 사라지게 방치하였거나 혹은 아마도 철폐되었다. 이후 로마 국고는 알프스 이쪽 갈리아를 포함하여 이탈리아에서 아무것도 거두어들이지 않았으며, 다만 국유지 수확물, 그러니까 캄파니아 지역 생산물, 갈리아의 금광, 노예해방 부담금, 수입업자의 사적 목적이 아닌 재화를 해상으로 수도 로마 지역으로 수입하는 데 따른 관세 등을 거두어들였다. 마지막 두 개의 부담금은 본질적으로 일종의 사치세로 판단할 수 있는데, 무엇보다 수도 로마가 전체 이탈리아로 확대되고 관세 지역도 그만큼 확대됨에 따라—아마도 여기에 알프스 이쪽 갈리아도 포함되었을 것인데—괄목할 만큼 크게 증가되었음이 분명하다.

속주로부터 들어오는 국가 수입

로마 정부는 속주들에서 우선 전쟁법에 따라 파괴된 국가들의 농지 전체를 마치 사유물처럼 요구하였으며, 또 로마 정부가 과거의 지배자들을 대신하여 통치하게 된 국가들에게서 과거의 지배자들이 보유하던 토지를 요구하였다. 이에 따라 레온티니, 카르타고, 코린토스, 마케도니아 왕국의 국유지, 페르가몬, 퀴레네, 히스파니아와 마케도니아의 광산 등이 로마의 소유가 되었고, 카푸아 지역과 유사하게 로마의 호구감찰관들이 개인 경영자들에게 수확의 일정량 혹은 일정 액수로 임대하였다. 가이우스 그락쿠스가 이를 훨씬 더 강력하게 밀어붙여, 속주 전체를 국유지로 간주하였고 우선 아시아 속주에서는 이 원칙을 실제로 관철시켰으며, 속주의 농지, 목초지, 해안에 대해 로마 정부의 사유재산처럼 십일조, 방목세와 농지대를 부과하였다는 사실은 앞서 언급하였다(제5권 166쪽, 176쪽).

이 시기에 속주들과 관련해서도 아직까지는 쓸모 있는 국가 수익권이 없었던 것으로 보인다. 알프스 저쪽 갈리아에서 포도나무와 올리브나무의 재배 금지는 국고 자체에 도움이 되지 않았다. 반면 간접적인 조세나 직접적인 조세의 규모는 거대하였다. 완전한 주권 국가로 인정된 피호국들, 예를 들어 누미디아 왕국, 카파도키아, 로도스 연방, 메사나, 타우로메니온, 마살리아, 가데스 등은 법적으로 세금 면제를 받았지만, 계약에 따라 다만 로마 공화정이 전쟁을 치르는 동안 그들이 부담하여 일정 수의 전함과 병력을 정규적으로 제공할 의무, 혹은 부분적으로, 당연한 일인바, 비상시에 온갖 종류의 특별 부조를 제공할 의무를 부담하였다. 나머지 속주 지역은 자유도시들을 포함하여 전체적으로 조세를 부담하였지만, 로마 시민권이 부여된 나르보 등의 도시들과 세금을 내지 않도록 특별하게 허락된 면세 공동체들(*civitates immunes*), 예를 들어 시킬리아의 켄투리파 등은 여기서 제외되었다. 직접적인 납부금으로 예를 들어 시킬리아와 사르디니아에서는 곡물이나 포도와 올리브 등의 작물에 대해 십일조[2]가 부과되었고, 목축지로 사용되는 경우에 이에 상응하는 방목세가 부과되었으며, 부분적으로 마케도니아, 아카이아, 퀴레네, 아프리카의 대부분, 이쪽 히스파니아와 저쪽 히스파니아, 그리고 술라 이후에 아시아의 모든 공동체는 매년 정해진 일정 세금(stipendium, tributum)을 로마에 납부하였다. 예를 들어 마케도니아 전체에 60만 데나리우스(18만 3,000탈러)가, 안드로스의 작은 섬 귀아로스에 150데나리우스(46탈러)가 부과되었는데, 이는 외견상 전반적으로 로마 지배 이전의 세금보다 적은 양이었다. 토지 십일조와 방목세를 국가는 일정량의 곡물 혹은 일정 금액을 납입하는 조건으로 개인 사업자에게 도급을 주었다. 후자의 납입금과 관련하여 국가는 각각의 공동체에 부과하였고, 로마 정부가 일반적으로 적용하는 원칙에 따라 납세 의무자들로부터 부과 금액을 추렴하여 납부하는 일은 각각의 공동체에 일임하였다.[3]

---

[2] 국가가 개인 소유지로부터 거두어들이는 이 십일조는 국유지에 농장을 세운 지주가 내는 십일조와 구분되어야 한다. 전자는 시킬리아에서 도급으로 징수되었으며 한번 정해진 액수가 계속해서 부과되었다. 후자는—레온티노이의 지주들은 예외로 하고—로마의 호구감찰관이 도급으로 징수하였고 이들이 납부해야 할 수확량의 비율과 여타 조건들을 결정하였다(키케로, 베레스 탄핵 연설, 3, 6, 13; 5, 21, 53; 법률론 1, 2, 4; 2, 18, 48). 나의 《로마국법Römische Staatsrecht》 Bd. 3, 730쪽을 참조하라

[3] 아마도 일련의 과정은 이러하였을 것이다. 로마 정부는 우선 조세의 종류와 수준을 정하였다. 예를 들어 아시아에서 술라—카이사르의 체제 이후에도 십일조가 부과되었다(App. civ. 5, 4). 유대인들은 카이사르의 법령에 따라 격년으로 수확량의 25퍼센트를 납부하였다(Ios. ant. Iud. 4, 10; 2, 5). 킬리키아와 쉬리아에서는 재산의 5퍼센트가 부과되었고(App. Syr. 50), 아프리카에서도 아마 이와 비슷한 수준의 세금이 부과되었을 것인데, 이때 특히 재산 정도는 소유 농지의 크기, 주택 출입구의 숫자, 어린아이들과 노예들의 머리 숫자에 따른 추정치로 평가된 것으로 보인다 (exactio capitum atque ostiorum, Cic. ad fam. 3, 8. 5에 언급된 킬리키아의 사정; φόρος ἐπὶ τῆγῆκαὶ τοῖς σώμασιν, App. Pun. 135에 언급된 아프리카의 사정). 이런 기준에 따라 로마 속주 총독의 감독

간접적 세금은—도로, 교량, 운하에 부과된 세금을 제외하면—주로 관세였다. 고대세계의 관세는 전적으로는 아니지만 상당 부분 항구 관세였고, 드물게 국경 관세였으며, 판매를 위해 수입 또는 수출되는 상품에 대해 각 공동체가 공동체의 항구나 지역에서 평가하고 부과하였다. 로마인들은 공동체의 관세 부과 구역이 로마 시민 구역을 침범하지 않는 한에서 각 공동체의 관세 부과를 승인하였다. 제국 국경이 관세 부과 구역과 일치하는 것도 아니었으며, 일반적인 제국 세관이라는 것도 없었다. 피호 공동체들에서 로마에 대한 관세면제는 오로지 국가 협정으로만 가능하였는데, 하지만 로마시민에 대해 다양한 방식으로 적어도 관세 혜택은 이루어졌다. 로마와 동맹 관계가 아닌, 애초 복속 관계에 있으면서 면세가 적용되지 않는 지역들에서 관세는 당연히 원래의 주권체, 다시 말해 로마 공동체에 귀속되었다. 따라서 제국 내의 광역 지구들 몇몇은 로마의 관세 구역으로 묶였고, 이 지구들 내에 포함된 동맹 공동체들이나 면세 공동체들에서 로마 관세가 면제되었다. 그렇게 시킬리아는 카르타고 시대 이래로 광역 관세 지구가 되었고, 시킬리아 국경을 오가는 상품들에 대해 상품 가치의 5퍼센트를 관세로 부과하였다. 마찬가지로 아시아 국경에서 셈프로니

하에 각 공동체 관청들은 누가 납세 의무자이며, 각 납세 의무자가 어느 정도를 내야 할지를 정하였다(imperata ἐπικεφάλια, Cic. Att. 5, 16.). 세금이 제때에 납입되지 않으면 미납금은 로마에서처럼 채권으로 판매되었고, 업자들은 수수료를 포함한 금액을 넘겨받았다(venditio tributorum, Cic. ad fam. 3, 8, 5); ὠνὰς omnium venditas, Cic. Att. 5, 16). 부과금 총액은 지역 내 중심 도시로 모아졌다. 예를 들어 유대 공동체들은 곡물을 시돈으로 보내야 했고, 시돈의 도시금고로부터 이후 확정 금액이 로마로 운송되었다. 이 세금도 간접적인 방식으로 부과되었는데, 중계자들은 상황에 따라 곡물의 일부를 챙기거나 혹은 자기 재산에서 일부를 보탰다. 이런 징수 방식이 도급업자를 통한 징수방식과 다른 것은, 납부자들의 공동체 행정기구가 중계를 맡느냐, 아니면 로마의 개인 도급업자가 중계를 맡느냐였다.

우스 법에 따라(제5권 166쪽) 2.5퍼센트의 관세가 부과되었다. 또한 나르보 속주도 로마 식민지들을 제외하고 모두 광역 관세 지구가 되었다. 이 광역화 조치는 국고 수입의 목적 이외에도 무분별한 지역 관세들로 인해 불가피하게 발생할 혼란을 관세 국경의 일률적 획정을 통해 방지하려는 놀랄 만한 의도를 가지고 있었다. 관세 징수 업무는 십일조와 마찬가지로 예외 없이 중개인들에게 도급되었다.

징수비용

이처럼 로마의 납세 의무자들의 정규 부담액은 그렇게 크지 않았다. 하지만 여기서 간과해서 안 되는 것은 징수비용이 상당히 비쌌다는 점이다. 납세자들은 로마가 실제로 징수하는 금액과 비교할 수 없을 정도로 상당히 큰 부담을 져야 했다. 중개인을 통한, 특히 일반적 도급업자를 통한 징수체계 자체가 이미 가장 낭비적 요소가 큰 체계였던 데다가, 로마에서는 대단위 도급 계약 체결과 자본의 엄청난 담합 때문에 효과적 경쟁이 이루어지기가 극히 어려웠다.

군사적 징발

이런 정규 부담 이외에도 우선 군사적 징발이 추가되었다. 군사행정비용은 법적으로 로마공동체가 부담하였다. 로마공동체는 각 속주의 책임자에게 운송수단 및 모든 여타 비용을 챙겨주었다. 속주에 근무하는 로마 병사들에게 월급과 보급을 지급한 것도 로마공동체였다. 로마 관리들과 병사들이 사용할 지붕과 바닥, 목재와 건초 등의 물품들은 속주공동체들이 실비로 확보해주어야 했다. 자유 도시들은 심지어 로마군의 겨울 숙영지를—아직 상시 주둔지 개념은 없었다—일반적으로 제공하지 않았다. 곡물, 선박, 선박에 배치되는 노예들, 아마포, 가죽, 현찰 등이 필요할 때 속주 총독은 전쟁 시에는 무조건적으로, 평화 시에도 크게 다르지 않았지만, 필요와 판단에 따라 복속공동체들이나 주권적 피호국들에게 조달을 요구할 수 있었다. 하지만 이것들은 모두 로마의 토지세와 마찬가지로 법적으로는 구매나 선납으로 간주되었고, 그 값은 나중에 혹은 즉시 로마 국고에서 지불되었다.

하지만 법률적 이론과 달리 실제로 이 징발은 속주들을 압박하는 가장 큰 부담들 가운데 하나였다. 배상 금액이 일반적으로 로마 정부나 혹은 심지어 속주 총독에 의해 일방적으로 결정되기 때문에 더욱 그러하였다. 로마 최고 관리들의 이런 징발 권한에 대해 몇몇 법률적 제한 규정이 덧붙여졌는데, 앞서 이미 언급한 규정도 그 중 하나였는데, 히스파니아 내에서 곡물 징발은 작물의 $\frac{1}{20}$ 이상을 초과해서는 안 되며 그 가격도 일방적으로 결정되어서는 안 된다는 규정이었다(제3권 311쪽). 또 속주 총독이 자신과 그의 수하들의 필요를 위해 요구할 수 있는 곡물의 상한선이 규정되었다. 또 곡물 보상 금액을 최고율로 사전에 확정하는 규정이 있었는데, 적어도 시킬리아에서 흔히 수도 로마의 수요를 맞추기 위한 곡물에 적용되었다. 이런 규정 확립을 통해 속주 공동체들과 개인들의 경제활동에 부과되는 징발 압박은 여러 곳에서 경감되었을 뿐 결코 없어지지는 않았다. 비상시에 그 압박은 불가피하게 증가하였고 때로 무한히 가중되었는데, 드물지 않게 징발은 징벌의 형식이나 강요된 자발적 기여 형식으로 이루어졌고, 따라서 이 경우 보상은 전혀 이루어지지 않았다. 이처럼 술라는 로마 건국 670/671년(기원전 84/83년)에 소아시아 속주들에게 압력을 가하여—로마에 저항하기 아주 어려운 속주들에게 특히—그곳에 주둔한 사병 일 인당 40배의 봉급(하루에 16데나리우스=3⅓탈러)을, 백인 대장 일 인당 75배의 봉급을 지급하도록 하였으며, 그밖에 의복, 식사와 특히 임의대로 식사에 손님을 초대할 권리를 강제하였다. 술라는 또한 직후에 피호 공동체들과 복속 공동체들에게 일반적인 부담금을 납부하도록 명하였으며(제6권 255쪽), 당연히 그 상환은 일언반구조차 언급이 없었다.

지역 부담금

공동체들의 부담은 간과할 수 없을 정도였다. 부담은 상대적으로 매우 높았음이 분명하다.[4] 행정비용, 관공서 유지비용 등 모든 도시 지출은 공동체 금고에서 지출되었으며, 로마 정부는 다만 군사비용만을

---

[4] 예를 들어 유대 지역에서 야파 시는 2만 6,075모디우스의 곡물을, 나머지 유대 도시들은 십일조를 유대 왕에게 납부하였다. 여기에 보태어 신전 헌납금, 로마에 납부하기 위해 시돈으로 보낼 세금 등이 추가되었다. 시킬리아에서도 로마에 납부하는 십일조 이외에도 지역 공동체에 납부할 매우 높은 세금이 재산에 따라 매겨졌다.

떠맡아 국고에서 지출하였기 때문이다. 심지어 군사 예산 가운데 상당히 중요한 항목은 공동체들에게 전가되었는데, 비(非)이탈리아 지역 내 군사도로의 설치 및 유지 비용, 비(非)이탈리아 해역에서 함대의 건조 및 유지 비용, 다시 말해 군비 지출은 상당 부분 피호 국가들이나 복속 국가들의 병력이 상시적으로 그들 속주 영역 내에서 그들 공동체의 부담으로 복무하는 한에서 각 공동체에 전가되었다. 하지만 나중에는 소속 속주 밖에서, 그러니까 트라키아인들이 아프리카에서, 아프리카인들이 이탈리아에서 복무하는 등 병사들이 임의의 장소에서 복무할 때도 소속 공동체가 비용을 부담하게 되었고 이는 더욱 빈번해졌다(제5권 294쪽). 이탈리아 밖의 속주들만이 로마 정부에 직접적인 세금을 납부했다고 할 때, 이는 이탈리아가 군사 지출의 부담과 비용을 온전히 부담하였기 때문이었고, 정치적으로나 재정적으로도 공정하였다. 하지만 이 시대 이후에 이 방식은 철폐되었고, 속주들은 재정적으로도 엄청난 부담을 떠맡았다.

착취와 수탈

마지막으로 불법 행위에 관한 큰 주제를 빼놓을 수 없다. 불법 행위를 통해 로마 관리들과 세금 도급업자들은 아주 다양한 방식으로 속주들의 조세 부담을 가중시켰다. 사람들은 속주 총독이 받은 선물 일체를 법적으로 착취한 물품으로 취급하였고, 심지어 속주 총독의 물품 구입 행위 자체를 법률로써 제한하였지만, 총독의 공적 업무 수행은 그가 원하기만 한다면 설사 불법일지라도 충분하고도 남을 만큼의 구실을 그에게 제공해주었다. 군대의 주둔, 원로원계급이나 기사계급에 속한 조력자들과 관리들과 서기들과 법정관리와 전령들과 의사들과 사제들의 무상 주거, 국가 사절들에게 주어지는 무상 통행권, 현물로 내야 할 농산물들의 운송과 승인, 특히 강제매입과 징발은 모든 관리에게 속주에서 상당한 재산을 모아 귀국할 기회를 제공하였다. 로마 정부의 통제가 작동하지 않는다는 것이 드러나고, 자본가들이 통제하는 법정이 오히려 정직한 관리들을 위험에 빠뜨린다는 사실이 확인되자, 약탈행위는 점점 더 널리 퍼져나갔다. 속주 관리들의 착취 행위에 대한 제소가 빈번해지면서 이를 상시로 다루는 위원회가 로마 건국 605년(기원전 149년)에 설치되고(제5권 105쪽), 이어 뒤따라 수탈재산 반환법이 제정되고, 또 계속해서 그 처벌을 강화하는 개정이 이루어졌는데, 이는 홍수위 측량 기구처럼 불법행위의 계속된 증가 수위를 보여준다.

이런 모든 상황을 고려할 때 적당한 조세 부과 조치도 실질적으로는 매우 과도한 부담으로 작동할 수 있었고, 실제로 그러했다는 것은 의심의 여지가 없다. 하지만 그렇더라도 온갖 남용 가능성을 장착한 조세제도보다는 이탈리아 상업 자본과 금융 자본이 행사하는 경제적 압박이 속주들을 훨씬 더 심하게 혹사시켰을 것이다.

국가 재정 상황의 요약

요약하면, 로마가 속주들에서 거두어들이는 국가 수익은 원래, 오늘날 우리가 생각하는 것과 같은 조세 수익이 아니었다. 로마의 국가 수익은 오히려 패권국가가 그들이 수행한 전쟁의 비용을 다른 국가들에게 부담시켜 거두어들인, 아티카가 거두어들인 추렴기금과 비교될 수 있는 징수금 성격이 강했다. 이는 로마의 총수익과 순이익이 놀라울 정도로 미미한 이유를 설명해준다. 어떤 진술에 따르면, 아마도 이탈리아에서 거두는 수익을 포함하고 여기에 십일조 형식으로 이탈리아로 운송된 각종 곡물을 더해도, 로마 국가 수익 총액을 로마 건국 691년(기원전 63년)까지 모두 합해도 2억 세스테르티우스(1,500만 탈러)가 되지 않았다. 이는 이집트의 국왕이 매년 그의 땅에서 거두어들이는 세금의 ⅜밖에 되지 않는 금액이다. 이 차이는 얼핏 보면 매우 이례적이다. 하지만 프톨레마이오스 왕조는 나일강 유역을 거대농장주처럼 착취하였던 것이고, 동방과의 무역 독점을 통해 엄청난 액수의 수익을 거두었다. 반면, 로마의 국고는 로마의 보호 아래 하나로 뭉친 공동체들의 연맹전쟁기금에 지나지 않았다.

로마의 순이익은 아마도 이보다 훨씬 더 적었을 것이다. 상당한 이득금은 아마도 시킬리아가 제공했을 텐데, 이곳은 여전히 카르타고식 조세제도가 작동하였기 때문이다. 무엇보다 아시아가 크게 이바지했는데, 여기서 가이우스 그락쿠스가 곡물 분배를 위해 토지몰수를 단행하고 전체적으로 국유지 조세방식을 관철시켰기 때문이다. 다양한 증언에 따르면 로마의 국가 재정은 대부분 아시아에서 거둔 세금으로 채워졌다. 여타 속주들에서 거두어들이는 세금만큼 재정이 다시 투입되었다는 주장은 매우 신빙성이 높다. 막강한 주둔군이 필요한 지역, 그러니까 예를 들어 양쪽 히스파니아, 알프스 저쪽 갈리아, 마케도니아 등은 대부분 거둔 세금보다 소요 경비가 더 컸을 것이다. 전반적으로 로마 국고에는 특히 평상시에 국가 건설과 도시 건설에 풍족하게 쓰이고 비상금을 모을 정도의 이득금이 있었다. 하지만 이득금의 숫자는 로마 패권이 미치는 광대한 지역을 모두 합했을 때 로마 조세의 순이익금이 현저히 작았음을 말해준다.

　따라서 이는 어떤 의미에서, 정치적 패권을 경제적 이권으로 취급하지 않는다는 훌륭하고 합리적인 옛 원칙이 로마-이탈리아는 물론 속주들의 재정 정책에 반영된 것이라고 하겠다. 로마 공동체가 해외의 복속민들로부터 거두어들인 것은 일반적으로 다시 해외 재산의 군사적 보호를 위해 지출되었다. 로마가 부과한 조세가 납세 의무자들에게는 과거의 세금보다 가혹하게 느껴진 것은 거둔 세금이 대부분 다른 지역에서 지출되었기 때문이지만, 반면 다수의 작은 지배자와 군대가 단일 지배자와 중앙집권적 군사행정으로 대체됨으로써 상당히 높은 경제적 절감효과가 있었다. 물론 좀 더 훌륭했던 시대의 옛 원칙은 속주 통치에서 이미 내적으로 심각하게 훼손되어 있었고 사람들이 허용한 수많은 예외조항으로 인해 구멍들이 뚫려 있었다. 시킬리아에서 유지된 히에론-카르타고 방식 십일조는 연간 군비분담금을 크게 상회하였다. 키케로의 책에서 스키피오 아이밀리아누스가, 로마시민을 세상의 통치자이면서 동시에 세금 징수자로 만드는 것은 부당한 처사라고 했던 말은 옳았다. 항구 관세의 획득은 사리사욕 없는 지배라는 기본원칙과 양립할 수 없었다. 관세율의 수준이나 번거로운 징수방식도 여기에 붙은 불의의 소회를 덜어내지 못하였다. 아마도 이때부터, 세금관리라는 명칭이 동방 민족들에게 악당이나 강도와 같은 뜻으로 사용되기 시작하였다. 로마의 이름을 특히 동방에서 불쾌하고 가증스러운 이름으로 만든 것은 이것 말고 다른 어떤 것도 아니었다. 가이우스 그락쿠스와 민중파라고 로마에서 불리던 이들이 정부를 장악하였을 때, 정치권력은 그 모든 참여자가 커다란 이익을 얻을 권리라고 선언되었고, 로마 패권은 농지 소유권으로 변질되어 주저 없이 완벽한 착취체제를 끌어들이면서, 부끄러운 줄도 모르고 대놓고 이를 법제화하며 합법적이라고 선포하였다. 이때 호전적인 것과 가장 거리가 먼 두 속주, 시킬리아와 아시아가 제일 가혹한 불운을 당한 것은 결코 우연이 아니었다.

국가재정과 공공사업

이 시대의 로마 재정 상태를 대략적이나마 알려주는 지표는 분명한 언급이 없는 한에서 우선 공공 건축물이라고 하겠다. 이 시기의 처음 몇 십년동안 공공 건축은 매우 광범위하게 추진되었고, 특히 도로 건설은 그 어느 때보다 활발하게 시행되었다. 이탈리아 반도에서 아피우스대로의 연장으로 로마로부터 카푸아, 베네벤툼, 베누시아, 타렌툼을 거쳐 브룬디시움에 이르는 길고긴, 추측컨대 이미 이전에 완성된 남부 이탈리아 도로와 연결하여, 카푸아에서 시킬리아 해협까지 이어지는 부속 도로가 로마 건국 622년(기원전 132년) 집정관 푸블리우스 포필리우스에 의해 건설되었다. 동해안에는 이제까지 파눔에서 아리미눔에 이르는 구간에만 플라미니우스대로의 일부로 도로가 놓여 있었는데(제3권 117쪽), 이 해안도로가 남쪽으로 브룬디시움에 이르고, 북쪽으로 파두스강의 하트리아를 거쳐 아퀼레이아까지 연장되었고, 최소한 아리미눔에서 하트리아에 이르는 구간은 포필리우스에 의해 같은 해에 착공되었다. 에트루리아를 통과하는 두 개의 도로 가운데, 로마로부터 피사와 루나에 이르는 서해안대로 혹은 아우렐리우스대로는 로마 건국 631년(기원전 123년)에 건설 중이었다. 다른 하나는 수트리움과 쿨루시움을 거쳐 아레티움과 플로렌티아로 이어지는 카시우스대로인데, 이 대로는 로마 건국 583년(기원전 171년)에 아직 건설되지 않았던 것으로 보이는데, 이 시대에 이르러 비로소 로마가 관리하는 국도가 되었음이 분명하다.

로마 주변에는 새로운 도로 건설이 필요하지 않았다. 하지만 물비우스대교(오늘날의 폰테 몰레)는 플라미니우스대로가 로마 근교에서 티베리스강을 건너는 지점에 건설된 다리로 로마 건국 645년(기원전 109년)에 석조로 건설되었다. 마지막으로, 이제까지 플라켄티아에서 끝나는 플라미니우스─아이밀리우스대로 이외의 어떤 다른 도로도 건설된 바 없던 북부 이탈리아에서는 로마 건국 606년(기원전 148년) 포스투미우스대로가 건설되는데, 이 도로는 게누아에서 데르토나(아마도 이 무렵 건설된 로마 식민도시였을 것이다)를 거쳐, 데르토나에서 다시 플라켄티아(여기에서 플라미니우스─아이밀리우스대로와 연결된다)와 크레모나와 베로나를 거쳐 아퀼레이아까지 이어지는 도로로서 튀레

늚해와 아드리아해를 연결하는 도로였다. 여기에 로마 건국 645년(기원전 109년)에 마르쿠스 아이밀리우스 스카우루스에 의해 루나와 게누아를 연결하는 도로가 추가되었고, 이로써 포스투미우스대로는 직접 로마와 직결되었다.

가이우스 그락쿠스는 다른 방식으로 이탈리아 도로망에 기여하였다. 그는 대로들의 유지보수에 심혈을 기울였는바 농지분배 과정에서 도로망을 따라 토지를 분배하면서 농지를 분배받은 자들에게 도로 보수의 세습적 의무를 부과하였다. 가이우스 그락쿠스나 혹은 오히려 농지분배 위원회는 그들에게, 정규 이정표를 통한 지역 경계 표시의 관행처럼 이정표 설치의 관행도 부과하였던 것으로 보인다. 마지막으로, 가이우스 그락쿠스는 마을 농로 건설에도 수고를 들였고, 이를 통해 농지 개간을 장려하였다. 하지만 이보다 훨씬 파급력이 컸던 사업은, 분명히 이 시기에 속주에서 시작된 로마 제국 도로의 건설이었다. 도미티우스대로는 오래 준비 기간을 거쳐(제3권 291쪽) 이탈리아에서 히스파니아까지 이어졌고, 아콰이 섹스티아이와 나르보의 건설과 긴밀히 연관되어 있었다(제5권 247쪽). 가비니우스대로(제5권 257쪽)와 에그나티우스대로(제5권 63쪽)는 아드리아 해를 따라 이탈리아 동해안의 주요 거점들을 지나가며, 전자는 살로나에서, 후자는 아폴로니아와 뒤라키온에서 내륙으로 이어졌다. 아시아 속주의 설치 직후인 로마 건국 625년(기원전 129년)에 마니우스 아퀼리우스가 설치한 도로망은 수도 에페소스에서 사방으로 뻗어나가 로마제국 경계에 이르렀다. 이 시대의 단편적 전승 속에서 이들 도로의 건설 사항은 전혀 발견되지 않았지만, 그럼에도 이는 갈리아, 달마티아, 마케도니아, 소아시아에서 로마 패권의 공고화와 밀접하게 연관되었음은 의심의 여지가 없다. 또한 이는 국가의 중앙집권, 복속된 야만 지역의 문명화에도 매우 중요한 의미를 지닌다.

적어도 이탈리아에서 도로 건설만큼 중요하였던 것은 대규모 간척 사업이었다. 로마 건국 594년(기원전 160년) 폼프티눔 늪지를 중부 이탈리아의 식량문제를 해결하기 위해 대규모 노동력을 투입하여 간척하였으며, 적어도 일시적으로는 성공을 거두었다. 로마 건국 645년(기원전 109년) 파르마와 플라켄티아 중간의 저지대 간척사업은 북부 이탈리아의 도로 건설과 연관되어 진행되었다. 마지막으로, 로마 정부는 수도 로마의 공중보건과 쾌적한 환경을 위해 중요한 수도교를 건설하는, 필수 불가결하면서도 상당한 재정지출을 요구하는 사업을 추진하였다. 로마 건국 442년(기원전 312년)과 로마 건국 492년(기원전 262년)에 완성된 기존의 두 수도교, 아피우스수도교와 아니오수도교는 로마 건국 610년(기원전 144년)에 새롭게 보수되었다. 여기 더해 두 개의 새로운 수도교를 건설하였는데, 로마 건국 610년(기원전 144년)에 건설된 마르키우스수도교는 이후로 수돗물의 양과 질에서 타의 추종을 불허했고, 19년 뒤에 소위 '온수Calida'라는 수도교가 건설되었다. 신용제도를 사용하지 않고 오로지 현찰 지불만으로 로마 국고가 이런 건설사업을 진행할 능력이 있었음을 무엇보다 분명하게 보여주는 것은 마르키우스수도교의 건설 사업 방식이었다. 이 사업에 필요한 1억 8,000만 세스테르티우스(금으로 약 1,350만 탈러)의 예산이 3년 안에 집행되었다. 이로써 우리가 추론할 수 있는 바는 로마국고에 엄청난 재정이 비축되어 있었고 그 규모가 이 시대의 초기에 이미 6백만 탈러에 이르렀다는 것이다(제4권 171쪽, 244쪽). 이는 분명히 지속적으로 증가하였다.

이런 모든 사실을 종합하면, 이 시기의 로마 재정 상황이 전반적으로 양호했다고 결론을 내릴 수 있다. 다만 재정 상황과 관련해서도 간과해서 안 될 일은, 정부가 이 시대의 처음 3분의 2 기간 동안 빛나고 화려한 건축을 추진하였으면서도 다른 절실한 지출은 방치하였다는 점이다. 국가 재정이 군사력에 얼마나 불충분하게 투여되었는지는 이미 앞서 강조하였다. 국경 지역, 예를 들어 파두스강 유역(제5권 255쪽)을 야만족들이 약탈하였고, 소아시아, 시킬리아, 이탈리아 등의 내륙 지역에는 도적떼들이 자리 잡았다. 해군은 완벽하게 방치되었다. 로마의 전함은 더는 존재하지 않았고, 복속 도시들에 건조와 관리를 일임한 전함들도 충분하지 않았다. 따라서 로마는 전혀 해전을 수행할 수 없었을 뿐만 아니라, 해적단을 단속할 힘조차 없었다. 수도 로마에서조차 상당수의 매우 필수적인 보수작업들이 중지되었으며, 하천 관련 공사는 특히나 그러하였다. 여전히 수도 로마는 티베리스강을 가로지르는 다른 어떤 다리도 건설하지 않았고, 티베리스강의 하중도를 지나 야니쿨룸 언덕으로 이어지는 오래된 나무다리가 고작이었다. 여전히 매년 티베리스강이 범람하여 길과 집들이 물에 잠기도록 방치하였으며, 드물지 않게 몇몇 구역이 통째로 홍수를 겪었는데도 제방을 보강하지 않았다. 해외 무역이 엄청나게 증가하였음에도, 원래도 가뜩이나 형편없던 오스티아 항구에는 준설이 이루어지지 않아 바닥에 점점 더 모래가 쌓여갔다.

대내외적으로 40년 동안의 평화 시기를 누리며 더없이 양호한 재정 상황 속에서도 이런 의무에 소홀했던 정부는 아마도 재정도 이와 똑같이 관리했을 수 있다. 그럼에도 매년 정부 지출을 넘어서는 세수가 넘치도록 쏟아져 들어왔고, 굉장한 규모의 재정 비축을 이루었다. 하지만 외관상 대단해 보이는 결과를 거둔 이런 재정 관리는 결코 칭송받을 만하지 못하며, 오히려 태만, 통일적 집행 능력의 부재, 어리석은 대중 추수주의라는 비난을 받아 마땅하다. 이 시기에 원로원이 주도하던 정부는 다른 모든 정치 영역에서도 이런 비난을 받아야 한다.

혁명 과정의 국가 재정

혁명의 폭풍이 몰아닥치자 재정 상황은 당연한 일이지만 매우 열악해졌다. 순전히 재정적으로만 보면, 가이우스 그락쿠스에 의해 국가에 주어진 의무로서 수도 로마의 시민들에게 곡물을 저가로 공급하는 일은 국가에 몹시 가혹한 새로운 부담이 되었지만, 새롭게 열린 아시아 속주의 수입원 덕분에 우선은 곧 해소되었다. 하지만 그 이래로 공공 건축은 거의 완전히 멈춘 것으로 보인다. 퓌드나 전투에서 가이우스 그락쿠스 직전까지 시작된 공공사업은 기록된 것만도 상당한 수였지만, 로마 건국 632년(기원전 122년) 이후에, 마르쿠스 아이밀리우스 스카우루스가 로마 건국 645년(기원전 109년)의 호구감찰관으로서 시작한 교량 건설, 도로 건설, 간척사업 이외의 다른 사업은 전혀 찾아볼 수 없다. 이것이 곡물 분배의 결과였는지 아닌지는 확인되지 않지만, 그래도 좀 더 신빙성이 있는 것이라면, 그것은 강력해진 흑자 재정 정책의 결과일지 모른다. 이는 정부가 과두정을 향해 점점 더 경직되어 갔다는 의미인바, 로마 재정 보유액이 로마 건국 663년(기원전 91년)에 그 정점에 이른 사실은 이를 뒷받침한다. 반란과 혁명의 가공할 만한 폭풍이 소아시아 토지세 세입의 5년 중단과 겹쳐 발생하면서 로마 국고는 한니발 전쟁 이래 다시 심각한 위기에 처하게 되었다. 로마는 이 위기를 극복하지 못하였다. 아마도 무엇보다 명백한 차이는, 한니발 전쟁 10년째가 되던 해에 시민들이 세금에 거의 짓눌려 죽을 지경이 되어서야 재정 비축분에 손을 댔던 것과는 달리, 동맹시 전쟁은 애초부터 국고 잔액으로 지탱되었으며, 동맹시 전쟁의 두 전투를 치루고 나서 국고가 완전히 고갈되면서 세금을 시민들에게 부과하기보다, 오히려 수도 로마의 공동 시설을 경매로 팔아치웠고(제6권 45쪽), 신전 봉헌물들까지 손을 댔다(제6권 170쪽). 지독했던 폭풍이 그렇게 지나갔다. 술라는 복속민들과 이탈리아 혁명세력에게 지워진 경제적 희생을 대가로 국가 재정을 다시 회복시켰고, 곡물 분배를 폐지함으로써 안정화시켰다. 물론 아시아에 들어오는 세금은 줄어들긴 하였지만, 그래도 정규적 재정지출이 정규적 재정 수익보다 크게 줄어들면서, 로마 공동체의 흡족할 만한 경제 상태를 지탱해주었다.

개인 경제활동

이 시대의 개인 경제 활동에서 새로운 계기는 전혀 나타나지 않는다. 앞서 설명하였던 이탈리아 사회관계의 장단점들(제4권 217~259쪽)에

변화는 없었고, 다만 좀 더 넓고 첨예하게 발전하였을 뿐이다. 토지 경제와 관련하여 우리는 앞서 이미, 축적된 로마 자본력이 이탈리아의 중소 농장들은 물론 소아시아의 중소 농장들을 마치 태양이 빗방울을 말려버리듯 잠식하는 상황을 살펴보았다. 정부는 이를 막지 않고 지켜만 보았으며, 몇몇 조치들로 오히려 이런 농지 잠식을 촉진시키기까지 하였는데, 무엇보다 알프스 너머 지역에서 올리브유와 포도주 생산을 금지한 조치는 이탈리아 대토지 소유자들과 상인들의 이익을 위한 것이었다.[5] 개혁적 성향의 보수당파도 혁명당파도 힘을 다해 이런 해악에 맞섰다. 그락쿠스 형제는 거의 전체 국유지의 분배를 관철시켰고, 이로써 8만 명의 이탈리아 농부가 생겨났다. 술라는 12만 명의 식민지 주민들을 이탈리아에 정착시켰고, 이로써 적어도 혁명과 그가 스스로 초래한 이탈리아 자영농의 감소를 어느 정도 벌충하였다. 하지만 새는 그릇에 많은 양의 물을 쏟아 붓는다고 될 일이 아니었고, 지속적인 급수 체계를 만들어야만 했다. 다각도로 시도되었으나, 성공을 거두지는 못했다. 속주에서는 로마의 투자로 지역 농부들의 숫자를 농지 매각 이전 상태로 회복하려는 최소한의 시도도 일어나지 않았다. 속주민들은 당파가 아니라 그저 숫자였다. 그 결과, 점점 더 많은 토지세가 이탈리아 밖에서 로마로 흘러들어왔다. 한편, 대토지 경영이 이 시기의 중간쯤에 이탈리아의 몇몇 지역, 예를 들어 에트루리아에서는 이미 절대적 우세를 차지하였고, 열정적이고 합리적

---

[5] 제5권 241쪽. 카토와 바로 사이에 살았던 로마 농민 사세르나(Colum. 1, 1, 5)가, 포도농사와 올리브 농사는 지속적으로 북진하였다고 말한 것도 이와 연관되어 있다. 또한 마고의 농업서 번역에 관한 원로원 결의(제5권 119쪽)도 여기에 속하는 조치다.

인 경영과 풍부한 자본의 결합으로 나름대로 번창하고 있었다. 이탈리아 포도주 생산은 특히 부분적으로 속주들의 일부에게 시장을 강제로 개방함으로써, 부분적으로는 예를 들어 로마 건국 593년(기원전 161년) 제정된 사치 금지법에 따라 이탈리아 내에서 수입 포도주의 소비가 금지됨으로써 인위적인 도움을 받아 매우 눈부신 성공을 거두었다. 아미나이아 포도주와 팔레르누스 포도주는 타소스 포도주나 키오스 포도주와 어깨를 나란히 하기 시작했고, 로마 건국 633년(기원전 121년)의 '오피미우스 포도주'는 마지막 술독이 비워질 때까지 오랫동안 로마의 최고 포도주로 기억되었다.

산업

로마의 제조업과 수공업에 대해 말할 수 있는 것은 없다. 이탈리아 민족은 이 분야에서 야만에 가까운 수동성에 머물러 있었다. 사람들은 가치 있는 제조업 전통의 보고였던 코린토스의 공장들을 파괴해 버렸다. 그렇다고 다른 곳에 공장을 세우기 위해서였던 것도 아니었다. 단지 희랍 저택들에 놓인 코린토스 도자기 혹은 청동 그릇 등 옛 물건들을 터무니없는 고가에 사들이기 위해서였다. 산업 중에 어느 정도 번성하던 것은 예를 들어 건축과 관련된 것이었지만, 공동체에 그다지 이득이 되지 못하였다. 왜냐하면, 이 부분에서도 모든 대규모 투자 사업은 노예 경영을 중심에 두었기 때문이었다. 예를 들어 마르키우스 수도교 건설사업에서 정부는 3,000명의 장인들과 건설과 조달 계약을 맺었는데, 그들은 모두 그들이 거느린 노예들을 데리고 맡은 작업을 수행하였다.

상업과 금융

로마의 개인 경제 가운데 빛나는, 아니 유일하게 빛나는 분야는 금융과 무역이었다. 그 정점은 국유지 도급과 국세 도급이었는데, 이를 통해 상당량의, 아니 엄청난 양의 로마 국가 수입이 로마 자본가들의 주머니로 흘러들어갔다. 금융은 로마 패권이 미치는 모든 영역에서 로마인들이 독점하였다. 갈리아에서 유통되는 동전은 모조리, 이 시기가 끝난 직후에 기록된 문건에 따르면, 로마 상인들의 장부를 거친 것이었고, 분명 제국 전체에서도 그러하였을 것이다. 조야한 경제적 상황과 짝을 이룬 정치권력의 무자비한 남용이 로마 부유층의 개인적 이득을 위해 합작한 결과 고리대금업이 만연하게 되었다는 사실을 증명하는 사례는, 술라가 아시아 속주에 부과하고 로마 자본가들이 선납한 전쟁세였다(로마 건국 670년, 기원전 84년). 이 전쟁세는 납입된 이자와 체납된 이자를 합쳐 14년 만에 원급의 여섯 배까지 불어났던 것이다. 공동체들은 로마의 채권자에게 빚을 갚기 위해 공공건축물들, 예술작품들, 보석들을 팔아야했고, 부모들은 장성한 자식들을 팔아야 했다. 채무자는 도덕적 책임추궁에 시달렸을 뿐만 아니라, 심지어 형틀에 묶이는 일도 드물지 않았다.

여기에 덧붙여 마침내 도매상이 추가되었다. 이탈리아의 수출입은 괄목할 만큼은 확대되었다. 수출은 주로 포도주와 올리브유였는데, 이탈리아는 희랍과 함께 지중해 지역 전체에 이를 공급하였다. 마살리아와 투르데타니아의 포도주 생산량은 아직 미미했다. 상당량의 이탈리아 포도주는 발레아레스 군도와 켈티베리아, 농지와 목초지뿐이었던 아프리카, 나르보와 갈리아 내륙에 이르렀다. 이보다 훨씬 더 중요한 것은 이탈리아로 들어오는 수입품의 크기였는데, 당시 온갖 사치품이 로마로 모여들었다. 대부분의 사치품들은 물론 양념, 음료, 식재료, 장식품, 서적, 가구, 예술품이 바다를 건너 수입되었다.

하지만 무엇보다 노예무역은 로마 상인들의 증가하는 수요에 부응하여, 지중해 지역에서 전례 없는 호황을 맞았는데, 이는 해적의 번성과 밀접하게 연관되어 있었다. 모든 지역과 모든 민족은 이에 기여하였고, 노예의 주요 획득 장소는 쉬리아와 소아시아 내륙이었다(제5권 112쪽). 해외 수입물들이 이탈리아로 모이는 곳은 주로 튀레눔 해의 거대 상업 도시인 오스티아와 푸테올리였다. 항구가 형편없었던 오스티아였지만, 로마와 가장 가까운 항구였기에 값싼 상품을 쌓아둘 최적의 하적장이었다. 이곳으로 수도 로마로 들어가는 수입곡물이 들어왔다. 반면, 푸테올리에는 동방의 사치품들이 들어왔는데, 푸테올리는 값비싼 물건들을 가득 실은 선박들이 정박할 좋은 항구였고, 계속해서 별장들로 채워지던 바이아이 휴양지가 아주 가까이 붙어 있었기에 상인들은 수도 로마에 버금가는 고객들을 찾을 수 있었다. 오랫동안 푸테올리는 코린토스를 통해, 코린토스가 파괴된 이후에는 델로스섬을 통해 무역이 중계되었는데, 이런 의미에서 푸테올리를 루킬리우스는 '작은 델로스'라고 불렀다. 델로스가 미트라다테스 전쟁의 직격탄을 맞은 이후(제6권 110쪽) 다시 회복되지 못하게 되자, 푸테올리 사람들은 쉬리아나 알렉산드리아와 직접 무역통로를 확보하였고, 이로써 이탈리아의 제1 해외무역도시로 점차 성장하였다. 이탈리아 수출입으로 얻은 이득은 주로 이탈리아 사람들에게 돌아갔다. 나르보에서도 이탈리아 사람들은 켈트족과의 무역을 두고 마살리아 사람들과 경쟁하였다. 어디에서나, 경기가 좋건 나쁘건, 로마의 무역상은 모든 투자의 최대성과를 가져간 것은 의심할 여지가 없는 사실이다.

자본가 과두정

이 현상들을 종합해보면, 이 시기의 사적 경제가 보여준 놀라운 특징이라면, 정치적 과두정에 맞먹는 경제적 과두정이 로마 자본가들에 의해 형성되었다는 것이다. 이탈리아 전체의 토지세, 최고 속주 지역의 토지세, 자본가들이 독점한 이자 수익, 제국 전체의 무역 이익, 끝으로 로마의 국가 수입 가운데 도급 형식을 띠는 상당 부분이 자본가들의 손으로 들어갔다. 자본의 지속적인 축적은 평균 재산의 지속적 증가에서 확인된다. 300만 세스테르티우스(22만 8,000탈러)가 이제 보통의 원로원 의원 평균 재산이었고, 200만 세스테르티우스(15만 2,000탈러)가 평범한 기사계급 평균 재산이었다. 그락쿠스 시대의 최고 부자 푸블리우스 크라수스, 로마 건국 623년(기원전 131년)의 집정관이 가진 재산은 1억 세스테르티우스(750만 탈러)로 평가된다. 이런 자본가 계급이 그들의 경쟁 상대인 카르타고와 코린토스를 파괴하는 데

(제5권 32쪽, 74쪽) 대외 정치적 영향력을 크게 행사하였던 것은 놀랄 일이 아니다. 이는 에트루리아인들이 알랄리아를, 쉬라쿠사이인들이 카이레를 파괴한 것과 같은 일이었다. 자본가 계급은 원로원의 반대에도 불구하고 나르보 속주의 건설을 지지하였다(제5권 249쪽). 또한 너무도 당연한 일인바, 이들 자본가 과두정은 대내 정치에서도 귀족 과두정과 심각하게 대립하고, 때로 귀족 과두정을 제압하기도 하였다. 하지만 몰락한 부유층이 노예 반란을 이끈 것도(제5권 200쪽) 놀랄 일이 아니어서 이들은 화려한 유곽이 도둑 소굴로 변모하는 것은 아주 쉬운 일임을 대중의 뇌리에 매우 거칠게 각인시켰다.

오로지 경제적인 우위가 아니라, 로마의 정치적 우위에 기대어 발판을 마련한 이 금융 바벨탑은 우리의 지폐처럼 심각한 정치적 위기 때마다 비슷한 정도로 흔들릴 수밖에 없었다. 이탈리아와 아시아에서 일어난 로마 건국 664년(기원전 90년) 이래의 위기에 따라 거대한 경제 위기가 로마 자본가 계급에게 닥쳐왔다. 국가와 개인의 파산, 토지 및 투자금의 전반적 가치하락 등을 우리는 상세히 추적할 수 없지만, 그로 인해 벌어진 사건들로부터 그 본질과 심각성을 전반적으로 의심의 여지 없이 확인할 수 있다. 채권자 무리가 벌인 법무관 살인(제6권 50쪽), 채무로부터 자유롭지 못한 원로원 의원들을 원로에서 추방하려는 시도(제6권 52쪽), 술라가 시도한 새로운 이자 상한(제6권 64쪽 각주), 혁명 당파가 추진한 부채의 4분의 3 삭감(제6권 156쪽) 등의 사건들이 있었다.

이런 경제상황이 가져온 결과는 당연히 속주 전반의 빈곤화와 인구 감소였으며, 이에 상응하여 이민이든 일시 체류든 기생적 인구가 이탈리아 전역에서 전반적으로 증가하였다. 소아시아에서 단 하루 만에 이탈리아 출신 이방인 이민자 8만 명이 살해되었다고 한다(제5권 108쪽). 다수의 이탈리아 출신 이민자들이 델로스섬에 살고 있었음을 우리는 아직도 섬에 남아 있는 비석들에서 확인할 수 있으며, 미트라다테스의 명령으로 델로스섬의 이방인들—대부분은 이탈리아 상인들이었는데—2만 명이 살해되었다는 기록도 이를 뒷받침한다. 아프리카에는 이탈리아 출신들이 아주 많았고, 심지어 누미디아의 도시 키르타는 상당 부분 이들 덕분에 유구르타를 막아낼 수 있었다(제5권 212쪽). 갈리아에도 말하자면 이탈리아 상인들로 가득 차 있었다. 단지 히스파니아는, 아마도 우연은 아닐 텐데, 이탈리아 상인들의 언급이 존재하지 않는다. 반면 이탈리아에서는 자유 시민의 숫자가 이 시기에 의문의 여지 없이 전체적으로 줄어들었다. 물론 내전이 여기에 중대한 영향을 미쳤는데, 널리 알려졌으나 신뢰성이 크지 않은 보고에 따르면, 10만 명에서 15만 명에 이르는 로마시민과 30만 명에 이르는 이탈리아인들이 순식간에 사라졌다고 한다. 하지만 이보다 큰 악영향을 미친 것은, 중산층의 경제적 몰락과 상업적 이민의 과도한 확대였다. 후자로 인해 이탈리아 청년들의 상당수는 가장 왕성한 시기에 외국에 머물러야 했다. 이를 대신하는 매우 의심스러운 자질의 대체 인구는 희랍과 동방에서 들어온 기생적 자유민들이었다. 이들은 왕국이나 공동체를 대표하는 외교사절로, 의사와 교사와 사제와 시종과 식객으로, 협잡꾼들과 사기꾼들을 돕는 수천의 피고용인으로 수도 로마에, 특히 상인과 선원으로, 특히 오스티아, 푸테올리, 브룬디시움에 체류하였다.

무엇보다 심각한 것은 이탈리아반도의 노예 숫자가 비약적으로 증가하였다는 것이다. 이탈리아 시민은 로마 건국 684년(기원전 70년)의 조사에 따르면 무장 가능한 성인 기준 91만 명에 이르렀다. 이 호구조사에서 누락된 이탈리아반도의 자유민 숫자를 추산한다면, 알프스산맥에서 파두스강에 이르는 지역에 거주하는 라티움인들, 이탈리아에 거주하는 외국인들, 이탈리아에 거주하거나 외국에 거주하는 로마시민들도 계산에 넣어야 한다. 그렇게 하면, 반도의 자유민은 600만 명에서 700만 명 이상이라고 추정할 수 있다. 당시의 인구 전체를 오늘날의 인구와 비교한다면, 노예인구는 1,300만 명에서 1,400만 명으로보아야 할 것이다. 이런 현상의 위험성을 구체적으로 보기 위해서라면, 이런 대략적 추산에 기댈 필요도 없다. 무엇보다 선명하게 이를말해주는 사건은 지역적인 노예반란들, 혁명 초기부터 모든 소요의종료까지 이어지며 노예들에게 주인들을 향해 무기를 들고 자유를 쟁취하라고 외치던 호소들이었다. 영국에서 영주들, 지주들, 무엇보다모든 도시들에게, 자영농과 소작농이 무산계급이 되고, 노동자와 선원들이 노예가 되었을 때 일어난 일들을 생각한다면, 이탈리아반도의당시가 대략적으로 어떠했을지 상상할 수 있을 것이다.

화폐 제도

맑은 거울에 비추듯 이 시대의 경제 관계는 오늘날 우리가 보기에 로마의 화폐 제도에 반영되어 있다. 화폐 제도는 통찰력 있는 상인을 분명하게 보여준다. 오랜 세월 금과 은은 일반적인 지불 수단으로 나란히 사용되었는데, 국고의 일반적 결산을 위해서는 금은의 확정 환율을 법적으로 규정하여야 했으나(제4권 242쪽 각주), 하나의 금속을 대신하여 다른 금속을 지불하는 일은 결코 일어나지 않았고, 채권 내용에 따라 각각 금이나 은으로 지불되어야 했다. 이런 식으로 큰 어려움이 회피되었는데, 그렇지 않았다면 두 금속의 환율이 불가피하게 제시되었을 것이다. 금의 급격한 가치하락은—예를 들어 로마 건국 600년(기원전 154년) 타우리스키 지역에서 금광이 발견되면서 은에 대한 금의 교환가치가 한꺼번에 이탈리아에서 33⅓퍼센트까지 떨어졌다—적어도 직접적으로는 은화와 소액 거래에 영향을 미치지는 않았다.

해외 거래가 증가함에 따라 금이 제2 결제 수단에서 제1 결제 수단으로 발전한 것은 자연스러운 일이었고, 이를 국고 잔고 및 국가 거래도 확인해주었다. 하지만 정부는 금으로 주화를 도입하려고 들지는 않았다. 한니발 전쟁 시에 시도되었던 금화 주조를 포기한 이후 오랫동안 이를 시도하지 않았다. 술라가 통치자로서 주조한 소수의 금화들은 그저 그의 승리를 기념하는 기념주화 이상은 아니었다. 언제나 실질적인 유통 화폐는 오로지 은화뿐이었다. 금은 언제나 금괴로 유통되었고, 때로 외국의 혹은 자국의 각인을 가졌을지라도, 오로지 무게로 평가로 되었다. 그럼에도 금과 은은 나란히 교환 수단으로 사용되었고, 금의 함량 미달 합금도 은화 위조와 마찬가지로 법률적으로 화폐 위조로 처벌되었다. 이로써 가장 중요한 지불 수단을 두고 벌어지는 화폐 위조와 화폐 변조의 가능성을 근절하는 이점이 있었다.

나아가 이로써 화폐 주조는 풍부하고 모범적으로 이루어졌다. 한니발 전쟁 시에 은화는 72분의 1 리브라(제2권 316쪽)에서 84분의 1 리브라로 줄어들었는데(제3권 252쪽), 그 이후 은화는 300년 이상 같은 무게와 같은 순도를 유지한 채로 유통되었다. 동화는 이 시기의 초부터 완전히 소액 화폐가 되었고, 과거와 달리 큰 거래에서 사용되지 않았다. 이런 이유에서 로마 건국 7세기 초부터는 대체로 아스 동전은 만들어지지 않았고, 동전은 은으로는 효과적으로 만들어내기 어려운 소액, 예를 들어 세미스(2분의 1 아스)나 그 이하의 소액에 국한되었다. 동전 종류도 단순한 원칙에 따라 정리되었고, 유형자산의 한계까지 액면을 낮추어 당시 가장 작은 소액 동전 콰드란스(4분의 1 아스)를 찍어냈다.

이 화폐 제도는 고대 세계에서 유일무이하게 원리의 원칙적 합리성과 원리의 엄정한 실행을 갖춘 제도였으며, 근대 세계도 이루지 못한 수준에 이르렀다. 하지만 약점도 가지고 있었다. 고대 세계 전체에 일반적인, 카르타고에서 그 정점에 이른 관습에 따라(제3권 27쪽), 로마 정부도 순수 은화 데나리우스를 주조하면서 동시에 구리에 은도금을 입힌 데나리우스도 만들어냈는데, 이는 순수 은화 데나리우스와 똑같은 가치로 유통되어야 했는데, 우리의 종이 화폐와 마찬가지로 액면가로 강제 통용되었으며 국고의 자금 조달에 사용되었으며, 국고도 은도금 데나리우스의 수령을 거부할 수 없었다. 이는 말하자면 우리의 종이 화폐처럼 공식적인 화폐 위조 행위였는데, 다만 모든 유통 과정은 공개적으로 행해졌다. 마르쿠스 드루수스는 로마 건국 663년(기원전 91년) 곡물 분배 자금을 마련하기 위해 은도금 데나리우스를 순은 데나리우스의 7배 값어치로 새롭게 주조하여 발행할 것을 제안하였다. 하지만 유감스럽게도 이 조치는 위폐범들에게 개입 가능성을 제공하였을 뿐만 아니라, 의도적으로 대중들에게, 그들이 순은 화폐를 받았는지 은도금 화폐를 받았는지를, 은도금 화폐가 얼마나 시중에 유통되지를 알 수 없게 하였다. 그리하여 내전이나 큰 경제 위기의 어려운 시기에 이런 은도금 화폐를 과도하게 발행함으로써 경제 위기에 덧붙여 화폐 위기를 만들어냈고, 실질적 가치를 가지지 못하는 가짜 은화는 상거래의 심각한 불신을 대중에게 가져다주었다. 때문에 킨나 정부 동안에 법무관들과 호민관들에 의해, 특히 마르쿠스 마리우스 그라티디아누스(제6권 198쪽)에 의해 명목 화폐 전체를 순은 화폐로 바꾸어주는 사업이 펼쳐졌고, 마침내 주화 평가소가 설치되었다. 어느 정도까지 이런 사업이 실적을 거두었는지는 전해지지 않는다. 하지만 명목 화폐 주조 자체는 지속되었다.

속주의 화폐

속주 어디에서도 금화 주조의 철저한 불허 원칙에 따라 금화 주조는 이루어지지 않았고, 피호국들에서도 허락되지 않았다. 따라서 이 시기에 금화 주조는 오로지 로마가 전혀 영향력을 미치지 못하는 지역에서만, 특히 켈트족 지역, 케벤나산 북쪽에서나 유통되었거나, 혹은 로마에 반기를 들었던 국가들에서, 예를 들어 이탈리아인들이나 미트라다테스 에우파토르가 금화를 주조하였다.

　로마 정부는 은화 주조에 주력한 것으로 보이며, 점점 더 많은 지역에 이를 관철시켰는데, 특히 서방에서는 그러했다. 아프리카와 사르디니아에서 카르타고 금화와 은화가 카르타고 정부의 몰락 이후에도 유통되었지만, 금화 주조는 카르타고 단위로도 로마 단위로도 이루어지지 않았고, 로마가 패권을 거머쥔 직후부터는 양측의 거래에서도 이탈리아인들에 의해 도입된 데나리우스가 우위를 점하였다. 히스파니아와 시킬리아는 일찍이 로마의 지배하에 들어왔고 전반적으로 관대한 대접을 받았는데, 로마의 통제 하에 은화를 찍어냈다. 특히 히스파니아에는 로마인들에 의해 처음으로 은화가 도입되었는데, 그것도 로마 단위로 제작되었다(제3권 96쪽, 303쪽, 제4권 241쪽). 이 두 지역에서도 적어도 로마 건국 7세기 초 이래로 속주 화폐와 지역 도시 화폐는 오직 소액 동전에 국한되었다는 가설을 뒷받침하는 훌륭한 근거들이 존재한다. 다만 나르보 속주에서 옛 동맹이자 당당한 자유도시 마살리아만이 유일하게 은화 주조권을 잃지 않았다. 은화 주조권은 추측컨대 일뤼리아의 희랍 식민도시들 가운데 아폴로니아와 뒤라키온만이 유지하였다. 하지만 로마는 이 두 지역 공동체들의 주조권을 간접적으로 통제하였는데, 로마 정부의 지침에 따라 두 지역에서 공히 주조되고 빅토리아투스라는 이름으로 로마 화폐 체계에 수용된 4분의 3 데나리우스 동전은 로마 건국 700년 중반에는 로마 화폐 체계에서 배제되었다. 그 결과, 마살리아와 일뤼리아의 동전은 이탈리아 북부에서 축출되었고 해당 지역 밖에서는 오직 알프스산맥과 도나우강 유역에서만 유통되었다. 그리하여 이 시기에 이미 로마 제국의 서방 전체에서 데나리우스 은화가 배타적으로 유통되기에 이르렀다. 이탈리아, 시킬리아—시킬리아에서는 다음 시기 초에 데나리우스 이외의 다른 어떤 은화도 유통되지 않았음이 분명히 확인된다—사르디니아, 아프리카는 오로지 로마의 은화만을 사용하였고, 히스파니아에서 아직 유통되는 속주 은화와 마살리아 은화와 일뤼리아 은화는 적어도 데나리우스 단위로 액면가를 표시하였다.

하지만 동방에서는 사정이 전혀 달랐다. 주화를 만들던 국가의 숫자와 유통되는 화폐의 숫자가 엄청나게 컸던 동방에서 데나리우스는 법적으로 기준 화폐로 선언되었음에도 불구하고 크게 유통되지 않았다. 오히려 여기서는 이제까지의 화폐 단위가 계속 사용되었는데, 예를 들어 이제 속주로서 마케도니아는 추가적으로 로마 총독의 이름과 지역 이름을 덧붙여 아티카의 4드라크마를 주조하였고, 사실 다른 화폐는 사용하지 않았다. 혹은 로마의 지휘 하에 교환가치에 상응하는 새로운 화폐 단위를 도입하기도 하였는데, 예를 들어 아시아 속주를 설치하면서 로마 정부의 지휘 아래 소위 키스토포로스라고 불리는 새로운 주화가 제정되었고, 이후 그 지역의 주요도시들에서 로마의 감독 하에 주조되었다. 동방과 서방의 화폐 제도가 가진 이런 차이는 역사적으로 굉장히 중요한 의미를 가지게 된다. 로마 화폐를 받아들인 로마 복속 지역들의 로마화는 아주 중요한 지렛대를 확보하였는데, 이 시기에 우리가 데나리우스 지역으로 부르는 이 지역이 라티움어권이 된 것은 결코 우연이 아니다. 반면 드라크마 지역은 로마제국의 희랍어권이 되었다. 라티움어권은 오늘날 본질적인 의미에서 로마 문명의 핵심이 되었고, 반대로 희랍어권은 유럽 문명 밖으로 잘려나가 버렸다.

당시의 생활상

이런 경제 상황에서 사회관계들이 어떤 모습을 띄게 되었을지를 추정하는 것은 어렵지 않다. 하지만 사치품, 물가, 권태, 허영의 증가를 추적하는 일은 교훈적이지도 즐겁지도 않은 일이다. 낭비와 감각적 향락은 사방에서 구호가 되었고, 특히 리키니우스 집안과 메텔루스 집안뿐만 아니라 졸부들에게도 마찬가지였다. 문명의 정점에 이른 세련된 호사가 아니라, 아시아와 알렉산드리아의 타락한 희랍 문명이 낳은 사치가 모든 아름답고 의미심장한 것을 단지 장식품으로 추락시킨, 꼴사납고 옹졸하며 고루하며 까탈스러운 향유를 추구하는 사치가 넘쳐났다. 이는 감각적으로나 정신적으로 건강한 사람들에게 역겨움을 불러일으켰다.

국민축제와 관련하여, 이 세기의 중반에 이르러 그나이우스 아우피디우스가 제안한 민회의결에 따라, 카토 시절에 금지된 해외 동물 수입(제4권 285쪽)이 공식적으로 허용되었고, 이 때문에 동물 사냥이 비약적인 호황을 누렸고 국민축제의 주요 볼거리로 자리 잡았다. 로마 건국 651년(기원전 103년)에 처음으로 로마 극장 마당에 여러 마리의 사자가 등장하였고, 로마 건국 655년(기원전 99년)에는 최초로 코끼리들이 등장하였다. 로마 건국 661년(기원전 93년)에 법무관 술라는 수백 마리의 사자를 무대에 등장시켰다. 이런 현상은 검투사 경기에서도 마찬가지였다. 조부들이 위대한 전쟁의 장면들을 공개적으로 연출하였다면, 손자들은 똑같은 일을 검투사 경기에서도 보여주려 하였고, 그런 대규모 공적 행사들로 인해 후손들에게 조롱당할 일들을 시도하였다.

이뿐 아니라, 장례식 비용도 전반적으로 어느 정도로 상승하였는가를, 마르쿠스 아이밀리우스 레피두스(로마 건국 567년과 579년, 기원전 187년과 175년 집정관; 로마 건국 602년, 기원전 152년 사망)의 유언장을 통해 우리는 확인할 수 있다. 그는 그의 자녀들에게 명하여, 진정한 명예는 허례허식이 아니라 그와 선조들의 업적을 기억하는 데 있으므로, 장례식 비용으로 백만 아스(7만 6,000탈러) 이상을 지출하지 말라고 하였다. 건축과 정원의 호사도 크게 증가하였다. 연설가 크라수스(로마 건국 663년, 기원전 91년 사망)의, 특히 정원 고목들로 유명한 호화주택은 나무를 포함하여 6백만 세스테르티우스(45만 7,000탈러), 나무를 빼고 그 절반 가격으로 평가되었다. 당시 로마의 주거용 일반 주택은 약 6만 세스테르티우스(4,600탈러)로 평가될 수 있다.[6]

사치품들의 가격이 얼마나 급격하게 상승했는지를 보여주는 예는 미세눔 저택이다. 이 저택을 그락쿠스 형제의 모친 코르넬리아는 7만 5,000세스테르티우스(5,700탈러)에 구입하여, 로마 건국 680년(기원전 74년)의 집정관 루키우스 루쿨루스에게 그 35배의 가격으로 팔았다. 저택 건축과 세련된 전원생활, 해수욕은 바이아이 등 네아폴리스 만 주변 지역을 귀족적 여가생활의 엘도라도로 만들었다. 이탈리아 주사위놀이처럼 아무짝에도 쓸모없는 도박이 널리 퍼졌고, 급기야 로마

---

[6] 술라는 청년시절 주택 1층을 임대하여 거주하였는데, 임대료로 3,000세스테르티우스를 지불하였고, 같은 건물의 2층 임대료는 2,000세스테르티우스였다(Plut. *Sull.* 1). 이는 일반적인 대부 이자의 3분의 2 수준이다. 이는 저렴한 주택이다. 그런데 수도 로마의 임대료 6,000세스테르티우스(460탈러)가 로마 건국 629년(기원전 125년)에 높은 임대료라고 불릴 때(Vell. 1, 10), 이는 특별한 사정이 있었기 때문임이 분명하다.

건국 639년(기원전 115년)에 도박을 금하는 호구감찰관 고시가 공포되었다. 몸을 가리기보다는 노출하는 망사옷과 비단옷이 부인들, 심지어 남자들에까지 유행하여 전통적인 양모 저고리를 몰아내기 시작하였다. 외국 향수 업체들이 부추긴 광적인 낭비에 맞서 사치금지법이 시행되었지만, 허사였다.

하지만 이런 화려한 사치의 정점은 요리 문화였다. 사람들은 특별한 요리사에게 현기증이 날 만큼 급료를―10만 세스테르티우스(7,600탈러)―지불하였다. 사람들은 고급 요리를 염두에 두고, 시골집을 해안가에 마련하고 바닷물 연못을 만들었는데, 생선과 굴을 언제나 신선하게 식탁에 올릴 수 있기 위해서였다. 사람들은 가금류를 맛있는 부분만을 골라 올리지 않고 통째로 손님 식탁에 올릴 경우, 또 손님들이 몇 가지 요리를 맛보는 것이 아니라 단순히 먹기만 했다는 생각이 들게 할 경우, 이를 변변치 못한 식사라고 불렀다. 사람들은 수입 별미와 포도주에 큰돈을 지불하였는데, 포도주는 점잖은 만찬에 적어도 한 번은 손님 전체에게 돌아갈 만큼은 마련되어야 했기 때문이다. 무엇보다 잔치를 빛내는 요소는 호사스러운 노예무리, 합창대, 가무단, 우아한 가구, 금빛이 가득한 혹은 문양을 넣은 금실 양탄자, 자색 식탁보, 고풍스러운 청동 도구, 풍성한 은 식기 등이었다.

이에 대해 우선 사치금지법이 공포되었는데, 그 어느 때보다 자주(로마 건국 593년, 639년, 665년, 673년, 기원전 161년, 115년, 89년, 81년), 그 어느 때보다 상세하게 제정되었다. 다량의 미식과 포도주들이 완전히 금지되었고, 다른 것들은 그 무게와 가격의 최고치가 정해졌으며, 은식기들의 양은 법적으로 제한되었으며, 마지막으로 식사 혹은 잔치의 비용으로 사용할 수 있는 총액이 지정되었다. 예를 들어 로마 건국 593년(기원전 161년)에 식사 비용은 10세스테르티우스, 잔치 비용은 100세스테르티우스로, 로마 건국 673년(기원전 81년)에 식사비용은 30세스테르티우스, 잔치 비용은 300세스테르티우스로 지정되었다. 유감스러운 진실을 말하자면, 모든 로마인 가운데 이런 국법을 따랐던 사람은 세 명 이상이 되지 않았고, 법률 제안자도 결코 그러지 않았다는 것이다. 식사비용을 이렇게 감축한 이 세 명도 사실 국법이 아니라 스토아의 법률을 따랐던 것이다.

여기서 잠깐 동안, 이런 모든 법률에도 불구하고 사치가 증가한 것을 은식기를 통해 알아보는 것도 나쁘지 않겠다. 로마 건국 7세기에 전통적인 은제 소금통을 제외하고 은 식기는 예외적이었다. 카르타고 사신단이 로마에서 그들이 식사 초대를 받을 때마다 매번 똑같은 은 식기를 보았다고 로마를 조롱하기도 하였다(제3권 28쪽). 스키피오 아이밀리아누스는 32리브라(800탈러)가 넘지 않는 은 가공품을 가지고 있었다. 그의 조카 퀸투스 파비우스(로마 건국 633년, 기원전 121년의 집정관)는 보유한 은식기를 1,000리브라(2만 5,000탈러)로, 마르쿠스 드루수스(로마 건국 663년, 기원전 91년의 호민관)는 1만 리브라(25만 탈러)로 늘렸다. 술라 시대에 수도 로마에서 이미 100리브라짜리 은쟁반이 약 150개를 헤아렸는데, 그 소유자들은 법익 박탈자 목록에 이름을 올렸다. 은쟁반 구입에 사용된 금액을 추산하기 위해 우리는 먼저, 은 가공은 엄청난 비용이 드는 일임을 상기해야 한다. 예를 들어 가이우스 그락쿠스는 은 가격의 15배를, 루키우스 크라수스(로마 건국 659년, 95년의 집정관)는 은 가격의 18배를 수공비로 지불하였다. 후자는 한

쌍의 술잔에 만드는 수공비로 10만 세스테르티우스(7,600탈러)를 지불하였다. 전반적인 사정은 이와 같았을 것이다.

혼인

혼인과 출산을 보면, 이미 그락쿠스의 농지법은 혼인과 출산에 대해 보상을 명하는 규정을 두었다(제5권 130쪽). 이혼은 일찍이 로마에서 거의 들어보지 못하던 일이었으나, 이제는 일상적인 사건이 되었다. 상고기 로마 귀족들이 부인을 사들였다면, 이제 로마귀족들에게, 이를 현실에 비추어 명명하자면, 부인을 임차하라는 제안이 주어진 것 같았다. 존경스러운 가정생활과 수많은 자녀들로 인해 동시대인들의 존경을 받았던 메텔루스 마케도니쿠스같은 사람도, 로마 건국 623년(기원전 131년)의 호구감찰관이 되어 시민들에게 결혼생활을 유지하는 의무를 강조하면서, 결혼생활을 부담스러운 일이지만, 애국자라면 의무적으로 짊어져야 할 공적 부담이라고 불렀다.[7]

---

[7] 그의 연설은 이러했다. "우리가 할 수 있다면, 시민 여러분, 물론 우리는 이런 모든 부담에서 해방될 수 있습니다. 하지만 여인들과 편안하게 지낼 수도, 그렇다고 여인들이 전혀 없이 살 수 없는 본성을 가졌으니, 그렇다면 짧은 쾌락보다는 지속적인 안녕을 중시하는 것이 마땅하지 않을까 싶습니다."

희랍 문물의 영향

예외가 있었다. 지방 도시들, 특히 대토지 소유자들의 지방 도시들은 라티움 민족의 옛 관습을 엄격하게 지키고 준수하였다. 하지만 수도 로마에서 카토의 반대는 한쪽 귀로 흘러듣는 말에 지나지 않았다. 현대적인 경향이 주도권을 쥐었다. 스키피오 아이밀리아누스처럼 몇몇 확고하고 세련된 인물들은 로마 관습과 아티카 문화를 조화시킬 줄 알았지만, 대중들에게서 희랍 문물은 정신적 도덕적 타락을 의미하였다. 로마 혁명을 이해하고자 한다면, 이런 사회적 타락이 정치 관계에 미친 영향을 주목해야 한다. 로마 건국 662년(기원전 92년) 공동체의 최고 윤리 교사를 대표하는 귀족 2인이 서로를 비난하며, 한 명은 다른 한 명에게 공개적으로, 그가 그의 양어장이 자랑하는 곰치가 죽자 눈물을 흘렸다고 조롱하고, 후자는 다시 전자가 세 명의 부인을 땅에 묻으면서도 한 번도 눈물을 흘리지 않았다고 조롱한 일화는 가볍게 흘릴 일이 아니다.

또 가볍게 볼 일이 아닌 일화가 있다. 로마 건국 593년(기원전 161년) 로마 광장에서 한 연설가가 어떤 원로원계급 심판인을 이렇게 묘사하였다. 재판 기일에 그는 술친구들과 어울리고 있었다. "그들은 도박을 즐겼다. 향수를 온몸에 적신 그들 주변에 창부들이 맴돌고 있었다. 오후가 되자 그들은 시종을 불러 그에게, 법정에서 무슨 일이 일어나는지, 새로운 법률에 누가 찬성하는지 누가 반대하는지, 어느 분구가 반대표를 던졌는지, 어느 분구가 찬성표를 던졌는지 상황을 알아보라고 시켰다. 마침내 그들은 몸소 법정으로 출발하였다. 자신들에게 화가 미치지 않을 만큼의 시간을 두고 말이다. 도중의 어느 골목에서도 그들이 포도주 가득한 그들의 몸을 쓰러뜨리지 않은 곳이 없었다. 심판인은, 원하지 않았지만, 마침내 법정에 도착하였다. 양편의 이야기를 들었다. 사건 당사자들은 그들의 사정을 진술하였다. 심판인은 증인들에게 앞으로 나오라고 명하였다. 그는 자리를 비웠다. 그가 돌아왔을 때 그는 모든 사안을 들었다고 선언하고, 자료 제출을 요구하였다. 문건에 눈길을 주었다. 그는 포도주 때문에 눈을 뜨고 있을 수 없다. 판결을 내리기를 보류하고, 그는 술친구에게 말하였다. 〈이런 지루한 사람들은 나에게 무슨 상관인가? 왜 희랍 포도주를 섞은 꿀을 한 잔 마시러 가면 안 되지? 거기에 살찐 티티새 한 마리와 싱싱한 생선, 티베리스강에서 잡은 진짜 곤들매기 한 마리를 하면 어떨까?〉" 연설가의 말을 들은 사람들은 웃었다. 하지만 이런 것들이 조롱거리가 되었다는 현실 자체가 매우 심각한 문제가 아닐까?

제12장
민족, 종교, 교육

로마와 희랍의 지속적 우세

로마 제국이라는 거대한 영역 안에서 민족들의 커다란 투쟁이 벌어지면서 아류 민족들은 이 시대에 이르러 쇠퇴하거나 소멸하였다. 어떤 민족보다 중요한 민족은 페니키아인들이었는데, 그들은 카르타고의 파괴로 치명상을 입었고 천천히 피를 흘리며 소멸하였다. 아직까지도 오랜 관습과 언어를 유지하고 있던 이탈리아의 지방들, 특히 에트루리아와 삼니움은 술라의 타격으로 매우 심각한 상처를 입었을 뿐만 아니라, 이탈리아의 정치적 평준화는 그들에게 공적인 소통을 위해 라티움어와 라티움 방식을 받아들이도록 요구하였고 그들 고유의 옛 언어를 빠르게 쇠퇴하는 사투리로 전락시켰다. 로마의 넓은 강역에서 로마 민족이나 희랍 민족에 도전이라도 할 수 있을 민족은 더 이상 나타나지 않았다. 반면 내적으로나 외적으로나 라티움 민족은 더없이 압도적인 전성기를 누리게 되었다. 동맹시 전쟁 이래로 모든 이탈리아 토지는 온전히 로마의 소유로서 이탈리아인들에게 주어졌고, 모든 이탈리아 신전은 로마의 봉헌물을 받은 것처럼, 그때 이래로 파두스강 이북을 제외한 이탈리아 전체에서 로마법만이 유일하게, 다른 모든 도시와 지역의 법을 몰아내고, 통용되었다.

당시 로마 언어는 상업적 공용어였고, 또한 곧 알프스산맥에서 메세나 해협까지 문명적 교류의 공용어가 되었다. 하지만 로마 언어는 이런 자연적 경계 내에만 머물지 않았다. 이탈리아에 몰려든 거대 자본, 이탈리아 상품들이 창출한 부, 이탈리아 지주들의 지식, 이탈리아 상인들의 능력은 이탈리아반도에서 활동 무대를 충분히 확보할 수 없었다. 이런 이유에서 그리고 공적인 복무 때문에 이탈리아인들은 대규모로 속주들로 이주하였다(제6권 279쪽). 이들의 특권적 지위는 동시에 로마의 언어와 법에도 특권적 지위를 부여하였고, 이는 로마인들과 거래하지 않는 경우에도 마찬가지였다(제6권 228쪽). 사방에서 이탈리아인들은 잘 결합되고 조직된 단체를 형성하였다. 군인들은 군단에 소속되어 있었고, 거대 도시의 상인들은 나름대로 협력체를 이루고 있었다. 이들은 각각의 속주 관할에 정주하거나 체류하면서, 독자적인 심판인 명단을 작성하고 일정 수준의 공동체 규약도 가진 '로마 시민회conventus civium Romanorum'를 조직하였다. 이들 속주 로마인들이 일반적으로 결국 언젠가 로마로 돌아오겠지만, 그럼에도 점차 그들로부터 하나의 부족, 그러니까 부분적으로 로마계이거나, 부분적으로 로마계와 깊이 연관된 혼혈 인구가 속주들에 뿌리를 내렸다.

로마 군대가 최초로 해외에 주둔한 히스파니아에서 최초로 이탈리아 국헌을 가진 속주 도시들, 카르테이아가 로마 건국 583년(기원전 171년; 제5권 4쪽), 발렌티아가 로마 건국 616년(기원전 138년; 제5권 25쪽), 나중에 팔마와 폴렌티아(제5권 27쪽)가 만들어졌다는 사실은 앞서 이미 언급되었다. 히스파니아 내륙은 아직 문명화가 덜 진행되었고, 예를 들어 바카이이 지역은 이 시기 이후에도 오랫동안 문명화된 이탈리아인들에게 대단히 거칠고 아주 불편한 체류 지역의 하나로 거론되었는데, 반면 역사가나 비문에 따르면, 로마 건국 7세기 중반에 벌써 신(新)카르타고 주변 등 해안 지역에서 라티움어는 널리 사용되었다. 의식적으로 가이우스 그락쿠스는 로마의 속주들을 이탈리아 이민으로 식민지화, 다시 말해 로마화하려는 구상을 가진 최초의 사람이었고, 그는 이런 발상을 실행에 옮기려고 시도하였다. 비록 보수파의 반대 때문에 그의 과감한 시도는 거부되었고, 시도된 초기 사업들이 대부분 좌초되어 더는 진전이 없었다. 그래도 나르보 식민지는 유지되었는데, 그 자체로 라티움어 사용 지역의 커다란 확장을 의미하였고, 위대한 생각의 기념비 이상의 훨씬 더 중요한 의미, 그러니까 미래의 대규모 건설의 초석이 되었다. 고대의 갈리아 문화, 그러니까 오늘날의 프랑스 문화는 바로 이곳에서 시작되었으며, 그 시원은 가이우스 그락쿠스의 창의적 발상이었다.

　　라티움 민족은 이탈리아반도의 자연적 국경을 가득 채웠으며, 이제 그 국경을 넘어서기 시작하였다. 그들은 또한 내면적으로 좀 더 깊은 정신적 토대의 창출에 이르렀다. 그들이 고전문학을, 그들 자신의 고등 교육을 스스로 창조하는 과정을 우리는 여기서 목격한다. 희랍 고전이나 희랍 교양과 비교할 때 이탈리아 온실의 쇠약한 화초를 낮게 평가하려고 할 수도 있겠지만, 그 역사적인 발전에 중점을 둔다고 할 때 라티움 고전문학이나 라티움 교양이 어떤 수준에 이르렀는지의 문제보다 중요한 것은, 라티움 고전이 드디어 희랍 고전 옆에 등장하였다는 사실 자체다. 그리고 사실 동시대의 희랍 문학은 문학적으로 쇠락의 길로 들어섰기에 우리는 여기서 시인 호메로스의 말을 인용해도 좋겠다. 살아 있는 날품팔이가 죽은 아킬레우스보다 몇 배나 귀하다고 말이다.

희랍 민족

라티움어와 라티움 민족은 아주 빠르게 놀라울 정도로 앞으로 나아갔지만, 동시에 그들은 희랍어와 희랍 민족이 동등하면서도, 이미 오래전부터 월등한 권리를 누렸음을 깨닫게 되었고, 그리하여 그들은 도처에서 희랍 민족과 아주 밀접한 동맹을 이루거나 상호 협력하며 공동의 발전을 꾀하였다. 이탈리아 혁명은 이탈리아반도의 다른 모든 비(非)라티움계 민족들을 라티움계로 평준화해버렸지만, 희랍계 도시들, 예를 들어 타렌툼, 레기온, 네아폴리스, 로크리 등은 달라지지 않았다(제6권 35쪽). 마찬가지로 마살리아도, 이제는 로마계에 의해 포위되었지만, 여전히 희랍계 도시로 남았으며 로마와 더욱 긴밀하게 연합하였다. 이탈리아의 완전한 라티움화는 이렇게 희랍계의 계속적 유지와 나란히 진행되었다. 이탈리아 사회의 상위계층에서 희랍 교육은 그들의 통합적 구성요소가 되었다. 로마 건국 623년(기원전 131년) 집정관이자 최고 목교관 푸블리우스 크라수스는 희랍 토박이들에게조차 경탄을 불러일으켰는데, 그가 아시아 속주 총독으로 그의 법적 판결을, 사안이 이를 요구하는 대로, 때로는 일반적인 희랍어로 선고하고, 때로는 행정언어로 채택된 네 개의 희랍 사투리로 선고하였기 때문이다.

이탈리아 문학과 예술이 이미 오랫동안 변함없이 동쪽을 바라보고 있었다면, 이제 희랍도 서쪽을 향해 눈을 돌리기 시작하였다. 이탈리아의 희랍계 도시들은 계속해서 왕성하게 희랍 본토, 소아시아, 이집트와 정신적 교류를 이어나갔으며, 그곳에서 공연되는 희랍 시인들과 극작가들을 여기서도 똑같은 존경과 헌신으로 숭상하였다. 로마에서도 코린토스 파괴자의 개선식에서 보여주었던 모범에 따라(로마 건국 608년, 기원전 146년) 희랍인들의 체육 경기와 음악 경합이 등장하였다. 씨름은 물론 음악, 공연, 연주, 연설 등의 경합이 수용되었다.[1] 희랍계 지식인들은 로마 귀족 사회까지 연줄이 닿았는데 스키피오 동아리가 대표적이었다. 스키피오 동아리의 희랍계 구성원들인 역사가 폴뤼비오스, 철학자 파나이티오스는 희랍 문학 발전사보다는 로마 문학 발전사에 속하는 인물들이었다. 하지만 이보다는 못한 다른 모임들도 있었고 비슷한 구성을 갖고 있었다. 우리는 스키피오의 다른 동시대

---

[1] 로마 건국 608년(기원전 146년) 이전에는 희랍 공연이 로마에 전혀 공연되지 않았다(Tac. *ann.* 14, 21)는 증언은 정확하지 않다. 이미 로마 건국 568년(기원전 186년)에 희랍 예술가들과 운동선수들이 등장하였고(Liv. 39, 22), 희랍 피리 연주가들, 비극과 권투가 로마 건국 587년(기원전 167년)에 등장하였다(Polyb. 30, 13).

인으로 철학자 클레이토마코스를 언급할 수 있는데, 왜냐하면 그의 생애를 보면 이 시대의 강력한 민족 혼합을 감각적으로 목도할 수 있기 때문이다. 그는 카르타고 출신으로, 아테나이에서 카르네아데스의 강의를 들었고, 이후 그의 후계자로 강의를 이어받았고, 아테나이에서 역사가 아울루스 알비누스, 시인 루킬리우스 등 이탈리아의 교육받은 인물들과 교유하였다. 그는 카르타고의 농성 작전을 분쇄한 로마의 집정관 루키우스 켄소리누스에게 과학적 저작을 헌정하였고, 노예가 되어 이탈리아로 끌려간 동포들에게 철학적 위안을 바쳤다.

희랍의 저명한 문학가들은 이제까지 사신으로, 추방자로, 그밖에 비슷한 신분으로 잠정적으로 로마에 머물렀다면, 이제 그들은 로마에 정착하기 시작하였다. 예를 들어 앞서 언급한 파나이티오스는 스키피오의 저택에 거주하였으며, 서사시인 안티오케이아의 아르키아스는 로마 건국 652년(기원전 102년)에 로마에 정착하였고, 즉흥시와 영웅 서사시로써 로마 집정관들의 경제적 후원을 누렸다. 심지어 가이우스 마리우스는 이 시인의 송시 단 한 줄도 제대로 이해하지 못했을 것이고 마에케나스가 될 만한 자질이라고는 눈곱만큼도 없던 사람이었지만, 이 시인을 후원하지 않을 수 없었다. 따라서 정신적 문학적 삶이 두 민족의 순수하지는 않더라도 귀족적이긴 한 요소들을 연결하는 동안, 다른 한편에서 소아시아와 쉬리아 노예들의 집단적 유입으로 인해, 그리고 희랍과 반(半)희랍적 동방으로부터 상업적 이주를 통해 매우 거칠면서도, 오리엔트적이고 야만적인 요소를 강하게 띄는 희랍 문물들이 들어와 이탈리아 무산계급에게 전파되었고, 무산계급에게 희랍적 색채를 부여하였다. 새로운 언어와 새로운 풍습이 처음에는 해안 도시들을 통해 유입되었다는 키케로의 언급은 우선 오스티아, 푸테올리, 브룬디시움에 퍼진 반(半)희랍적 문물을 가리키는 것으로 보이는데, 이 도시들은 이방의 상품들과 함께 이방의 생활풍습이 들어오는 입구가 되었으며, 확산의 기반을 제공했던 것이다.

인구의 혼합

민족 관계의 이 완전한 혁명이 가져온 직접적인 결과는 기뻐할 일과는 아주 거리가 멀었다. 이탈리아는 희랍인들, 쉬리아인들, 페니키아인들, 유대인들, 이집트인들로 가득했고, 속주는 로마인들로 가득했다. 분명하게 구별되는 민족적 특성들은 사방에서 서로 부딪히며 마모되었고 눈에 띌 만큼 흐려졌다. 실용주의라는 일반적 성격 이외에 다른 것은 남지 않은 것으로 보인다. 라티움의 본질은 넓은 영역으로 확장되는 한편, 그 신선함은 상실하였다. 특히 수도 로마에는 중산층이 가장 먼저 가장 완벽하게 사라지고 오직 강력한 주인과 거지만 남았지만, 이 둘은 똑같이 세계시민들이었다. 키케로는 로마 건국 660년(기원전 94년)에 라티움 도시들의 일반교양이 로마보다 훨씬 높았다고 확인해준다. 이는 이 시대의 문학을—이 시대 문학의 가장 쾌활하고, 가장 건강하며, 특색을 제일 뚜렷하게 보여주는 증인은 로마 희극, 루킬리우스의 풍자시 등이다—로마적이 아니라 라티움적이라고 불러야 정당함을 말해준다. 하층민들이 보여주는 이탈리아의 희랍 문화가 실제로 문명의 온갖 기형들을 가진, 표피적으로 치장된 야만성을 보이는 역겨운 세계시민주의였음은 그 자체로 분명하다. 하지만 사회 상층부에서도 스키피오 동아리의 섬세한 감각은 영원한 모범으로 남아 있지 못했다. 대중이 희랍 문명에 관심을 더 많이 두기 시작하면서, 더욱더 뚜렷하게 그들은 고전문학보다는 오히려, 희랍 정신의 아주 현대적이고 더없이 경박한 산물들에 관심을 보였다. 사람들은 희랍 정신에 따른 로마 문화의 창출이 아닌, 자신의 정신은 되도록 투영되지 않은 오락물의 차용에 만족하였다. 이런 의미에서 아르피눔의 지주, 연설가의 부친 마르쿠스 키케로는 로마인들은 쉬리아 노예와 같아서 희랍어를 배울수록 더욱더 쓸모없게 된다고 말하였다.

이 민족 융합은 언제나처럼 불편한 일이었지만, 이 시기만큼은 뜻 깊고 중요한 일이었다. 우리가 고대 세계에서 언급해 버릇하는 여러 민족들은 로마의 패권 하의 외적 통합에서, 주로 희랍적 요소에 뿌리를 둔 현대적 교육의 지휘 아래 내적 통합을 향해 나아갔다. 아류 민족들의 폐허 위에 두 지배 민족들은 조용히 위대한 역사적 타협을 완수하였다. 희랍 민족과 라티움 민족은 서로 평화를 맺었다. 희랍인들은 교육 영역에서, 로마인들은 정치 영역에서 그들의 배타적인 언어 지배를 포기하였다. 학교 수업에서 라티움어는 제한적이고 불완전하지만 희랍어와 동등한 위치를 양보 받았다. 다른 한편 술라는 처음으로 이방의 사절들이 로마 원로원에서 통역없이 희랍어로 연설하는 것을 허용하였다. 시대는 바야흐로 로마 공동체가 이중 언어 국가로 이행하고, 알렉산드로스 대왕의 지위와 사상을 물려받은 정당한—희랍인인 동시에 로마인인—상속자가 서방에서 등장할 것을 알렸다.

민족 관계의 일반적 조망이 드러내는바, 아류 민족들의 몰락과 두 주요 민족의 상호 침투를 종교, 교육, 문학, 예술 등의 영역에서 좀 더 자세히 설명해보자.

종교

로마 종교는 로마 공동체와 로마 가정생활과 긴밀하게 연관되어 성장하였고, 로마 시민사회의 경건한 거울과 다르지 않았는바, 정치적 사회적인 혁명은 필연적으로 종교 체제도 전복시키고 말았다. 옛 이탈리아 민속 신앙도 함께 붕괴하였고, 그 폐허 위에, 정치 공동체의 폐허 위에 과두정과 독재정이 생겨난 것처럼, 한편으로 무신앙, 국가 종교, 희랍종교가, 다른 한편으로 미신, 사이비 신앙, 동방종교가 성장하였다. 물론 이 두 흐름의 시작도, 정치 사회적 혁명의 시작이 그러했던 것처럼, 이미 앞선 시대에까지 거슬러 올라간다(제4권 266~275쪽). 이미 당시 사회 상층부의 희랍 교양이 조상들의 종교를 조용히 흔들고 있었다. 엔니우스는 희랍종교의 비유적 해석과 역사적 해석을 이탈리아 종교에 끌어들였다. 한니발과 대결했던 원로원은 소아시아 퀴벨레 숭배의 로마 이식을 승인해야 했지만, 다른 훨씬 더 고약한 미신, 특히 박코스 숭배라는 사이비 종교에는 엄정하게 대처하였다. 앞선 시기에 혁명이 외적으로보다 더욱 크게 내적으로 준비되었던 것처럼, 종교적 변화도 본질적으로는 그락쿠스 시대와 술라 시대의 산물이었다.

희랍 철학

우선 희랍주의로 기우는 흐름을 좀 더 추적해보자. 희랍 민족은 이탈리아 민족보다 일찍이 꽃을 피우고 시들었는바, 그들을 이미 오래전에 신앙의 시대를 지나왔고 그 이래로 오로지 사색과 반성의 영역에서 활동하였다. 이미 오래전부터 희랍에는 더는 종교가 없었고, 오직 철학만이 존재하였다. 희랍정신의 철학 활동도, 로마에 영향을 미치기 시작할 즈음, 생산적 사색의 시대를 이미 한참 지나온 뒤였고, 이제는 정체기에 머물게 되면서, 진정 새로운 체계는 생겨나지 않고, 선대의 가장 완벽한 체계를 이해하는 능력조차 사라지기 시작하였으며, 선대의 불완전한 학설을 익히는 답습과 교조적 전승에만 매달렸다. 이 정체기에 철학은 정신을 해방시키지도 못하고 깊이를 더하지도 못하였고, 다만 정신을 평면화하였고 족쇄 가운데 가장 끔찍한, 자기 단련의 족쇄로 묶어버렸다. 사색의 미약은, 늘 위험하지만, 희석되고 변질되면 그보다 확실한 극약이 없다. 동시대의 희랍인들은 이를 물에 타고 희석시켜 로마인들에게 전달하였고, 로마인들은 이를 거부하거나 또는 변질된 학설을 가르치는 학교 선생을 떠나 죽은 거장들의 철학을 찾아갈 판단력을 갖지 못했다. 소크라테스 이전 현자들은 말할 것도 없이, 플라톤과 아리스토텔레스도 로마 교육에 전혀 중요한 영향을 미치지 못하였다. 물론 이 귀한 이름들은 언급되었고, 이들의 평이한 저서들은 읽히고 번역되기도 하였다. 그리하여 로마인들은 철학에서 형편없는 선생들의 형편없는 학생이 되어 버렸다.

종교의 역사적 합리적 해석은 신화를 우울한 시대의 인류에게 선행을 베푼 여러 은인들에 대한 행록으로 이해하였는데, 이 은인들은 미신에 의해 신이 되었다는 에우헤메로스 해석을 제외하면, 철학 가운데 주로 세 학파가 이탈리아에서 영향력을 행사하였다. 에피쿠로스의 교조적인 학파(로마 건국 484년, 기원전 270년 사망), 혹은 제논(로마 건국 491년, 기원전 263년 사망)의 교조적인 학파, 혹은 아르케실라오스(로마 건국 513년, 기원전 241년 사망)와 카르네아데스(로마 건국 541~625년, 기원전 213~129년)의 회의주의가 그것인데, 이를 다시 학파 이름으로 부르면 에피쿠로스 학파, 스토아 학파, 신(新)아카데미아 학파라고 한다. 이 마지막 학파는 확실한 앎의 불가능성에서 출발하였으며, 그렇지만 현실적 필요에 충실한 잠정적 의견은 가능하다는 생각을 가졌는데, 주로 논쟁적으로 활동하였다. 이들은 모든 긍정적인 믿음의 주장, 예를 들어 철학적 교조주의를 궁지로 몰아넣곤 하였다. 이들은 아마도 과거의 소피스트들과 동일한 노선에 서 있다고 볼 수 있는데, 다만 소피스트들은 대중적 믿음에 맞섰고, 카르네아데스와 그 제자들은 동료 철학자들에 맞섰다는 것이 다를 뿐이었다.

이와 달리 에피쿠로스와 제논은 세계의 본질을 합리적으로 설명하려는 일치된 목표를 가졌으며, 물질 개념에서 출발하는 생리학적 방법을 사용하는 것도 같았다. 에피쿠로스는 데모크리토스의 원자론을 따르며 더는 쪼개질 수 없는 물질이 세계의 시원이라고 생각하였고, 이 시원적 물질에서 단지 기계적 차이에 따라 다양한 사물들이 만들어진다고 보았다. 반면 제논은 에페소스의 헤라클레이토스에 따라 근원 질료 속에 역동적 대립, 상승과 하강의 운동을 끌어들였는데, 이것에 따라 수많은 차이들이 만들어진다고 하였다. 에피쿠로스의 체계

안에서 신들은 존재하지 않는 것과 같았고, 기껏해야 꿈속의 꿈에 지나지 않는데, 반면 스토아의 신은 영원히 운동하는 세계정신이며 영혼이며, 태양이며, 질료, 대지, 자연을 지배하는 신이었다. 에피쿠로스는 인정하지 않았지만, 제논은 개인 영혼의 불멸성과 영혼의 세계를 인정하였다. 인간적 노력의 목표는, 에피쿠로스에 따르면 육체적 욕망은 물론 정신적 갈등에도 격동되지 않는 절대적 무관심이고, 제논에 따르면 정신과 육체의 지속적 대립을 통해 계속해서 고양되고, 영원히 투쟁하고 영원히 평화로운 자연과 조화를 이루며 계속해서 상승하는 활동이었다. 종교와 관련하여 한 가지 지점에서 이 세 학파들은 모두 일치를 보았는바, 그러니까 신앙은 그 자체로 무의미하며, 필연적으로 사색을 통해 대체되어야 한다는 것이었다. 다만 다르다면, 아카데미아 학파는 사색이 어떤 하나의 결론에 이르는 것을 의식적으로 부정하였으며, 에피쿠로스 학파는 사색을 통해 민중 신앙의 표상들을 배척하였으며, 스토아 학파는 이런 표상들을 합리적 설명으로 부분적으로 강화하거나, 부분적으로 수정하였다.

당연한 일이지만, 희랍 철학이 매우 종교적이고 반(反)사유적인 로마 민족에 처음 닿을 때 그들은 완전히 적대적이었다. 로마 종교는 희랍 철학 체계의 비방과 논증을 배격했는데, 그것들이 로마 종교의 본래적 성격을 훼손할 상황에서 매우 정당한 조치였다. 로마 정부는 종교가 공격받고 있음을 본능적으로 지각하면서, 철학에 대해 마치 요새를 향해 다가오는 적군의 첩자들을 대하듯 적대적인 자세를 취하였다. 로마 건국 593년(기원전 161년) 수사학자들과 함께 희랍 철학이 로마에서 추방되었다. 실제로 로마에 모습을 나타난 철학의 대단한 첫 등장은 마치 신앙과 관습에 대한 선전포고와 같았다. 이는 오로포스 지역을 아테나이인들이 무단으로 점령한 사건에서 시작되었는데, 이 점령을 정당화하기 위해 로마 원로원으로 3명의 매우 저명한 철학자들이 사절단으로 뽑혀 파견되었고, 그 가운데 최신 회의주의의 대가 카르네아데스가 있었다(로마 건국 599년, 기원전 155년). 이 선발은 매우 합목적적이었는데, 더욱이 창피스러운 행동은 상식적인 이성으로 정당화될 수 없었기 때문이다. 또 상황에 완벽하게 맞는 선발이었는데, 카르네아데스는 연설과 반박연설을 번갈아 행하여, 한번은 수많은 강력한 근거를 들어 불의를 칭송하는 연설을 수행하더니, 또 정의를 칭송하는 연설도 그렇게 하였고, 완벽한 논리적 형식에 따라 오로포스 지역을 도로 내놓으라고 아테나이인들에게 요구하는 것만큼, 로마인들에게 팔라티움 언덕의 옛 초가집으로 돌아가라고 요구하는 것도 정당함을 입증하였던 것이다. 희랍어에 능숙한 청년들은 이런 비방에 마치 인기 높은 사내의 빠르고 열정적인 강연에 이끌리듯 떼로 몰려들었다. 하지만 적어도 이번에는 카토를 잘못했다고 비난할 수 없을 것이다. 카토는 무례하게 그 철학자의 변증론적 사유 과정을 호곡하는 여인들의 지루한 넋두리에 비유하면서, 그 기술을 옹호한다는 것은 사실 불의의 파렴치하고 모욕적인 자백이라고 할수 밖에 없어서 원로원은 정의를 불의로 만들고 불의를 정의로 만드는 기술을 아는 자들을 추방하자고 제안하였다. 하지만 이런 추방 조치는 큰 성과를 거두지 못했는데, 로마 청년들이 로도스나 아테나이에서 철학 강연을 듣는 것까지 막을 수는 없었기 때문이었다.

사람들은 철학을 우선은 필요악으로 치부하고 용인하게 되었고, 곧 그 소박함 때문에 이방의 지혜로운 학문 앞에서 더는 스스로를 지탱할 수 없었던 로마 종교를 위해 사람들은 지지대를 세워주었다. 물론 이 지지대라는 것은 신앙으로서의 로마 종교를 끝장내버렸지만, 대신 교육받은 사람들에게도 민족 신앙의 이름과 형태를 우아한 방식으로 어느 정도 유지할 수 있게는 해주었다. 이 지지대는 에우헤메로스주의도 카르네아데스의 체계나 에피쿠로스의 체계도 아니었다. 신화의 역사화는 민족 신앙에 급격하게 닥쳐왔는바, 신들은 인간이었다고 선언해버린 것이다. 카르네아데스는 신들의 존재를 의심하였고, 에피쿠로스는 신들이 적어도 인간의 운명에 어떤 관여도 하지 않는다고 하였다. 이런 체계들과 로마 종교는 양립이 전혀 불가능했는데, 이런 체계들은 로마 종교에 늘 매우 낯선 것이었다. 키케로의 문헌에도 종교 제례를 비판하는 에우헤메로스주의를 배격하는 것이 시민의 의무라고 선언되어 있다. 키케로의 저작에 등장하는 아카데미아학파들과 에피쿠로스주의자들 가운데 전자들은 철학자로 카르네아데스의 제자이지만, 시민이자 목교관으로서 카피톨리움의 유피테르를 믿는 신자라고 자기변명을 해야 했고, 후자들은 마침내 승복하고 개종해야 했다.

세 철학 체계 가운데 어떤 것도 대중적인 지지를 받지 못했다. 에우헤메로스주의의 단순한 명료성은 분명 로마인들을 매료시켰고, 특히 신화의 역사화에서 유치함과 노쇠함을 보여주는 로마의 기존 역사에 너무나도 깊은 영향을 미쳤다. 하지만 이 체계는 종교에는 큰 영향을 끼치지 못했는데, 로마 종교는 본래부터 우의적이었을 뿐, 신화적이지 않았기 때문이며, 제우스 1세, 2세, 3세의 전기를 만들어내는 것이 희랍과 달리 로마에서는 불가능하였기 때문이었다. 현대적 회의주의는 아테나이처럼 재기발랄한 다변이 작동하는 곳에서나, 특히 나타났다 사라진 철학 체계들의 긴 행렬이 정신적 화덕에 넣을 장작더미로 높게 쌓여 있는 곳에서나 성공할 수 있었다. 마지막으로 에피쿠로스의 정관(靜觀)주의에, 그 본성에 따른 활동에 전적으로 헌신적이며 용맹한 로마인들 모두가 반발하였다. 하지만 에피쿠로스주의는 에우헤메로스주의나 회의주의보다는 많은 청중에게 받아들여졌다. 아마도 그 때문에 국가 경찰은 에피쿠로스주의에 대한 전쟁을 가장 오랫동안, 가장 강력하게 전개하였을 것이다. 하지만 로마의 에피쿠로스주의는 철학적 체계라기보다는 오히려 일종의 철학적 가면, 도덕적으로 엄격했던 창시자의 의도와는 크게 다르게, 좋게 어울리는 모임의 맹목적인 감각적 향유를 감추는 가면이 되었다. 이 모임에 가장 일찍이 귀의한 사람들 가운데 하나가 티투스 알부키우스였는데, 그는 루킬리우스의 풍자시에서 희랍 문물에 잘못 젖은 로마인의 원형으로 그려지고 있다.

로마의 스토아철학

스토아철학이 이탈리아에 끼친 영향은 전혀 달랐다. 앞서의 흐름과 정반대로 스토아철학은 지역 종교와 밀접하게 연결되었으며, 앎을 종교에 전적으로 맞출 수 있을 듯했다. 민족종교의 신들과 신탁들에 스토아학파는 근본적으로 밀착하여, 그 가운데 어떤 본능적인 인식을 발견하였고, 거기에 학문적 반성이 기초해야 하며, 의심스러운 경우에 거기에 의존해야 하는 것이었다. 스토아학파는 민중과 다른 것을 믿는 것이 아니며, 다만 다른 방식으로 믿었다. 진정 참되고 지고한 신은 스토아학파에게 세계영혼이지만, 이 근원적 신의 모든 현현이 다시 신이었다. 무엇보다 별들, 지구, 포도나무, 사람들이 영웅으로 존경하는 위대한 인간의 영혼, 망자의 떠나간 정신도 그러하였다. 스토아철학은 실제로 고향보다는 로마에 더 잘 맞았다. 스토아학파의 경건한 믿음을 비난하여, 스토아학파의 신은 성별도 나이도 육체성도 없으며 개체가 아니라 개념이라는 지적은 희랍에서는 문제가 되었지만, 로마에서는 전혀 아니었다. 스토아 신학의 고유한 핵심인 조야한 우의화와 윤리적 순수화는 희랍 신화의 가장 중요한 핵심을 공격하는 내용이었다. 하지만 로마인들에게 출발부터 희박했던 조형적 능력은 이를, 신들이 생겨난 근원적 관점 혹은 근원적 개념이 어떤 특별한 상처 없이 드러난 가벼운 폭로 정도로 여겼다. 팔라스 아테나는 갑자기 자신을 기억이라는 개념으로 바꾸어버린다면 분노할 수도 있겠지만, 미네르바는 이제까지 그 이상의 무엇도 아니었다. 초자연적인 스토아철학, 우의적 로마 종교는 결과적으로 완벽하게 일치하였다.

철학자는 사제의 가르침 가운데 몇 문장들을 미심쩍다거나 거짓이라고 말해야 하겠지만, 예를 들어 스토아철학자라면 신격화를 배격하면서 헤르쿨레스, 카스토르, 폴룩스를 그저 위대한 인간의 정신 정도로 보아야 할 것이고, 또는 신상을 신성의 대리자로 여길 수 없다고 하겠지만, 이런 오류와 싸우고 잘못된 신들을 몰락시키는 것은 적어도 제논의 추종자들이 하는 일은 아니었다. 오히려 그들은 언제나 지역 종교에 존중과 경외를 표하였고, 미약한 종교에 대해서조차 그러하였다. 스토아철학의 경향이 결의론적 윤리학과 전문 과학의 체계적 수립으로 기운 측면은 전적으로 로마인들의 성향에 부합하였고, 특히 이 시기의 로마인들은, 선입견 없이 규율과 선행을 실천하던 선조들과 달리, 그 순진한 윤리를 허용된 행동과 금지된 행동이라는 일종의 교리문답으로 해체시켜 버렸다. 게다가 문법과 법학은 급박하게 방법론을 필요로 하였는데, 이를 스스로의 힘으로 발전시킬 능력은 없었다. 그리하여 스토아철학은 외국에서 들어온 것이지만, 이탈리아 토양에 완벽하게 적응한 식물처럼 로마 민중의 삶에 통합되었으며, 아주 상이한 영역들에서조차 그 흔적을 우리는 발견하게 된다.

그 시작은 당연히 아주 멀리까지 거슬러 올라가겠지만, 로마 사회의 상층부에 온전한 의미에서 스토아철학이 도달한 것은 우선 스키피오 아이밀리아누스가 이끄는 동아리를 통해서였다. 로도스의 파나이티오스는 스키피오와 스키피오 최측근들에게 스토아철학을 가르친 철학 선생이었고 계속해서 그를 수행하였는데, 심지어 일상적인 여행에조차 동행하였다. 파나이티오스는 지혜로운 철학자들의 체계를 설명해주었고, 그 체계의 사변적인 측면은 축소시키고, 전문용어의 부족과 윤리적 교리문답의 단순함을 어느 정도 완화시켰으며, 이를 위해 옛 철학자들을 끌어들였고, 그 중에는 스키피오가 특히 사랑했던, 크세노폰이 전한 소크라테스도 있었다. 그때부터 저명한 정치가들과 학자들이 스토아철학으로 전향하였는데, 그중에는 과학적 문헌학과 과학적 법학의 창시자인 스틸로와 퀸투스 스카이볼라도 있었다. 이들 전문분야에서 그때 이후로 적어도 외형적으로는 지배적이었으며, 수수께끼 풀이같이 단조로운 어원론과 연결된 교육 체계화는 스토아철학에서 유래한다. 하지만 훨씬 더 중요한 것은 스토아철학과 로마종교의 융합으로부터 생겨난 새로운 국가철학과 국가종교였다. 사색적 요소는 애초 제논의 철학체계에는 그다지 강하지 않았고 이미 많이 약해진 상태였는데, 이미 백 년 전부터 희랍 학교 선생들이 몰려들고 있던 로마에 스토아철학이 들어왔을 때, 스토아철학은 아이들의 머릿속에 들어가 사유의 힘을 몰아내 버렸고, 사색적 요소는 로마에서 완전히 사라져 버렸다. 로마에서 사색하는 사람은 오직 환전상들뿐이었다. 인간 영혼을 지배하는 신 혹은 신적인 세계정신에 대한 사유의 발전은 더는 언급되지 않았다. 스토아철학자들은 그들의 체계가 비공식적인 공인 국가철학이 된다는 것이 그들에게 이득이 되는 명예라는 것을 분명히 느꼈고, 그래서 사람들이 그들에게 요구하는 엄격한 체계에 대해 유연한 태도를 보였다. 신과 국가에 대한 스토아철학의 가르침은 때로 그들에게 밥벌이를 제공하는 실제의 국가기관에 대해 보기 드문 친연성을 보여주었다. 세계시민주의에 입각한 철학자 국가 대신에 그들은 로마 행정 체계의 지혜로운 규율에 대해 고찰하였다. 좀 더 섬세한 스토아철학자들, 예를 들어 파나이티오스는 기적과 징표를 통해 신의 계시를 가늠할 수는 있지만, 불확실하다고 말하고 점성술을 완벽하게 배격하였지만, 그 다음 세대의 스토아철학자들은 이런 계시론, 다시 말해 로마의 조점술 원리를 그들의 다른 가르침처럼 굳건하고 강력하게 옹호하였고, 심지어 매우 비철학적으로 점성술을 승인해 버렸다. 결의론적 의무론은 더욱더 스토아철학 체계의 핵심으로 굳어졌다. 의무론은 공허한 도덕적 자긍심에서 비롯되었다. 여기서 이 시대의 로마인들은 여러 측면에서 희랍인들과 접촉하며 받은 굴욕을 만회하려고 하였다. 의무론은 유연한 윤리적 독단론을 형성하였고, 모든 올바른 윤리학처럼 전반적으로는 매우 경직된 엄격성을, 동시에 구체적으로는 매우 정중한 관용을 보여준다.[2] 그 실제적인 성과는 결코 높이 평가할 만한 것은 아니었는바, 앞서 말했듯이 두세 귀족 집안에서 스토아철학에 따라 형편없는 음식을 먹을 뿐이었다.

국가종교

새로운 국가철학과 매우 밀접하게 혹은 동전의 양면같이 새로운 국가종교가 자리 잡았다. 국가종교의 중요 특징은 종교 외적 근거들에서 민족종교가 가진 비이성적 교리들의 의도적 강화였다. 스키피오 동아리에 속하는 매우 탁월한 사람들 가운데 한 명인 희랍인 폴뤼비오스가 숨김없이 말한바, 이성적인 사람들은 이런 종교가 필요하지 않다고 하는데, 기이하고 둔중한 로마 종교의식은 오로지 이성으로 도저히 설득할 수 없는 대중 때문에 만들어졌고, 이적과 기사로 가득 채워졌다. 의심의 여지없이 폴뤼비오스의 로마 친구들은, 물론 이런 조야하고 일차적인 방식으로 과학과 종교를 양분하지 않았지만, 본질적 부분에서 이런 생각을 공유하였다. 라일리우스도 스키피오 아이밀리아누스도 조점 관례를—폴뤼비오스가 우선 그것을 두고 생각했을 것인데—그저 정치 기구로밖에 생각하지 않았다. 물론 그들이 가진 민

---

[2] 키케로는 이에 대한 흥미로운 사례를 《의무론》 III 12, 13 이하에서 보여준다.

족정신은 아주 강력했고 그들의 체면의식은 아주 민감했기에, 그들은 그런 위험한 생각을 공개적으로 표명하지 않았다. 하지만 다음 세대에 이르러 최고 목교관 퀸투스 스카이볼라(로마 건국 659년, 기원전 95년 집정관; 제5권 321쪽과 제6권 170쪽)는 적어도 구두 법률 자문에서는 주저 없이, 두 가지 종류의 종교가 있는데, 하나는 합리적이고 철학적인 종교이고, 다른 하나는 비이성적이고 전통적인 종교이며, 전자는 오히려 국가 종교로 부적합한데, 왜냐하면 백성들이 알아서 도움이 되지 않고 오히려 해가 될 것들이 담겨 있기 때문이며, 따라서 전래의 국가종교가 지금 그대로 유지되어야 한다는 생각을 표명하였다. 동일한 생각이 겨우 약간 발전된 모습을 바로의 신학이 보여준다. 그는 로마 종교를 철저하게 국가기구로 취급한다. 그의 가르침에 따르면, '국가는 화가가 그의 그림보다 먼저 있었던 것처럼, 국가의 신들보다 먼저 있었다. 따라서 새로운 신들을 만드는 것이 문제라면, 신들을 합목적적으로, 그러니까 세계영혼의 지체들에 원리에 따라 상응하게 만들고 새로 명명하면 될 것이고, 잘못된 표상들을 일깨우는 신의 모상들[3]과 왜곡된 희생 방식을 배격하면 될 것이다. 하지만 후자의 종교 제도가 생겨난 이래, 모든 선한 시민은 이를 인정하고 따르고 처신하였으며, 천한 사람도 이를 조롱하기보다 존경하는 법을 배우게 되었다. 그런데 작금에 들어, 높으신 분들이 이성을 포기하면서까지 만들어낸 이 종교를 천한 사람은 이제 부끄러워하고 안녕을 다른 곳에서 구하

---

[3] 바로의 풍자시에 등장하는 '원주민들'은 조롱조로 묘사되어 있었다. 원주민들은 오직 사유가 만들어낸 신에 만족하지 못하고, 신들의 인형과 신들의 모상을 추구한다.

고 있다는 사실은 분명하며 이는 앞으로도 지속될 것이다.'

　이렇게 로마 최고 교회는 완성되었고, 외견상 그럴 듯한 사제직과 부제직 그리고 믿음 잃은 공동체도 마련되었다. 사람들이 지역 종교가 일종의 정치 제도라고 대놓고 선언할수록, 정치 당파들은 그만큼 더 강력하게 국가 교회 영역을 공격과 방어의 전장으로 여겼다. 특히 조점학과 조점관 선발을 두고 그런 일이 점차 더 가중되었다. 천둥 번개가 칠 때 민회를 해산하는 오래되고 자연스러운 관례는 이제 로마 조점관의 손에 의해, 다양한 기상 현상과 그에 따른 행동규칙들이 연결된 섬세한 체계로 발전하였다. 이 시기의 첫 몇 십 년 안에 아일리우스와 푸피우스 법에 따라, 고관들이 천둥 번개의 흔적을 하늘에서 보았다고 생각되면 모든 시민 집회는 해산되어야 한다고까지 규정되었다. 로마 과두정은 장차 이런 경건한 거짓말로 모든 민회 결정을 무효화시킬 수 있는 영악한 수단에 만족하였다. 반면, 로마의 야당은 네 개의 최고 사제단에 공석이 발생할 경우 자체적으로 충원하는 오랜 관례에 이의를 제기하였고, 앞서 사제단의 대표 자리에 대해 도입된 것과 같이(제4권 401쪽) 사제직 자체에까지 시민 투표를 확대할 것을 요구하였다. 이는 이 사제단들의 설립 정신에 모순되는 것이었지만, 이미 사제단들 자체가 이를 불평할 권리는 없었다. 왜냐하면 그들 스스로가 설립 정신에 충실하지 못하였고 예를 들어 종교적 무효화 권리를 정부의 요구에 따라 정치적으로 남용하였기 때문이었다.

　이는 당파 갈등의 황금 사과가 되었다. 원로원은 로마 건국 609년(기원전 145년)의 첫 번째 폭풍을 막아냈고, 이때 특히 스키피오 동아리는 법안 반대에 결정적 역할을 하였다. 하지만 로마 건국 650년(기원전 104년)의 제안은 불편한 양심 때문에, 앞서 대표자 선출에 걸린 제한 조건들에 따라 전체 시민이 아니라 분구 일부만이 선거에 참여하는 조건으로 통과되었다(제5권 300쪽). 하지만 술라는 자체 충원의 사제 선거를 전체적으로 확대하였다(제6권 212쪽). 보수당파가 이렇게 순수한 국가종교를 고수한 것은 매우 높은 귀족들조차 이를 공개적으로 조롱한 것과 모순되지 않는다. 로마 사제단의 실제적인 측면은 사제단 만찬이었다. 조점관 연회와 목교관 연회는 마찬가지로 로마 식 도락의 공식적 향연이었고, 이 중 몇몇 연회는 미식의 역사에서 한 획을 그을 정도였다. 예를 들어 조점관 퀸투스 호르텐시우스의 취임 연회는 공작새 구이를 내놓았다.

종교는 또한 추문을 더욱 자극적으로 만드는 데 매우 쓸모가 있었다. 젊은 귀족 청년들이 사랑하는 놀이는 밤에 길거리의 신상들을 훼손하거나 파괴하는 것이었다(제5권 320쪽). 일반적인 연애 사건은 이미 오래전부터 흔한 일이었고 유부녀와의 연애도 이제 흔해지기 시작하였다. 하지만 베스타 여사제와의 관계는 데카메론 시대의 수녀 연애 혹은 수도원 연애처럼 자극적인 일이었다. 로마 건국 640년(기원전 114년)의 대단한 연애사건은 잘 알려진 일인데, 이때 매우 높은 귀족 집안의 딸들인 세 명의 베스타 여사제와, 마찬가지로 훌륭한 집안 출신의 애인들이 처음으로 목교관 사제단 앞에 세워졌고, 사제단이 이 사안을 숨기려고 시도하였기 때문에, 민회 결정을 통해 특별히 만들어진 법정에 세워져 음란죄로 책임을 불어 전원이 사형에 처해졌다. 물론 이런 추문을 합리적인 사람들이 용인할 리 없다. 그러나 가족들끼리 현실 종교의 어리석음을 지적하는 것까지 비난할 수는 없었다. 조점관들은 서로 다른 하나가 조점을 집행하는 것을 보면서 비웃을 수도 있었고, 그것이 그들의 종교적 의무를 훼손하는 일도 아니었다. 만약 이를 로마 교황청의 사제들과 부사제들의 지독한 몰염치와 비교한다면 오히려 비슷한 방향의 온건한 위선을 차츰 좋아하게 된다. 공식적인 종교는 매우 솔직하게, 오직 정치적 도구로서 쓸모 있는, 하지만 공허한 장치로 취급되었다. 이런 특성 때문에 수많은 구멍과 빠지기 쉬운 웅덩이를 가졌으면서, 실제 그랬던 것처럼, 모든 당파에 봉사할 수 있었고, 봉사하였다. 특히 무엇보다 과두정은 그들의 팔라디움을 국가 종교에서 발견하였고, 특히 조점관 규율에서 그러하였다. 하지만 야당도 거짓 생명을 가진 이 기구에 대해 어떤 원칙적인 반대도 하지 않았고, 이를 일반적으로 적에게서 빼앗아 올 수 있는 요새쯤으로 여겼다.

이탈리아에 들어온 동방 종교

방금 묘사한 유령 종교에 극명하게 대립하는 것은 다양한 외래 숭배였고, 이 시대가 이들을 품고 길러냈고, 이제 이들에게서 누구도 매우 강력한 생명력을 빼앗을 수 없었다. 사방에서 횡행하였다. 귀족 부인들과 사내들은 물론 노예들에게서, 장군은 물론 병사들에게서, 이탈리아는 물론 속주들에서도 그러하였다. 이 미신은 믿기 어려운 정도로 높은 곳에 이르렀다. 킴브리 전쟁에서 쉬리아 출신의 예언녀 마르타가 게르마니아를 점령하는 길과 수단을 원로원에 제공하겠다고 하였을 때, 원로원은 제안을 받아들이지 않았지만, 그럼에도 로마의 귀부인들, 특히 마리우스의 부인은 그녀를 남편의 사령부로 파견하였고, 마리우스는 그녀를 테우토네스 족을 무찌를 때까지 사방을 데리고 다녔다. 내전에서 아주 상이한 당파를 이끌었던 지도자들, 마리우스, 옥타비우스, 술라는 신탁과 기적에 대한 신앙에서만은 하나였다. 원로원조차 로마 건국 667년(기원전 87년)의 혼란스러운 내전 기간 동안 원로원 의결을 내놓을 때 기꺼이 정신 나간 예언녀의 헛소리를 따를 정도였다. 로마—희랍 종교의 경직성은 물론, 좀 더 강력한 자극제를 요구하는 대중적 필요의 증가에 비추어, 주목할 것은 박쿠스 비의와 같은 미신이 더는 국가 종교와 연결되지 않았다는 점이다. 에트루리아 비의도 이미 사라지고 없었다. 이때 제일선에 등장한 것은 열대의 동방 지역에서 선을 보인 숭배들이었다.

여기에 크게 기여한 것은 소아시아와 쉬리아에서 대량으로 이주한 인구들이었는데, 이는 노예 수입 때문이거나 동방과 이탈리아의 교역량 증가 때문이었다. 외래 종교의 힘이 아주 강력하게 발휘된 것은 시킬리아 노예반란 때였는데, 대부분 쉬리아에서 끌려온 노예들이었다. 에우누스는 불을 뿜어냈고, 아테니온은 별자리를 읽었다. 이 반란에서 노예들이 던진 납 탄환에는 대부분 신들의 이름, 제우스와 아르테미스 이외에도, 크레타에서 시킬리아로 흘러들어 열렬히 숭배되던 비밀스러운 어머니 신들의 이름이 새겨져 있었다. 무역도 비슷한 기여를 하였는데, 특히 베뤼토스와 알렉산드리아의 상품들이 곧장 이탈리아의 항구들로 들어오게 된 이래로 그러하였다. 오스티아와 푸테올리는 쉬리아 향유와 이집트 아마포는 물론 동방의 종교가 들어오는 거대한 집산지였다. 사방에서 민족 혼합과 종교 혼종이 지속적으로 증가하였다. 허락된 숭배들 가운데 가장 인기 높은 것은 페시누스의 대모신 숭배였는데, 거세 사제단, 푸짐한 잔치, 음악, 구걸 행진 등이 감각적으로 강한 인상을 대중들에게 남겼다. 이때 가가호호 방문하여 헌금을 강요하는 일은 이미 경제적 부담으로 느껴졌다. 킴브리 전쟁이라는 가장 위태로운 시기에 최고 사제 바타케스가 페시누스에서 개인적으로 직접, 그가 주장하길 훼손된 페시누스 대모신 사원의 이익을 대변하기 위해서 로마를 찾아왔다. 그는 대모신의 특별한 명령으로 로마 인민 앞에서 연설하였고, 여러 다양한 기적도 행하였다. 이성적인 사람들은 분노하였지만, 아녀자들과 대중들은 예언자가 항구에서 떠나던 날 배웅하기까지 했다. 동방으로 순례를 떠나길 기원하는 일은 이미 드문 일이 아니었고, 예를 들어 마리우스 본인이 페시누스로 순례 여행을 떠났다. 더군다나 이미(로마 건국 653년, 기원전 101년에 처음으로 시작되어) 거세 사제단에 들어간 로마시민이 많았다.

하지만 훨씬 더 인기가 높았던 것은 당연히 허락받지 못한 비밀 숭배였다. 카토 시대에 이미 칼다이아의 점성술사는 에트루리아 내장점과 마르시 조점과 경쟁하기 시작하였다(제4권 266쪽). 곧 별자리 관찰법과 해독법이 꿈같은 고향땅에서처럼 이탈리아에도 자리 잡았다. 이미 로마 건국 615년(기원전 139년) 외인담당 법무관은 모든 칼다이아 사람에게 열흘 이내에 로마와 이탈리아를 떠나라고 명하였다. 유대인들도 똑같은 처지였는데, 그들은 안식일에 이탈리아 출신의 개종 유대교도를 맞아들였다. 마찬가지로 스키피오도 누만티아의 군영에서 온갖 종류의 예언자들과 경건한 협잡꾼들을 치워버려야 했다. 몇 십년 후에는(로마 건국 657년, 기원전 97년) 인신 공양 금지령을 내려야 할 지경이 되었다. 축제 가두 행진을 벌이며 사제의 피를 제물로 뿌리는, 카파도키아의 마 혹은 로마식 명칭으로 벨로나 숭배, 그리고 어두운 이집트 숭배 의식이 등장하기 시작했다. 카파도키아 여신이 술라의 꿈에 등장하였고, 나중에 로마에 등장한 이시스 공동체와 오시리스 공동체 가운데 가장 오래된 공동체는 벌써 그 기원을 술라 시대에 두고 있었다.

사람들이 미친 것은 오랜 미신 때문만이 아니라 자기 자신 때문이기도 했다. 50년 동안 이어진 혁명의 더없이 끔찍한 위기들, 내전이 결코 끝나지 않으리라는 본능적 감각은 대중들의 두려움과 긴장, 우울과 불안을 고조시켰다. 잘못된 생각이 끊임없이 방황하여 아주 높은 곳으로 솟구치기도 하고 끝없는 나락으로 곤두박질쳤고, 새로운 위협적인 저주 속에서 전망과 통찰을 얻기도 하고, 운명과의 절망적인 전쟁 가운데 새로운 희망을 혹은 어쩌면 새로운 두려움을 발견했다고 상상했다. 무시무시한 신비주의가 전반적인 정치적, 경제적, 도덕적, 종교적 혼란 속에서 적당한 토대를 확보하였고 놀라운 정도로 빠르게 확산하였다. 거대한 나무들이 밤사이에 대지 위로 솟아올랐지만, 어디에서 무엇 때문에 이런 일이 벌어진 것인지 아무도 알지 못할 때와 같이 꼭 그렇게 놀랄 정도로 기적 같은 급성장이 이루어졌고, 역병처럼 모든 굳건하지 못한 마음들을 공격하였다.

교육

앞선 시기에 시작된 교육과 교양의 혁명은 종교 영역에서와 비슷한 방식으로 완결되었다. 시민 평등 등 로마 근본 사상이 로마 건국 6세기를 지나는 동안 이미 이 영역에서도 어떻게 흔들렸는지는 앞서 설명하였다. 픽토르와 카토 시대에 이미 희랍 교양은 로마에 넓게 확산하여 있었는데, 당시 로마 고유의 교양도 있었다. 하지만 둘의 수준은 초기 단계를 넘어서지 않았다. 이 시기의 희랍—로마 교양을 두고 사람들이 대략 무엇을 생각했는지를 카토의 〈백과사전〉이 보여준다(제4권 367쪽 이하). 이는 옛 로마 가족 교육을 정리한 것 이상이 아니었고, 당시 희랍 교양과 비교했을 때, 많이 부족한 형편이었다. 로마 건국 7세기 초에 로마의 청소년 훈육이 아직 얼마나 낮은 수준에 있었는지는 폴뤼비오스의 발언에서 유추할 수 있다. 폴뤼비오스는 이 측면과 관련하여 희랍인들이 사적으로나 공적으로 펼치는 합리적인 노력에 비하여 로마인들의 무관심은 거의 범죄적이라고 밝혔다. 하지만 이런 무관심의 근저에 놓인 시민 평등이라는 심오한 의미를 폴뤼비오스는 물론 어떤 희랍인도 이해할 수는 없었을 것이다.

이제 사정이 달라졌다. 순진한 민족 종교에 계몽된 스토아 철학의 초자연주의가 덧붙여진 것처럼, 그렇게 교육에서도 단순한 민족 교육에 특별한 교육, 그러니까 고급 인문 교육이 덧붙여졌다. 후자는 옛 공동체적 평등의 마지막 흔적을 완전히 지워버렸다. 이런 새로운 청소년 훈육의 형성을, 그것이 희랍적이든 고급 라티움적이든, 살펴보는 것은 나쁘지 않은 일이다.

희랍어 교육

정치적으로 희랍 민족을 결정적으로 제압한 사내 루키우스 아이밀리우스 파울루스가 동시에 희랍 문명을 완전하게 고대 세계의 문명으로 —이는 이후 한 번도 반박되지 않은 사실이다—인정한 최초 인물 혹은 초기 인물들 가운데 한 명이라는 사실은 놀라운 일이다. 호메로스 서사시를 머리에 떠올리며 페이디아스의 제우스 앞에 서게 되기 전까지, 그는 그저 완고한 늙은이였을 뿐이다. 그의 마음은 아직 젊었고, 희랍적 아름다움의 완벽한 광채와 저녁 땅의 황금 사과를 향한 억제할 수 없는 갈망을 영혼으로 만끽하였다. 희랍 시인들과 예술가들은 이방인에게서, 당시 희랍 현자들 가운데 누구보다 진지하고 진심어린 숭배자를 발견하였다. 파울루스는 호메로스나 페이디아스에게 바치는 묘비를 세우지는 않았지만, 정신의 왕국으로 그의 자식들을 이끌었다. 파울루스는 전해지는 민족 교육을 무시하지 않으면서, 희랍인들처럼 자식들의 영혼 발전을 돌보았는데, 로마적 개념에 따르면 허용될 수 없는 체조 교육이 아니라, 희랍인들에게서 거의 예술에 가깝게 발전한 사냥 교육을 통해서였다. 파울루스는 희랍식 훈육을 발전시켜, 언어를 말하기 위해서 배우고 연습하는 것이 아니라, 희랍적 방식으로 보편적 고급 교육의 모든 소재가 언어에 연결되고 언어를 통해 발전되도록 도모하였다. 그래서 그는 무엇보다 희랍 문학과, 희랍 문학을 이해하는 데 필요한 신화와 역사, 나아가 수사학과 철학도 공부하게 하였다. 페르세우스 왕의 도서관은 파울루스가 마케도니아 전쟁의 노획물 가운데 유일하게 그의 아들들에게 선물로 주기 위해

취한 것이다. 희랍 화가들과 조각가들도 파울루스는 그의 수행원에 포함시켰고, 아들들의 시가 교육에 필요한 모든 것을 완비하였다.

카토는 이 영역에서 희랍 문물에 단순히 거부적인 태도를 취할 수 있었던 시대가 이미 지나갔음을 절실하게 느꼈다. 귀족들이 이제 알게 된 것은, 로마 문명의 고귀한 핵심이 희랍 문물의 온전한 수입을 통해서가 아니라 오히려 훼손되고 기형화된 희랍 문물에 의해 더 크게 위협받는다는 것이었다. 로마와 이탈리아 상류층 대다수는 새로운 방식을 받아들였다. 오래전부터 로마에 희랍 출신 학교 선생들이 부족하지 않았지만, 이제 언어 선생은 물론 문학과 교양을 가르치는 선생들이 새로 열린 거대한 지식 판로를 찾아 대규모로 물밀듯이 몰려들었다. 희랍 출신 가정교사들과 철학 선생들은 과거 노예가 아니면서도 일반적으로 시종 취급받았는데,[4] 이제 로마의 고대광실에 자리를 잡았다. 사람들은 여기에 투자하였으며, 일급 수준의 희랍 출신 문학 노예는 20만 세스테르티우스(1만 5,200탈러)를 받았다는 기록도 있다. 이미 로마 건국 593년(기원전 161년) 수도 로마에서 희랍 연설 연습을 가르치는 특별 교습이 상당수 개최되었다. 이 선생들 중에는 몇몇 탁월한 인물들이 포함되어 있었다. 철학자 파나이티오스는 앞서 언급하였다(제6권 313쪽). 존경받는 문법학자로 킬리키아의 말로스 출신 크라테스는 아리스타르코스와 동시대인이면서 대등한 경쟁자로서 로마 건국 585년(기원전 169년) 로마에서 많은 청중을 앞에 두고, 호메

---

[4] 키케로는 학식 있던 노예 디오뉘시오스를, 스키피오가 파나이티오스를 대할 때보다 사려 깊게 대했다고 말한다. 똑같은 뜻으로 루킬리우스에서 다음이 발견된다. "내게는 내 말, 내 마부, 내 외투와 천막지붕이 철학자보다 유용하다."

로스 서사시의 언어적 사실적 설명과 강연을 하였다. 이런 새로운 방식의 청소년 교육은 혁명적이고 반(反)민족적이었으며, 부분적으로 정부당국의 저항을 받기도 하였다. 하지만 정부가 로마 건국 593년(기원전 161년)에 수사학자들과 철학자들에게 내린 추방령은 최고 정무관의 잦은 교체로 인해 다른 비슷한 정부 명령들처럼 아무런 효과가 없었다. 노(老)카토의 사망 이후 그가 했던 것과 같은 불평은 여전히 빈번했지만, 더는 사건이 벌어지지 않았다. 희랍어와 희랍 학문의 고등교육은 지속적으로 이탈리아 교육의 주요 요소로 인정받았다.

라티움어 교육

희랍어 교육과 나란히 좀 더 높은 수준의 라티움어 교육도 발전하였다. 앞선 시대에 라티움어 기본교육이 내부적으로 얼마나 향상되었는지는 앞서 설명하였다. 12표법을 대신하여 좀 더 개선된 교재로서 라티움어 《오뒷세이아》가 채택되었으며, 로마의 소년들은 이 번역본을 통해 희랍어본을 읽는 희랍소년들처럼 모국어의 지식과 표현력을 익혔다. 유명한 희랍 출신 언어 및 문학 선생들처럼, 안드로니쿠스, 엔니우스 등 많은 이가 아마도 아이들이 아닌 장성한 청소년들을 가르쳤는데, 희랍어와 함께 모어(母語)로도 가르치는 것이 부끄러운 일은 아니었다. 이것은 고급 라티움어 교육은 아니었으며, 다만 그의 시초였다고 하겠다. 언어 교육이 기초 단계를 벗어나지 못한 것은 문학이라고 할 만한 것이 아직 존재하지 않았기 때문이다. 라티움어 교재는 물론 로마 문학이 생겨나고, 로마 문학이 로마 건국 6세기의 고전 문학 작품들을 통해 어느 정도 완결성에 이른 후에야 비로소 모어와 로마 문학은 참으로 고급 교육의 영역으로 진입하게 되었고, 이어 희랍 언어 선생들로부터의 독립은 오래지 않아 이루어졌다. 크라테스의 호메로스 강연들에 의해 자극되어 교육받은 로마인들은 로마 문학의 낭송 작품들, 예를 들어 나이비우스의《페니키아 전쟁》, 엔니우스의《연대기》, 이후 루킬리우스의 시들을 처음에는 고급 독자들 앞에서, 나중에는 쇄도하는 대중 앞에서 특정한 날에 낭송하기 시작하였으며, 나아가 호메로스 문법학자들의 선례에 따라 이 작품들을 비판적으로 다루기 시작하였다. 교육받은 애호가들(litterati)이 무료로 거행한 문학 낭송회들은 전혀 청소년 교육의 형식을 띠지는 않았지만, 청소년들에게 고전 로마 문학의 이해를 도모하고 강연으로 이끄는 중요한 기회가 되었다.

로마의 연설 교육

비슷하게 라티움어 연설 교육도 진행되었다. 귀족 로마 청소년들은 이미 이른 시기에 공개적으로 칭송 연설과 법정 연설을 맡도록 자극받았는바, 이들에게 연설 교육이 빠지지 않았다. 하지만 이 시기에 들어서야 비로소 새로운 고급 교육 덕분에 본격적인 연설술이 시작되었다. 언어와 사안을 기술적으로 다룬 로마 출신의 최초 전문가로 마르쿠스 레피두스 포르키나(로마 건국 617년, 기원전 137년 집정관)가 거명된다. 마리우스 시대의 유명한 두 변호사인, 남성적이고 열정적인 마르쿠스 안토니우스(로마 건국 611~667년, 기원전 143~87년)와 섬세하고 균형 잡힌 루키우스 크라수스(로마 건국 614~663년, 기원전 140~91년)는 이미 완벽한 전문 연설가였다. 청소년들의 연설 연습은 자연스럽게 외연과 의미가 확대되었지만, 로마 문학 연습처럼 상당 부분, 초심자들이 연설술 선생 옆에 가까이 붙어 선생의 모범과 가르침을 받아 연설을 익히는 방식에 머물렀다.

문학과 연설의 교육 과정

로마 문학과 로마 연설술의 공식적인 교육은 로마 건국 650년(기원전 104년) 경에 라누비움 출신의 루키우스 아일리우스 프라이코니누스가 처음 시작하였는데, 그는 '철필Stilo'이라는 별칭을 가진 매우 보수적인 성향의 존경받은 사람으로 로마 기사계급에 속하였다. 그는 엄격하게 선발된 청년들과 함께—이들 중에 바로와 키케로가 있었다—플라우투스 등의 작품을 읽었으며, 연설가와 함께 연설 초안을 짜기도 하고, 때로 친구들에게 연설 초안을 제공하기도 했다. 이는 일종의 교육 과정이었다. 하지만 프라이코니누스는 체계적인 학교 선생은 아니었다. 그는 그저 문학과 연설을 가르쳤다. 이는 로마에서 법학을 그렇게 가르치듯 나이 많은 친구가 열의를 가진 젊은 사람들에게 전수하는 방식이었고, 수업료를 내고 임의로 고용할 수 있는 그런 경우는 아니었다.

하지만 프라이코니누스의 시대에, 기초 라티움어 수업이나 희랍어 수업과는 별도로, 고급 학교 교육이 시작되었고, 여기서 수업료를 받는 선생들, 흔히 해방노예들에 의해 특별 교습으로 제공되었다. 그 취지와 방법은 온통 희랍 문학과 언어연습에서 빌려온 것은 분명하다. 학생들도 희랍 문학과 언어연습에서처럼 소년들이 아니라 청년들이었다. 라티움어의 수업도 곧 희랍어의 수업처럼 두 가지 과정으로 나뉘어졌는데, 우선 로마 문학을 과학적으로 강의하였고, 이어 칭송 연설, 의회 연설, 법정 연설을 가르치는 기술적인 지도가 이루어졌다. 로마의 첫 번째 문학학교는 프라이코니누스 시대에 마르쿠스 사이비우스 니카노르 포스투무스가 열었고, 로마 수사학을 위한 첫 번째 특수학교는 로마 건국 660년(기원전 94년) 경에 루키우스 플로티우스 갈루스가 열었다. 하지만 대개 로마 문학 학교에서도 연설술 수업이 이루어졌다.

이런 새로운 로마의 학교 수업은 매우 깊은 의미를 가진다. 앞서 고위층 전문가들과 대가들이 베풀던 로마 문학과 로마 연설술의 가르침은 희랍에 대해 일정한 독립성을 유지하고 있었다. 로마의 언어 전문가들과 연설 대가들은 희랍 문물의 영향을 받았지만, 희랍 학교 문법과 학교 수사학에 맹목적으로 매달리지는 않았다. 특히 희랍 학교 수사학은 철저한 기피 대상이었다. 로마인들의 건강한 이성과 자부심은 단호하게, 연설가가 이해하고 지각한 사안을 두고 합리적이고 흥미진진하게 모어로 동료시민들에게 이야기하는 능력은 학교를 통해 학교의 규칙에 따라 배울 수 있다는 희랍의 주장에 반대했다. 유능하고 숙련된 변호사에게, 완전히 실제와는 유리된 희랍 연설가들이 가르치는 초심자용 가르침은 차라리 아무것도 배우지 않은 것만도 못한 일이었다. 충분히 훈련되고 실전을 통해 성숙한 사람에게 희랍 수사학은 쓸모없고 공허하게 느껴졌다. 진정으로 보수적인 성향의 사람에게 체계적으로 발전한 연설술과 대중 선동술은 크게 다르지 않아 보였다. 그래서 스키피오 동아리는 수사학자들에게 지독한 적대감을 가졌다. 급료를 받는 선생들이 가르치는 희랍식 연설 연습이 처음에는 희랍어로 연습이 진행되었기에 용인되었을 때, 희랍 수사학은 라티움어 연설이나 라티움어 연설 수업에 수용되지 않았다. 하지만 새로운 라티움어 수사학 교실에서 로마 청소년들은 성인으로 그리고 정치연설가로 교육받았는데, 그들은 짝을 지어 아약스의 시신 옆에서 아약스의 피 묻은 칼을 발견한 오뒷세우스를 전우의 죽음을 초래한 죄로 고발하거나 변호하였고, 오레스테스를 모친 살해로 탄핵하거나 변론하였으며, 혹은 심지어 한니발에게 뒤늦게나마 로마로의 소환에 응해야 했다거나 카르타고에 머물러야 했다거나 아니면 멀리 도망쳐야 했다 등의 유익한 조언을 놓고 겨루었다. 하지만 이런 불쾌하고 유해한 언어 연습이 다시 한번 카토식의 반대에 부딪힌 것은 당연했다. 로마 건국 662년(기원전 92년) 호구감찰관들은 선생들과 학부모들에게 경고하였는데, 젊은 사람들이 선대에 없던 것을 하루 종일 연습하게 놓아두지 말라는 것이었다. 그런데 이런 경고를 행한 사람은 당대 최고의 법정 연설가였던 루키우스 리키니우스 크라수스였다. 하지만 카산드라의 경고는 아무런 효과가 없었다. 접근 가능한 희랍 학교 주제들을 다루는 라티움어 연설 연습은 로마 청소년 교육의 상수가 되었으며, 소년들을 법정과 의회의 연설가로 교육시키고 모든 진솔하고 진실한 연설 능력의 씨앗을 심어주기 위해 나름대로 할 수 있는 것을 행하였다.

이런 현대적인 로마 교육의 전체 결과는 소위 '인간성*humanitas*'이라는 새로운 개념의 발전이었다. 이는 한편으로 다소 피상적인 희랍식 문예 교육으로, 다른 한편으로 희랍식을 모방하거나 왜곡시킨 특권적 라티움식 교육을 의미하였다. 이 새로운 인문주의는, 그 명칭이 말하듯, 특수한 로마적 성격에서 벗어난, 아니 이와 정면으로 맞서는, 오늘날 우리가 말하는 '일반교양'과 매우 가까운, 민족적으로는 세계 시민적인, 사회적으로는 배타적인 성격을 가지고 있었다. 이는 또한 사회 신분은 나누고 민족들은 통합하는 혁명이었다.

제13장
문학과 예술

로마 건국 6세기는 정치적으로나 문학적으로 생기 있고 위대한 시대였다. 정치적 영역에서와 달리 문학적 영역에서는 뛰어난 사람을 만나지 못한다. 나이비우스, 엔니우스, 플라우투스, 카토 등 재능 있고 생기 넘치는 작자들은 명확하게 각인된 개성을 가지고 있었으나, 아주 높은 수준의 창조적 능력은 아니었다. 하지만 그럼에도 우리는 그들이 시도한 극과 서사시와 역사에 보이는 열정과 활기와 담대함에서, 그들이 카르타고 전쟁이라는 거인 전쟁에 발을 딛고 있음을 느낀다. 많은 것이 인위적으로 이식되었고, 구도와 색상이 굉장히 부족하고, 형식과 언어에서 순수하지 못하고, 희랍적인 것과 민족적인 것이 기이하게 뒤엉켜 있었다. 그 성과는 전체적으로 모범적인 독창성이 빠져 있으며 독립적이지도 완벽하지도 않았다. 하지만 그럼에도 이 시대의 시인들과 작가들에게, 최고 경지에 이르려는 충만한 힘은 아니지만, 희랍과 겨루려는 용기와 희망은 살아 있었다.

　그런데 이제 로마 건국 7세기에 이르러 모든 것이 달라졌다. 아침 안개가 사라졌다. 어린아이처럼 시작의 어려움과 자기 능력에 대한 통찰은 없었지만, 어린아이와 같이 사랑과 즐거움은 넘치는 가운데, 전쟁에서 빛나던 민족 역량의 활기에 힘입어 착수했던 일이었지만, 이제 한편으로 다가오는 혁명의 뜨거운 바람이 몰아온 무더운 습기가 공기를 가득 채우기 시작하면서, 다른 한편으로 좀 더 밝은 눈을 가진 자들이 희랍 문학과 예술의 비교불가능한 아름다움에 눈을 뜨고 자기 민족의 부족한 예술적 재능을 알게 되면서, 어떻게 더 발전시켜야 할지 그들은 알지 못했다. 로마 건국 6세기의 문학은 희랍 예술이 어느 정도 교육받은 감수성 있던 사람에게 영향을 미친 결과였다. 로마 건국 7세기의 강화된 희랍 교육은, 소박한 모방 시도들에 담긴 씨앗들을 반성이라는 겨울 서리로 얼려 죽이고, 옛 경향의 풀과 잡초를 완전히 고사시켜버리는 문학적 흐름을 야기하였다.

스키피오 동아리

이 흐름은 우선 주로 스키피오 아이밀리아누스를 중심으로 결성된 스키피오 동아리에서 시작되었다. 이 동아리의 핵심 성원은 로마 귀족 세계에서 가장 돋보이는 사람들로, 스키피오 이외에 그의 친구이자 조언자였던 가이우스 라일리우스(로마 건국 614년, 기원전 140년 집정관), 스키피오의 젊은 동료 루키우스 푸리우스 필루스(로마 건국 618년,

기원전 136년 집정관), 코린토스 파괴자의 동생 스푸리우스 뭄미우스가 있었고, 희랍과 로마의 작가들로 희극작가 테렌티우스, 풍자시인 루킬리우스, 역사가 폴뤼비오스, 철학자 파나이티오스가 있었다. 〈일리아스〉와 친숙한 사람에게, 크세노폰과 메난드로스를 즐기는 사람에게 로마의 호메로스는 감명을 주지 못하였고, 엔니우스가 제공하였고 파쿠비우스가 계속 제공하고 있는, 에우리피데스 비극의 열악한 번역들도 마찬가지였다. 애국적인 고려들이 로마 연대기에 대한 비판을 자제하게 만들었지만, 루킬리우스의 매우 뾰쪽하게 날 선 비판의 칼날은 '파쿠비우스의 부자연스러운 모습으로 등장하는 비극 주인공들'을 향하였다. 비슷하게 강한, 그렇다고 틀리다고 할 수 없는 비판들을—엔니우스, 플라우투스, 파쿠비우스, 이 시인들이 모두 '괴상하게 말하고 비논리적으로 생각하는 면허장을 가지고 있는 듯 보인다'—우리는 이 시기의 끝 무렵에 쓰인, 헤렌니우스에게 헌정된 수사학 교과서를 지은 섬세한 감각을 지닌 사람에게서 볼 수 있다. 사람들은 노골적인 로마적 재치로 필레몬과 디필로스의 우아한 희극을 장식하는 개작에 무관심을 표명하였다. 사람들은 반쯤 웃고 반쯤 성내며 칙칙한 시대의 가까이할 수 없는 시도들을 외면하였는데, 그것들은 스키피오 동아리의 성원들에게 마치 성숙한 사내가 발견한 어린 시절의 습작처럼 보였을 것이다. 기적의 묘목을 식재하는 것을 포기한 채 사람들은 운문과 산문에서 고급 문학류들을 상당부분 포기하였고, 오로지 외국의 대작들을 지혜롭게 감상하는 데 전념하였다. 이 시기의 생산성은 가벼운 희극, 시적 수필, 정치적 소책자, 전문 과학 등 주로 하위 영역에서 두드러졌다.

당시의 문학적 표어는 정확성이었고 문제, 특히 언어의 정확성이었다. 당시 교육받은 사람들의 작은 동아리가 전체 민중과 분리된 것처럼, 언어도 귀족 사회의 고전 라티움어와 평민들의 통속 라티움어로 나뉘어졌다. '순수한 언어'를 테렌티우스의 서곡은 약속하였다. 언어 오류 문제는 루킬리우스 풍자시의 중요 주제였다. 로마인들의 희랍어 글쓰기가 이제 결정적으로 사라진 것도 이와 연관되어 있었다. 이와 관련하여 좀 더 나은 것을 향한 진보의 움직임이 존재하였다. 이 시대에는 앞선 시대나 뒤이은 시대보다 현저하게 적게 부적절한 작품들이 등장했고, 현저하게 많이 각 분야별로 완성적인, 매우 즐거운 작품들이 등장하였다. 언어적 관점에서 키케로는 라일리우스와 스키피오의 시대를 순수한 무오류의 라티움어 시대라고 불렀다. 이렇게 문학적 활동은 대중에게서 점차 수공품에서 예술로 받아들여졌다. 아직 이 시대의 초에는 낭송 운문의 출판도 아닌 연극 작품 준비가 여전히 로마 귀족에게 어울리지 않는 일로 여겨졌다. 파쿠비우스와 테렌티우스는 그들의 연극 작품으로 먹고 살았는데, 극작은 다만 수공업일 뿐, 황금 알을 낳는 산업이 아니었다. 술라 시대에 이런 환경은 완전히 바뀌었다. 이 시대에 활약한 연극배우의 수입은, 대중에게 사랑받는 시인도 당시 그간의 오명을 씻을 만큼 높은 보수를 요구하였음을 말해 준다. 그리하여 무대 공연은 자유 예술로 상향되었다. 그리하여 우리는 로마 귀족 최상층 출신의 작가들을 만나게 된다. 예를 들어 루키우스 카이사르(로마 건국 664년, 기원전 90년 안찰관; 로마 건국 667년, 기원전 87년 사망)는 로마 연극 분야에서 활약하였으며, 뿌리 없는 아키우스와 나란히 로마 작가 연합에 합류한 것에 자부심을 가졌다. 예술은 공감을 얻었고 명예를 가지게 되었다. 하지만 열정은 삶에서나 문학에서나 마찬가지로 찾아 볼 수 없었다. 시인을 시인이 되게 한 본능적 확신, 무엇보다 플라우투스에게서 가장 두드러졌던 확신은 후대의 누구에게서도 보이지 않았다. 한니발 전쟁 참전 용사들의 후손들은 정확하긴 했으나, 생기를 보여주진 못했다.

비극 : 파쿠비우스

먼저 로마 극문학과 연극을 살펴보자. 이제 먼저 비극에 특별한 것이 등장한다. 이 시대의 비극시인들은 앞선 시대의 비극시인들과 달리 별도로 희극과 서사시는 쓰지 않았다. 이 예술 분야에 대한 평가는 쓰고 읽을 줄 아는 사람들 사이에서 분명 좋아졌다. 하지만 비극 작품 자체는 거의 그렇지 못했다. 나이비우스의 창조물인 민족 비극(praetexta)을 우리는 곧 다루게 될, 엔니우스 시대의 계승자 파쿠비우스에게서만 볼 수 있다. 아마도 수없이 많았을 모방작가들 가운데 우리는 단지 2명의 의미 있는 이름만을 알고 있다. 브룬디시움 출신의 마르쿠스 파쿠비우스(로마 건국 535~625년경, 기원전 219~129년경)는 처음에는 로마에서 화가로, 나중에 나이 들어서는 비극작가로 먹고 살았으며, 나이로나 예술로나 그는 로마 건국 7세기보다는 6세기에 속하는 인물이다. 물론 그의 극작 활동은 로마 건국 7세기에 속한다. 그의 극작은 대체로 그의 동향인, 숙부이자 선생인 엔니우스를 따랐다. 그의 선생보다 좀 더 섬세한 마무리와 더 높은 도약을 추구하던 그는 호의적인 평론가들로부터 후에 비극 문학과 풍요로운 문체의 전범이라는 평가를 받았다. 하지만 우리에게 전해지는 단편들 가운데는 키케로의 언어적 혹평과 루킬리우스의 미학적 악평을 정당화하는 것들도 없지 않았다. 파쿠비우스의 언어는 그의 선생보다 서툴렀고, 그의 작시 방식은 지나치게 과장되고 지나치게 꼼꼼했다.[1] 그가 엔니우스처럼 종교보다는 철학을 높이 평가하였던 흔적들이 발견된다. 하지만 그는 엔니우스와 달리, 개혁적인 방향에 어울리는 감각적 열정이나 현대적 계몽을 설파하는 극을 선호하였으며, 소포클레스와 에우리피데스에서 구별 없이 인용하였다. 확고하고 거의 천재적인 경향시를 썼던 엔니우스의 성향이 젊은 시인에게는 전혀 발견되지 않는다.

비극 : 아키우스

희랍 비극을 좀 더 읽을 만하게, 좀 더 솜씨 좋게 모방한 사람은 파쿠비우스보다 젊은 동시대인 루키우스 아키우스였다. 그는 피사우룸 출

---

[1] 그래서 그의 창작물 《파울루스》에 퓌티온 협곡을 묘사하는 가운데 이런 말이 보인다(제4권 132쪽). '*qua vix caprigeno generi gradilis gressio est*. 산양을 닮은 족속도 도저히 접근할 수 없는 길이었다.' 다른 작품에서 그는 청중들이 다음의 묘사를 이해할 수 있으리라고 기대한다. '네 발의, 느린 걸음의, 야만의, 사납고, 천하고, 작은 머리에, 목이 길고, 보기에 완고하고, 갈기갈기 찢긴 채, 생기 있는 목소리로 생기를 잃고.' 이에 대해 다음과 같은 반응은 당연하다. '오밀조밀 울타리 친 말로 당신은 우리에게 묘사한다. 아무리 지혜로운 사람이라고 알아듣고 알려줄 수 없는 말로. 당신이 터놓고 말하지 않는다면 우리는 이해할 수 없다.' 이어 거북이를 생각하고 쓴 말이라는 고백이 이어진다. 더군다나 이런 수수께끼 같은 발언은 아티카 비극 시인들에게서도 없지 않은데, 때문에 중기 희극작가들은 그들을 종종 노골적으로 공격하였다.

신 해방노예의 아들이었다(로마 건국 584~651년 이후, 기원전 170~103년 이후). 파쿠비우스와 함께 이름을 언급할 만한 유일한, 로마 건국 7세기의 비극 시인이다. 의문의 여지없이 그는 문학사가이자 문법 선생으로도 활동하면서 선배의 조악한 방식을 지양하고 라티움 비극에 언어적 문체적 순수성을 높이려고 노력하였다. 하지만 그의 불일치와 부정확성도 엄격한 잣대를 가진 사람들에 의해, 예를 들어 루킬리우스에 의해 엄중한 질책을 면하지 못했다.

희랍 희극

훨씬 더 활발한 활동과 훨씬 더 의미 있는 성공을 거둔 것은 희극 분야였다. 이 시대의 시작과 함께, 접근하기 쉽고 대중적인 희극에 대한 주목할 만한 반응이 있었다. 그 대표자 테렌티우스(로마 건국 558~595년, 기원전 196~159년)는 로마문학에서 역사적으로 가장 흥미로운 인물들 가운데 하나였다. 페니키아계 아프리카에서 태어나, 일찍이 노예로 로마에 끌려왔고 로마에서 당대의 희랍 교육을 접하였던 그는 태생적으로 아티카 신희극에 세계시민주의적 성격을 되찾아주기에 알맞은 인물이었다. 아티카 신희극은 로마의 청중을 위해 번안되면서 나이비우스, 플라우투스, 그리고 그 동료들의 조악한 손길에 의해 어느 정도 세계시민주의적 성격을 잃어버렸다. 원작을 선택하고 응용하는 데에서도 이미 테렌티우스와 테렌티우스와 유일하게 비교 가능한 그의 전임자는 커다란 차이를 보인다. 플라우투스는 그의 작품을 아티카 신희극 전체에서 선택하였고, 좀 더 대담하고 대중적인 희극작가들을, 예를 들어 필레몬을 전혀 기피하지 않았다. 테렌티우스는 거의 배타적으로 메난드로스, 그러니까 아티카 신희극 시인들 가운데 가장 기품 있고, 가장 섬세하고, 가장 점잖은 시인을 선택하였다. 여러 편의 희랍 희극들을 한 편의 라티움 희극으로 통합하는 방식을 테렌티우스도 따랐고, 로마의 번안가 입장에서 사정상 그렇게 하지 않을 수 없었기 때문이지만, 테렌티우스는 이를 다른 누구와도 비교할 수 없을 정도로 능숙하고 꼼꼼하게 완수하였다. 플라우투스의 대화는 분명 원작들로부터 매우 멀어져 있었다. 테렌티우스는 원작들에 어휘적으로 매우 가까운 모작들로 유명했는데, 물론 우리가 생각하는 축자적 번역이라고 생각해서는 안 된다. 흔히 거칠지만, 언제나 강렬하게 희랍 원작 위에 덧입힌 로마 지역적 덧칠은 플라우투스가 좋아하던 방식인데, 테렌티우스는 이를 완전하게, 의도적으로 추방하였다. 어떤 암시도, 어떤 속담도, 어떤 연상도 로마를 떠오르게 하지 않았다.[2] 라티움 희극은 희랍식 제목으로 대체되었다.

동일한 차이가 예술적 방식에서도 나타났다. 무엇보다 배우들은 그들에게 어울리는 가면을 다시 쓰게 되었고, 좀 더 조심스러운 장면 구성에 정성을 들이면서, 플라우투스 때와는 달리, 거기에 속하는 것과

---

[2] 아마도 유일한 예외는 〈안드로스의 소녀〉일 것이다. 어떻게 된 것이냐는 질문에 대한 답이다. '그리하여, 그들이 말하길, 우리가 할 수 있는바, 우리가 원하는바, 그렇게 되지 않았다.' 이는 물론 희랍 속담을 흉내 낸 카이킬리우스의 시행을 암시하고 있다. '당신이 원하는 대로 되지 않았으니, 당신이 원하는 대로 그렇게 살아라.' 이 희극은 테렌티우스의 가장 오래된 작품이며 카이킬리우스의 추천으로 공연 집행 위원회의 동의를 받아 상연되었다. 가벼운 감사의 말이 인상적이다.

속하지 않는 모든 것이 거리로 나올 필요가 없어졌다. 플라우투스는 경솔하고 느슨하게 매듭을 풀었다가 묶었다가 하였고, 그의 사건 전개는 우스꽝스럽고, 흔히 충격적이었다. 테렌티우스는 훨씬 덜 무모했기 때문에 긴장감을 희생시키더라도 전체적으로 개연성을 고려하였고, 분명하게 전임자의 천박하고 멋없이 사용된 임기응변에, 예를 들어 암시적인 예지몽의 사용에 반대하였다.[3] 플라우투스는 그의 인물들을 큰 붓으로 그렸는데, 흔히 판에 박힌 방식으로 늘 멀리서 볼 때의 효과를 위해 대략적으로 거친 붓을 사용하였다. 테렌티우스는 인물의 심리적 변화를 세심하고 때로 탁월한 세밀화로 표현하였다. 예를 들어 그는 〈형제들〉에서 두 노인을—안락한 도시 생활을 즐기는 사람과 많은 고생을 한, 전혀 세련되지 못한 지주—능숙하게 대조시키고 있다. 동기나 언어에서 플라우투스는 선술집을 무대로 하였고, 테렌티우스는 어엿한 여염집을 배경으로 하였다. 플라우투스의 본데없는 삶, 매우 솔직한 더없이 아름다운 창녀와 그녀의 단골손님들, 호전적인 용병들, 아주 각별히 익살스럽게 그려진 노예세계(그 세계의 하늘은 술집 천장이고, 그 운명은 채찍이었다)는 테렌티우스에서는 모두 사라졌고 혹은 훨씬 좋게 바뀌어 있었다. 플라우투스에서 대체적으로 보면 장래의 혹은 이미 훈련된 불량배들이 등장하였고, 테렌티우스에서 말끔하고 고귀한 사람들이 등장하였다. 여주인이 약탈당

---

[3] 사냥개들에게 쫓기며 젊은이에게 울음으로 도움을 청하는 사슴을 테렌티우스가 조롱하였는데 (*Phorm. prol.* 4), 이 장면에 대응할 장면은 염소와 원숭이(Merc. 2, 1)를 사용한 플라우투스의 어리석은 비유에서 발견된다. 마지막으로 이런 기형적인 비유들은 에우리피데스의 미사여구에서 유래한다(Eur. *Hek.* 90).

하거나 젊은이가 창녀촌으로 끌려가는 일은 도덕적 의도에서 벌어진 것으로, 예를 들어 형제애 때문이거나 혹은 청년으로 하여금 흉악한 집을 방문하지 못하게 하려는 것이었다. 플라우투스의 작품들에는 여염집과 술집의 속물적 대립이 지배적이었고, 정숙한 부인들은 어디서나 헐뜯음의 대상이 되었는데, 그것은 때때로 해방되어 집에서 반가운 인사를 확신할 수 없는 남편의 즐거움을 위해서였다. 테렌티우스의 희극에는 결혼 생활과 부녀자들에 대한 좀 더 점잖은—좀 더 도덕적인 것은 아닌—평가가 지배적이다. 규칙적으로 테렌티우스의 희극은 도덕적인 혼인으로 혹은 가능할 경우 두 쌍의 혼인으로 끝을 맺었다. 이는 메난드로스를 유명하게 만든 방법으로 그는 모든 잘못된 유혹을 혼인식으로 보상하였다. 독신의 삶을 칭송하는 연설은 메난드로스에서 자주 등장하는 데, 이를 메난드로스의 로마 번안자는 다만 전형적인 수줍음을 띠며 반복하였다.[4] 〈환관〉과 〈안드로스의 소녀〉에서 그는 사랑에 빠져 시름하는 사내, 아이들의 잠자리를 돌보는 자상한 남편, 임종을 앞둔 사랑스러운 여동생을 아주 품위 있게 묘사하였다. 〈헤퀴라〉에는 심지어 마지막 장면에 구원의 천사처럼 품행이 올바른 창부가 등장한다. 진정 메난드로스적인 이 인물에게 로마 청중은 물론 올바르게 야유를 보냈다.

플라우투스에서 아버지들은 온통 아들들에게 기만당하려고 등장한다. 테렌티우스의 〈저 자신을 벌주는 사람〉에서 타락한 아들이 아버

---

[4] 〈형제들〉(I, 1)에서 미키오는 그의 독신을, 특히 '저들(희랍인들)이 이를 행운이라고 여기는바' 한 번도 아내를 들인 적 없음을 자랑하였다.

지의 지혜로 인해 개과천선하고, 그가 전반적으로 매우 탁월한 교육자였던 것처럼, 그의 가장 탁월한 작품인 〈형제들〉은 너무도 자유로운 백부의 교육과 너무도 엄격한 부친의 교육 사이에서 황금의 중용을 찾는다는 핵심에 이른다. 플라우투스는 커다란 청중을 위해 글을 썼고, 공연 검열이 허용하는 범위 내에서 방자하고 조롱섞인 발언을 입에 올렸다. 테렌티우스는 메난드로스처럼 그의 목적을 남에게 상처를 주는 것보다는 오히려 선량한 사람들에게 감동을 주는 것으로 삼았다. 플라우투스는 빠르고 때로 시끄러운 대화를 좋아했고, 그의 작품들에서 배우들은 생동적인 몸짓 연기를 보여주었다. 테렌티우스는 오로지 '조용한 대화'만을 고집하였다. 플라우투스의 언어는 익살스러운 표현과 말장난, 두운법, 희극적 신조어, 아리스토파네스의 엉터리 단어 조합, 재미있게 인용한 희랍 표어 등으로 넘쳐났다. 테렌티우스는 이런 변덕을 알지 못했다. 그의 대화는 더없이 순수한 균형을 유지하였고, 그 핵심은 우아하고 간결하면서도 정곡을 찌르는 표현들이었다.

테렌티우스의 희극은 플라우투스의 희극에 견주어 문학적으로나 도덕적으로나 진보라고 할 수는 없다. 독창성은 두 작가 모두에게—테렌티우스는 더한데—거론할 것이 못된다. 정확한 복제라는 의심스러운 칭찬이 적어도 균형을 이루는 지점은, 젊은 작가가 메난드로스의 익살이 아니라 유쾌함을 흉내 낼 줄 알았던 것에 반해, 메난드로스를 모방한 플라우투스의 희극이, 예를 들어 〈스티쿠스〉, 〈키스텔라리아〉, 〈박코스의 여사제들〉 등이 아마도 원작이 뿜어내는 마력을 '반쪽 메난드로스'의 희극보다 훨씬 더 많이 간직하고 있다는 점이다. 미학자들이 조야한 것에서 우중충한 것으로 변화한 것을 발전이라고 생각하지 않았듯이, 도덕가들도 플라우투스의 음담과 무관심에서 테렌티우스의 적응 윤리로 변화한 것을 발전이라고 생각하지 않았다. 하지만 언어적 발전은 분명 확인된다. 우아한 언어는 시인의 자부심이었고, 감히 흉내 낼 수 없는 언어의 매력 때문에 공화정 시대의 모든 로마 시인들 가운데 가장 섬세한 예술 감각을 가진 사람들, 예를 들어 키케로, 카이사르, 퀸틸리아누스는 그를 찬양하였다. 따라서 로마 문학의 본질적 핵심을 라티움어 문학의 발전이 아니라 라티움어 자체의 발전에서 찾는다면, 희랍 문학의 최초 순수 예술적 모방물인 테렌티우스의 희극들로부터 새로운 시대가 시작되었다고 평가하는 것도 정당한 일이다.

더없이 결정적인 문학 전쟁에서 현대적인 희극은 그의 길을 개척하였다. 플라우투스의 문학방식은 로마 시민사회에 뿌리를 내렸다. 테렌티우스의 희극작품들은 청중들의 대단히 거센 저항에 부딪혔는데, 대중은 그의 '우중충한 언어'와 '유약한 문체'를 용인하지 않았다. 보았듯이 매우 민감한 시인은 아무런 의도 없이 쓰인 서곡에서 방어적이면서 공격적인 쟁점들로 이를 재반박하였고, 검투사경기와 줄타기 묘기를 보기 위해 두 번이나 그의 〈헤퀴라〉에서 도망친 대중들이 아니라, 귀족 세계의 교육받은 무리에게 호소하였다. 테렌티우스는 오로지 '선량한' 사람들의 동의만을 구한다고 선언하였으며, 여기에는 '소수'의 동의를 받는 예술 작품을 조롱하는 것은 매우 옳지 못한 처사라는 암시가 들어 있었다. 그는 귀족들이 그가 작품을 쓰도록 말로나 물질적으로 지원했다는 말을 감내하였고 혹은 이를 당당하게 받아들였다.[5] 실제로 그는 목적을 이루었다. 문학에서조차 과두정이 관철되었으니, 특권층의 예술 희극은 민중 희극을 몰아냈다. 로마 건국 620년(기원전 134년) 무렵 플라우투스의 작품들이 공연 목록에서 사라져버렸음을 우리는 알고 있다. 이 사실이 더욱 놀라운 것은, 테렌티우스의 요절로 그의 놀라운 재능이 이 분야에서 더는 펼쳐지지 않았기 때문이다. 투르필리우스(로마 건국 651년, 기원전 103년 고령의 나이로 사망)의 희극과 다른 사라진 혹은 거의 사라지다시피한 작품들을 놓고 이 시기 말에 어느 한 전문가가 평가하길, 요즈음의 희극들은 형편없는 요즘 동전보다 훨씬 더 값어치가 없다고 하였다 (제6권 285쪽).

---

[5] 테렌티우스는 〈저 자신을 벌주는 사람〉의 서곡에서 그를 비판하는 자에게 이렇게 응답하였다. '그는 난데없이 문학에게 몰두하였다. 친구들의 생각만을 믿고, 본인의 본성과는 무관하게.' 나중에 〈형제들〉의 서곡에서 그는 이렇게 말한다(로마 건국 594년, 기원전 160년). '악의적인 자들의 말에 따르면, 귀족 주인들이 그가 작품을 만들 때 돕거나 모든 작품마다 공동 집필한다고 한다. 그들은 이것이 시인에게 큰 질책이 되리라 생각한 것 같은데, 실은 시인에게 명성일 뿐이다. 너희들과 모든 사람이 좋아하는 사람들이 그를 좋아하게 되었다는 것이다. 그들은 전쟁에서, 평화에서, 사업에서 각자 그들의 시간을 사용하는 데 오만한 모습을 보이지 않았다.' 이미 키케로 시대에 일반적으로 받아들여지는바, 여기서 테렌티우스는 라일리우스와 스키피오 아이밀리아누스를 염두에 두었다. 이들과 연관된 것으로 보이는 장면들이 지목되었다. 사람들은 가난한 시인이 그의 귀족 후원자들과 그들의 돈으로 로마 근처를 여행하였다고 이야기한다. 그들이 시인의 경제적 여건을 개선하려고 아무것도 하지 않았다는 것은 용서할 수 없는 일이라고 여겼다. 하지만 전설을 만들어내는 힘은 다른 어느 곳보다 문학사에서 가장 크게 작동한다. 분명한 사실이면서 이미 합리적인 로마 비평가들은 알고 있던 바, 이 서곡의 시행들이 당시 25살 먹은 스키피오와 그보다 조금 더 나이 먹은 라일리우스를 가리키기는 것은 불가능한 일이다. 좀 더 합리적으로 생각하는 다른 사람들은 귀족 시인 퀸투스 라베오(로마 건국 571년, 기원전 183년 집정관)와 마르쿠스 포필리우스(로마 건국 581년, 기원전 173년 집정관), 예술을 후원한 수학자 루키우스 술키피우스 갈루스(로마 건국 588년, 기원전 166년 집정관)라고 생각하였다. 하지만 이는 다만 추측일 뿐이다. 테렌티우스가 스키피오의 집안과 친분이 두터웠던 것은 의심의 여지가 없다. 〈형제들〉의 초연과 〈헤퀴라〉의 두 번째 공연이 스키피오와 파비우스가 주관한 루키우스 파울루스의 장례식 때였다는 점은 주목할 만하다.

민족 희극

아마도 로마 건국 6세기를 지나는 동안 이미 희랍 – 로마 희극(palliata)
에 덧붙여 민족 희극(평복 희극togata)이 특수한 수도 로마의 상황이 아
닌 라티움 지방의 상황을 반영하여 등장하였다는 사실을 앞서 언급하
였다(제4권 329쪽). 당연히 테렌티우스의 경향이 이 분야에서도 빠르
게 흐름을 지배하였다. 충실한 번역으로나 순수 로마적 각색으로 희
랍 희극을 이탈리아에 정착시키는 일은 전적으로 이에 부합하는 것이
었다. 이 흐름의 대표자는 루키우스 아프라니우스(로마 건국 660년, 기
원전 94년에 활약함)였다. 오늘날 우리에게 전해지는 그의 단편들은 우
리에게 어떤 특별한 인상을 주지 못하지만, 로마의 비평가들이 그에
대한 언급한 것과 모순되는 것은 없다. 그의 수많은 민족 희극들은 내
용적으로 희랍의 음모극을 모방한 것으로, 모방극이 흔히 그러하듯
매우 단순하고 매우 간단하게 전개되었다. 그는 몇몇 사항을 부분적
으로 메난드로스에서, 부분적으로 옛 민족 문학에서 차용하였다. 라
티움 지역색들은 그 문학류의 창시자인 티티니우스에서 두드러지게
등장하였지만, 아프라니우스에게서는 많이 등장하지 않는다.[6] 그의
주제는 아주 보편적이었으며, 철저하게 특정 희랍 희극을 다만 의상
만 바꾼 모작을 선택하였다. 세련된 절충주의와 노련한 문장은—문

---

[6] 아마도 외적 상황들도 여기에 함께 작용했을 것이다. 동맹시 전쟁의 결과로 모든 이탈리아 공동
체가 로마 시민권을 얻게 된 이후, 더는 희극 장면들을 그런 방식으로 꾸미는 것이 허용되지 않
았다. 시인은 일반적인 장소를 취하거나 패망한 나라나 외국 지명을 언급해야 했다. 분명 옛 희
극의 공연에서 주목하게 될 이런 상황도 민족 희극에 불리하게 작용하였다.

학적 암시는 거의 찾아볼 수 없다—테렌티우스처럼 그에게 특징적이
었다. 그의 작품이 취한 도덕적 경향, 검열 규칙을 벗어나지 않는 태
도, 순수한 언어는 그와 테렌티우스가 공유하는 것이다. 그가 메난드
로스가 이탈리아인이었다면 토가를 그렇게 입었을 방식대로 토가를
걸쳤다는 후대의 평가나, 테렌티우스가 다른 어떤 시인들보다 그에게
소중했다는 그의 말은 그를 메난드로스나 테렌티우스와 정신적으로
가까운 자로 특정하기에 충분하다.

아텔라 희극

이 시대에 새롭게 로마 문학의 이 영역에 문학 하나가 추가되었다. 그
자체는 이미 아주 오래된 것이었다(제1권 317쪽). 로마가 생겨나기도
훨씬 이전부터 라티움의 희극 장인들이 축제 등의 기회에 늘 동일한
인물 가면을 쓰고 즉흥적으로 벌이던 놀이였다. 뚜렷한 지역적 배경
을 유지한 이 놀이는 라티움의 도피처에서 펼쳐졌는데, 이를 위해 사
람들은 한니발 전쟁 때 파괴되어 희극을 위해 바쳐진, 오스키 지방의
옛 도시 아텔라를 선택하였다.[7] 이 이래로 이 놀이는 '오스키 희극' 내

---

[7] 이 지명들과 관련하여 고대 이래로 일련의 오류가 있었다. 희랍 보고자의 심각한 오류인바, 이
놀이가 로마에서 오스키 언어로 공연되었다는 보고의 오류는 이제 전반적으로 확인되었다.
하지만 좀 더 엄밀한 관찰에 따르면 라티움 도시 생활과 농촌 생활의 중심에 위치한 이 놀이
를 오스키 민족성과 연결하는 것은 적잖이 불가능한 것으로 보인다. '아텔라 희극'이라는 명
칭은 다른 방식으로 설명된다. 명확한 역할과 상투적인 농담을 가진 이 라티움어 희극은 어떤
고정된 줄거리를 요구한다. 익살의 세계는 모두 도피처를 추구한다. 당연히 로마의 공연 검열
정책에 따라 로마나 로마와 연결된 라티움 공동체 어디에서도 이런 곳을 찾을 수 없었을 것이

지 '아텔라 희극'이라고 불린다. 하지만 이 놀이는 무대극과도[8] 문학과도 아무런 연관성이 없다. 이것은 애호가들에 의해 그들이 원할 때 원하는 방식으로 아무렇게 공연되었다. 글자로 쓰인 대본도 없었거나 혹은 출판되지 않았다. 이 시대에 들어 비로소 아텔라 희극은 본격적인 배우들[9]에 의해 공연되었고, 희랍 사튀로스극처럼 비극 공연 직후

다. 물론 민족 희극(togata)은 이곳에서 공연하는 것이 허용되었을 것이다(제4권 329쪽). 아텔라는 카푸아와 함께 로마 건국 543년(기원전 211년)에 법적으로 파괴된 곳으로(제3권 245쪽, 279쪽), 사실상 로마 농부들이 거주하는 마을은 존속하였지만, 모든 여건이 아텔라 희극에 적합하였다. 이런 추측을 확실히 하기 위해 말하자면, 아텔라 희극 가운데 몇몇 작품들이 다른 곳, 그러니까 법적으로는 더는 존재하지 않는 라티어움 사용 공동체에서 공연되었다는 보고가 있다. 폼포니우스의 〈캄파니아 사람들〉, 아마도 그의 〈형제들〉과 〈퀸콰르트리아 축제〉가 카푸아에서, 노비우스의 〈폼메티아 병사들〉이 수에사 폼메티아에서 공연되었지만, 다른 존재하는 공동체 가운데 어떤 도시도 비슷한 방식으로 사용된 경우는 없다. 따라서 아텔라 희극의 실질적인 고향은 라티움이고, 그 문학적 공연 장소는 라티움화된 오스키 지역이었다. 이 희극은 사실 오스키 민족과 전혀 무관하다. 나이비우스(로마 건국 550년, 기원전 204년 이후 사망)의 한 작품도 전업 배우의 부족 때문에 '아텔라 희극 배우들'로 공연되었고, 때문에 '가면극persona ta'이라고 불렸다는 사실(Fest의 관련 부분)도 이와 상충하지 않는다. '아텔라 희극 배우'라는 명칭도 여기서 선취적으로 쓰인 것이며 이를 통해 추측할 수 있는 것은 이 배우들이 전에는 '가면극 배우'라고 불렸다는 것이다.

마지막으로 완전히 동일한 방식으로 '페스켄니움 노래'도 설명된다. 이 노래도 마찬가지로 로마인들의 희화 문학에 속하고, 남부 에트루리아의 페스켄니움 지역과 연결된다. 물론 그렇다고 해서 이것이 에트루리아 문학에 속하지 않는 것은 아텔라 희극이 오스키 문학에 속하지 않는 것과 같다. 역사 시대에 페스켄니움은 도시가 아니라 마을이었음은 직접적으로 증명되지 않지만, 작자들이 이 지역을 언급하는 방식을 보면 그리고 비문에 전혀 언급이 없음을 보면, 매우 신빙성이 높다.

[8] 리비우스가 아텔라 희극을 풍자시와 풍자시에서 발전한 연극과 밀접하게 연결시키려는 원초적 시도는 단적으로 말해 가능성이 없다. 희극 배우와 아텔라 희극 배우의 엄청나게 큰 차이가 있는데, 오늘날 무대에 오르는 배우와 가면무도회에 참석하는 배우 정도의 차이라고 하겠다. 테렌티우스에 이르기까지 가면이라고 알지 못했던 희극과, 인물 가면에 본질적으로 의지하는 아텔라 희극 사이에도 근원적인, 도저히 채워질 수 없는 차이가 존재한다. 희극은 피리연주곡으로부터 발전하였는데, 처음에는 아무런 낭송 없이 단순히 노래와 춤으로만 이루어졌고, 이어 대사(satura)가 생겨났고, 마침내 리비우스 안드로니쿠스에 의해 희랍 연극에 빌려온 각본이 생겨났다. 이때 옛 피리연주자들은 거의 희랍극의 합창대 정도로 수용되었다. 이런 초기 발전 단계들은 앞서의 애호가 희극과는 무관하다.

[9] 황제기에 아텔라 희극은 직업적인 배우들에 의해 공연되었다(Friedländer, Bd. 6., 549쪽 이하).

에 상연되는 막후극으로 바뀌었다. 또한 머지않은 일인바, 극작가의 손이 여기까지 미치게 되었다.

로마 희극이 완전히 자생적으로 발전하였는지 혹은 가령 여러 관점에서 유사한 남부 이탈리아의 희극이 로마 희극 발전의 계기가 되었는지는[10] 이제 더는 결정할 수 없다. 몇몇 작품들은 철저하게 창작물이었음은 확실하다. 이 새로운 문학류의 창시자로 로마 건국 7세기의 전반부에[11] 루키우스 폼포니우스가 라티움 식민지 보노니아에서 등장한다. 그의 작품들과 더불어 곧 노비우스라는 또 다른 시인의 작품들이 각광을 받았다. 옛 문학가들의 몇 안 되는 단편들과 보고들로부터 우리가 판단하건대, 그것들은 짧은, 일반적으로 단막 희극이었으며, 그 매력은 특정 신분과 상황의 대담한 모사보다는 자유분방

이것이 배우들로 공연되기 시작한 시대는 전승되지 않지만, 아텔라 희극이 규칙적으로 무대 공연에 돌입하던 시점, 그러니까 키케로 시대 직전(Cic. ad fam. 9, 16)일 수밖에 없다. 리비우스 (7, 2)의 시대에도 아텔라 희극 배우들은 다른 희극 배우들과 달리 시민권을 유지했다는 사실과 모순되지는 않는다. 돈을 받는 직업적인 배우들이 아텔라 희극을 함께 공연하였다는 사실은, 아텔라 희극이 예를 들어 지방 도시들에서 무보수의 애호가들에 의해 더는 공연되지 않았다는 것을 의미하지는 않는다. 따라서 시민특권이 계속해서 유지될 수 있었다.

[10] 희랍 희극은 우선적으로 남부 이탈리아에 정착하였으며 많은 그 작품들(예를 들어 소파트로스의 〈팥죽〉, 〈박카스의 청혼자들〉, 〈뮈스타코스의 고용인〉, 〈학자들〉, 〈의사〉)이 아텔라 희극을 상기시킨다는 점은 주목할 만하다. 이 희극이 라티움어를 사용하는 캄파니아에서 희랍인들이 네아폴리스 안팎으로 거주지를 형성할 때까지 계속 이어졌음이 분명하다. 왜냐하면 이 희극 작가가운데 한 명, 카프레아이의 블라이수스는 로마식 이름을 가지고 있고, 〈사투르누스〉라는 희극을 썼기 때문이다.

[11] 에우제비우스에 따르면, 폼포니우스는 로마 건국 664년(기원전 90년) 경에 활약하였다. 벨레이우스는 그를 루키우스 크라수스(로마 건국 614~663년, 기원전 140~91년)와 마르쿠스 안토니우스(로마 건국 611~667년, 기원전 143~87년)의 동시대인으로 기록하였다. 첫 번째와는 한 세대 차이가 난다. 로마 건국 650년(기원전 104년) 경에 발행되었을 것으로 계산되는 '승리 여신 동전'이 그의 〈화가들〉에 등장한다. 이 시기 말기에 익살극도 등장하는데, 이 익살극은 아텔라 희극을 무대에서 몰아냈다.

하고 느슨하게 짜인 이야기에 있었다. 〈혼인식〉, 〈3월 1일〉, 〈입후보자 판탈론〉 등 축제와 공적 행사들이 우습게 묘사되었다. 이민족들, 그러니까 알프스 너머 갈리아인들, 쉬리아인들이 등장하였다. 무엇보다 몇몇 직업군들이 가설무대에 등장하였다. 신전 관리자, 예언자, 조점관, 의사, 세리, 화가, 어부, 빵집 주인 등이 무대에 올랐다. 호객 상인들이 많은 시련을 당하고 유피공들은 더한 시련을 겪는데, 이들은 로마의 풍자 세계에서 우리의 재봉사와 같은 역할을 했을 것으로 보인다. 다양한 도시 생활이 정당한 주목을 받는 동안, 농부도 그가 온갖 일에서 겪는 희로애락을 보여준다. 이런 지방 공연 목록의 다양성은 다음의 수많은 제목들로부터 유추할 수 있다. 예를 들어 〈황소〉, 〈당나귀〉, 〈염소〉, 〈암퇘지〉, 〈퇴지〉, 〈병든 퇴지〉, 〈농부〉, 〈농사꾼〉, 〈농사꾼 판탈론〉, 〈소치기〉, 〈포도 따는 사람〉, 〈무화과 따는 사람〉, 〈나무하기〉, 〈나무패기〉, 〈양계장〉 등이 보인다. 늘 이 작품들에는 고정 인물들이 등장하는데, 어리석은 하인, 간교한 하인, 선한 늙은이, 현명한 남자 등은 청중을 즐겁게 한다. 특히 첫 번째 등장인물은 빠질 수 없었는데, 이 희극의 어릿광대인 식탐 많고 음란하고 끔찍하게 못생겼지만, 늘 사랑받는 마쿠스가 등장한다. 그는 늘 제발에 걸려 넘어질 준비가 되어 있으며, 경멸과 채찍으로 모두에게 위협받다가 마침내 극의 끝에서 희생양이 된다. 〈어릿광대 병사〉, 〈어릿광대 남편〉, 〈처녀 어릿광대〉, 〈망명 중인 어릿광대〉, 〈두 명의 어릿광대〉 등은 즐거운 독자에게 로마 가면극에 얼마나 다양한 모습이 있었는지를 알려준다.

이 희극이, 적어도 글로 쓰이기 시작한 이래로는, 문학의 일반적 법칙에 따르고 예를 들어 운율적으로 희랍극에 포함될 수 있었지만, 민족 희극보다는, 당연한 일이지만, 훨씬 더 라티움적이고 민중적인 작품들이었다. 희랍 세계에서 희극은 단지 희화된 비극의 형식을 띠는데,[12] 이 문학류도 노비우스에서 처음 등장하지만, 아주 발전된 것은 아닌 것으로 보인다. 이 시인의 희극은 올륌포스까지는 아니지만, 적어도 신들 가운데 가장 인간적인 신, 헤라클레스까지는 두려워하지 않았다. 그는 〈경매인 헤라클레스〉를 썼다. 말투는 아주 섬세한 것은 아니었음이 분명하다. 아주 분명한 불명확성, 농부의 거친 음담, 아이들을 놀래키고 때로는 잡아먹는 유령이 함께 등장한다. 빈정대는 성향과 심지어 실명 거론 등이 드물지 않게 새어나왔다. 하지만 또한 생생한 묘사, 기괴한 착상, 설득력 있는 농담, 투박한 말투가 빠지지 않았다. 광대들은 수도 로마의 연극계와 문학계에서 빠르게 초라하지 않은 자리를 얻었다.

공연 방식의 발전

마지막으로 공연 방식의 발전과 관련하여, 우리는 세부적인 것까지 아직 알 수 없으며, 전체적으로 분명한 것은 무대 공연에 대한 일반적인 관심이 계속 증가하였고 무대 공연이 점차 증가하였고 점차 화려

---

[12] 희화화된 비극도 충분히 재미있을 수 있다. 예를 들어 노비우스의 〈페니키아 여인들〉에서 '일어나라! 무기를 들어라! 몽둥이로 너를 죽도록 때리겠다.'를 외치며 메난드로스의 〈가짜 헤라클레스〉가 등장한다.

해졌다는 것이다. 이제 정규 축제든 비정규 축제든 모두가 무대 공연 없이는 생각될 수 없었으며, 지방 도시들과 개인 주택에서도 고용된 배우집단의 공연이 일상적으로 펼쳐졌다. 물론 아마도 몇몇 자치도시는 이미 이 시대에 석조 극장을 가지고 있었지만, 수도 로마는 여전히 그런 극장을 가지지 못하였다. 건설 계약을 마친 석조 극장을 원로원은 로마 건국 599년(기원전 155년) 푸블리우스 스키피오 나시카의 제안으로 또 다시 금지하였다. 선조들의 관례에 비추어 상설 극장의 건설을 저지하는 것이 당시 위선적 정치의 정신에 완전히 부합하는 조치였기 때문이다. 하지만 그럼에도 극장 공연은 폭발적으로 증가하였고 매년 엄청난 금액이 극장 공연을 위한 가설무대를 설치하고 장식하는 데 탕진되었다. 무대 장치도 눈부시게 발전하였다. 훨씬 좋아진 무대 미술과 테렌티우스 시대에 가면의 재도입은 의심의 여지없이 무대 장치와 무대 미술의 비용을 로마 건국 580년(기원전 174년)에 국고에서 지불하게 된 것과 밀접하게 연관되어 있다.[13] 연극 역사에서 획기적인 사건은 루키우스 뭄미우스가 코린토스의 점령 이후에 주최한 공연이었다(로마 건국 609년, 기원전 145년). 아마도 당시 처음으로 희랍식으로 음향 설계가 되고 좌석이 있는 극장이 세워졌을 것이고 좀 더 세심하게 공연이 진행되었을 것이다.[14] 1등상의 수여, 여러 편 연

---

[13] 이때까지 공연 주최자가 무대와 무대 장치를 그가 받은 비용 총액에서 혹은 그의 사비로 유지해야 했기 때문에, 여기에 그렇게 많은 돈이 지불되지 않았다. 로마 건국 580년(기원전 174년) 호구감찰관은 안찰관과 법무관이 제공하는 공연에 쓰일 무대 장치를 특별히 계약하였다(Liv. 41, 27). 무대 장치가 이제 더는 일회용으로 세워지지 않게 되었다는 사실은 무대 장치의 눈에 띄는 개선을 이끌었다.

[14] 희랍 음향 장치의 보고가 Vitr. 5, 5, 8에 등장한다. 좌석에 관해서는 F. W. Ritschl, *Parerga zu Plautus und Terentius*, Leipzig, 1845, Bd. 1, 227쪽, XX를 보라. (Plau. *Capt. prol.*11에 따르면 극빈

극의 경연, 주연 배우를 응원하거나 공격하는 청중들의 적극적인 참여, 파벌과 박수부대 등의 언급이 크게 늘어났다. 장식품과 기계장치가 개선되었다. 예술적으로 색칠 된 무대 배경, 들어줄 만한 극장 뇌성이 안찰관 가이우스 클라우디우스 풀케르에 의해 로마 건국 655년(기원전 99년)에 도입되었다.[15] 그리고 20년 후(로마 건국 675년, 기원전 79년)에 안찰관 루키우스 루쿨루스와 마르쿠스 루쿨루스 형제가 무대 회전 장치에 의한 무대 배경 전환을 도입하였다. 이 시대의 말에 로마 역사상 가장 위대한 배우 해방노예 퀸투스 로스키우스(로마 건국 692년, 기원전 62년경 노령으로 사망)가 속한다. 여러 세대를 거쳐 로마 무대 공연의 자랑이자 보석이었으며,[16] 술라의 친구이자 즐거운 식객이었다. 그를 우리는 나중에 다시 한번 다루겠다.

자(capite censi)가 아닌 자들이 좌석을 요구했다고 한다. 아마도 호라티우스의 '정복당한 희랍이 거친 정복자를 정복했다'라는 말은 뭄미우스의 획기적인 무대 공연과 관련이 될 것이다(Tac. *ann.* 14, 21).

[15] 풀케르가 도입한 무대 배경은 분명 정식으로 채색되었을 것이다. 새들이 무대 배경에 그려진 벽돌에 앉으려고 했다고 한다(Plin. *nat.* 35, 4, 23; Val. Max. 2, 4, 6). 그때까지 뇌성 장치는 청동 솥에 못과 돌을 넣어 흔드는 방식이었다. 처음으로 풀케르가 구르는 돌로 만들어진 개선된 뇌성 장치를 도입하였다. 그리하여 사람들은 이 장치를 '클라우디우스 뇌성'이라고 부른다(Fest. v. Claudiana 57).

[16] 이 시대의 시로 일부 남아 있는 소수의 시들 가운데 각광받던 배우에게 바치는 교훈시가 전해진다. "나는 서 있었다. 떠오르는 태양에게 인사하며. 나의 왼편에서 갑자기 로스키우스가 떠올랐다. 하늘에 계신 분들이여, 저를 용서하소서. 저의 시를 허락하소서. 신보다 아름다운 인간이 내게 나타나더라." 희랍어로 쓰인, 희랍의 문학 열광을 반영하는 이 교훈시의 저자는 킴브리인들의 정복자 퀸투스 루타티우스 카톨루스(로마 건국 652년, 기원전 102년 집정관)에 못지 않은 인물이다.

서사시

낭송시에서 눈에 띄는 것은 무엇보다, 로마 건국 6세기에는 낭독을 위해 쓰인 문학 가운데 압도적인 1위를 차지했던 서사시의 소멸인데, 로마 건국 7세기에도 많은 주자들이 등장하였지만, 잠깐이나마 성공을 거둔 단 한 명의 시인도 없었다. 이 시대에 언급할 수 있는 것은 다만 호메로스를 번역하고 엔니우스의 연대를 확장하려는 수많은 조야한 시도들뿐인데, 예를 들어 호스티우스의 〈히스트리아 전쟁〉, 아울루스 프리우스(로마 건국 650년, 기원전 104년)의 〈갈리아 전쟁 연대기〉 등은 아마도 엔니우스가 로마 건국 576년(기원전 178년)과 로마 건국 577년(기원전 177년)의 히스트리아 전쟁 기술을 멈춘 곳에서 이어 쓰려한 작품일 것이다.

풍자문학

교훈시나 엘레기 분야에서도 이렇다 할 이름이 등장하지 않는다. 이 시대의 낭독 문학 가운데 유일하게 성공을 거둔 분야는 풍자시라고 불리는 영역이다. 이 문학류는 편지나 소책자와 비슷해서 어떤 형식이든 어떤 내용이든 담아냈고, 어떤 전형적인 문학류 기준에 전혀 부합하지 않으면서 철저히 각 시인의 개성에 따라 개별화되어 있었고, 운문과 산문의 경계에, 심지어 반은 정통 문학 밖에 서 있었다. 유쾌한 시적 서간시들을 스키피오 동아리에 속한 한 인물, 코린토스 파괴자의 동생 스푸리우스 뭄미우스가 코린토스의 군영에서 고향의 친구들에게 보냈는데, 100년 지난 뒤에도 아직 즐겁게 읽히고 있었다. 아마도 이러한 글들이, 본래 출판을 목적으로 하지 않는 유쾌한 글들이 로마 상류 사회의 풍요롭고 사교적이며 지적인 생활로부터 당시 수없이 쓰였을 것으로 보인다.

이 문학류의 대표자는 가이우스 루킬리우스였다(로마 건국 606~651년, 기원전 148~103년). 라티움 식민지 수에사의 명망 높은 집안에서 태어났으며, 스키피오 동아리의 구성원이었다. 그의 풍자시들은 대중을 향한 공개서한이었고, 그 내용은, 재기발랄한 그의 후배가 재미있게 언급한바, 교육받은 자유민의 삶 전체였다. 루킬리우스는 정치 무대에서 벌어지는 사건들을 무대 맨 앞 혹은 무대 뒤의 시각으로 보고하였으며, 그는 동시대의 최고 인물들과 친구처럼 교유하였으며, 그는 문학과 과학을 관심과 통찰을 가지고 따라가되, 스스로 시인이나 학자로 불리기를 원하지 않았으며, 마지막으로 그는 그에게 좋은 일과 나쁜 일 모두를, 정치 경험들과 기대들을, 문법적 착안들과 예술적 평가들을, 개인적 체험, 방문, 만찬, 여행을, 들은 일화들을 그의 수첩에 옮겨 적었다. 신랄하게, 고집스럽게, 철저히 개인적으로 루킬리우스의 문학은 매우 뚜렷한 반골 기질을 보여주며, 그런 한에서 문학적으로나 정치적으로나 도덕적으로 교훈적 경향을 가진다. 여기에는 또한 수도 로마에 대한 농촌의 반발이 담겨 있으며, 외국어 혼용과 도덕적 타락의 거대한 바벨탑에 비판적인, 솔직하게 이야기하고 명예롭게 살아가는 수에사 사람의 자부심이 가득하다. 스키피오 동아리의 문학적, 특히 언어적 정확성 지향은 루킬리우스에게서 그들의 가장 완벽하고 재치 넘치는 비판적 대표자를 발견한다. 그는 그의 첫 번째 책을 로마 문헌학의 창시자 루키우스 스틸로(제6권 328쪽)에게 헌정하였으며, 그의 독자 대중을 그는 순수하고 모범적인 언어를 사용하는 교육받은 사람들이 아니라, 타렌툼 사람, 브루티움 사람, 시킬리아 사람, 다시 말해 반(半)희랍 이탈리아인들으로 생각하였는데, 이들의 라티움어가 무엇보다 정확성을 결여하였기 때문이었다. 그의 풍자시를 담은 책 전체는 라티움어 철자법과 음절 장단의 확립, 프라이네스테와 사비눔과 에트루리아 등의 속주 관행의 철폐, 횡행하는 문법 오류의 근절을 다루고 있다. 더불어 시인은 이소크라테스의 단조로운 도식적 어휘 및 문장 순혈주의를 비난하는 것을 결코 잊지 않았으며,[17] 또한 친구 스키피오의 두드러진 언어적 섬세함을 참으로 진지한 농담으로 비난하는 일도 잊지 않았다.[18]

하지만 시인은 순수하고 단순한 라티움어보다 훨씬 더 진지하게 설교한 것은 사적인 삶에서나 공적인 삶에서나 도덕적 순수함을 지키라는 것이었다. 그의 지위는 여기서 독자적인 길을 가는 그에게 유리하게 작용했다. 집안, 재산, 교육에서 당시의 로마 귀족들과 대등했고, 수도 로마에 그럴듯한 저택을 소유하고 있었지만, 그는 로마 시민이 아니라 라티움 시민이었다. 루킬리우스는 처음 성년이 되어 스키피오와 함께 누만티아 전쟁에 참전하였고 스키피오의 집에 수시로 방문하

---

[17] '이 얼마나 달콤한 문장 조각들인가! 한 조각 한 조각 모두 교묘하게 마치 조각그림을 맞추듯 하였구나!'

[18] 시인은 친구에게 '자네가 다른 누구보다 교양 있으면서 많이 아는 것처럼 보이려거든' 'pertaesum'이 아니라 'pertisum'이라고 말하라고 조언한다.

였지만, 이는 스키피오가 라티움과 다양한 관계를 형성하였고 당시의 정치적 혼란 가운데 라티움 사람들의 두호인이었다는 사실과 밀접하게 연관되어 있다(제5권 149쪽). 따라서 루킬리우스에게 공직자의 길은 막혀 있었고 또 그는 사업가의 길도 혐오하였다. 그는 그가 언젠가 말한 것처럼 '루킬리우스이길 멈추고 아시아의 징세 도급업자가 될 수는 없었다.' 그리하여 그는 그락쿠스 개혁의 불안한 시대와 다가오는 내전 시대를 맞아, 로마의 거물들과 팔리티움과 시골 저택에서 교유하였지만 그 누구에게도 피호민은 아니었고, 정치적 정파와 당파 투쟁의 격동 속에 직접적으로 이쪽에도 저쪽에고 가담하지 않았다. 루킬리우스의 정치적 문학적 입장은 베랑제를 생각나게 한다. 이런 입장에서 그는 강인하고 건강한 인간 이성을 가지고, 좌절하지 않는 즐거운 마음으로, 영원히 샘솟는 지혜를 통해 공적인 삶을 향해 이야기하였다.

> 이제 일하는 날이나 노는 날에 하루 온종일
> 광장에서 아침부터 저녁까지 시민들이
> 북적대며 결코 그 장소를 벗어나지 않는다.
> 모두가 오로지 언제나 하나에 몰두하는데
> 최대한 교묘하게 말하고 거짓말로 싸우고
> 아첨으로 경쟁하고 선한 사람인 양하며
> 음모를 꾸민다. 모두가 모두의 적인 것처럼.[19]

---

[19] Nunc vero a mane ad noctem, festo atque profesto

무진장한 이런 글에 담긴 설명들은 가차 없이, 친구들이건 자기 자신이건 빼놓지 않고 당시의 병폐, 당파싸움, 끝나지 않은 히스파니아 전쟁, 그런 모든 것을 공격하였다. 단체, 신분, 개인을 언제나 하나하나 실명을 거론하여 비판하였다. 로마 연단에서 추방된 정치 투쟁은 루킬리우스 문학의 진정한 토대였고 생명의 호흡이었다. 우리에게 전해지는 단편들 가운데 아직도 살아 있는 힘이 느껴지는 설득력 넘치고 풍부한 재치는 '마치 금방 뽑아 든 칼'처럼 적을 위협하고 공격하고 있다. 수에사 시인의 도덕적 우위와 당당한 자유분방함은, 베누시아의 세련된 시인이 로마문학의 알렉산드리아 시대에 루킬리우스의 풍자시를 다시 수용하면서 자신이 올바른 겸손과 형식적 정확성에서는 탁월하지만 그럼에도 옛 시인이 자신보다 훌륭하다고 물러선 이유이기도 하다. 희랍어와 라티움어 모두 유창한 시인의 언어는 온전히 그의 생각을 담아낸다. 식사 전에 200행을 쓰고 식사 후에 바로 200행의 서사시 운율을 만들어낼 수 있는 루킬리우스와 같은 시인은 간결하게 쓰기에는 너무나 말이 많고 빠르다. 불필요한 장황함, 동일한 표현의 지저분한 반복, 지독한 태만이 자주 드러난다. 라티움어이든 희랍어이든 그의 첫 번째 단어는 언제나 훌륭했다. 그의 운율도 마찬가지였는데, 특히 그의 작품에서 극히 우세적인 서사시 운율을 다룰 때

toto itidem pariterque die populusque patresque
iactatre endo foro se omnes, decedere nusquam.
uni se atque eidem studio omnes dedere et arti.
verba dare ut caute possint, pugnare dolose
blanditia certare, bonun simulare virum se,
insidias facere ut si hostes sint omnibus omnes.

는 그러하였다. 그가 단어들을 다시 배열할 때면, 그의 재치 있는 모방자가 말하듯, 누구도 그가 무언가 단순한 산문과 다른 것을 염두에 두고 있음을 알아차리지 못할 정도였다. 그가 미친 영향을 두고 그의 글은 우리의 몽둥이 운문과 비견될 수 있다.[20] 테렌티우스와 루킬리우스의 문학은 동일한 교육 수준을 보이며, 한쪽을 세심하게 다듬어지

---

[20] 다음의 긴 단편은 대표적으로 그의 문체와 운율이 가진 느슨함을 보여주는데, 이를 정확하게 번역하는 것은 불가능하다.

> virtus, Albine, est pretium persolvere verum
> queis in versamur, queis vivimu rebu potesse.
> virtus est homini scire id quod quaeque habeat res.
> virtus scire homini rectum, utile quid sit, honestum,
> quae bona, quae mala item, quid inutile, turpe, inhonestum.
> virtus quaerendae rei finem scire modumque
> virtus divitiis pretium persolvere posse.
> virtus id dare quod re ipsa debetur honori,
> hostem esse atque inimicum hominum morumque malorum,
> contra defensorem hominum morumque bonorum,
> hos magni facere, his bene velle, his vivere amicum.
> commoda praeterea patriae sibi prima putare,
> deinde parentum, tertia iam postremaque nostra.
> 덕은 올바른 값을 지불할 줄 아는 것이다.
> 우리가 머물고 사는 모든 것에 대해서.
> 덕은 각 사물이 사람에게 어떤 쓸모인지 아는 것.
> 사람에게 무엇이 쓸모 있고 무엇이 올바른지 아는 것.
> 무엇이 선이고 악인지, 무엇이 쓸모없고 추하고 악한지.
> 덕은 구하는 일의 끝과 한계를 아는 것.
> 덕은 부에 어떤 가격을 매길 줄 아는 것.
> 덕은 각 일에 어울릴 명예를 부여하는 것.
> 악인과 악행에 적이고 원수가 되는 것.
> 반대로 선인과 선행에 보호자가 되며,
> 이를 소중히 하고, 잘 되길 빌고 친구가 되는 것.
> 늘 조국에게 무엇이 이득인지를 먼저 생각하고
> 부모에겐 다음이고, 마지막이 우리 자신이네.

고 마무리된 문학적 성과라고 하면, 다른 한쪽은 날개 달린 필촉으로 쓰인 편지라고하겠다. 하지만 수에사의 기사계급 출신 인물이 아프리카 출신 노예보다 돋보이는바, 비교할 수 없을 만큼 높은 지적 재능과 자유로운 세계관은 그에게 빠르고 빛나는 성공을 안겨주었다. 이는 테렌티우스가 힘겹고 불안한 성공을 거둔 것과 대조된다. 루킬리우스는 곧 국민의 사랑을 받았고, 그는 베랑제처럼 그의 문학을 두고 '그것을 국민 모두가 읽게 될 것이다'라고 말할 수 있을 정도가 되었다. 대단한 인기를 누린 루킬리우스의 문학은 역사적으로도 주목해야 할 사건이었다. 우리가 알 수 있는 것은 문학이 이미 힘을 가지고 있었다는 사실이며, 만약 우리에게 이 시대의 역사가 상세하게 남아 있었다면, 그 힘의 흔적을 분명 우리는 다양하게 볼 수 있었을 것이다. 이어지는 시대는 다만 동시대인들의 판단을 확인해준다. 반(反)알렉산드리아적 성향의 로마 비평가들은 루킬리우스를 모든 로마 시인 가운데 최고라고 불렀다. 풍자시 일반을 고유한 예술 형식이라고 볼 수 있다면, 루킬리우스는 풍자시를 만들어낸 사람이며, 로마인들에게 고유하며 로마인들이 후세에 남긴 유일한 문학류를 만들어낸 인물이다.

알렉산드리아주의에 연결된 문학 가운데 이 시대의 로마에는 달리 언급할 것이 없는데, 다만 알렉산드리아적 교훈시에서 번역되거나 흉내 낸 작은 시들이 있을 뿐이다. 이것들은 그 자체로서 언급할 만한 가치는 없지만, 로마의 새로운 문학시대를 알리는 첫 번째 전령이었기에 언급하게 된다. 잘 알려지지 않고 시기적으로도 특정할 수 없는 몇몇 시인들을 제외하면 여기에 해당하는 것은 퀸투스 카툴루스(로마 건국 652년, 기원전 102년 집정관; 제6권 352쪽 각주)와 루키우스 만리우스다. 후자는 존경받는 원로원 의원으로 로마 건국 657년(기원전 97년)에 글을 썼는데, 희랍인들 사이에 널리 유행하던 지리적 신화들, 예를 들어 델로스섬의 라토나 신화, 유럽 신화, 불사조 포이닉스 신화 등을 최초로 로마인들 사이에 유행시켰다. 만리우스와 관련하여 전해진 이야기에 따르면, 그는 도도나를 여행하는 도중에 눈에 띄는 세발솥을 발견하였고, 펠라스고이인들이 시킬리아인들과 이탈리아 원주민들의 땅에 도래하기 전에 그들에게 내려진 신탁을 거기서 발견하고 이를 베껴 적었다. 로마 연대기는 이를 놓치지 않고 주의 깊게 기록하였다.

로마의 역사서술

이 시대의 역사서술은 무엇보다 한 명의 역사가 때문에 언급되는데, 그는 출생으로나 정신적 문학적 관점으로나 이탈리아에 속하지 않는 인물이지만, 최초로 그리고 어쩌면 유일하게 로마의 세계적 지위를 역사적 의미에 따라 서술한 사람인데, 이후의 모든 세대는 물론이고 우리도 우리가 로마의 발전에 관해 아는 모든 지식을 그에게 빚지고 있다. 그는 폴뤼비오스라는 인물로 펠로폰네소스의 메갈로폴리스 출신이며, 아카이아의 정치가 뤼코르타스의 아들이다(대략 로마 건국 546~627년, 기원전 208~127년). 아마도 그는 이미 로마 건국 565년(기원전 189년)에 소아시아의 켈트족을 공격하는 로마의 원정에 참여하였고, 나중에는 특히 제3차 마케도니아 전쟁 동안 여러 차례 그의 동포들을 위한 군사적이고 외교적인 업무에 기용되었다. 이 전쟁이 희랍 땅에 가져온 위기가 끝나고 그는 다른 아카이아 인질들과 함께 이탈리아로 끌려왔고(제4권 146쪽), 그곳에서 그는 7년 동안(로마 건국 587~604년, 기원전 167~150년) 구금 생활을 하였고, 파울루스의 아들들에 의해 수도 로마의 귀족 동아리에 영입되었다. 아카이아의 인질들(제5권 63쪽)을 돌려보낼 때 그도 고향으로 돌려보내졌고, 그는 계속해서 그의 동지들과 로마인들의 지속적인 중재자 노릇을 이어갔다. 카르타고의 파괴와 코린토스의 파괴(로마 건국 608년, 기원전 146년)에도 그는 함께 하였다.

운명은 폴뤼비오스를 다른 어떤 로마인들보다 좀 더 정확하게 로마의 역사적 위치를 파악할 수 있는 곳으로 이끌었다. 그가 서 있는 위치에서, 희랍 정치가이자 로마의 포로로서, 그가 받은 희랍 교육 때문에 높이 평가받고 때로 스키피오 아이밀리아누스와 로마 최고 인물들로부터 부러움을 샀던 그는 오랫동안 따로 흘러가던 물길들이 이제 하나가 된 것을, 지중해 국가들의 역사가 로마 권력과 희랍 교육의 패권으로 모여드는 것을 보았다. 그리하여 폴뤼비오스는 스스로 확신을 갖고 스키피오 동아리의 세계관을 받아들여, 희랍이 정신적 영역에서 우월하고 로마가 정치적 영역에서 우월하다는 것을 사실로—이를 역사는 최종 심급으로 제시하였고 두 민족은 이를 받아들여야 할 권리와 의무를 가지게 되었다—인정한 첫 번째 유명 희랍인이 되었다. 이런 의미에서 그는 실질적인 정치가로서 행동하면서 역사를 기록하였다. 만약 그가 젊어서 존경받을 만한, 하지만 지탱될 수 없던 아카이아 애국심을 굳건히 지키겠다고 맹세하였다면, 그는 말년에, 불가피한 필연성을 더욱 또렷하게 통찰하면서, 그의 공동체 내에서 로마와의 아주 긴밀한 합병을 주장하는 대표자가 되었다. 이는 더없이 합리적인, 의심의 여지없이 선의에 따른, 하지만 고결하지 못한, 자랑스럽지 못한 정책이었다. 폴뤼비오스는 당시 희랍 정치가의 허영심과 편협함에서도 개인적으로 완전히 벗어날 수 없었다. 아직 구금 생활에 있으면서 그는 원로원에 청원하여, 원로원이 구금에서 풀려난 인질들 각각에게 그들의 고향에서 원래의 지위를 돌려받음을 공식적으로 보증해주길 요청하였고, 카토는 이에 적절하게 논평하되, 이는 마치 오뒷세우스가 다시 한번 폴뤼페모스의 동굴로 돌아가 거인에게 그의 모자와 가죽허리띠를 돌려달라고 요구하는 것 같다고 하였다. 폴뤼비오스는 그와 로마 거물들의 관계를 그의 고향 사람들을 위해 활용하였는데, 그가 고위급의 보호에 예속되고 이를 자랑한 것을 보면 그의 행동방식은 마치 시종장을 연상시켰다.

이런 그의 실천적인 정신과 똑같이 그의 문학적 활동도 이어졌다. 그가 행한 필생의 작업은 로마의 패권 아래 지중해 국가들이 통합되어가는 역사를 기술하는 것이었다. 제1차 카르타고 전쟁에서 카르타고와 코린토스의 파괴까지 그의 저작은 모든 문명국가, 다시 말해 희랍, 마케도니아, 소아시아, 쉬리아, 이집트, 카르타고와 이탈리아의 운명을 요약하였고, 그 국가들이 로마의 보호 아래로 편입되는 인과적 관계를 기술하였다. 그는 로마 패권의 합목적성과 합리성을 입증하는 것을 목표로 삼았다. 그 설계와 실행에서 그의 역사 서술은 동시대의 로마 역사기술과 동시대의 희랍 역사기술과 의식적 대립을 드러냈다. 로마에서는 아직 온전히 연대기적 관점이 확고했다. 로마에도 의미심장한 역사 자료가 있었지만, —물론 매우 주목할 만한, 하지만 순수 개인적인, 그래서 연구와 서술의 초기단계를 벗어나지 못한 카토의 역사서가 있긴 했다—당시 소위 역사서술은 부분적으로 옛이야기나 단신 묶음을 벗어나지 못했다. 희랍인들은 당연히 역사 연구와 역사서술을 가지고 있었다. 하지만 산산이 흩어진 알렉산드로스 후계자들의 시대에 민족과 국가의 개념은 완전히 사라져 버렸고, 수많은 역사가들 가운데 누구도 정신에서나 진리에서나 위대한 아티카 역사가의 걸음을 따르고 현대사의 세계사적 자료를 세계사적으로 다루는 데 성공하지 못했다. 그들의 역사서술은 순전히 외적인 기술이거나 혹은 아티카 수사학의 장황함과 궤변으로 일관하였고, 너무나 자주 시대의 저급함, 야비함, 아첨과 분노를 드러냈다.

희랍인들처럼 로마인들에게도 도시역사와 민족역사만이 존재하였다. 처음으로 폴뤼비오스, 사람들이 옳게 기억하는 것처럼, 적어도 정신적으로 로마인들만큼 아티카와 멀리 떨어진 펠로폰네소스인은 이 옹색한 한계를 넘어섰고 로마 역사 자료를 희랍적 성숙한 시각으로 다루었고, 보편역사는 아니지만, 단순한 지역 역사에서 벗어나 만들어져 가고 있는 로마-희랍적 국가를 개괄하는 역사를 기록하였다. 아마도 폴뤼비오스처럼 완벽하게 역사가의 모든 장점을 가진 역사가는 없었을 것이다. 그의 과제는 그에게 완전히 분명하였고 모든 순간 뚜렷하였다. 그의 시선은 실제 역사적으로 벌어진 사건에 매달려 있었다. 전설, 일화, 쓸데없는 연대기적 기록 덩어리는 배제되었다. 지역과 민족의 묘사, 국가적이고 상업적인 관계의 설명, 어느 한 해에 고정시킬 수 없었기에 연대기 작가가 놓친 엄청나게 중요한 사실 모두가 오랫동안 위축되었던 권리를 부여받았다. 역사적 자료의 발굴에서 폴뤼비오스는 신중함과 인내를 보여주었는데, 이는 고대에 아마도 다시없었던 모습일 것이다. 그는 공공기록물을 이용하였고, 포괄적으로 여러 민족들의 문헌을 살펴보았으며, 참여자들이나 목격자들의 보고들을 입수하기에 유리한 지위를 십분 활용하였고, 지중해 국가들과 대서양 해안의 일부를 전부 계획을 세워 여행하였다.[21] 정직함은 그의 본성이었다. 모든 위대한 일에 그는 이런 저런 국가를 대변하든 공격하든, 어떤 개인을 대변하든 공격하든 전혀 관심이 없었다. 그가 유일하게 관심을 가진 것은 사건의 본질적 연관성이었고, 이를 원인과 결과의 정확한 관계 속에 설명하는 것이 역사가의 첫 번째 과제이고 유일한 과제라고 그는 생각하였다. 그의 기술은 모범적이고 완벽하였으며 단순하고 분명하였다.

하지만 이런 모든 각별한 장점들이 일급의 역사가를 만드는 것은 아니었다. 폴뤼비오스는 그의 문학적 과업을 그의 실천적 과업처럼 대단한 합리성으로 파악하였는데, 문제는 오직 합리성만으로 파악하였다는 것이었다. 필연성과 자유의 투쟁인 역사는 도덕적인 문제였다. 그런데 폴뤼비오스는 역사를 마치 기계적 문제처럼 생각하였다. 그에게 중요한 것은 자연이든 국가든 전체였다. 특수한 사건과 개별적 인간은, 그것이 아무리 놀라워 보일지라도, 한 순간에 불과할 뿐이고, 국가라고 불리는 더없이 정교한 기계장치의 작은 톱니바퀴에 지나지 않았다. 무엇보다 폴뤼비오스는 다른 누구도 못한 일을 성취한

---

[21] 이러한 연구 여행은 희랍인들에게 당시 드물지 않은 일이었다. 플라우투스(*Men.* 248행과 235행을 비교하라)에서 지중해 바다를 전부 배를 타고 여행한 어떤 사람은 묻는다. '역사책을 쓰려는 것이 아니고서야 왜 내가 집에 돌아가겠나?'

사람인바, 본질적 의미에서 천재적인 정치가도 하나 없이 역사상 유례없는 내적 외적 위대함에 도달한 로마, 소박한 토대 위에 놀랄 만한 거의 수학적인 일관성을 가지고 성장한 로마의 역사를 기술하였다. 하지만 도덕적 자유의 힘은 모든 민족 역사에서 작용하였고, 폴뤼비오스도 이것이 로마의 역사에서도 작용하였음을 분명 모르지 않았다. 정의, 명예, 종교가 언급되는 모든 문제를 다루는 폴뤼비오스의 처사는 너무 진부했고, 근본적으로 잘못이었다. 발생론적 구조가 요구될 때마다 언제나 그러했다. 그 대신 폴뤼비오스가 채택한 순수 기계적 설명시도는 때로 절망적이었다. 특히 로마의 탁월한 정체를 군주정과 귀족정과 민주정적 요소들의 합리적 혼합에서 설명한 것이나, 로마 정체의 탁월에서 로마의 성공을 설명한 것보다 어리석은 정치적 사변은 없을 것이다. 관계의 이해는 어디에서나 놀라울 정도로 빈곤하고 상상력이 부족하고, 종교적 사안을 다루는 경멸적인 건방진 태도는 역겹기까지 하다. 의식적으로 인위적 문체의 흔한 희랍적 역사서술을 피하려한 그의 서술은 정확하고 분명했다. 하지만 빈약하고 건조했으며, 본론을 벗어나 부적절하게 자주 논쟁적 사족에 빠져들거나, 회고적이고 흔히 자기감상적인 체험 기술로 빠져들었다. 그의 작업 전체가 비판적 입장으로 일관된다. 저자는 그의 저술을 우선 로마인들을 위해 썼지만, 그것은 단지 매우 작은, 그를 이해하는 소수의 로마인을 위한 것이었다.

그는 자신이 로마인들에게는 이방인이며, 동향인들에게는 변절자라고 느끼고 있었다. 그는 관계의 위대한 파악을 통해 자신이 현재보다 미래에 속하는 사람이라고 느꼈다. 따라서 그는 어떤 언짢음과 개인적인 노여움에서 벗어나지 못했고, 이는 피상적이거나 심지어 저급한 희랍 역사가들과 무비판적인 로마 역사들에 대립하면서 자주 심술궂은 편협한 모습으로 비쳤고, 역사가의 목소리가 아니라 비평가의 목소리로 보였다. 폴뤼비오스는 인기 있는 역사가는 아니었다. 하지만 진실과 진실성이 모든 장식과 장식성보다 중요한 것처럼, 폴뤼비오스만큼 우리에게 많은 진솔한 가르침을 전해준 고대의 역사가는 없다. 그의 책은 이 분야에서 마치 태양과 같았다. 그 시작 부분에서 삼니움 전쟁과 퓌로스 전쟁을 덮은 안개가 걷히고, 그 마지막 부분에는 새로운, 어쩌면 좀 더 부담스러운 여명이 시작된다.

로마 연대기

외국인이 로마 역사를 다룬 이 위대한 성과와 식견에 맞선 기묘한 대립물로 동시대 로마인의 역사작업이 있었다. 이 시대의 초기에는 몇몇 희랍어로 작성된 연대기가 있었는데, 예를 들어 앞서 언급한(제4권 374쪽) 아울루스 포스투미우스(로마 건국 603년, 기원전 151년 집정관)의 연대기는 끔찍한 합리화로 가득했다. 또 가이우스 아킬리우스(로마 건국 612년, 기원전 142년에 고령으로 기록을 마침)의 연대기도 있었다. 카토가 내세운 애국주의의 영향으로, 다른 한편 스키피오 동아리의 좀 더 세련된 교양 덕분에 라티움어는 이 분야에서 압도적인 우위를 장악하였고, 새로운 역사서들 가운데 어떤 것도 희랍어로 쓰이지 않았을 뿐만 아니라,[22] 희랍어로 작성된 옛 연대기도 라티움어로 번역되었고, 아마도 이 번역서가 우세했을 것이다. 유감스럽게도 이 시대에 라티움어로 쓰인 연대기들 가운데 솔직히 라티움어를 사용했다는 것 말고 칭찬할 만한 것은 없다. 연대기들은 아주 많았고 상세하게 기록되었는데, 예를 들어 언급될 수 있는 것은 루키우스 카시우스 헤미나(로마 건국 608년경, 기원전 146년경 생존), 루키우스 칼푸르니우스 피소(로마 건국 621년, 기원전 133년 집정관), 가이우스 셈프로니우스 투디타누스(로마 건국 625년, 기원전 129년 집정관), 가이우스 판니우스(로마 건국 632년, 기원전 122년 집정관) 등의 연대기들이다. 여기에 추가되는 것은 8권으로 출판된 공식적인 국가 연대기이다. 이것은 푸블리우스 무키우스 스카이볼라(로마 건국 621년, 기원전 133년 집정관)가 존경받는 법률 전문가이자 최고 목교관으로서 준비하고 출판한 것인데, 이로써 국가 연대기가 종결된다. 물론 최고 목교관 기록이 그때 이후 즉시 중단된 것은 아니지만, 사적인 연대기 작성의 증가와 더불어 더는 중요시되지 않았기 때문이다. 이 모든 연대기는, 그것이 사적인 작업이든 공적인 작업이든, 모두가 본질적으로 동일한, 역사적 자료와 유사 역사적 자료의 집적이었다. 연대기의 내용적 가치나 형식적 가치는 분명 그 규모가 성장함에 따라 낮아졌다.

물론 연대기에 어디에도 허구 없는 진실은 존재하지 않는다. 나이

---

[22] 우리가 아는 유일한 실질적인 예외는 그나이우스 아우피디우스의 희랍 역사다. 그는 키케로의 소년 시절(*Tusc.* 5, 38, 112)인 로마 건국 660년(기원전 94년)경에 활약하였다. 푸블리우스 루틸리우스 루푸스(로마 건국 649년, 기원전 105년)의 희랍어 비망록은 예외라고 할 수 없는데, 그 저자가 이를 망명지 스뮈르나에서 썼기 때문이다.

비우스와 픽토르가 헤카타이오스와 삭소 그라마티쿠스와 다르게 작업했다고 그들을 비판하는 것은 어리석은 짓이다. 이런 안개구름 위에 집을 지으려는 후대의 시도는 이미 입증된 인내력을 가혹한 시험대 위에 올려놓는 일이다. 그 전승의 결함은 비교 불가능한 큰 구멍이 있어, 명백하고 순진한 거짓말의 함정을 날렵한 민첩성으로도 건널 수 없다. 일식, 호구조사, 가계 호적, 개선식 등이 빠짐없이 당해년부터 원년까지 거꾸로 올라가며 기록되어 있다. 어떤 해에, 어떤 달에, 어떤 날에 로물루스 왕이 하늘로 승천하였으며, 어떻게 세르비우스 툴리우스 왕이 로마 건국 183년(기원전 571년) 11월 25일에 처음으로, 로마 건국 187년(기원전 567년) 5월 25일에 다시 에트루리아에 승리를 거두었는지를 읽을 수 있다. 이것과 함께 완벽하게 일치하는 일인바, 아이네아스가 일리온에서 라티움까지 타고 온 배는 로마 항구에 정박되어 있었고, 아이네아스에게 길잡이 되었던 암퇘지는 소금에 절여져 로마 베스타 신전에 보관되어 있었다. 이런 창작열을 고귀한 연대기 작가들은 매우 지루한 기록의 정확성과 연결시켰고, 모든 문학적 역사적 요소의 배제를 통해 필연적으로 얻어진 진부한 방식으로 그들의 기록물을 다루었다. 예를 들어 피소에서, 로물루스가 다음날 원로원 회의가 있으면 음주를 삼갔다는 것을 읽을 때, 타르페이아가 조국애 때문에 적들의 방패를 빼앗기 위해 사비눔 사람들에게 로마 성채를 넘겨주었다는 것을 읽을 때, 이런 기록에 대해 합리적인 동시대인들의 판단은 놀랄 일이 아니다. '이는 역사 쓰기가 아니라 아이들에게 이야기 들려주기다.' 최근과 현재를 다룬 몇몇 역사서는 훨씬 탁월했는데, 특히 한니발 전쟁을 다룬 루키우스 코일리우스 안티파테르(로마 건국 633년, 121년경 생존)의 역사와 그보다 좀 더 젊은 푸블리우스 셈프로니우스 아셀리오의 당대사가 그러하다. 여기서는 적어도 귀한 사료와 진솔한 진실성이 드러난다. 안티파테르에서 비록 아주 판에 박힌 것이지만 생생한 서술이 돋보인다. 모든 증언과 단편으로부터 판단하건대, 이 책들 가운데 어떤 것도 카토의 《오리기네스》가 가진 힘찬 형식이나 독창성을 가지지 못했다. 카토는 유감스럽게도 역사 분야에서, 정치적 분야에서와 달리 학파를 이루지는 못하였다.

비망록과 서신, 연설

역사의 하위로 분류되는, 좀 더 개인적 소사를 기록한 문학류로 비망록과 서신과 연설 등이 있는데 양적으로는 상당하다. 로마 최고의 정치가들은 그들의 경험을 기록하였다. 마르쿠스 스카우루스(로마 건국 639년, 기원전 115년 집정관), 푸블리우스 루푸스(로마 건국 649년, 기원전 105년 집정관), 퀸투스 카툴루스(로마 건국 652년, 기원전 102년 집정관), 그리고 통치자 술라도 그러하였다. 하지만 이런 생산물들 중 어떤 것도 역사적 내용을 제외하면 어떤 문학적 중요성을 가지지 않는다. 그락쿠스 형제의 모친 코르넬리아의 서신이 주목받는 것은 부분적으로 글쓴이의 모범적으로 순수한 언어와 높은 뜻 때문이고, 다른 한편 로마 여자가 로마에서 출판한 첫 번째 서간집이고 첫 번째 문학적 생산물이기 때문이다. 이 시기의 연설문들은 카토가 연설에 각인한 특징을 유지하고 있다. 변론 연설들은 아직 문학적 생산물로 여겨지지 않았고, 출판된 연설은 정치 선전물이었다. 하지만 혁명의 기운이 이 정치 선전물의 중요성과 외연을 증가시켰고, 그리하여 개인소사 기록물들 가운데 일부는, 데모스테네스의 필립포스 연설이나 쿠리에의 공개서한들처럼 저자의 중요한 지위와 저작물의 비중 덕분에 문학 분야에서 영구적 위치를 획득하게 되었다. 가이우스 라일리우스와 스키피오 아이밀리아누스의 의회 연설들은 가장 탁월한 라티움어와 가장 고귀한 애국심의 표본이 되었다. 가이우스 티티우스의—원로원 계급 심판인들에 대한 그의 묘사는 앞서(제6권 295쪽) 다루었다—놀라운 연설도 그러한데, 연설에 담긴 대담한 시대상을 국민 희극에서도 빌려다 썼다. 무엇보다 가이우스 그락쿠스의 수많은 연설도 그러한데, 그의 연설문들은 그의 불타오르는 언어, 열정적인 진지함, 진취적인 태도, 이런 고귀한 본성의 비극적 운명을 진실을 비추는 거울처럼 간직하고 있다.

일반 학문

학문적 저작으로 마르쿠스 브루투스의 법률 자문집이 있는데, 이는 로마 건국 600년(기원전 150년)에 출판된 것으로 희랍인들에게서 널리 유행하는 대화 형식으로 전문분야의 소재를 다루는 방식을 로마에 이식하려는 시도였으며, 그리고 인물, 시간, 장소가 특정된 대화 각본을 통해 예술적이고 어느 정도 극적 형식을 그의 저작에 부여하려는 놀라운 시도였다. 후대의 학자들, 이미 문헌학자 스틸로와 법률학자 스카이볼라는 일반적 교양뿐만 아니라 특수한 전문분야에서도 실용적이라기보다는 문학적인 이 방법을 차용하였다. 학문 자체의 가치가 상승하고, 로마에서 학문에 대한 내용적 관심이 커지면서, 예술적 형식의 족쇄를 빠르게 벗어던지는 현상이 뚜렷해졌다. 세부적으로 일반적인 인문학, 그러니까 문법이나 문헌학, 수사학과 철학은 앞서 언급한 것처럼(제6권 323쪽 이하) 이제 로마의 일상적인 교육 가운데 핵심적인 요소가 되었고, 이와 동시에 본격적인 특수학문이 이들로부터 갈라지기 시작하였다.

문학 영역에서 라티움어 문헌학은, 이미 오래전부터 분명하게 자리 잡은 희랍 문학의 문헌학적 고찰과 밀접하게 연계되어 꽃을 피웠다. 이미 앞서 언급한것처럼, 이 세기의 시작에 라티움어 서사시에 대한 교정자나 편집자가 생겨났다(제6권 327쪽). 마찬가지로 앞서 강조했듯이, 스키피오 동아리는 일반적으로 다른 누구보다 정확성을 주장하였고, 특히 몇몇 유명한 시인들, 예를 들어 아키우스와 루킬리우스는 철자법과 문법의 정착에 애를 썼다. 동시에 역사 분야에서도 고고학을 발전시키려는 몇몇 시도가 발견된다. 물론 이 시대의 둔한 연대기 작가들의 저작, 예를 들어 헤미나의 〈호구조사에 관하여〉, 투디타누스의 〈정무관에 관하여〉는 연대기 이상의 무엇이라고 말하기 어렵다. 가이우스 그락쿠스의 친구 마르쿠스 유니우스가 쓴 정무관에 관한 책들은 고고학적 연구를 정치적 목적에 이용한 첫 번째 시도로서 흥미를 끈다.[23] 비극시인 아키우스가 운율에 맞추어 지은 교훈서들은 라티움 희곡 문학사의 시작이었다. 모어(母語)에 대한 학문적 검토의 시작은 물론 아직 애호가적 특징을 가지고 있고, 우리의 보드머─클롭슈톡 시대의 철자법 문헌을 연상시킨다. 이 시기의 호고적 고찰에는 큰 비중을 두지 않아도 무방할 것으로 보인다. 알렉산드리아의 대가처럼 학문적으로 라티움어와 라티움 고고학의 토대를 놓은 로마인은 로마 건국 650년(기원전 104년, 제6권 327쪽) 루키우스 아일리우스 스틸로였다. 그는 최초로 상고기 언어의 증거인 비문들을 검토하였고 마르스 사제 찬가와 12표법에 주석을 달았다. 그는 로마 건국 6세기의 희극에 특별히 주목하였고, 그의 의견에 비추어 플라우투스의 진본을 기록하였다. 그는 희랍 방식으로 로마 일상과 교류의 모든 개별 현상을 그 초기부터 역사적으로 규정하려고 시도하였고, 각 현상의 발명자를 파악하려고도 하였다. 그의 연구 범위에는 모든 연대기 전승의 검토도 포함된다. 당시의 가장 중요한 문학적 저작과 가장 중요한 역사적 저작, 루킬리우스의 풍자시와 안티파테르의 역사서가 그에게 헌정되었다는 것은 그가 그의 동시대인들에게서 거둔 성공을 증명해준다. 또한 이 최초의 로마 문헌학자는 그의 언어적 역사적 연구를 그의 제자 바로에게 물려줌으로써 향후의 민족 연구를 규정하였다.

---

[23] 예를 들어, 왕정기에 재무관들이 왕이 아니라 시민들에 의해 지명되었다는 주장은 시민들이 당파적 성격을 분명히 드러냈다는 것만큼이나 잘못된 주장이다.

수사학

라티움 수사학의 영역에서 문학적 활동은 당연한 일이지만 더 하위 분야에 속한다. 이 분야에서는 헤르마고라스 등의 희랍어 수사학 요약을 모범삼아 안내서나 연습 문제집을 만드는 일이 고작이었는데, 당연히 학교 선생들은 필요에 따라 혹은 허영심이나 금전 때문에 그 집필을 빼놓지 않았다. 당시의 방식대로(제6권 327쪽) 라티움어 문학과 라티움어 수사학을 동시에 가르치고 둘에 관해 저술한 무명의 작가에 의해 독재가 술라 시대에 편찬된 수사학 교과서가 우리에게 전해진다. 이 책은 간소하고 명료하며 확실한 설명뿐만 아니라, 특히 희랍 전범에 대해 상대적인 독립성이 돋보이는 교과서였다. 방법론에서 완전히 희랍인들에게 종속되어 있었지만, 이 로마인은 확고하고 심지어 냉정하게 '희랍인들이 불필요한 잡동사니로 덧붙여놓은바, 유일한 쓸모라고는 학문을 무겁게 만드는 것뿐인 모든 것'을 잘라내 버렸다. 가장 지독한 질책을 당한 것은 꼬치꼬치 캐묻는 변증론이었는데, 이는 '수다스러운 학문, 말 못하게 하는 기술'에 불과하며, 이를 완벽하게 익힌 장인은 두려움에 사로잡혀 모호하게 표현해 버릇하여 마침내는 자신의 이름조차 감히 말하지 못하게 된다고 하였다. 희랍적 학습 전문용어는 고의적으로 철저하게 외면하였다. 이 책의 저자는 매우 진지하게 박학다식을 경계하였으며, 학생이 선생으로부터 배울 것은 오직 스스로 이겨내는 것뿐이라는 것을 황금의 규칙으로 제시하였다. 그는 또 학교는 부차적이고 삶이 일차적임을 진솔하게 인정하였으며, 그가 독자적으로 선택한 예들은 지난 몇 십년동안 로마 법정에서 주목받은 법정 연설을 떠오르게 한다. 여기서 주목해야 할 것은, 희랍주의의 과잉에 대한 반대 입장이 지난날 라티움어 고유의 수사학의 성장을 가로막았다가(제6권 327쪽), 라티움어 수사학의 등장한 이후에는 오히려 이제 로마 수사학에, 동시대 희랍 수사학과 비교해서 이론적으로나 실질적으로나 좀 더 높은 위엄과 좀 더 큰 실용성을 보장해 주었다는 것이다.

철학

마지막으로 철학은 아직 문학 영역에 들어오지 못했다. 왜냐하면, 내적인 결핍 때문에 로마 민족의 철학이 발전하지도 못했고, 외적인 환경 때문에 라티움어로 철학하는 사람들이 생겨나지도 못했기 때문이다. 대중적 철학 요약본들의 라티움어 번역이 이 시대에 속하는 것으로 분명하게 밝혀지지도 않았다. 철학을 공부하는 사람은 희랍어로 읽고 희랍어로 글을 썼다.

특수 학문

특수학문 분야의 활동은 적었다. 로마인들은 농업과 산술을 이해하였지만, 그렇다고 자연 탐구와 수학적 탐구에 종사하지는 않았다. 이론적 탐구를 소홀히 한 결과는 실질적으로 의학과 일부 군사학의 낮은 수준으로 드러났다. 모든 특수학문 가운데 유일하게 번성한 것은 법학이었다. 우리는 법학의 내적 발전을 시대순으로 정확하게 추적할수는 없다. 대체로 관습법은 점차 쇠퇴하고 이 시대 말쯤에 오늘날의 교회법과 비슷한 위상을 가지게 되었다. 반면 좀 더 정교하고 깊이 있는 법 개념은—외적 특징을 대신하여 내적으로 작동한 동기에 주목하는 것으로 예를 들어 고의 범법과 과실 범법의 개념이나 혹은 임시 보호 조치에 따른 점유의 개념이 생겨난 것 등—12표법 당시에 아직 존재하지 않았고, 아마도 키케로 시대에 존재하였을 것인데, 이는 지금 이 시기에 그런 중요한 교육이 이루어진 덕분일 것이다. 법률적 발전에 대한 정치사회적 반응은 이미 앞서 여러 번 언급되었는데, 늘 긍정적인 것은 아니었다. 100인 상속 법정의 설치(제6권 226쪽)를 통해 예를 들어 재산권 관련 법정도 생겨났는데, 사람들은 형사법정과 마찬가지로, 단순히 법률을 적용하는 대신, 법정 자체를 법률 위에 두고 소위 형평성을 따지게 됨으로써 법률 기구들을 무력화시켰다. 또 다른 하나의 결과물은, 친척이 유언장에서 간과한 사람은 누구나 법정에 유언장의 무효를 청구할 수 있으며, 법정은 사정을 고려하여 판결한다는 비합리적 조항이다.

법학 문헌의 발전은 좀 더 뚜렷했다. 법학 문헌은 이제까지 방식서 모음집이나 법률 용어 해설집에 국한되어 있었다. 이 시대에 들어 우선, 오늘날 대략 우리의 판례 모음집에 해당하는 해답집이 만들어졌다. 해답은 이미 오래전부터 더는 목교관단의 구성원에 의해 내려지지 않았고, 자문을 의뢰받은 누구나 집에서든 공적 광장에서든 해답을 하게 되었다. 해답이 합리적이고 논쟁적인 해석과 법학 고유의 논쟁과 연관되면서, 로마 건국 7세기 초에는 해답을 기록하고 모음집으로 엮어내기 시작하였다. 이것은 처음으로 카토(로마 건국 600년, 기원전 154년 사망)와 마르쿠스 브루투스(비슷한 시기에 사망)가 만들었다. 이 모음집은 아마도 사안 순서대로 편집되었을 것이다.[24] 곧 시민법에 대한 본격적으로 체계적인 서술이 이루어진다. 그 기초자는 최고목교관 퀸투스 무키우스 스카이볼라(로마 건국 659년, 기원전 95년 집정관; 로마 건국 672년, 기원전 82년 사망)였다(제5권 321쪽, 제6권 173쪽, 316쪽). 그의 집안은 대를 이어 최고사제직은 물론 법학에 종사하였다. 그의 《시민법Ius civile》 18권은 실제적인 법률 사안을 포괄하고 있다. 법률적 규정들, 판례들과 (옛 모음집이나 구전전승에서 찾은) 전거들을 최대한 완벽하게 집대성한 책으로 상세 로마 법체계의 출발점이나 전범이 되었다. 또 그의 요약서 〈정의들〉은 법률 편람의, 특히 법전의 토대가 되었다. 이러한 법학 발전은 당연히 본질적으로 희랍 문화의 영향과는 독립적이긴 하지만, 그래서 희랍인들의 철학적 실천적 도식주의를 접한 것이 일반적으로 좀 더 수준 높은 법학 체계화의 계기가 되었음은 의심의 여지가 없는바, 예를 들어 마지막에 언급한 책에서는 희랍의 영향이 제목에서도 드러난다. 로마 법학이 여러 외적 문제들과 관련하여 스토아철학의 영향을 받았음은 이미 앞서 언급하였다(제6권 315쪽).

---

[24] 카토의 책은 아마도 제목이 《법률학에 관하여de iuris disciplina》(Gell. 13, 20)였고, 브루투스의 책은 《시민법에 관하여de iure civili》(Cic. Cluent. 51, 141; De orat. 2, 55, 223)였다. 이것들이 본질적으로 유권해석집이었다고 키케로가 말해준다(De orat. 2, 33, 142).

예술

예술은 훨씬 더 비관적인 모습을 보였다. 건축, 조각, 회화는 애호가적 취미가 점차 널리 확대되는 모습을 보였지만, 본업 예술 활동은 확대보다는 오히려 축소되는 모습을 보였다. 희랍 지역에 체류하면서 예술 작품들을 관찰할 기회가 점차 일상화되었고, 특히 소아시아에서 술라 부대의 겨울 숙영지는 획기적 기회가 되었다(로마 건국 670/671년, 기원전 84/83년). 예술 전문가들이 이탈리아에서도 증가하였다. 은기와 청동기로 시작하여 이 시기의 초에 희랍 조각상뿐만 아니라 희랍 회화를 평가하기 시작하였다. 로마에서 공개적으로 처음 전시된 그림은 아리스테이데스의 박코스였다. 이를 루키우스 뭄미우스가 코린토스 노획물 경매 목록에서 삭제하였는데, 아탈로스 왕이 6,000데나리우스(1,827탈러)를 제시하였기 때문이다. 건축은 더욱 화려해졌고, 해외로부터, 특히 휘메토스 대리석(운모 대리암)이 사용되었다. 아직 이탈리아 대리석 광산은 운영되기 전이었다. 제정기에도 여전히 감탄 받던 화려한 열주 건축은 마케도니아의 정복자 퀸투스 메텔루스(로마 건국 611년, 기원전 143년 집정관)에 의해 마르스 광장에 건설되었는데, 수도 로마에서 건축된 최초의 대리석 신전을 둘러싸고 있었다. 곧 이어 유사한 건축물이 카피톨리움 언덕에 스키피오 나시카에 의해(로마 건국 616년, 기원전 138년 집정관) 세워졌는데, 그나이우스 옥타비우스(로마 건국 626년, 기원전 128년 집정관)의 경기장 근처였다. 대리석 기둥으로 장식된 첫 번째 개인주택은 연설가 루키우스 크라수스(로마 건국 663년, 기원전 91년 사망)의 팔라티움 저택이었다(제6권 291쪽).

하지만 제작하는 대신 약탈하거나 구매할 수 있을 때 그렇게 하였다. 로마 건축에 옛 희랍 신전의 기둥을 사용하기 시작하였다는 것은 로마 건축의 열악한 환경을 증언한다. 예를 들어 로마 카피톨리움은 술라에 의해 아테나이 제우스 신전을 장식하던 대리석 기둥들을 가져다 장식되었다. 로마에서 제작되더라고 그것은 외국인 노동자들에 의해 만들어졌다. 이 시기의 언급할 만한 로마 예술가들은 예외 없이 이주한 이탈리아 혹은 해외 희랍인들이었다. 건축가 헤르모도로스는 퀴프로스의 살라미스 출신으로 로마 선착장을 복구하였고, 퀸투스 메텔루스(로마 건국 611년, 기원전 143년 집정관)를 위해 수호자 유피테르 신전을 메텔루스가 세운 공회당 안에 건설하였고, 데키무스 브루투스(로마 건국 616년, 기원전 138년 집정관)를 위해 플라미니우스 경기장 안에 마르스 신전을 건설하였다. 조각가 파시텔레스(로마 건국 665년, 기원전 89년경)는 대희랍 출신으로 로마신전에 모실 신상들을 상아로 제작하였다. 화가이자 철학자 메트로도로스는 아테나이 출신으로 루키우스 파울루스(로마 건국 587년, 기원전 167년)의 개선식을 기리는 그림들을 그리는 일을 맡았다. 주목할 만한 사안은 이 시기의 동전이 전대의 동전에 비해 형태적 다양성이 증가하고, 각인 기술은 오히려 후퇴하였다는 것이다.

마지막으로 음악과 무용은 똑같이 희랍에서 로마로 이식되었는데, 오직 장식적 사치의 증가에 기여하기 위한 것이었다. 이런 이국적인 예술들은 무엇보다 로마에 낯선 것은 아니었다. 국가는 이미 오래전부터 국가 축제에 에트루리아 피리연주자들과 무희들을 초대하였고, 해방노예들이나 로마 시민들 가운데 낮은 신분의 사람들은 이미 오래전부터 이런 예술단체에 가입하기도 하였다. 새로운 것은 희랍 무용과 음악 공연이 귀족 잔치의 고정적 내용이 되었다는 것이다. 무용 학교도 새로운 것인데, 스키피오 아이밀리아누스는 그의 어떤 연설에서 이를 매우 불만 가득하게 묘사하였는데, 그곳에서 500명 이상의 소년들과 소녀들이, 사회 하층민과 고관대작의 자녀들이 서로 뒤엉켜, 무용 선생의 가르침을 받으며, 점잖지 못한 짝짜기 춤과 거기에 맞춘 노래와 형편없는 희랍 현악기를 배우고 있다고 말하였다. 또 새로운 것은—집정관 역임자이자 최고 목교관인 푸블리우스 스카이볼라(로마 건국 621년, 기원전 133년) 집정관이 집에서 어려운 법률문제를 풀 때처럼 경기장에서 가볍게 공을 잡은 일이 아니라—귀족 청년들이 술라의 축제일에 백성 앞에서 그들의 마술(馬術)을 선보인 일이었다. 정부는 이런 활동을 금지시키려고 시도한 적이 있었다. 예를 들어 로마 건국 639년(기원전 115년) 라티움 고유의 단순한 피리를 제외한 모든 악기는 호구감찰관에 의해 금지되었다. 하지만 로마는 스파르타가 아니었다. 느슨해진 정부는 이런 금지령을 통해 해악에 대한 관심을 이끌어낼 뿐이었고, 엄정하고 단호한 조치로써 해악을 치료하려는 시도조차 언감생심이었다.

이제 마지막으로 엔니우스의 죽음으로부터 키케로 시대의 초기까지 이탈리아 예술과 문학이 우리에게 펼쳐 보인 전체 그림을 조망해 보면, 우리는 앞선 시대와 비교해서 생산성의 매우 현저한 하락을 발견하게 된다. 고급 문학류들은 고사하였거나 혹은 퇴화하였는데, 서사시, 비극, 역사가 바로 그러하였다. 번영을 누린 것은 하위 문학류였는데, 연애물의 번역과 모방, 익살극, 운문과 산문의 소책자가 그러하였다. 혁명의 겨울 삭풍에 쓸려간 이 마지막 하위 문학류 영역에서 우리는 이 시대의 위대한 문학적 재능을 만나게 된다. 가이우스 그락쿠스와 가이우스 루킬리우스, 두 사람은 그럭저럭한 평범한 작가들의 무리를 뛰어넘어 우뚝 솟아 있다. 마치 불문학의 비슷한 시기에 엄청난 수의 무용한 인사들을 압도한 쿠리에와 베랑제와 같았다. 마찬가지로 조형예술과 회화 분야의 생산성도 점차 약해졌고 이제 완전히 사라졌다. 반면 예술과 문학의 수용적 향유는 크게 번성하였다. 이 시기의 인사들이 정치 영역에서 그들의 선조들이 남긴 유산을 수용하고 남용하였듯이, 우리는 그들이 여기에서도 부지런한 연극 관람자로, 문학 애호가로, 예술 전문가로, 혹은 나아가 수집가로 활동하는 것을 발견할 수 있다. 이런 활동 가운데 주목할 가치가 있는 측면은 학문적 탐구인데, 그들은 무엇보다 법학과 문헌학과 고고학에서 나름대로 정신적 노고를 보여주었다. 그 본격적인 활동이 이 시기에 속하는 이 학문들의 확립과 함께, 그리고 알렉산드리아 온실 문학을 모방하는 작은 시작과 함께 이 시대는 이제 로마에 알렉산드리아주의를 선포하였다. 이 시대가 만들어낸 모든 것은 로마 건국 6세기의 창조물보다 좀 더 매끈하고, 좀 더 완벽하고, 좀 더 체계적이었다. 이 시대의 문학가들과 문학 애호가들이 앞선 시대의 인물들을 마치 서투른 초심자로 보았던 것도 완전히 잘못된 것은 아닐 것이다. 그들이 초심자 작업물의 결함을 비웃고 조롱할 때, 그들 가운데 가장 총명한 사람은 이렇게 고백하였다. '민족의 청년기는 지나갔다. 그렇지만 그래도 이따금 다시 한번 마음 깊은 고요한 곳에서는, 청년의 즐거웠던 방랑길을 다시 한번 방황하며 걸어보고 싶은 갈망이 꿈틀거린다.'

연표(기원전)

- 508/7년: 타르퀴니우스 집안의 몰락. 공화정의 시작.
- 508년: 카르타고와 첫 계약.
- 508/7년: 에트루리아의 왕 포르센나의 로마 정복
- 507년: 카피톨리움 언덕에 유피테르 신전 봉헌
- 506년: 라티움 지방을 공격하던 에트루리아인들을 아리키아에서 격퇴.
- 500년: 사르디니아와 시킬리아 서부 지역을 카르타고가 차지. 시킬리아 에서 참주정 유행. 클라우디우스 집안의 이주.
- 496년: 레길루스 호수에서 라티움 사람들을 맞아 승리.
- 495년: 볼스키와 전쟁. 볼스키 지역에 식민지 건설.
- 494년: 상민들이 로마를 떠나 성산(聖山)으로 이탈. 호민관 제도 도입.
- 493년: 라티움 지역 도시들과 연맹 협약.
- 486년: 헤르니키인들의 연맹 가입.
- 485/84년: 볼스키 및 아이퀴에 승전.
- 483~474년: 베이이와 전쟁.
- 480년: 카르타고가 시킬리아 히메라에서 희랍인들에게 패함.
- 477년: 크레메라의 명문 파비우스 집안의 몰락.

- 474년: 퀴메 해전, 쉬라쿠사이의 히에론 1세가 카르타고-에트루리아 연합 함대를 무찌름.
- 473년: 메사피아와 이아퓌기아가 타렌툼과 레기움에게 승리.
- 471년: 푸브릴리우스 법, 호민관을 상민회를 통해 선출.
- 458년: 독재관 루키우스 큉크티우스 킹킨나투스가 아이퀴인들을 물리침.
- 451년: 12표법 제정, 450년 보강.
- 449년: 발레리우스-호라티우스 법, 호민관을 승인.
- 447년: 재무관 도입.
- 445년: 카눌레이우스 상민회 의결, 시민과 상민의 통혼 허용.
- 443년: 호구감찰관 도입.
- 438~426년: 베이이 및 피데나이와 전쟁.
- 426년: 피데나이 정복.
- 421년: 삼니움이 카푸아와 퀴메를 정복함.
- 406~396년: 베이이와 전쟁.
- 400년경: 켈트족이 알프스를 넘어옴.
- 396년: 켈트족이 파두스강을 건넘.
- 395/4년: 팔리스키와 전쟁.

- 394~92년: 아이퀴와 전쟁.
- 391년: 볼스키 정복. 클루시움에 출현한 켈트족과 첫 번째 조우.
- 388년: 카밀루스 추방.
- 387년: 에트루리아에 4개의 분구 설치. 켈트족 세노네스인들과의 알리
  아 전투에서 참패. 카피톨리움 언덕을 제외한 로마 전체가 정복당함. 켈
  트족은 상당한 전리품을 얻고 철수.
- 387~385년: 쉬라쿠사이의 디오뉘시오스 1세 아드리아 해역에 진출.
- 384년: 마르쿠스 만리우스 카피톨리누스 유죄 판결 받고 사형됨.
- 382년: 프라이네스테와 전쟁.
- 380년: 로마 재건.
- 367년: 리키니우스– 섹스티우스 법, 귀족과 평민의 평등.
- 363년: 켈트족 남부 이탈리아까지 진출. 360년 라티움 지방에 출몰.
- 362~358년: 헤르니키인들과의 전쟁.
- 358년: 로마와 라티움과 헤르니키인들 간에 연맹 결성.
- 354년: 삼니움과 동맹.
- 353년: 카이레의 굴복. 100년 동안의 평화.
- 348년: 카르타고와 제2차 협약.

- 354년: 아우룽기 정복.

- 343년: 카푸아와 공동방위조약.

- 343~41년: 제1차 삼니움 전쟁.

- 340년: 로마 패권에 반대하는 라티움 도시들의 반란.

- 338년: 라티움 복속. 카푸아와 동맹조약.

- 334년: 켈트족과 평화조약.

- 329년: 볼스키 복속. 프리베르눔 정복.

- 327/26년: 네아폴리스와 동맹. 루카니아와 동맹.

- 326년: 포이텔루스 법, 채권소송절차 완화.

- 326~304년: 제2차 삼니움 전쟁.

- 321년: 카우디움 협곡에서 로마군 무조건 항복.

- 315년: 루케리아 식민지 건설.

- 312년: 호구감찰관 아피우스 클라우디우스 카이쿠스의 개혁. 투표권 확대. 아피우스대로 건설.

- 311년: 삼니움과 에트루리아의 동맹. 전함 건조.

- 310년: 바디모니스 호수에서 에트루리아를 물리침.

- 309년: 루키우스 파피리우스 쿠르소르가 삼니움을 물리침.

- 307년: 집정관과 법무관 임기 연장.
- 306년: 카르타고와 제3차 협정. 로도스와 무역협정.
- 304년: 삼니움과의 평화. 중부와 남부 이탈리아에서의 영향력 강화.
- 303년: 타렌툼과 협정.
- 300년: 오굴니우스 법, 상민에게 사제직 개방.
- 298~290년: 제3차 삼니움 전쟁.
- 298년: 삼니움, 루카니아, 사비눔, 움브리아, 에트루리아, 켈트족 연합과 전쟁.
- 295년: 에트루리아와 켈트족과의 센티눔 전투에서 승리.
- 294년: 에트루리아와 강화조약.
- 291년: 아풀리아가 패권에 들어옴. 라티움 식민지 베누시아 건설.
- 290년: 삼니움과 강화조약. 사비눔 정복.
- 287년: 호르텐시우스 법 통과로 신분 투쟁 종식. 상민회 의결이 법적 효력을 가짐.
- 285~282년: 켈트족과 전쟁.
- 283년: 세노네스 지역 점령. 세나 갈리카 식민지 건설.
- 282년: 바디모니스 호수에서 보이이인들과 에트루리아인들을 물리침.

연표

- 282~272년: 타렌툼과 전쟁.
- 281년: 에피로스의 퓌로스왕과 타렌툼의 동맹. 헤라클레아에서 로마 참패.
- 279년: 아우스쿨룸에서 퓌로스에 패함. 퓌로스에 대항하기 위해 카르타고와 동맹.
- 278~276년: 퓌로스의 시킬리아 지배.
- 275년: 베네벤툼 전투. 퓌로스가 이탈리아를 떠남.
- 273년: 이집트의 프톨레마이오스 2세와 선린조약을 맺고 무역 시작.
- 272년: 타렌툼과 강화조약.
- 268년: 피케눔 정복. 베네벤툼과 아리미눔에 라티움 식민지를 건설.
- 264~241년: 시킬리아를 놓고 카르타고와 전쟁(제1차 카르타고 전쟁).
- 263년: 메사나의 쉬라쿠사이인들과 카르타고인들이 히에론 2세와 로마 동맹을 공격하다.
- 262년: 로마가 함선을 건조하여 아크라가스의 카르타고인들을 타격하다.
- 260년: 뮐라이 해전에서 로마가 카르타고를 이기다.
- 259년: 루키우스 코르넬리우스 스키피오가 코르시카섬을 정복하다.
- 256년: 에크노모스곶에서 카르타고인들을 물리치다.
  마르쿠스 아틸리우스 레굴루스 지휘하에 아프리카로 건너가다.

- 255년: 투네스에서 로마인이 타격을 입다.

  귀향하던 함대가 폭풍으로 많은 희생을 보고 전함을 새로 건조하다.
- 254년: 로마가 파노르모스를 정복하다.
- 253년: 아프리카 해안으로 원정을 떠나다.

  귀향길에 또다시 폭풍을 만나다.
- 252년: 테르마이와 리파라섬을 점령하다.
- 250년: 파노르모스에서 로마군이 승리하다.
- 249년: 드레파눔 앞바다에서 카르타고군이 승리하다.
- 246~240년: 하밀카르 바르카스가 시킬리아의 최고 명령권을 쥐다.
- 244~242년: 에뤽스산 전투.
- 241년: 헌납에 의한 로마 함대의 건조.

  가이우스 루타티우스 카툴루스가 에게해섬 해전에서 승리하다.

  카르타고가 시킬리아를 포기하다.
- 241~238년: 카르타고에서의 군 반란.
- 241년: 백인대민회의 개혁.
- 237년: 카르타고가 사르디니아를 먼저 로마에 양도하다.

  코르시카를 다시 점령하다.

하밀카르가 히스파니아로 가다.

- 236년: 리구리아인에게로 출정하다.
- 232년: 북부 이탈리아에서 켈트족이 침입하다. 로마 시민에게 켈트 지역이 분배되다.
- 229~228년: 제1차 일뤼리아 전쟁.
  일뤼리아 강도떼와의 전투.
- 228년: 로마는 코린토스와 아테네에 사절을 보내다.
- 227년: 시킬리아와 사르디니아, 코르시카에서의 행정 개혁.
- 226년: 로마가 하스드루발과 에브로동맹을 맺다.
- 225년: 켈트족의 에트루리아 침입, 클루시움에서 로마군이 패배하고 텔라몬에서 승리하다.
- 224년: 보이이족의 투항.
- 222년: 클리스티디움에서 인수브레스족을 무찌르다. 메디올라눔 점령.
- 219년: 제2차 일뤼리아 전쟁. 로마가 일뤼리아 해안의 주도권을 잡음.
  한니발이 사군툼을 점령하다.
  로마가 카르타고에 선전포고하다.
- 218~201년: 한니발 전쟁(제2차 카르타고 전쟁)

- 218년: 한니발이 이탈리아로 출정, 알프스산맥을 넘다.

  한니발이 티키누스에서 푸블리우스 코르넬리우스 스키피오를, 트레비아

  강에서 티베리우스 셈프로니우스 롱구스를 공격하다.

- 217년: 트라시메누스 호수에서 가이우스 플라미니우스의 패배.

  한니발 남부 이탈리아로 진군.

  로마군이 사군툼 점령.

- 216년: 칸나이에서 참패

- 215년: 한니발이 마케도니아의 필립포스 5세와 쉬라쿠사이의 히에론과

  동맹을 맺다.

- 215~205년: 제1차 마케도니아 전쟁.

- 212년: 마르켈루스가 쉬라쿠사이를 정복하다.

  한니발이 타렌툼을 함락하다.

  로마군이 아이톨리아인과 필립포스를 대항해 손을 잡다.

- 211년: 로마군이 카푸아를 점령하다.

  "성문 앞 한니발Hannibal ad portas"이란 말 유행.

  스키피오 형제가 에브로에서 패배하고 전사하다.

- 210년: 로마군이 아크라가스를 점령. 카르타고군 시킬리아를 포기하다.

연표

푸블리우스 코르넬리우스 스키피오가 히스파니아에서 대리 집정관으로
사령관이 되다.

- 209~206년: 카르타고군이 히스파니아에서 퇴각하다.
- 209년: 스키피오의 신카르타고 점령.
- 208년: 바이쿨라 전투, 하스드루발 이탈리아로 진군하다.
- 207년: 하스드루발, 메타우루스 전투에서 패배하다.
- 206년: 스키피오, 일리파에서 승리.
  히스파니아에서 카르타고의 주도권이 끝나다.
  아이톨리아인이 마케도니아의 필립포스와 단독 강화.
- 205년: 카르타고가 필립포스와 동맹을 갱신하다.
  카르타고의 마고가 게누아에 상륙하고 리구리아인을 선동하다.
- 204년: 스키피오의 아프리카 원정.
- 202년: 자마 전투에서 스키피오가 한니발을 이기다.
- 201년: 강화협정—카르타고가 히스파니아를 포기하고 마시니사 아래에
  있는 누미디아인들이 독립. 카르타고의 해상권이 무너지다.
- 200~197년: 제2차 마케도니아 전쟁.
- 200년: 보이이족과 인수브레스족의 봉기.

- 197년: 티투스 큉크티우스 플라미니누스가 필립포스 5세를 테살리아의 퀴노스케팔라이에서 이기다.
  히스파니아의 두 속주가 반란을 일으키다.
- 196년: 인수브레스 정복.
  티투스 큉크티우스 플라미니누스가 희랍 도시들의 독립을 선포하다.
  안티오코스 3세가 유럽을 건너다.
- 195년: 마르쿠스 포르키우스 카토가 히스파니아로 파견되다.
  한니발이 안티오코스 3세에게 피신하다.
- 194년: 로마인들이 희랍 도시들을 점유하다.
- 192~188년: 안티오코스 3세와 아이톨리아인이 로마에 대항해 싸우다.
- 191년: 안티오코스가 테르모필라이 전투에서 패하다.
  보이이족의 복속.
- 191~189년: 남부 히스파니아의 반란을 제압하다.
- 190년: 시퓔로스산의 마그네시아에서 안티오코스가 패전하다.
- 189년: 소아시아 갈라티아인들을 공격하다.
  아이톨리아인들을 암브라키아의 정복으로 물리치다.
- 188년: 아파메이아의 휴전.

- 187년: 아이밀리우스대로를 건설하다.

- 186년: 바쿠스 축제를 금하는 원로원 결의.

- 185년: 아풀리아에서 노예반란이 일어나다.

- 184년: 호구감찰관 마르쿠스 포르키우스 카토.

- 183년: 한니발과 스키피오의 사망.

- 181년: 식민지 아퀼레이아를 건설하다.

- 180년: 공직연령제한법(lex Villia Annalis).

  티베리우스 셈프로니우스 그락쿠스가 히스파니아에 부임하다.

- 171~168년: 제3차 마케도니아 전쟁.

- 168년: 루키우스 아이밀리우스 파울루스가 퓌드나에서 페르세우스를 물리치다.

  마케도니아를 네 개 지구로 분할하다.

  로마에서 재산세가 소멸되다.

  안티오코스 4세에게 이집트를 포기하도록 강요하다.

- 167년: 페르세우스가 소유한 희랍 예술품과 도서가 로마로 옮겨지다.

- 160년: 폼프티눔 소택지의 매립이 시작되다.

- 157~155년: 달마티아의 복속.

- 155년: 프톨레마이오스 8세의 퀴레네를 로마가 점령하다.
- 154~133년: 히스파니아의 켈티베리아인들과 루시타니아인들이 반란을 일으키다.
- 150년: 카토는 카르타고의 파괴를 주장하다.
- 149~146년: 제3차 카르타고 전쟁.
- 148년: 위(僞)필립포스를 물리치고 마케도니아를 속주로 편입하다.

  동맹 공동체와 속주의 착취를 금하는 칼푸르니우스 법.

  마시니사의 죽음.
- 147년: 푸블리우스 코르넬리우스 스키피오 아이밀리아누스가 카르타고를 포위 공격하다.
- 146년: 카르타고를 정복하고 파괴하다.

  아프리카 속주를 만들다.

  아카이아 전쟁.

  코린토스를 파괴하다.
- 144~140년: 아콰 마르키아의 건설.
- 143~133년: 켈티베리아 전쟁.
- 139년: 비리아투스가 피살되다.

- 137년: 가이우스 오스틸리우스 만키누스가 누만티아에 가다.
- 136~132년: 시킬리아에서 첫 번째 노예전쟁이 발발하다.
- 133년: 스키피오 아이밀리아누스가 누만티아를 정복하다.
  아탈로스 3세가 로마에 페르가몬왕국을 유증하다.
  기원전 129년에 아시아 속주가 되다.
  호민관 티베리우스 셈프로니우스 그락쿠스가 농지개혁을 시도하다.
- 133~129년: 페르가몬에서 아리스토니코스의 반란이 일어나다.
- 123~121년: 호민관 가이우스 그락쿠스의 개혁.
- 122년: 발레아레스군도의 정복.
- 121년: 가이우스 그락쿠스가 내전 중에 피살되다.
  집정관 그나이우스 도미티우스 아헤노바르부스가 켈트족 알로브로게스
  족을 물리치고 새로운 속주 갈리아 나르보넨시스를 만들다.
- 118년: 나르보 식민지의 건설.
- 113년: 노레이아에서 킴브리인들과 테우토네스인들에게 패하다.
- 111~105년: 유구르타 전쟁.
- 109년: 퀸투스 카이킬리우스 메텔루스가 무툴강에서 유구르타를 물리
  치다.

- 107년: 집정관 마리우스의 군대 개혁.
- 106년: 마리우스가 유구르타를 물리치다.
- 105년: 유구르타가 술라에게 인도되었으며, 104년에 로마에서 처형되다.
  킴브리인들이 아라우시오강에서 로마인들을 물리치다.
- 104~101년: 시킬리아에서 제2차 노예전쟁이 발발하다.
- 104년: 마리우스가 킴브리인들과 테우토네스인들과 싸울 최고 사령관이
  되다.
- 102년: 마리우스가 킴브리인들과 암브로네스인들을 아콰이 섹스티아이
  에서 물리치다.
  킬리키아 속주를 만들다.
- 101년: 마리우스가 베르켈라이에서 킴브리인들을 섬멸하다.
- 101년: 희랍 도시들이 로마에 해적을 소탕해달라고 요청하다.
  루키우스 아풀레이우스 사투르니누스가 두 번째 호민관직을 수행하다.
  로마 시내에서 전투가 벌어지다.
  사투르니누스와 글라우키아의 몰락.
- 96년: 퀴레네가 프톨레마이오스 아피온의 유언에 따라 로마에 유증되다.
- 91년: 호민관 마르쿠스 리비우스 드루수스가 개혁을 시도하다.

- 91~88년: 동맹시 전쟁
- 91년: 이탈리아 – 이탈리아인들의 수도

  율리우스 법 – 배신하지 않은 모든 라티움인들과 동맹시민들에게 로마

  시민권을 수여하다.
- 89년: 파두스강 이쪽의 모든 동맹시민들 로마 시민권을 획득함. 파두스

  강 저쪽의 켈트족은 라티움 시민권을 획득하다.
- 88~85년: 제1차 미트라다테스 전쟁

  아르켈라오스가 아시아를 점령하다.

  희랍인들은 미트라다테스 6세에 가담하다.

  소아시아에서 8만 명의 로마인들이 살해되다.
- 88년: 술라가 놀라를 포위공격하다.
- 88년: 이후 로마에서 마리우스파(평민파)와 술라파(귀족파)의 내전

  술라가 로마로 진군하여 원로원 통치를 회복하다.
- 87년: 술라가 동방의 전쟁을 지휘하다.
- 87~84년: 킨나가 지휘하던 민중파가 로마를 장악하고 공포정치를 펼

  치다.
- 86년: 마리우스의 죽음

술라가 아테나이를 점령하다.

카이로네이아와 오르코메노스에서 아르켈라오스가 패퇴하다.

- 85년: 술라와 미트라다테스의 평화조약

민중파의 군대가 술라에게 투항하다.

핌브리아의 자살

킨나가 살해되다.

- 83~82년: 제2차 미트라다테스 전쟁. 무레나가 전투를 지휘하다.
- 83년: 술라가 이탈리아로 돌아오다.

콜리나 성문 앞에서 마리우스파를 술라가 물리치다.

- 82~79년: 술라의 독재
- 82년: 마리우스파의 처형과 원로원 통치의 회복

찾아보기

【C】

civitates immunes 면세 공동체들 260

conventus civium Romanorum 로마 시민회 298

【E】

decemviri litibus iudicandis 10인 심판단 226, 227

【H】

hasta 창 법정 226

【L】

lex repetundarum 수탈재산반환법 255, 267

【P】

palliata 로마 희극 303, 345, 348

personata 가면극 347, 349

praefectus 법무관 대리자 230

praetexta 민족 비극 336

【S】

stipendium 세금 261

【T】

togata 민족 희극 345~347, 350

tributum 세금 261

옮긴이

김남우

연세대학교 철학과를 졸업했고, 서울대학교 서양고전학 협동 과정에서 희랍 서정시를 공부했고, 독일 마인츠에서 로마 서정시를 공부했다. 서울대학교에서 호라티우스 서정시 연구로 박사학위를 취득했다. 정암학당에서 연구 책임자로 키케로 연구 번역을 맡고 있으며, 희랍문학과 로마문학, 희랍어와 라티움어를 가르치고 있다. 베르길리우스의 《아이네이스 I》, 프리드리히 니체의 《비극의 탄생》, 키케로의 《투스쿨룸 대화》와 《설득의 정치》, 에라스무스의 《격언집》, 스넬의 《정신의 발견》 등을 번역했다.

성중모

서울대학교 대학원 법학과에서 고전기 로마법의 소유물반환청구소송에 관한 연구로 석사학위를, 독일 본Bonn대학교 법과대학에서 민법상 첨부에 의한 손해보상청구권의 학설사적 연구로 박사학위를 취득했다. 현재 서울시립대학교 법학전문대학원에서 민법을 교수하며 민법, 로마법, 서양법사를 연구하고 있다. 공동 저서로 《나는 시민이다》, 단독 역서로 《토피카》, 공동 역서로 《몸젠의 로마사》 1-5권, 《설득의 정치》, 《개설 서양법제사》가 있다.

몸젠의 로마사 제6권 — 혁명: 술피키우스의 혁명부터 술라의 통치까지

- ⊙ 2022년 11월 7일 초판 1쇄 발행
- ⊙ 2024년 7월 19일 초판 2쇄 발행
- ⊙ 글쓴이   테오도르 몸젠
- ⊙ 옮긴이   김남우·성중모
- ⊙ 펴낸이   박혜숙
- ⊙ 디자인   이보용
- ⊙ 펴낸곳   도서출판 푸른역사
   우) 03044 서울시 종로구 자하문로8길 13
   전화: 02) 720-8921(편집부) 02) 720-8920(영업부)
   팩스: 02) 720-9887
   전자우편: 2013history@naver.com
   등록: 1997년 2월 14일 제13-483호
- ⓒ 푸른역사, 2024

ISBN   979-11-5612-236-4   94900
        978-89-94079-82-0   94900 (세트)